王蒲生　历飞芹　主　编

面向独立学院的经济管理类教材

市场营销学

MARKETING

浙江工商大学出版社 ZHEJIANG GONGSHANG UNIVERSITY PRESS | 杭州

图书在版编目(CIP)数据

市场营销学 / 王浦生，厉飞芹主编. —杭州：浙江工商大学出版社，2019.3(2022.8 重印)

ISBN 978-7-5178-3152-5

Ⅰ. ①市… Ⅱ. ①王… ②厉… Ⅲ. ①市场营销学—教材 Ⅳ. ①F713.50

中国版本图书馆 CIP 数据核字(2019)第 029158 号

市场营销学

SHICHANG YINGXIAOXUE

王浦生　厉飞芹 主编

责任编辑	谭娟娟
封面设计	林朦朦
责任校对	饶晨鸣
责任印制	包建辉
出版发行	浙江工商大学出版社
	（杭州市教工路 198 号　邮政编码 310012）
	（E-mail:zjgsupress@163.com）
	（网址:http://www.zjgsupress.com）
	电话:0571-88904980,88831806(传真)
排　　版	杭州朝曦图文设计有限公司
印　　刷	广东虎彩云印刷有限公司绍兴分公司
开　　本	787mm×1092mm　1/16
印　　张	19.5
字　　数	439 千
版 印 次	2019 年 3 月第 1 版　2022 年 8 月第 5 次印刷
书　　号	ISBN 978-7-5178-3152-5
定　　价	49.80 元

总　序

　　我国的独立学院在近十几年中得到了迅速的发展，已经成为高等教育体系中的一个重要组成部分。独立学院人才培养的特性，使得为独立学院的学生撰写一套在教学上更具有针对性的适用教材，已经成为一项不容耽搁的工作。我多年从事大学的经济学教学实践，通过和独立学院的老师的交流，可以明显地感觉到，独立学院的学生在学习经济学和管理学等课程方面，有着自身的特点和需求。独立学院的学生思想活跃、思维敏捷，关注现实、喜欢争论，同时由于独立学院人才培养的定位及独立学院毕业生的职业生涯，相对于对单纯基础理论知识的学习，独立学院学生更加偏好对理论的应用，他们对应用理论解决实际问题有着更大的兴趣。课堂教学中安排过多的基础理论知识内容，可能会影响他们学习的兴趣。因此，编写一套适合的经济管理教材，可以说是许多在独立学院教学第一线的老师的心愿。经过相当一段时间的筹备，浙江工商大学杭州商学院的老师们编写了这套独立学院的经济管理教材，做出了新的尝试。

　　第一，在教材的内容设置上，本着独立学院的学生"基础理论够用、专业知识适用、实践能力管用"的要求来编排教学内容。在以往选用的大学教材中，内容通常较多，规定课时内根本无法从容地授完相应的内容，而且有不少理论知识过于抽象，学生在短时间内难以很好理解。因此，这套教材在教学内容安排上，尽量避免了一般教材中通而全的设置，从"基础理论够用"的要求出发，力求做到概念清晰，逻辑严谨，重点突出，体系完整，特别注重叙述方法的简明、易读、清晰，尽可能深入浅出地将理论讲透，如同一潭清水，清澈见底，方能窥得鱼儿的踪迹。以《微观经济学》这部教材为例，将原有的庞博的微观经济学理论整合为七大章，分别简要阐述市场供求理论、消费者行为理论、生产者行为理论、厂商市场竞争理论、生产要素理论、市场失灵理论及微观经济政策理论，较好地概括了微观经济学中的原理和最基础的知识。

　　第二，在教材的编写上，尽可能将分析方法和分析工具讲透彻，以使学生能掌握这些方法和工具，并更好地在实践中运用，而不是仅仅停留在对教材内容的理解上。为了达到这个目的，这套教材在一定程度上简化了教材各章节中的理论阐述，扩展了解读性内容的体量，每个章节都辅之相应的知识拓展和相关的案例,同时列出思考题,供课堂教学时开展讨论。这样的教学内容安排,一方面让学生在阅读教材时,既能知其然,又能知其所以然;另一方面可以增强教与学的互动,也符合独立学院学生思想活跃、喜好争论的特点。

第三,为了增强教材的通俗可读性,教材在体例设计方面也做了一些改进与创新。教材的每一章不是先提出理论概念,而都是以故事和案例开头,通过具体的案例提出问题,然后解释这些问题,并说明解决办法,且依据的就是本章所阐述的基本原理和方法。每章结束后,配有相应的案例或者习题,并竭力使其中的问题具有趣味性和指导性,为学生深入理解与掌握经济管理基本原理和知识提供非常有用的帮助。案例是理解经济学和管理学原理最为重要的素材,因此,在案例的选用上,编写者尽可能做到引入的案例是身边发生的经济现象和管理实践,通过拉近理论和实际的距离,提升学生的学习兴趣和热情,让学生更好地领悟到经济学和管理学都是学以致用的学科。

到目前为止,教育部公布认可的国内独立学院已达 300 多所,学生人数也已超过百万,撰写一套适用于独立学院学生的经济管理教材是一件非常有意义的事情。浙江工商大学杭州商学院在这方面率先做了有益的尝试,希望通过他们的努力,能够进一步带动和促进独立学院的经济管理教学水平的提高。

浙江大学教授、博导　史晋川

2014 年 11 月

目　录

第十二章 战略规划与营销管理

第一章 市场营销学导论

市场营销的目标是使推销成为多余。

——彼得·德鲁克

【学习目标】

1. 了解市场营销学的产生和发展。
2. 理解市场和市场营销的内涵。
3. 掌握市场营销观念及其演变。
4. 理解企业的市场营销管理过程。

【导入案例】

把梳子卖给和尚

有一个营销经理想考考他的手下,就给他们出了一道题:把梳子卖给和尚。

第一个人出了门就骂,什么狗经理,和尚都没有头发,还卖什么梳子!他找个酒馆喝起了闷酒,睡了一觉,回去告诉经理,和尚没有头发,梳子无法卖!经理微微一笑,和尚没有头发还需要你告诉我?

第二个人来到了一个寺庙,找到了和尚,对和尚说,我想卖给你一把梳子,和尚说,我用不着。那人就把经理的任务要求说了一遍,说如果卖不出去,我就会失业,你要发发慈悲啊!和尚就买了1把。

第三个人也来到一个寺庙卖梳子,和尚说,真的不需要。那人在庙里转了转,对和尚说,拜佛是不是要心诚,和尚说,是的。心诚是不是需要心存敬意,和尚说,要敬。那人说,你看,很多香客从很远的地方来到这里,他们十分虔诚,但是风尘仆仆,蓬头垢面,如何敬佛?如果庙里买些梳子,让这些香客把头发梳整齐了,把脸洗干净了,不是对佛的尊敬?和尚觉得有理,就买了10把。

第四个人也来到一个寺庙卖梳子,和尚说,真的不需要。那人对和尚说,如果庙里备些梳子作为礼物送给香客,既实惠又有意义,香火会更旺,和尚想了想,觉得有道理,就买了100把。

第五个人也来到一个寺庙卖梳子,和尚说,真的不需要。那人对和尚说,你是得道高僧,书法甚是有造诣,如果把您的字刻在梳子上,刻些"平安梳""积善梳"送给香客,是不是既弘扬了佛法,又弘扬了书法?老和尚微微一笑,无量佛!就买了1000把梳子。

第六个人也来到一个寺庙卖梳子，和尚说，真的不需要。那人跟和尚说了一番话，却卖出了1万把梳子。

那人说了些什么？

他告诉和尚，梳子是善男信女的必备之物，经常被女香客带在身上，如果大师能为梳子开光，让梳子成为她们的护身符，既能积善行善，又能保佑平安，很多香客还能为自己的亲朋好友请上一把，既保佑平安，又弘扬佛法，扬我寺院之名，岂不是天大善事？大师岂有不做之理？大师双手合十说："阿弥陀佛，善哉！善哉！施主有这番美意，老衲岂能不从？"就这样，寺院买了一万把，取名"积善梳""平安梳"，由大师亲自为香客开光，竟十分兴隆。当然，为开光所捐的善款也不菲啊！

（资料来源：根据网络资料整理）

请思考：从这个小故事中，你认为真正的市场营销人员应该具备什么样的营销理念？面对同样的市场，他们为什么得到不同的结果？

第一节　市场营销概述

一、市场的产生与发展

市场是商品经济发展的产物，也是商品经济发展的必备条件。随着社会分工和商品生产的发展，市场的范围日益扩大，在社会经济生活中的地位和作用不断提高，市场观念和市场研究的内容与手段不断丰富和完善，市场已成为企业经营的始点和终点，对企业的经营行为起着重要的导向作用。但是，人们对市场的认识，就像市场本身的发展过程一样，经历了一个从局部到总体、从零碎到系统、从经验到科学的发展过程。

（一）市场产生阶段

人们对市场的认识起源于商品交换，"市场"一词的拉丁文的原意就是交换的意思。最初，市场作为商品物物交换的场所，并没有固定的场地，而作为市场经营者的商人一开始就没有地位，受到社会的歧视，以此为生的人也很少。正因如此，在市场的萌芽阶段，市场在人们的价值系统中，并不能作为一个独立的主体发挥其商业价值。从早期的市场形式来看，市场交易的场所具有不确定性，市场交易行为也不是连续的行为，参加市场的主体，无论是卖方还是买方，都没有明确的界定，也就是说没有分化出专门的市场买家和卖家，比较典型的市场交易场所是庙会、集市等。作为商品交换的场所，市场的商业功能只是一部分，人们来到市场更主要的目的是观看和参与各种宗教活动、娱乐活动，与亲朋好友相会，进行思想文化交流等，商业意识比较淡薄。很显然，在轻商时期，市场的商业功能是在一定的文化背景下实现的，市场的商业功能只能以含蓄的方式表达出来。这种方式的最大优点是人们能在轻松愉快的方式下完成交易，但其交易的效率很低，而且缺乏竞争意识。在现代商业社会竞争日益激烈的情况下，很多企业和地方政府采用了这种早期的市场交易形式，如许多地方组织大型博览会、招商活动，习惯将商业活动与当地的传统文化结合起来，打造出和谐的、高雅的文化氛围，以达到促进商业活动的目的,我们从中可以窥见这种原始市场概念的雏形。

(二)市场发展阶段

随着商品经济的不断发展,市场成为丰富人们生活的一个重要场所,市场有了固定的场所,市场中也容纳了丰富多样的商品。由于生产力不发达,商品供给不足,市场中的生产者占有主导地位,消费者只能被动接受生产者提供的产品,没有选择的机会,这就是卖方市场。这一时期的生产者关心的只是怎样将产品生产出来,然后通过市场将其换成万能的货币,这种原始的市场观念一直延续到 20 世纪初。"二战"之后,人们开始认识到这种市场观念带来的灾难。创造了第一条工业生产流水线的美国著名汽车制造商亨利·福特,因为只生产黑色的 T 形轿车而一度陷入困境。当流行、舒适的便装进入人们的消费领域时,生产传统服装的成衣生产企业及有关的纺织企业的市场份额迅速降低,导致了服装经营方式的变革。针对市场需求变化快、市场竞争日趋激烈的情况,许多经营者开始将更多的精力放在顾客需求的变化上,经营者经营观念的变革,为买方市场的形成创造了条件。总体上看,在市场发展阶段,市场的商业功能不断加强,市场的主体不断增多,市场中用来交易的商品越来越丰富,市场的竞争也不断激烈,人们对市场规律的认识也在不断的市场营销实践中得以提升。但是,在市场发展阶段,还有几个重要的问题并没有得到很好的解决:一是缺乏对市场系统化的理论研究;二是市场体系并没有完全建立起来,因此市场功能还不完善;三是市场发展程度不均衡,起步早的发达国家的市场发展速度很快,市场体系很完善,而不发达国家的市场发展缓慢,阻碍了市场国际化进程。

(三)市场成熟阶段

资本主义工业迅速发展,市场概念也进一步扩展,市场不再局限于以实物交易为主要内容的有形市场,也出现了许多灵活多样的市场交易形式,包括:①定期不定地点的市场交易行为,如各种博览会、交易会等;②不定期的合约交易行为,如贸易洽谈、合同订货;③标准化的期货交易行为,这是与现货市场相对应的一种交易行为,期货市场的出现,大大增强了人们对市场价格的预测能力、对市场风险的控制能力,克服了单一现货市场交易行为所产生的价格的不确定性与巨大的市场风险,进一步完善了市场交易的内容和市场机制;④虚拟化的交易行为,这是资讯科技迅速发展之后产生的一种建立在互联网资讯基础上的现代化的高效率的交易行为,是市场交易手段创新的结果,如网上交易、虚拟营销等。市场的成熟性表现在商品交换的内容、范围的不断扩大上,从商品交易扩大到所有的生产要素的交易,如人才、劳务、知识、技术、商标、信息等无形商品,市场体系进一步完善,逐渐形成了完善的消费品市场和生产要素市场。

二、市场的含义与分类

(一)市场的含义

那么什么是市场呢? 有以下几种观点:

1. 市场是指商品交易的场所

"市场"最初的含义是指商品交易的场所，这是市场最原始的定义。"市"就是买卖，"场"就是场所，"市场"即买卖双方在一定的时间聚集在一起进行交换的场所。由于生产力水平低下，人与人之间最早的交换仅限于物物交换，这样就要求交换的双方必须在约定的时间和地点进行交换。约定时间和地点为物物交换创造了条件，而这样的交换是具有很大的局限性的。

2. 市场是商品交换关系的总和

随着商品生产和商品交换的发展，市场的含义发生了变化。社会分工的发展使得生产者为满足自己的需求而进行产品生产，同时也为他人的需求提供商品，从而出现了商品流通，这时的市场不仅是指具体的交易场所，而且是指所有卖者和买者实现商品让渡的交换关系的总和。马克思曾说，生产劳动的分工，使它们各自的产品互相变成商品，互相成为等价物，使它们互相成为市场。于是，市场演变为一定时间、地点条件下商品交换关系的总和。

3. 市场是由那些具有特定需求或欲望的顾客所构成的

随着科学技术的进步，社会分工更加精细，生产力进一步提高，货币职能进一步完善，商品交换突破了特定时空的限制，市场也就随之发生了根本性的变化。从微观市场学观点看，市场是由具有特定需求或欲望，而愿意通过交换来满足这种需求或欲望的全部的潜在顾客所构成的。从宏观市场学观点看，市场是因具有需求欲望和购买能力而进行交易活动的个人、企业和组织这一需求主体与商品所有者这一客体的关系。

【案例 1-1】营销的大敌是"赚了就跑"

2011 年 7 月，央视《每周质量报告》节目播出了一期《达芬奇天价家具"洋品牌"身份被指造假》，爆出达芬奇在家具质量和产地上均存在欺诈消费者行为。

达芬奇可以说是国内最具影响力的家具高端品牌，以价格昂贵著称。一张单人床能卖到 10 多万元，一套沙发能卖到 30 多万元。之所以能将这些家具卖到如此高的价格，是因为达芬奇宣称其销售的家具 100% 是意大利生产的"国际超级品牌"，而且使用的原料是没有污染的"天然的高品质原料"。

然而，记者经过深入调查发现，达芬奇家具公司售卖的所谓意大利卡布丽缇家具，其实是从东莞长丰家具公司秘密订购，该公司生产的家具从深圳港口出港，再从上海港进港，通过"一日游"的方式，就成了手续齐全的意大利"进口家具"。对此，上海市工商局向达芬奇家具公司发出行政处罚决定书，没收该公司经销的部分不合格家具产品，并开出 133.42 万元的罚单。

国内生产的产品"出国一日游"，回来便以天价卖给消费者，这样的做法不仅欺骗了消费者的感情，也极大损害了企业自身的信誉与品牌。急功近利、短线思维的营销，只会制造"短命"的企业。

(资料来源：《科特勒的 24 堂营销课》陈姣编著)

(二)市场营销学对市场的界定

市场营销学是从卖者的角度来认识和理解市场的含义，它要研究的是如何采取有效的措施来满足买者的需求。在这里,我们将市场界定为商品和服务的所有现实和潜在的购买者。对这一概念的认识需要从源头开始。

1.市场源于需要

人类的需要和欲望是市场营销活动的出发点。需要是指没有得到某种满足的心理状态。欲望是指想得到基本需要的具体满足物的愿望。需求是指人们有能力购买并且愿意购买某种产品的欲望。

2.需要通过交换来实现

一般来说,满足需要有以下四种途径:第一,自行生产;第二,强取;第三,乞讨;第四,交换。因为前三种途径可行性低或不可取,因此真正能满足需要的途径是交换。

3.市场的核心内容是交换

交换是指从他人那里得到所需之物,而以某些东西作为回报的一种行为。交换需要满足以下几个条件:①至少有交换的双方;②每一方都有对方认为有价值的东西;③每一方都能沟通信息和运送物品;④每一方都可以自由地接受或拒绝对方的产品;⑤双方都认为同对方交易是合适的或称心如意的。在现代市场的交换过程中,买方处于主导地位。

4.市场是购买者所组成的群体

现代市场是买方市场,即由买方起主导和支配作用。因此,有没有市场取决于产品有没有购买者。由此,市场是由购买者所组成的群体,而购买者必须具备购买力和购买动机才可能形成真正的市场。

这样我们可以通过公式来表达市场的定义:市场＝购买者＋购买力＋购买动机。

其中,购买者是构成市场的基本因素,哪里有人,有购买者(顾客),哪里就有市场,购买者的多少是决定市场大小的前提;购买力是指人们支付货币购买商品或劳务的能力,购买者收入的多少决定了其购买力的高低;购买动机是指消费者购买商品的愿望和要求,它是消费者把潜在的购买愿望变为现实购买行为的重要条件,因而也是构成市场的基本要素。组成市场的三要素缺一不可。

如果有购买者,有购买力,而无购买欲望,或是有购买者和购买欲望,而无购买力,对卖方来说,都无法形成现实有效的市场,只能构成潜在的市场。因此,市场是商品和服务的所有现实和潜在的购买者。这是指市场除了有购买力和购买欲望的现实购买者外,还包括暂时没有购买力,或暂时没有购买欲望的潜在购买者。这些潜在购买者,一旦其条件有了变化,是可以转化并形成现实有效的市场的。

(三)市场的分类

随着互联网的发展,网络交易量快速增加,市场的概念从传统的物理概念转变为数字概念,这也是现代市场体系中极其重要的一部分。

现代市场体系是多层次、多要素、全方位的有机系统,其实质是各种经济关系的具体体现和综合反映。为了更加全面地了解现代市场体系,我们从不同角度对市场进行了分类:

1. 按构成市场交易对象的商品形态分类

(1)商品市场。传统意义上的商品市场通常是指生活消费品、生产资料等有形的物质产品市场。

(2)资金市场,指由货币资金的借贷、有价证券的发行和交易,以及外汇和黄金的买卖活动所形成的市场。

(3)技术市场,是将技术成果作为商品进行交换的场所,是技术流通的领域,也是反映商品化的技术经济关系的总和。

(4)信息市场,是进行信息商品交换的场所,是促进信息产品在信息生产者、经营者和信息用户之间有偿交流的市场领域。

(5)服务市场,是利用一定的场所、设备和工具,为消费者提供"在服务形式上存在的消费品"的一种特殊的商品市场。

2. 按竞争程度分类

(1)完全竞争市场,是指市场价格由众多卖者和买者共同决定,任何单个的卖者和买者都只能是价格的承受者的市场。

(2)垄断竞争市场,又称"不完全竞争市场",这样的市场有着较多的彼此竞争的卖者,每个卖者的产品均具有自己的特色和优势,对价格起着影响作用,市场中的价值规律起着较大作用。

(3)寡头垄断市场,是指为数不多但占有相当大份额的卖者所构成的市场。这些卖者对市场价格具有很大的影响力。

(4)完全垄断市场,是指只有一个买者或卖者,因而这唯一的买者或卖者能完全控制价格的市场,所以这个垄断者又被称为"价格制定者"。

3. 按照市场的地理位置或空间范围分类

(1)国内市场,是指一国范围内商品或劳务发生交换的场所,是一定时期内国内商品交换关系的总和。

(2)国际市场,商品和劳务在国与国之间流通所达成的国际的交易构成了国际市场,国际市场是国际经济分工的产物与客观要求。

4. 按商品流通的交易形式分类

(1)现货市场,指买卖的商品、有价证券及外汇等实物均以现金交易,并当即实现实物转移的交易市场,根据交易方式的不同,商品现货市场还可以进一步划分为批发市场和零售市场。

(2)期货市场,是买卖商品或金融工具的期货或期权合约的场所,主要由交易和清算场所、交易活动当事人及交易对象三部分构成。

5. 按照购买者需求内容和目的分类

(1)消费者市场,是指消费者为满足个人或家庭生活消费需要而购买生活资料或劳务的市场,又称生活资料市场。

(2)生产者市场,也称工业用户市场,是指生产者为满足生产活动需要而购买生产资料的市场,又称生产资料市场。

（3）中间商市场，又称转卖者市场，它是由以营利为目的、购买商品后再转卖或出租给别人的所有组织和个人所组成的市场。

（4）非营利组织市场，是指国家机关、事业单位和团体组织，使用财政性资金依法集中采购相关货物、工程和服务的特殊市场，又可分为非营利组织市场和政府市场。

三、市场营销的含义

（一）市场营销的含义

著名营销学家菲利普·科特勒（Philip Kotler）教授对市场营销的定义是：市场营销是个人和群体通过创造并同他人交换产品和价值以满足需求和欲望的一种社会与管理过程。

本书认为，市场营销是通过为现实的和潜在的顾客创造价值而实现组织和个人价值的活动过程。因此，创造价值、传递价值和实现价值是企业营销的主要内容。

理解市场营销的内涵可以从以下三个方面进行：

（1）市场营销的目标是实现组织与个人的价值。但实现组织与个人价值的前提是为顾客提供价值，满足其需求和欲望。脱离了为顾客创造价值这一前提，企业的价值也难以体现和实现。

（2）要为顾客创造价值，必须要了解现实和潜在顾客的需求，并设身处地为顾客开发和设计产品或服务，再通过分销和促销等过程为顾客创造价值、传递价值，以满足顾客的需要。

（3）双方价值实现的过程是一个交换过程。交换过程能否顺利进行，取决于营销者创造的产品和价值满足顾客需要的程度和对交换过程进行管理的水平的高低。

（二）市场营销与销售、推销和促销的关系

市场营销不同于销售、推销和促销。现代企业市场营销活动包括市场研究、市场需求预测、新产品开发、定价、分销、物流、商业广告、人员推销、销售促进、售后服务等活动，而销售、推销和促销仅仅是现代企业市场营销活动的一部分。

（三）市场营销的相关概念

1. 需要、需求和欲望

需要和欲望是市场营销活动的起点。需要是指某些基本没有得到满足的感受状态，是人类与生俱来的。如人们为了生存对食品、衣服、住房、安全、归属、受人尊重等方面的需要。这些需要存在于人类自身生理和社会活动之中，市场营销者可用不同方式去满足它，但不能凭空创造。欲望是指想得到上述基本需要的具体满足品的愿望，是个人受不同文化及社会环境影响表现出来的对某些基本需求的特定追求。市场营销者无法创造需要，但可以影响欲望，他们开发及销售特定的产品或服务来满足消费者欲望。需求是指人们有能力购买并愿意购买某个具体产品的欲望。需求实际上也就是对某种特定产品及服务的市场需求。市场营销者可以通过各种营销手段来影响需求，并根据对需求的预测结果决定是否进入某一产品市场。

2. 产　品

产品是能够满足人的需要和欲望的任何东西,它给消费者带来欲望的满足。产品实际上只是获得利益的载体,这种载体可以是物,也可以是服务,如人员、地点、活动、组织和观念等。

3. 效　用

效用是消费者对产品满足自身需要的整体功能的评价。消费者通常根据这种对产品价值的主观评价和需要支付的费用来做出购买决定。

4. 交　换

交换是指从他人处取得所需之物,并将自己拥有的某种东西作为回报的行为。人们对满足自身需求或欲望之物的取得,可以通过各种方式,如自产自用、巧取豪夺、乞讨和交换等。其中,只有交换方式才存在市场营销活动。

(四)市场营销与企业职能

迄今为止,市场营销的主要应用主体是企业。在市场经济体系中,企业存在的价值在于它能否有效地提供满足顾客需要的商品。因此,管理大师彼得·德鲁克(Peter F. Drucker)指出:"企业的基本职能只有两个,就是市场营销和创新。"这是因为:

(1)企业作为交换体系中的一个成员,必须以顾客的存在为前提。

(2)顾客决定企业的本质。只有顾客愿意花钱购买企业的产品或服务,才能使企业的资源变成财富。

(3)企业最显著、最独特的职能是市场营销。

因此,市场营销不仅以企业创造的产品或服务去占领市场,而且将企业与其他类型的组织区分开来,不断促进企业将市场营销理念贯彻于每一个部门,将市场营销作为企业首要的核心职能。

第二节　市场营销学的产生和发展

一、市场营销学的形成

市场营销学是一门以经济学和管理学为基础,研究以满足消费者需求为中心的企业营销活动及其规律性的综合性应用学科。市场营销学是在 20 世纪初从经济学的母体中脱胎出来的,从属于管理学的范畴。事实上,市场营销学的发展经历了一个充分吸收相关学科研究的成果、博采众家之长的跨学科演变过程,进而逐步形成了具有特定研究对象和研究方法的独立学科。其中,经济学、心理学、社会学及管理学等相关学科对市场营销学理论的发展的贡献最为显著。

市场营销学于 20 世纪创建于美国,后来流传到欧洲、日本和其他国家,在实践中不断完善和发展。市场营销学的形成阶段在 1900—1930 年。人类的市场营销活动,从市场出现之时就开始了,但在 20 世纪之前,市场营销尚未形成一门独立的学科。进入 19世纪,伴随资本主义经济的发展,资本主义矛盾日趋尖锐,频频爆发的经济危机迫使企业日益关心产品销售,千方百计地应对竞争,并在实践中不断探索市场营运的规律。到 19 世纪末 20 世纪初,世界主要资本主义国家先后完成了工业革命,从自由竞争向垄断过渡。垄断组织加快了资本的积聚和集中,使生产规模扩大。这一时期,泰罗的以提高劳动生产率为主要目标的"科学管理"理论、方法应运而生,受到普遍重视。一些大型企业由于实施科学管理,促使产量迅速增加,进而对流通领域产生了巨大影响。同时,科学技术的发展也使企业内部计划与组织变得更为严整,从而有可能运用现代化的调查研究方法,预测市场变化趋势,制订有效的生产计划和销售计划,控制和调节市场销售量。在这种客观需要与可能条件下,市场营销学作为一门独立的学科诞生了。

在此之前,美国学者已经发表和出版了一些论著,分别论述了产品分销、推销、商业广告、定价、产品设计和实体分配等专题。到 20 世纪初,一些学者如阿克·肖(Arch W. Shaw)、爱德华·琼斯(Edward D. Jones)、拉尔夫·斯达·巴特勒(Ralph Starr Butler)、詹姆斯·海杰蒂(James E. Hagerty)等,将上述问题综合起来,形成市场营销学科。1902—1905 年,密歇根州立大学、加利福尼亚大学、伊利诺伊州立大学和俄亥俄州立大学等相继开设了市场营销课程。1910 年,执教于威斯康星大学的巴特勒教授正式出版《市场营销方法》一书,首先使用市场营销(Marketing)作为学科名称。而后,弗莱德·克拉克(Fred E. Clark)于 1918 年编写了《市场营销原理》讲义,其被多所大学用作教材并于 1922 年出版。邓肯也于 1920 年出版了《市场营销问题与方法》。

这一时期的市场营销学,其内容局限于流通领域,真正的市场营销观念尚未形成。因此,将市场营销从企业生产活动中分离出来做专门研究,无疑是一个创举。

二、市场营销学的发展

1929—1933 年的资本主义经济危机,震撼了整个资本主义世界。生产严重过剩,产品销售困难,已直接威胁到了企业生存。从 20 世纪 30 年代开始,主要资本主义国家的市场明显进入供过于求的买方市场。这时,企业界广泛关心的首要问题已经不是如何扩大生产和降低成本,而是如何把产品销售出去。为了争夺市场,解决产品价值实现问题,企业家开始重视市场调查,提出了"创造需求"的口号,致力于扩大销路并在实践中积累了丰富的资料和经验。与此同时,对市场营销学的研究大规模展开。一些著名大学的教授深入各个问题,进行市场营销研究,调查和运用大量实际资料,形成了许多新的原理。如弗莱德·克拉克和韦尔法在其《农产品市场营销》(1932 年)中指出,农产品市场营销系统包括集中(农产品收购)、平衡(调节供求)和分散(化整为零销售)三个相互关联的过程,营销者在其中执行七种市场营销职能——集中、储存、融资、承担风险、标准化、销售和运输。拉尔夫·亚历山大(Ralph S. Alexander)等学者在 1940 年出版的《市场营销》一书中则强调市场营销的商品化职能适应顾客需要的过程,称销售是"帮助或说服潜在顾客购买商品或服务的过程"。1937 年,美国市场营销学和商业广告学教师协会及美国市场营销学会合并组成现在的美国市场营销学会(American Marketing Association,AMA)。该学会在美国设立了几十个分会,从事市场营销研究与人才的培训工作、市场营销专著和市场营销调研专刊的出版工作,对市场营销学的发展起了重要的推动作用。到第二次世界大战结束,市场营销学已得到长足发展,并在企业市场营销实践中得到广泛应用。但在这一阶段,对它的研究主要集中在销售推广方面,应用范围基本仍局限于商品流通领域。

三、市场营销学的"革命"

第二次世界大战后至今,市场营销学从概念到内容都发生了深刻的变化。第二次世界大战以后,和平的条件和现代科技的进步,促进了社会生产力的高度发展。社会产品数量剧增,花色品种日新月异;垄断资本竞争加剧,销售矛盾更为尖锐。西方国家政府先后推行所谓高工资、高福利、高消费及缩短工作时间的政策,刺激了人们的购买力,但并未引起实际购买量的直线上升,而只是使消费者的需求和欲望向更高层次变化,对社会供给提出了更高的要求。这时,传统的市场营销学已经不能适应形势要求,需要进行重大变革。

许多市场营销学者经过潜心研究,提出一系列新的观念。其中之一就是将"潜在需求"纳入市场概念,即把过去对"市场是卖方与买方之间的产品或劳务的交换"的旧观念,发展成为"市场是卖方促使买方实现其现实的和潜在的需求的任何活动"。这样,凡是为了保证通过交换实现消费者需求(包括现实需求与潜在需求)而进行的一切活动,都纳入了市场营销学的研究范围。这也就要求将传统的"生产—市场"关系颠倒过来,即将市场由生产过程的终点,倒置为生产过程的起点。这样,也就从根本上解决了企业必须根据市场需求来组织生产及其他企业活动的观念问题,做到以消费者需求为中心而不是以生产者为中心。这一新的概念导致的市场营销学基本指导思想的变化,在西方被称为市场营销学的一次"革命"。

第二次世界大战后的几十年来,市场营销论著层出不穷,理论不断创新。市场营销学逐步建立起以"满足需求""顾客满意""大市场营销"为核心内容的框架和体系,其不仅在工商企业,而且在非经济组织中也得到了广泛运用。市场营销学术界每隔几年就有一批新概念出现。这些新概念推动了市场营销学从策略到战略、从顾客到社会、从外部到内部、从国家到全球的延伸,并得到了全面系统的发展和深化。

进入21世纪,对世界来说,20世纪的结束宣告了工业文明之后一个信息时代和网络社会的到来,这意味着国际市场营销竞争环境将发生战略性的重组,竞争国际化将进入专业营销人员的视野。如何应对这一系列变化?我们必须先从思想上做好认识转变,信息社会的到来将改变传统市场营销的运作模式,以互联网技术为基础的电商不仅会取代旧有的贸易方式,而且将市场营销竞争从一个物理的空间转化到一个虚拟的空间。21世纪,市场营销因素的组合是信息与互联网技术的组合,以互联网技术为基础的高新技术与市场营销资源融合在一起,在信息社会发展的催化与影响下,生成新的市场营销模式——营销虚拟化:消费者身份虚拟,消费行为网络化;广告、调查、分销和购物结算都通过互联网而转变为数字化行为。20世纪工业时代创造的市场营销4P's理论与互联网技术资源重新整合,产品、价格、分销渠道、广告和人员推广等市场营销要素的组合面对的不再是单一或具体的市场,而是一个全球性的统一而又抽象的市场。不受时空限制的24小时网上营销,可以将产品或服务通过互联网最直接、最快速地传递给处于世界任何一个角落的客户;产品或服务的交易不再是面对面地与客户直接产生的交易,而是借助电脑与互联网在网上与客户直接"见面";客户不再是被动地接受产品或服务,而是利用互联网、多媒体手段主动与企业建立互动式商业关系。消费者通过互联网这个虚拟的购物空间确定自己的消费行为,这标志着 21 世纪虚拟营销时代的到来。随着国家大力推广"互联网+"工程,传统的市场营销方式更是日益朝着与互联网相结合的方向发展,互联网背景下开展市场营销活动获得了重大的技术突破,并诞生了网络营销、微信营销、论坛营销、事件营销、病毒营销、整合营销、饥饿营销、口碑营销和数据库与大数据营销等一系列新媒体营销概念。

【专栏 1-1】一个橙子的故事——褚橙

2012 年,创造了销售 200 吨褚橙的奇迹后,褚时健授权电商平台"本来生活网"把 2013 年的褚橙销往全国。拥有深厚媒体背景的"本来生活网"一方面联手《新京报》传媒拍摄"'80 后'致敬'80 后'"系列专题,邀请蒋方舟、赵蕊蕊等"80 后"名人相继讲述自己的励志故事致敬褚时健;另一方面推出个性化定制版的褚橙"幽默问候箱",赠送给社交媒体上的大 V 及各领域达人,包括韩寒、流潋紫等名人,比如给韩寒只送了一箱褚橙,箱子上印着"复杂的世界里,一个就够了"(韩寒主办的"一个"App 的口号),引起微博 300 多万人次阅读,转发评论近 5000 次。以上两条传播线索同时在传统媒体、视频门户、社交媒体等全媒体上进行交叉传播,褚时健的励志故事引起年轻受众的口碑传播,同时褚橙也被打上励志烙印,最终在消费群体中完成"励志故事+橙子"的捆绑销售,不仅创造了又一轮销售佳绩,还引得柳传志和潘石屹分别推出"柳桃""潘苹果"。

(资料来源:根据网络资料整理)

第三节　市场营销学的相关理论及基本内容

一、市场营销学的相关理论

市场营销学作为一门应用性学科,在其发展过程中,不断吸纳了经济学、管理学、社会学、行为学等多门学科的相关理论,逐步形成了自己的理论体系。营销理论的基础是生产目的论和价值实现论。

从一般意义上说,社会生产的最终目的是消费。任何生产者都必须面向消费、面向市场,不断提供能满足消费者需求和欲望的产品或服务,实现其价值交换过程,才能生存和发展。

市场营销学以交换作为自己的核心概念,并且在实践中不断丰富和发展了交换理论。它的微观概念,如 1985 年美国市场营销协会将其界定为市场营销是(个人和组织)对思想(或主意、计策)、货物和劳务的构想、定价、促销和分销的计划和执行过程,以创造达到个人和组织目标的交换。宏观市场营销则一般指满足社会(或人类)需要和欲望,实现潜在交换的人类活动。市场营销学将交换作为一个相对范围抽出来,以价值实现为核心,运用系统论、决策论方法,构建了一个完整的理论体系。

这一理论体系将营销界定为交换和实现潜在交换,并将之作为企业市场营销者的基本职能;提出产品价值的创造与实现的必要条件是满足消费者(社会)的特定需要,充分条件是积极适应环境,实施整体营销。这是一种以手段(生产、市场营销)适应目的(消费需要),以微观(企业活动)适应宏观(消费需要比例)的系统理论。其内容主要包括市场营销观念的演进与变革理论、市场调研理论、市场环境分析理论、消费者购买行为理论、市场细分化理论、市场营销组合理论和营销组织与控制理论等。

二、宏观与微观市场营销学

市场营销学的构建从微观(企业)开始,逐步形成了宏观与微观两个分支。宏观市场营销学从社会总体交换层面研究营销问题。它以社会整体利益为目标,研究营销系统的社会功能与效用,并通过这些系统引导产品、服务从生产进入消费,以满足社会需要。宏观市场营销学将营销视为一种社会经济过程,引导某种经济的货物和劳务从生产者流转到消费者,在某种程度上有效地使各种不同的供给能力与各种不同的需求相适应,以实现社会的短期和长期目标。它强调从整体经济、社会道德与法律规范的角度把握营销活动,以及由社会(政府、消费者组织)控制和影响营销过程,求得社会生产与社会需要之间的平衡,保证社会整体经济的持续、健康发展和保护消费者利益,以实现社会责任营销。具体如图1-1所示。

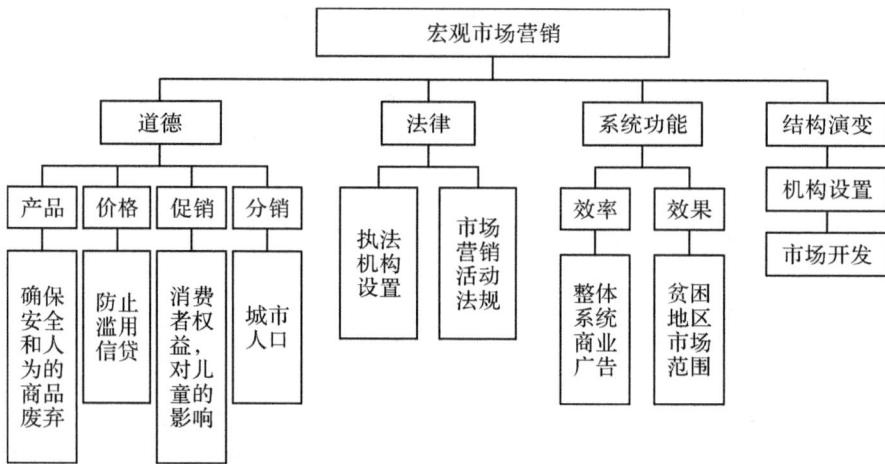

图 1-1　宏观市场营销的主体活动

微观市场营销学从个体(个人和组织)交换层面研究营销问题。微观市场营销是指某一组织为了实现其目标而进行的这些活动:预测顾客和委托人的需要,并引导满足需要的货物和劳务从生产者流转到顾客或委托人。显然,个人和组织(其典型代表是企业)的营销活动是围绕产品或价值的交换,是为实现其目标而进行的决策与管理。在这一过程中,营销者首先要通过调查研究了解消费者的特定需要,并据此研制开发能满足这种需要的产品;其次,要在进一步分析消费行为的基础上,制订市场计划,实施适当的产品、分销、价格与促销策略,如图1-2所示。

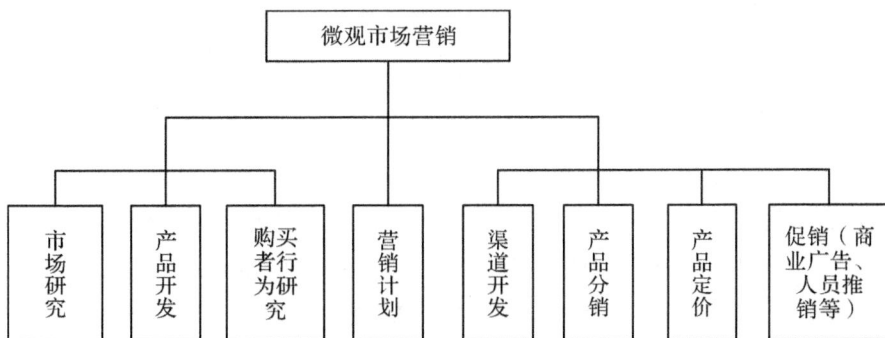

图 1-2　微观市场营销的主要活动

三、微观市场营销学的逻辑结构

现代市场营销学研究的主流仍然是微观市场营销问题。

（1）强调了现代市场营销的基本指导思想，即"满足需求""顾客满意"，并将其作为一条主线贯彻始终。

（2）涵盖了现代市场营销的主要概念，并尽可能结合实际进行具体的阐述。从营销的核心概念（交换），到营销管理哲学，再到市场调研、市场细分、目标市场和产品定位等战略要素，以及市场营销组合各策略要素，都分别对它们做了明晰的阐述。

（3）体现了现代市场营销研究的动态性，将营销的研究对象置于"昨天—今天—明天"的发展变化过程之中，面向未来，强调了企业（营销者）与消费者（顾客）之间的信息沟通和"学习"过程的重要性。

（4）突出了现代市场营销的系统协调特性。一方面强调了企业营销系统与更大系统的协调关系，将企业营销与社会经济系统的协调和一些相关系统（如生产领域）的协调联系起来；另一方面，将企业各营销职能作为一个分系统，强调它们之间的"整合"与协调。

四、市场营销管理过程

市场营销管理过程是企业发现、分析、选择和利用市场机会以实现企业任务和目标的管理过程。具体包括以下步骤：

（一）分析市场机会

发现和评价市场机会是市场营销人员的主要任务。市场营销人员在进行市场机会分析时，需要区别环境机会和企业机会，因为并不是所有的环境机会都是企业机会，只有那些能使企业在同行业获得"差别利益"的环境机会才是企业机会。分析市场机会的内容我们将在第二章、第三章、第四章、第五章中加以讨论。

（二）选择目标市场和进行市场定位

市场营销人员在发现、分析和评价市场机会的基础上，需要通过市场细分，以确定企业的目标市场，并进行市场定位。所谓目标市场就是企业决定要进入的细分市场，市场定位就是根据目标市场消费者的喜好塑造本企业产品与众不同的个性或者形象的活动,我们将在第七章对它们加以深入讨论。

(三)制订市场营销组合决策

市场营销组合(Marketing Mix)是企业为了有效地满足目标市场需求而对产品、价格、营销渠道和促销等这些企业可控因素的综合运用。市场营销组合是市场营销管理的重要内容之一,是企业制订营销战略的基础,是系统工程理论在营销工作中的具体运用。我们将在第八章、第九章、第十章和第十一章分别对其加以研究。

(四)制订和执行市场营销计划

市场营销计划是为达到企业目标而采取的行动和方法,是指导、协调市场营销活动的依据,它包括企业的营销战略规划和营销具体计划等的制订、执行与控制等。

1. 市场营销计划的制订

企业的市场营销计划包括战略与战术两个层面,企业必须在对市场营销机会进行评估、对内外部环境进行分析的基础上制订适合企业发展的市场营销计划。

2. 市场营销计划的执行

市场营销计划的执行,涉及制订行动方案、调整组织结构、形成规章制度和协调各种关系等相互联系的内容。为了保证营销计划顺利完成,实现企业目标,企业要建设市场营销组织。市场营销组织是制订和实施市场营销计划的职能部门,它的设立必须遵循一定的原则,并根据环境的变化不断调整。

3. 市场营销的控制

市场营销的控制是对企业营销活动进行经常性的监督、评估和调整。它包括年度计划控制、盈利控制、效率控制和战略控制四方面,我们将在第十二章进行分析研究。

五、市场营销学的研究方法

市场营销学的研究方法主要有:

(一)传统研究法

1. 产品研究法

产品研究法,即对产品(商品),如农产品、机电产品、纺织品等进行分门别类的研究方法。其优点是具体实用,缺点是有许多方面出现重复。这一方法的研究结果,形成各大类产品的市场营销学,如农产品市场营销学。

2. 机构研究法

机构研究法即对分销系统的各个环节(机构),如生产者、代理商、批发商、零售商等进行研究的方法,其侧重分析研究流通过程的这些环节(机构)或层次的市场营销问题。这一方法的研究结果形成了批发学、零售学等这样的分支。

3. 职能研究法

职能研究法,即研究市场营销的各类职能及在执行这些职能中所遇到的问题和解决方法的方法。如将营销职能划分为交换职能、供给职能和便利职能三大类,并将之细分为购、销、运、存、金融、信息等内容,进行单一和综合研究。这一方法在西方学术界颇为流行。

(二)历史研究法

历史研究法是从发展变化过程来分析和阐述市场营销问题的研究方法。如分析市场营销的含义及其变化,工商企业 100 多年来营销管理哲学(观念)的演变过程,零售机构的生命周期现象等,从中找出其发展变化的原因和规律性。市场营销学者一般都重视研究历史演变过程,但并不把它作为唯一的研究方法。

(三)管理研究法

管理研究法是“二战”后西方营销学者和企业界较多采用的一种研究方法,其从管理决策的角度研究市场营销问题。其研究框架是将企业营销决策分为目标市场和营销组合两大部分,研究企业如何根据“不可控变数”即市场环境因素的要求,结合自身资源条件(企业可控因素),进行合理的目标市场决策和市场营销组合决策。管理研究法广泛采用了现代决策论的理论,将市场营销决策与管理问题具体化、科学化,对营销学科的发展和企业营销管理水平的提高起了重要作用。本教材采用的便是管理研究法。

(四)系统研究法

系统研究法是一种将现代系统理论与方法运用于市场营销学研究的方法。在以管理为导向的营销研究中心,这一方法常常结合其他方法一起被使用。企业市场营销管理系统是一个复杂系统,在这个系统中包含了许多相互影响、相互作用的因素,如企业(供应商)、渠道伙伴(中间商)、目标顾客(买主)、竞争者、社会公众、宏观环境力量等。一个真正面向市场的企业,必须对整个系统进行协调和“整合”,使企业“外部系统”和企业“内部系统”步调一致、密切配合,达到系统优化的目标,产生“增效作用”,提高经济效益。

第四节　营销观念的发展及其营销管理的任务

一、树立正确营销观念的重要性

“观念决定行动,思路决定出路”,观念正确与否直接影响到行为的结果。一个企业只有树立正确的营销观念,才可能有正确的决策行动,产生良好的经营效果。

1. 营销理念是经营指导思想

市场营销作为一种有意识的经营活动,是在一定的经营思想指导下进行的。这种经营思想也可称为“营销管理哲学”,它是企业经营活动的一种导向、一种理念。市场营销指导思想的正确与否对企业经营的成败兴衰,具有决定性的意义。

2. 营销观念决定了企业经营活动的重点

指导思想决定了企业经营活动的重点及在经营活动中各种矛盾的处理原则。例如在推销观念阶段,企业的生产经营重点是加强产品的推销和促销工作,企业的经营活动都是围绕着这一重心而展开的;而在营销观念阶段,企业则将满足消费需要作为经营活动的重心。

3. 营销观念决定了企业的经营目标及实现目标的手段

企业在经营活动中有相应的经营目标,而在不同的营销理念下,不仅企业的经营目标各不相同,而且实现经营目标的手段也是千差万别的。如下文所述,在生产观念的指导下,企业实现经营目标的重要手段是扩大生产、降低成本;而在产品观念的指导下,企业实现经营目标的手段则是提高产品品质赢得顾客。

【案例 1-2】耐克的虚拟化生产模式

关于耐克公司,最有意义的一句形容就是——"耐克公司从来不生产一双耐克鞋"。在美国俄勒冈州比弗顿市四层楼高的耐克总部里,看不到一双鞋。因为总部的员工们在忙着做两件事:一是建立全球营销网络,二是管理遍布全球的营销公司。正是这种独特的经营思路,让耐克用了不到五十年的时间,打败了体育用品界的大牌阿迪达斯,创造了惊人的销售神话。

众所周知,制造业是一个低利润的行业。耐克的领导者们当然深谙此道,他们明白,生产一双耐克鞋可能只获得几美分的收益,但凭借其在全球的营销网络,耐克总公司却能从一双鞋上获得几十甚至上百美元的利润。于是,他们果断脱离传统的生产模式,不再投资建工厂,招募工人,组织庞大而复杂的生产体系,而是将生产这一环节外包出去,实行"虚拟化生产"。耐克公司将设计图纸交给生产厂家,让他们严格按图纸式样进行生产,之后由耐克公司贴牌,并通过公司的营销网络将产品销售出去。外包的对象从一开始的日本、西欧国家渐渐转移到韩国、中国台湾地区,进而再转移到中国大陆、印度尼西亚等地。这些都是世界上劳动力相对低廉的地区。因此,同样是生产鞋子,耐克公司付出的成本比同类企业的低得多。

业务外包的模式将耐克公司从低端的生产线中彻底解放出来,有了更多的财力、物力、精力投入营销与设计之中,使得耐克公司的产品一直走在潮流前沿。

(资料来源:《科特勒的 24 堂营销课》陈姣编著)

二、营销观念的演变

企业的营销观念并不是一成不变的,它在一定的经济基础上产生和形成,并随着社会经济的发展和市场供求关系的变化而发展变化。树立什么样的营销观念是由生产水平及市场供求条件决定的,它会随生产力的发展而改变。根据国内外企业的营销实践,企业的营销观念演变主要经历了以下五个阶段。

(一)生产观念

1. 生产观念形成的背景

生产观念是指导企业生产和销售行为的最古老的观念之一,这种观念产生于 20 世纪 20 年代之前。当时,生产的发展不能满足需求的增长,多数商品都处于供不应求的状态,在这种卖方市场下,只要有商品,且质量过关、价格合理,就不愁在市场上找不到销路。在这种观念的指导下,企业以产定销,通过扩大生产、降低成本来获取更多利润。在企业的经营管理中具体地表现为能生产什么,就销售什么。

当时美国福特汽车公司生产的某型小轿车非常畅销,为了扩大生产获得最高利润,他们不需要考虑顾客对小轿车颜色、款式的兴趣和偏好,只要大批量生产就能达到目的。亨利·福特曾宣称:"不管顾客需要什么颜色的汽车,我只有一种黑色的。"

2. 生产观念的特点

(1)这种观念是在卖方市场的态势下产生的,此时产品供不应求。

(2)生产活动是企业生产经营的中心和基本出发点。

(3)提高产量、降低成本是企业生产经营活动的宗旨。

(4)以企业为中心,生产什么就销售什么。

(二)产品观念

1. 产品观念的形成背景

产品观念也是一种古老的指导企业市场营销活动的思想,产生于20世纪30年代前。这种观念认为,消费者总是喜欢那些高质量、多功能和有特色的产品,因而在产品导向型企业中,营销管理者总致力于生产高值产品,并不断地改进产品,使之日臻完美。

"酒香不怕巷子深"是这种观念的形象说明。持这种观念的企业将注意力集中在现有产品上,集中主要的技术、资源进行产品的研究和大规模生产。它与生产观念的区别是前者重视产品的质量而非产量。

2. 产品观念的特点

(1)产品供不应求,市场是卖方市场。

(2)企业生产活动以产品为中心。

(3)企业努力提高产品质量,造出优质产品。

(4)营销活动忽视消费者的需求,忽视市场的存在。

3. 产品观念易使企业患"营销近视症"

产品观念的奉行,曾使许多企业患有"营销近视症"。所谓"营销近视症",是指企业不适当地把注意力放在产品上,而不是放在消费者的需求上。这些企业将自己的注意力集中在现有产品上,集中主要的技术、资源进行产品的研究和大规模生产,他们看不到消费者需求的不断发展变化及对产品提出的新要求;看不到新的需求带来了产品的更新换代;看不到在新的市场形势下,营销策略应随市场情况的变化而变化,以为只要有好的产品就不怕顾客不上门,以产品之不变去应市场之万变,因而不能随顾客需求的变化及市场形势的发展去及早地预测和顺应这种变化,没有树立新的市场营销观念和策略,最终导致企业经营的挫折和失败。

【专栏 1-2】一个公文柜的价值

有一家生产公文柜的制造商,其生产经理认为,他们生产的公文柜是全世界质量最好的,即使从四楼扔下来都不会损坏。可是,当他们把产品带到展销会去销售时却无人问津。生产经理十分纳闷,他认为质量这么好的公文柜理应获得顾客青睐。销售经理告诉他,顾客需要的是适合他们工作环境和办公条件的产品,没有哪一位顾客打算把他的公文柜从四楼扔下去。

（资料来源：根据网络资料整理）

（三）推销观念

1. 推销观念的形成背景

推销观念（或销售观念）出现在 20 世纪 20 年代末至 50 年代初,是许多企业所奉行的一种市场观念,表现为"企业生产什么就努力推销什么"。这种观念认为,如果缺乏必要的刺激,消费者不会自觉自愿来购买企业的产品或大量购买产品,因此,企业必须积极推销和进行大量的促销活动。

这种观念虽然比前两种观念前进了一步,开始重视广告术及推销术,但从根本上来说,由于推销导向型企业只是努力将自己生产的产品推销出去,而不考虑这些产品是否满足消费者的需要及销售以后顾客的意见,所以,推销观念仍属于以产定销的企业经营哲学。

2. 推销观念的特点

（1）产品供过于求,是买方市场。

（2）加强促销宣传、努力推销产品。

（3）忽视消费者的需求,重视现有产品的推销工作。

（4）营销工作的中心思想是把生产出来的产品想方设法卖出去。

（四）营销观念

1. 营销观念的形成背景

营销观念的形成是市场观念的一次"革命",它认为实现企业诸目标的关键在于正确确定目标市场的需求和欲望,并且比竞争对手更有效、更有利地传送目标市场所期望得到的东西。

营销观念的形成,使企业经营哲学从以产定销转变为以销定产,从而第一次摆正了企业与顾客之间的位置关系,明确企业一切的活动都必须以顾客需求为中心,满足顾客需求是企业的责任,即"顾客需要什么,就生产什么"。

2. 营销观念与推销观念的区别

营销观念的出现,使企业经营观念发生了根本性变化,市场营销观念同推销观念相比具有很大的差别,具体如表 1-1 所示。

表 1-1 营销观念与推销观念的比较

	出发点	中心	手段和方法	目的
推销观念	工厂	现有产品	推销、促销	通过销售获得利润
营销观念	目标市场	顾客需求	整合营销	通过顾客满意获得利润

营销观念以目标顾客及他们的需求、欲望为中心,通过整合那些影响消费者满意程度的营销活动,来赢得和保持顾客的满意,使顾客感知价值最大化,从而获取利润。

3. 营销观念的特点

(1)企业的经营是以顾客需求的满足为中心。

(2)企业注重于长远的发展和战略目标的实现。

(3)企业通过各种营销策略及各部门的整合营销来实现自己的目标。

【案例 1-3】四季酒店的精准化营销

美国名嘴奥普拉·温弗瑞曾经问过好莱坞一线女星茱莉亚·罗伯茨一个有趣的问题:"你最喜欢睡在什么上面?"这位大嘴美女答道:"睡在四季酒店的床上。"她所说的这家四季酒店,是世界性的豪华连锁酒店集团,曾被 *Travel and Leisure* 杂志及 *Zagat* 指南评为世界最佳酒店集团之一,并获得 AAA5 颗钻石的评级。

这家酒店之所以能成为世界酒店行业的标杆,能得到众多名人的青睐,最主要的原因就是它能让顾客得到极致的满足,它的服务堪称尽善尽美。

以上海四季酒店为例:当它接待美国 CNBC(消费者新闻与商业频道)电视台的工作人员时,酒店会马上与上海专业机构联系,购置解码器,专门为 CNBC 一行的所有客房的电视加上 CNBC 的频道,并精心印制专门的节目单;当它接待百事可乐的工作人员时,房间就全换上百事公司的产品;当菲利普公司的工作人员下榻时,客房里全换上菲利普公司的照明产品;当丰田公司的人员入住,床头会放置丰田公司的汽车模型;三星电子公司的工作人员住店,酒店会不惜重金把高级套房其他品牌的液晶电视机拆下来,换成最新型号的三星产品。不只是对知名企业的大客户,就是对小孩子,酒店也会一视同仁。当一对夫妇带了个六岁孩子前来入住时,酒店会马上配上儿童浴袍、儿童拖鞋,以及气球等小玩具,加床也会符合孩子的身高。可以说,对于每一位客户,只要有来店信息,四季酒店都会事先把细节工作做得妥妥帖帖。

四季酒店的创始人伊萨多·夏普曾说:"人们常问我,对四季酒店的最初设想是怎样的。实际上,根本没有设想或任何宏伟的计划。当我在建造第一座酒店时,我根本不懂酒店业。我从未想过这将会变成我一生的事业,我也从未想过有一天我将建造和管理世界上最大和最负盛名的五星级酒店集团。我从客户的角度开始涉足酒店业。我是主人,客户是我的贵宾。在建造和运营酒店时,我这样问自己:客户认为最重要的东西是什么? 客户最认同的价值是什么? 因为如果我们给予客户最有价值的服务,他们就会毫不犹豫地为他们认为值得的东西掏腰包。这就是我一开始的想法,直到今天仍然如此。"

（资料来源:《科特勒的 24 堂营销课》陈姣编著）

(五)社会营销观念

1. 社会营销观念的形成背景

社会营销观念(Societal Marketing Concept)是 1971 年杰拉尔德·蔡尔曼和菲利普·科特勒提出的。它是指企业在制订市场营销管理决策时,在满足消费者的欲望和需求的前提下,既要使企业获得理想的利润,又要符合社会的长远利益。

社会营销观念是对市场营销观念的修正和补充,它产生于 20 世纪 70 年代。由于第四次中东战争的爆发,西方国家能源短缺,再加上经济危机的出现,物价飞涨,失业增加,企业在生产经营过程中,既损害了消费者的利益,又严重污染了环境。为了保护消费者的利益,美国等一些国家陆续成立了消费者联盟,保护消费者权益运动兴起,人们也对市场营销观念进行了反思。社会营销观念提倡企业在生产经营过程中,兼顾企业、消费者和社会三者利益。

2. 社会营销观念的特点

社会营销观念要求企业在制订营销决策时权衡三方面的利益,即企业利润的实现、消费者需要的满足和社会利益的保证。实践证明,协调好上述三者之间的关系,企业不仅能发挥特长,还能在满足消费者需求的基础上获取经济效益,且符合整个社会的利益,因而具有强大的生命力。

3. 当前企业树立社会营销观念的意义

(1)树立社会营销观念是保障消费者利益的基础。不少企业为了最大限度地获取利润,以次充好,夸大宣传,牟取暴利,损害了消费者的权益;还有企业为了迎合消费者,而不顾对消费者利益的损害。例如,一些化妆品,虽然短期内能美容,但有害元素含量过高,不利于消费者的健康;汉堡包、炸鸡等快餐食品虽然快捷、方便、可口,但由于油脂含量过高而不利于顾客的长期健康。企业树立社会营销观念,不仅可以保障消费者的基本利益,而且可以引导健康消费,使消费者得到真正的利益。

(2)树立社会营销观念有利于促进社会持续发展。不少企业为了最大限度地获取利润,采用各种方式扩大生产和经营,不顾及社会整体利益。目前,企业只顾生产而忽视环境保护,促使环境恶化、资源短缺等问题变得相当严重。例如,洗衣剂满足了人们洗涤衣服的需要,但同时严重污染了江河,造成大量鱼类的死亡,危及生态平衡。因此,只有树立社会营销观念,企业在不损害社会整体利益的情况下开展生产经营活动,才有利于社会的持续发展。

(3)树立社会营销观念有利于企业长期利益的实现。某些企业以为消费者利益、社会利益和企业利益是矛盾的。事实上这三者是相辅相成的,只有符合社会整体利益、满足消费者的利益,企业的利益才能实现,企业才能持续健康发展。反之,只关注企业的短期利益,忽视消费者利益和社会利益,企业即使能在短期内实现利益,也难以长期发展。

三、营销观念的发展

随着市场营销环境的变化,企业的营销观念也将进一步随之发展。近年来,随着市场全球化、竞争白热化、信息网络化时代的到来,企业需要重新考虑如何在新的竞争环境中求生存谋发展,市场营销人员应该更清楚地认识到参与合作以期超越传统营销观念的重要性。

根据国内外营销专家的总结,企业的营销观念将向全面营销观念发展(图1-3),包括关系营销、整合营销、内部营销和社会责任营销等观念正在确立。

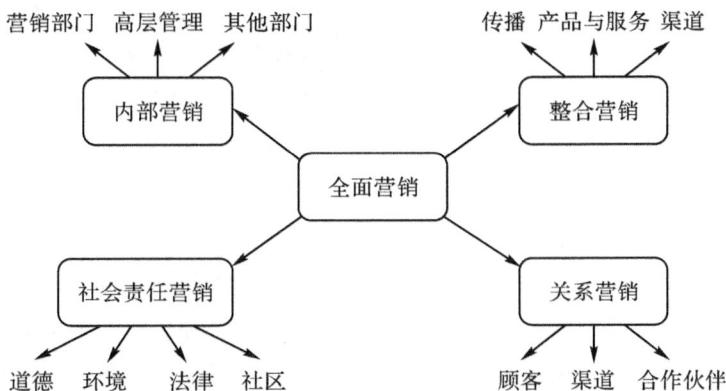

图 1-3　全面营销维度

(一)关系营销

关系营销旨在与经营活动中的利益相关者(顾客、供应商、分销商和其他合作伙伴)建立令人满意的长期相互关系,不只是与顾客建立关系,也要和其他利益相关者建立良好的关系以赢得和维系业务。其最终结果是和利益相关者建立有效的关系网络而获取源源不断的利润。随着市场经营活动的宽广度和复杂性日益显著,关系营销的重要性也逐渐显现出来。

(二)整合营销

为顾客创造、传播和传递价值是企业的任务,营销者要设计营销活动和整合全部营销计划。营销组合是一套企业用来从目标市场寻求其营销目标的营销工具,麦卡锡将这些工具分为四类,称之为"4P":产品、价格、促销和地点。每个"P"下面有特定的变量(图 1-4)。"4P"以企业为导向,所以营销就是在适当的地点以适当的价格运用适当的促销方式将适当的产品传递给适当的消费者。

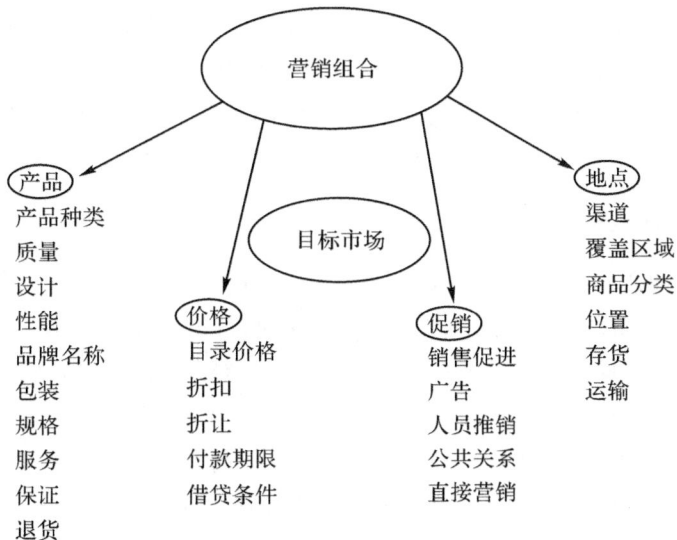

图 1-4　营销组合的 4P

"4P"代表了营销者的观点，即营销工具可以用于影响买方，罗伯特·劳特伯恩于1990年提出了与之相对应的"4C"理论（表1-2），从关注"4P"转变到注重"4C"，是许多大企业全面调整市场营销战略的发展趋势。与产品导向的"4P"理论相比，"4C"理论有了很大的进步和发展，它以顾客为导向，以追求顾客满意为目标，这实际上是当今消费者在营销中越来越居主导地位的市场对企业的必然要求。

"4R"理论是由美国学者唐·舒尔茨在"4C"营销理论的基础上提出的新营销理论，"4R"分别指代关联、反应、关系和回报（表1-2）。该理论认为，随着市场的发展，企业需要从更高层次上以更有效的方式在企业与顾客之间建立起有别于传统的新型关系。

随着高科技产业的迅速崛起，高科技企业、高技术产品与服务不断涌现，营销观念、方式也不断丰富与发展，并形成独具风格的新型理念。在此基础上，国内的学者综合性地提出了"4V"营销理论（表1-2）。"4V"营销理念不仅是典型的系统和社会营销理论，即它既兼顾社会和消费者的利益，又兼顾资本家、企业与员工的利益，更为重要的是，通过对"4V"营销的展开，可以培养和构建企业的核心竞争力。

表 1-2　营销组合及其演变

理论	具体内容			
4P	Price（价格）	Product（产品）	Place（地点）	Promotion（促销）
4C	Customer Cost（顾客成本）	Customer Solution（顾客问题解决）	Convenience（便利）	Communication（沟通）
4R	Reaction（反应）	Relevance（关联）	Relationship（关系）	Reward（回报）
4V	Versatility（功能化）	Variation（差异化）	Value（附加价值）	Vibration（共鸣）

（三）内部营销

内部营销是确保组织中每个人有适当的营销准则，尤其是高级管理人员，其主要任务是雇用、培养、激励那些能服务好顾客的员工。培养企业员工的忠诚度和主人翁意识是非常重要的，它甚至在某种程度上超越了公司的外部营销。内部营销主要发生在两个层次，一是各种不同营销职能需协调工作，二是营销需要其他部门的支持。

（四）社会责任营销

一个十分出色的企业是否一定能够满足广大消费者和顾客的长期利益呢？答案自然是不一定。冰箱生产企业在为人们带来方便的同时也可能给人类赖以生存的地球带来环境破坏的问题，食品生产企业使用的色素等物质很可能影响人们的健康。当健康和环保等问题日益凸显的时候，社会责任营销观念越来越受重视，它认为组织的任务是确定诸目标市场的需要、欲望和利益，并以保护或提高消费者和社会福利的方式，比竞争者更有效、更有力地向目标市场提供所期待的满足。社会责任营销有助于我们理解伦理、环境、法律同社会营销活动和计划的结合作用，营销已经超越了企业同顾客的范畴，它要求营销者认真正确地看待自己及自己的营销活动在社会中的作用。

【案例1-4】三菱汽车被迫召回

2000年8月29日,日本三菱汽车公司向中国三菱汽车用户发出紧急通知,决定按日本汽车行业的召回检修制度,将其向中国市场出售的575辆可能存在问题的汽车召回检测并进行修理。日本运输省发布的调查报告表明:三菱公司向日本政府和消费者隐瞒、漏报该公司生产的汽车存在的问题达17类,秘密回收和无偿修理各类三菱汽车约62万辆。三菱汽车从1995年9月到1999年3月期间生产的轿车中约有15万辆存在严重问题。日本的一家报纸报道说,曾有70多人写信称,在他们的三菱汽车上,用于上紧柄轴滑轮的螺栓不是坏了就是松动了。此类问题同样也出现在中国用户的车上。2000年8月27日,日本警方搜查了三菱汽车公司总部、公司两家工厂及两名职工的住宅,共没收三菱汽车公司的文件1007份,包括三菱职工讨论召回有缺陷汽车的会议记录、召回汽车的顾客的投诉资料等。事件发生后,三菱公司召回了约9万辆有问题的汽车。

（资料来源:《市场营销——理论、实务、案例、实训》彭石普编著）

四、市场营销管理的任务

一般来讲,企业在开展市场营销的过程中,都会对市场需求有一个预期交易目标,但实际需求有时会高于预期需求或低于预期需求,有时还可能是无需求。营销管理的基本任务是为促进企业目标的实现而调节需求的水平、时机和性质,因此市场营销管理的实质是需求管理,企业要针对不同的需求状态制订出不同的市场营销任务,以便有效地开展市场营销活动。

根据需求的规模、时间和性质的不同,市场营销管理的任务也不同,具体来讲有以下几种:

1. 负需求—改变需求—改换性营销

负需求是指大多数消费者不喜欢或厌恶某种产品,甚至愿意多花钱以回避它的一种需求状态。例如,中国人大多不愿意接受保险,因为保险是出险后的补偿,在大多数中国人眼里它不太吉利。在这种需求状态下,市场营销的任务是改变需求、改变营销。企业要深入研究消费者排斥该产品的原因,采取积极有效的促销措施引导消费者重新认识产品,变负需求为正需求。如强调保险是建立一种保障,以转变顾客的理念,做到防患于未然。

2. 无需求—激发需求—刺激性营销

无需求是指目标市场的消费者对产品不感兴趣或漠不关心的一种需求状态。在无需求的市场状态下,市场营销的任务是激发需求,开展刺激性营销。企业可以采取有力的促销手段,努力使产品所能提供的利益同消费者的需求和兴趣结合起来,变无需求为有需求。通常消费者对其认为没有价值的产品或不熟悉的产品不感兴趣,企业要通过一定的营销刺激,使消费者了解并接受该产品。例如,目前人们对减肥产品的需求大多是在刺激性营销的作用下产生的。

3. 潜在需求—现实需求—开发性营销

潜在需求是指有相当一部分消费者对某种产品有强烈的需求欲望,而现有的产品又无法满足这种需求的状态。在这种需求状态下,市场营销的任务是变潜在需求为现实需求,实行开发性营销,即评估潜在市场的需求量,进而开发符合潜在市场需求的产品,以满足消费者的需求。例如,针对顾客的遨游太空的梦想,有些企业正在开发太空旅行项目。

4. 下降需求—重振需求—重振性营销

下降需求是指市场对一种或几种产品的需求呈下降趋势的需求状态。在这种需求状态下,市场营销的任务是重振需求,即分析造成市场需求下降的原因,或是开拓新市场,或是采取有效的促销措施重新刺激需求,或是对老产品进行更新改造,使其发挥新的产品生命力,从而达到扭转需求下降的趋势。

5. 不规则需求—协调需求—协调性营销

不规则需求是指人们对产品或服务的需求因时间的不同而产生上下波动的状态。在这种需求状态下,市场营销的任务是协调需求,实行同步营销。企业可以通过价格调节、促销手段的变化及其他激励措施使供需在时间上协调一致。如我国大部分地区实施峰谷电价,对消费高峰和低谷制订不同的价格,协调电力供求的矛盾。运输市场,由于人员流动数量大,铁路部门、航空部门纷纷提价,以调节运力紧张的问题。

6. 充分需求—维持需求—维护性营销

充分需求也称饱和需求,是指产品或服务供需平衡的一种需求状态,这是一种最理想的需求状态,在实际生活中一般不太可能出现。在这种需求状态下,市场营销的任务是维持需求,开展维护性营销,即千方百计保持当前这种供需状态,及时跟踪消费者的需求变化,保持和改进产品质量和服务质量。

7. 过度需求—降低需求—抑止性营销

过度需求是指某种产品或服务的市场需求超过了企业所能供给或愿意供给的一种需求状态。在这种需求状态下,市场营销的任务是降低需求,减少营销,即通过提高价格等手段减少顾客让渡价值,抑止过旺的市场需求水平。如在我国"十一"和"春节"这两个长假期,各个旅行社都提高旅游的价格,交通部门也涨价,旅游景点的门票也上涨,其目的是减少在这两个时期外出旅游的消费者人数,使外出旅游的人员在时间上分散开来。

8. 有害需求—否定需求—抵制性营销

有害需求是指市场对某些有害产品或服务的需求。在这种需求状态下,市场营销的任务是否定需求,抵制营销,即通过宣传、劝说喜欢有害产品或服务的消费者放弃这种需求,或者采取提高价格,加大税收力度,乃至停止生产等各种措施降低需求、取消需求。如吸烟对人的健康有害,国家通过各种形式宣传吸烟的有害性,劝说人们禁烟,并在香烟盒上标明"吸烟有害健康"。世界各国都禁止销售毒品,并用法律制裁生产者、销售者和购买者。有害需求不同于降低需求,前者是采取措施消灭需求,后者是采取措施减少需求。

◆ 本章小结

市场是指某种产品的现实购买者与潜在购买者所组成的群体,由购买者、购买力、购买欲望三个要素构成。

市场营销是通过为顾客创造价值而实现个人和组织价值的过程,是个人和组织需要通过预测、诱导、提供方便,协调生产与消费以满足顾客和社会公众对产品、服务及其他供应的需求的整体经济活动。即市场营销是企业围绕满足消费者需求和获得最大利润而开展的经营和销售活动,其核心是交换。

市场营销观念是指企业在开展市场营销管理的过程中,在处理企业内部的生产、销售等任务时及在处理外部的企业、社会和消费者三者利益方面所持的指导思想、态度和方法。它也是企业的商业哲学,属于意识形态。随着企业生产经营环境的不断变迁,市场营销观念也在不断地进化,经历生产观念、产品观念、推销观念、市场营销观念、社会营销观念五个阶段。随着营销环境的变化,关系营销、整合营销、内部营销、社会责任营销等理念正在兴起,此外,全球营销、绿色营销、道德营销也在渗透到企业的营销实践全过程中。

市场营销管理是企业为实现其目标,创造、建立并保持与目标市场之间的互补交换关系而进行的分析、计划、执行和控制的过程,其核心是需求管理,具体表现为对市场营销整个过程的协调。

◆ 思考题

1.市场营销学是怎样产生和发展的?市场营销学的发展趋势如何?

2.什么是市场?根据"市场＝人口＋购买力＋购买动机"分析某一市场的特点。

3.什么是市场营销?举例说明市场营销的核心内涵。

4.企业的营销观念演变经历了哪几个阶段?现代营销观念与传统营销观念有何区别?

5.当前企业为何必须树立社会营销观念?举例说明企业应该如何在营销实践中贯彻落实这一观念?

◆ 案例阅读与分析

【案例】海底捞的优质服务与人性化管理

四川海底捞餐饮股份有限公司(以下简称"海底捞")是一家以经营川味火锅为主、融汇各地火锅特色于一体的大型跨省直营餐饮民营企业。自1994年海底捞在四川简阳建立第一间门店起,二十几年来,公司已在北京、上海、西安、郑州、天津、南京、沈阳、杭州、青岛等全国13个城市拥有60多家直营店、4个大型现代化物流配送基地和1个原料生产基地,2016年营业额超15亿元,拥有员工1万多人。

海底捞能够在竞争激烈的餐饮业杀出重围,风靡全国,几乎全凭它的服务和"把员工当亲人看"的管理模式。

公司在张勇董事长确立的服务差异化战略的指导下,始终秉承"服务至上、顾客至上"的理念,以创新为核心,改变传统的标准化、单一化的服务,提倡个性化的特色服务,将用心服务作为基本经营理念,致力于为顾客提供"贴心、温心、舒心"的服务;在管理上,公司倡导双手改变命运的价值观,为员工创建公平公正的工作环境,实施人性化和亲情化的管理模式,提升员工价值。

你在等候的时候,服务员会给你端上免费的水果、饮料、零食;如果你们是一大群朋友在等待,服务员还会主动送上扑克牌、跳棋之类的桌面游戏供大家打发时间;如果你还嫌等候过程比较无聊,你甚至可以选择免费的美甲、擦皮鞋服务。在你进餐的过程中,海底捞也想出了很多特色服务。服务员会细心地为长发的女士递上皮筋和发夹,以免头发垂落到食物里;戴眼镜的客人则会得到擦镜布,以免热气模糊镜片;服务员看到你把手机放在台面上,会不声不响地拿来小塑料袋装好,以防溅上油;每隔15分钟,就会有服务员主动更换你面前的热毛巾;如果你带了小孩子,服务员还会帮你喂孩子吃饭,陪他们在儿童天地做游戏;抽烟的人,他们会给你一个烟嘴,并告知烟焦油有害健康;为了消除口味,海底捞在卫生间准备了牙膏、牙刷,甚至护肤品;过生日的客人,还会得到一些小礼物;如果你点的菜太多,服务员会善意地提醒你已经够吃;随行的人数较少时,他们还会建议你点半份……优质服务带来的效果就是,海底捞的顾客回头率超过了50%,每天晚上的翻台率可以达到5次左右。

海底捞的工作人员大多来自贫远的山村,受教育程度低,能吃苦耐劳,有的甚至是第一次出远门,渴望用双手改变自己的命运。而海底捞为他们创造了机会。在海底捞,只要你诚实、勤奋、踏实肯干,你的职位就能上升,甚至成为店长。在海底捞有个不成文的规定,每一个员工的升迁必须从基本的服务员开始。海底捞的员工对此深信不疑。海底捞对待员工极其关怀,公司会隔一段时间就去家访,为工作人员解决家庭困难;经理会躬下身来为送菜而崴了脚的服务员揉脚;建立寄宿学校,为员工远在老家的孩子提供教育机会;海底捞将员工宿舍安排在最繁华的住宅小区,有空调和暖气;海底捞的员工服甚至都是按照空姐服装的式样剪裁定做的;小区经理离职,公司赠送20万元,大区经理或以上职位人员离职,公司赠送800万元"嫁妆"。张勇曾多次在高层员工培训中说过:"差异化的服务掌握在每一位员工手里,把海底捞塑造成一个家,员工就愿意为自己干活,为家无私服务。"而让张勇欣慰的是,在中国餐饮行业员工的平均流动率达28.6%的背景下,这一数字在海底捞仅为10%。

张勇对管理层的授权和对一线员工的信任一直让同行匪夷所思。张勇在公司的签字权是100万元以上,30万—100万元由副总、财务总监和大区经理决定,大宗采购部长、工程部长和小区经理有30万元的签字权,店长也有3万元的签字权,甚至海底捞的普通员工就有对客人提供打折和免单的权利。这种大胆的授权在行业内极其少见。这种放权也带来了一些问题,例如有些门店就反映存在员工"吃单"的现象,即员工将客人没吃的菜退回厨房却将退的菜钱放进自己的口袋,这在店里繁忙的时候特别容易发生。为了解决这个问题,公司把"吃单"设成了公司的高压线,一旦发现类似情况,直接开除,而且公司里还对此制订了监察流程、举证制度。

海底捞的服务和员工管理方式是海底捞的管理层和员工通过多年的经营管理,积累积淀经验而成的,这一直是张勇和所有海底捞员工的骄傲。但业界对海底捞的服务和管理是否可以复制与模仿正进行着激烈的讨论。有人说,海底捞的服务和管理只要设计流程化就能大规模地进行复制;也有人反对说,海底捞的服务和管理与海底捞特有的文化紧密联系,无法进行实质模仿。张勇明白,海底捞如果能够被直接复制,则海底捞多年来形成的优势将荡然无存;如果不能被复制,则海底捞以后很难完成上市之后快速扩张的需要,这也许是海底捞不久之后会面对的情况。

(资料来源:根据网络资料整理)

【问题】

1.你认为海底捞奉行的是何种市场营销观念?

2.海底捞的"家文化"人性化管理对企业营销活动产生哪些积极的影响?

3.你认为海底捞的服务和管理是否可以复制与模仿? 为什么?

◆项目实训

项目实施的要求和原则是知识模块与企业岗位对接,课程内容与工作任务对接,教学过程与工作情景对接,专业知识与职业技能对接。

项目一:2014 年 2 月 8 日,在俄罗斯索契冬奥会开幕式上,奥运五环展示环节出现失误,五环只展开了四环。事后很多天猫网店借"冬奥会五环事件"大肆炒作,借势营销。以课程小组为单位,通过查阅网络资源,从社会热点、营销创新、商机利用、品牌宣传、娱乐调侃等方面进行分析,完成大作业"分析判断天猫商家采用的市场营销方式",并制作相应的 PPT 课件。

项目二:2013 年 3 月 16 日有报道称,小米公司和可口可乐在上海联合宣布签约合作,在随后的 3 个月时间里,消费者在可口可乐全线产品包装上都可以看到小米手机的踪影,数量是 3 亿瓶。消费者在购买可口可乐产品的时候,都有机会"揭盖"赢取小米手机。以课程小组为单位,通过查阅网络资源,完成大作业"小米手机跨界营销方式分析"。

第二章 市场营销环境研究

适者生存。

——查尔斯·罗伯特·达尔文

【学习目标】

1.了解市场营销环境对市场营销活动的重要影响、作用。

2.掌握微观环境和宏观环境的主要构成,以及分析、评价市场机会与环境威胁的基本方法,科学地分析环境给企业带来的机会与威胁。

【导入案例】

店址的选择

某个服装店老板在确定开店地址时,他面临这样两个选择:是开在还没有服装店的街上,还是开在已经有许多服装店的街上。如果是前者,其有利之处是没有同行的竞争者,"独此一家,别无分店"。由于没有竞争者,到这条街上购买服装的顾客都会光临这个店。但同时存在的问题是:因为服装店太少,给顾客选择的余地就小,顾客很可能在一家店中买不到他所需要的服装,所以他就不来此处购买衣服,而转向到其他选择余地大的地方购买。所以,尽管没有竞争者,但来的顾客也会比较少。如果开在服装店较多的街上,尽管顾客可能会在任何一家店购买,其他的服装店会抢走许多生意,但由于来这条街买服装的顾客多,即使只有其中一部分光临该店,其业务量也不会少。在这个案例中,服装店老板实际上面临着"竞争者有多少?"这个营销环境问题。"店多拢市"和"店多对手多"是同时存在的。

请思考:通过这个小故事,你认为企业在营销过程中为何要重视环境分析?营销环境到底由哪些维度构成?

第一节 市场营销环境概述

在企业活动中,营销行为既要受自身条件的制约,也要受外部条件的制约。识别环境变动带来的机会和威胁,根据环境的特点与发展态势,制订并不断调整营销策略是营销工作的重要内容之一。

一、营销环境的定义

营销环境是指影响和制约企业营销活动的各种内部条件和外部因素的总和。

企业总是生存于一定的环境之中,企业营销活动离不开自身条件,也离不开周围环境。内部条件企业可以控制,但外部因素是企业难以控制的。企业营销活动不仅要主动地去适应环境,而且要通过把握和预测环境,在某种程度上影响环境,使环境有利于企业的发展。可见,重视研究营销环境及其变化,是企业营销的基本工作。

二、营销环境的分类

按企业界线(系统边界)来划分,企业营销环境可以分为外部环境和内部环境,如图2-1所示。

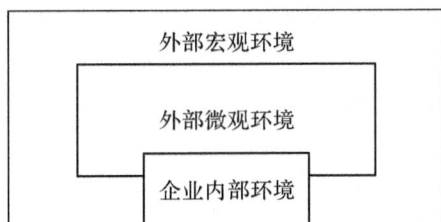

图 2-1　企业营销环境

(一)外部环境

外部环境是影响企业营销活动的外在因素,如政治、法律、经济、社会、文化、人口、科技、自然及供应商、销售商、竞争对手等,如图2-2所示。外部环境一般是企业难以控制的,营销策略应当是主动地去适应环境。强势企业可以通过把握和预测环境,在某种程度上影响环境。

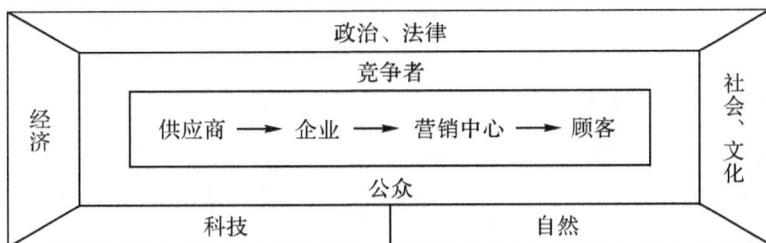

图 2-2　企业外部环境

按对企业营销活动的影响层次的不同,外部环境可分为宏观营销环境和微观营销环境。

1. 宏观营销环境

宏观营销环境,又称间接营销环境,是指给企业营销活动带来市场机会和环境威胁的环境因素,这些因素包括政治法律因素、经济因素、社会文化因素、科学技术因素、自然因素等,如图2-3所示。分析宏观营销环境的目的在于更好地认识环境,通过企业营销活动来适应社会环境及变化,达到企业的营销目标。

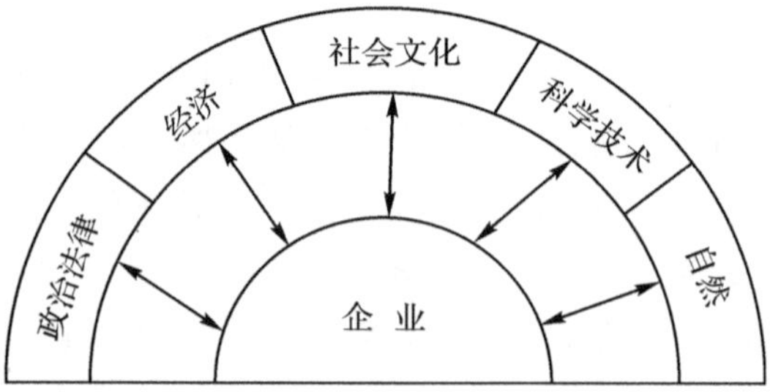

图 2-3　宏观营销环境

2. 微观营销环境

微观营销环境,又称直接营销环境,是指直接影响与制约企业营销活动的环境因素,即与企业紧密相连、直接影响企业营销能力的各种参与者,如企业本身、上游企业、下游企业、顾客、竞争者及社会公众等,如图 2-4 所示。微观环境,多半与企业具有或多或少的经济联系,有时又称作作业环境。

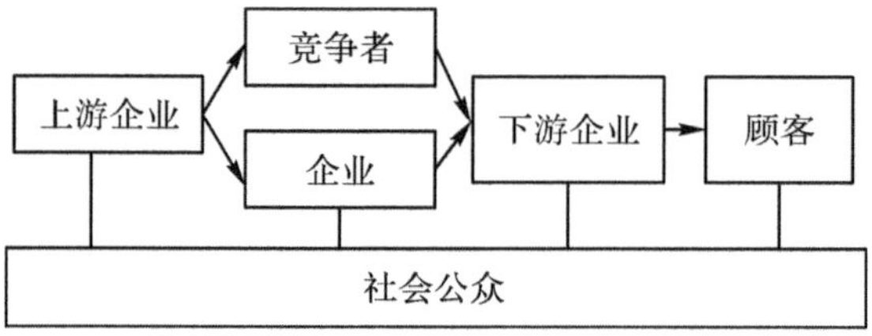

图 2-4　微观营销环境

宏观营销环境一般以微观营销环境为媒介去影响和制约企业的营销活动,在特定场合,也可直接影响企业的营销活动。宏观营销环境因素与微观营销环境因素共同构成多因素、多层次、多变化的企业市场营销环境综合体。

(二)内部环境

企业内部环境是指企业内部物质、文化环境的总和,包括内部管理、营销能力、财务状况及企业文化等,这些因素也称作企业内部条件,如图 2-5 所示。内部环境是企业经营的基础,是制订战略的出发点、依据和条件,是竞争取胜的根本。

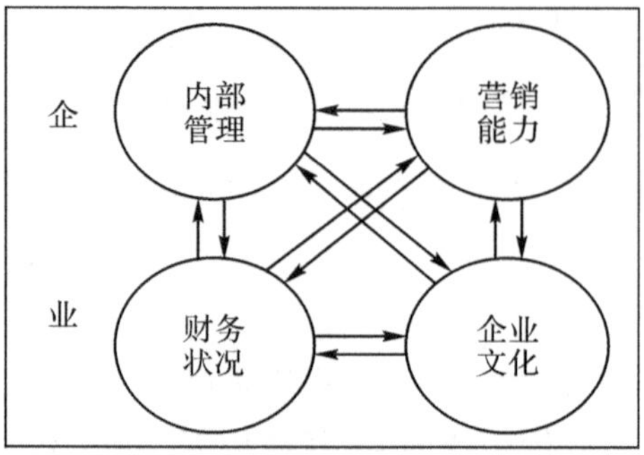

图 2-5　企业内部环境

三、营销环境的特征

(一)客观性

环境作为营销部门外在的不以营销者意志为转移的因素,对企业营销活动的影响具有强制性和不可控性的特点。一般来说,营销部门无法摆脱和控制营销环境,特别是宏观环境,企业难以按自身的要求和意愿随意改变它,如企业不能改变人口因素、政治法律因素、社会文化因素等。但企业可以主动适应环境的变化和要求,制订并不断调整市场营销策略。事物发展与环境变化的关系是"适者生存,不适者淘汰",就企业与环境的关系而言,这也同样适用。有的企业善于适应环境就能生存和发展,有的企业无法适应环境变化,就难免被淘汰。

(二)差异性

不同的国家或地区之间,宏观环境存在着显著的差异,而不同的企业,其微观环境也千差万别。正因为营销环境的差异,企业为适应不同的环境及其变化,必须采取有特点和有针对性的营销策略。环境的差异性也表现为同一环境的变化对不同企业的不同影响。例如,中国加入世界贸易组织,意味着大多数中国企业进入国际市场,进行"国际性较量",而这一经济环境的变化,对不同行业所造成的冲击并不相同。有的直接受到很大影响,有的受影响程度并不是很明显。

(三)多变性

市场营销环境是一个动态系统,构成营销环境的诸因素都受众多因素的影响,每一环境因素都随着社会经济的发展而不断变化。如产品的供需状况会随着这种产品生产情况的变化而变化,有时会表现出供不应求的卖方市场状态,有时又会表现出供过于求的买方市场状态。

四、企业营销对策

虽然企业营销活动必须与其所处的外部和内部环境相适应,但营销活动决非只能被动地接受环境的影响,营销管理者应采取积极、主动的态度能动地去适应营销环境。就宏观环境而言,企业可以以不同的方式增强适应环境的能力,避免来自环境的威胁,有效地把握市场机会。在一定条件下,也可运用自身的资源,积极影响和改变环境因素,创造更有利于企业营销活动的空间。就微观环境而言,直接影响企业营销能力的各类参与者,事实上都是企业营销部门的利益共同体。企业内部其他部门与营销部门利益的一致性自不待言,按市场营销的双赢原则,企业营销活动应为顾客、供应商和营销中间商带来利益,并造福于社会公众。即使是竞争者,也存在互相学习、互相促进的情况;在竞争中,有时也会采取联合行动,甚至成为合作者。"店多拢市"就是把竞争者变为合作者的一种有效机制。

(一)应对环境威胁的营销对策

企业面对环境威胁时,一般采取三种对策。

（1）转化策略，即将不利的环境向有利的方向转化。

（2）减轻策略，即调整市场策略来适应或改善环境，以减轻环境威胁的影响程度。在企业没有条件或不准备放弃对目前主要产品的经营时，可以通过加强管理、提高效率、降低成本等方式，以尽可能地减少威胁。

（3）转移策略，即面对长远的、无法对抗和减轻的威胁，可以采取转移到其他可以占领并且效益较高的经营领域或停止经营的方式。转移包括三种方式：产品转移、市场转移和行业转移。

（二）应对环境机会的营销对策

企业面对有利的环境机会，应根据自身的资源与优势充分利用环境机会，具体有三种策略可以选择。

（1）及时利用策略。当市场机会与企业的战略目标一致，企业又具备市场资源时，企业应抓住机遇，及时调整自己的营销策略，充分利用市场机会发展壮大自己。

（2）待机利用策略。当市场状况比较稳定，短期内不会发生太大变化，而企业暂时不具备一些必要条件时，可以积极准备、创造条件，等待机会的成熟。

（3）果断放弃策略。对于某些吸引力很大，但是考虑到企业的现实情况，缺乏必要条件，无法加以利用的市场机会，此时企业应果断做出放弃决策，而去探寻其他适合自身企业发展的机会。

总之，任何企业的成败很大程度上取决于企业能否把资源运用与环境变化创造性地结合起来，从而使环境威胁转化为企业机会，变压力为动力，这是企业兴旺发达的关键所在。

【案例 2-1】"标准门"事件后农夫山泉的应对之策

2013年3月8日，消费者李女士发现自己购买的农夫山泉矿泉水中存在不明黑色悬浮物，当即向有关质检部门投诉。李女士想与农夫山泉负责人协商，但迟迟得不到农夫山泉的回应。农夫山泉在该事件的处理上并未正视事件在公众间的影响力，缺乏与公众沟通的诚意。

4月12日，《京华时报》报道农夫山泉饮用水标准不如自来水的标准，导致该事件由初期的"质量门"正式升级为事态更为严重的"标准门"。

事件由"质量门"正式升级为事态更为严重的"标准门"后，农夫山泉快速应对，立即成立危机管理小组，对整个事件的发展趋势进行全方位监控。针对《京华时报》的报道，农夫山泉第一时间做出回应，并将所需证明材料公之于众，消除公众心中疑虑，赢得消费者信任。4月13日，农夫山泉附图证明2011—2013年间13次水质抽查检测全部合格。随后农夫山泉在北京召开新闻发布会，实证饮用水标准高于国家和地方标准，是当前国内严格按照最高饮用水标准生产的企业之一，并起诉《京华时报》，要求赔偿名誉损失费6000万元。

"标准门"事件对农夫山泉的影响十分显著，农夫山泉为了重新赢得消费者信任，首先推出以"一个你从来不知道的故事"为主题的宣传片，表明农夫山泉品质的优良及水源勘测的不易,提高了品牌忠诚度。其次与网易云音乐合作,将音乐与用户故事相结合,并将故事分享给每一个消费者,戳中无数人的情感共鸣。最后不断开展各种公益活动,触动公众心中的关爱情怀,让农夫山泉的产品更易于被公众所接受。自"标准门"事件以来,农夫山泉有针对性地进行品牌形象重塑,已完全走出该事件阴影,如今已成为饮用水行业的佼佼者。

(资料来源:根据网络资料整理)

第二节　宏观营销环境研究

宏观营销环境是对企业营销活动产生市场机会和环境威胁的主要力量。分析宏观营销环境的目的在于更好地认识环境,通过企业营销活动来适应环境及其变化,实现企业营销目标。宏观营销环境主要包括人口、经济、自然、科学技术、政治法律及社会文化等一些企业很难控制的大的负面环境。

一、人口环境

人口是构成宏观营销环境的第一位因素。因为人口的多少直接决定市场的潜在容量,人口越多,市场规模就越大。而人口的其他指标如年龄结构、地理分布、婚姻状况、出生率、死亡率、人口密度、人口流动性及其文化教育等,都会影响企业的市场营销活动。

(一)人口数量

人口数量是决定市场规模和潜量的一个基本要素,因此,按人口数量可大致推算出市场规模。我国人口众多,无疑是一个巨大的市场。

(二)人口结构

人口结构主要包括人口的年龄结构、性别结构、家庭结构及社会结构等。

1. 年龄结构

不同年龄的消费者对商品的需求不一样。老年人、中年人、青年人与儿童等的需要是大不相同的。目前,我国人口老龄化现象十分突出,诸如保健用品、营养品、老年人生活必需品等市场将会兴旺。

2. 性别结构

性别结构反映到市场上就会出现男性用品市场和女性用品市场。男性和女性在消费心理与行为、购买商品类别、购买决策等方面有很大的不同。例如,我国市场上,通常女性购买生活用品(如杂货、衣服等),男性购买大件物品等。

3. 家庭结构

家庭是购买、消费的基本单位之一。家庭的数量直接影响到以家庭为基本消费单位的商品的数量,如住房、家用电器、汽车等。

4. 社会结构

根据人口社会标识而划分的人口结构,它由一系列具有社会标识的人口结构所组成,如人口阶级结构、民族结构、宗教结构、语言结构和婚姻家庭结构等,它们随着生产力的发展而相继产生,并随着社会生产力的发展而不断变化。阶级的产生与消灭,民族、文化和语言的产生与融合,宗教变迁,家庭规模变化等,都是人口社会结构产生和自身发展的必然前提。

【专栏 2-1】二胎政策驱动的消费红利

2015 年 10 月 29 日,十八届五中全会通过了"全面实施一对夫妇可生育两个孩子政策"这一重大决定。至此,实施了 35 年的独生子女政策正式宣布终结。全面放开二胎政策的实施,对中国经济的拉动作用不可忽视,将会对相关产业如食品、玩具、母婴、医疗等产生直接影响。同时,政策的实施在未来将改变中国人口的年龄结构,也间接对房地产等行业产生影响。根据儿童抚养成本估算,全面放开二胎政策将会带来每年1200 亿—1600 亿元的消费红利。

(资料来源:根据网络资料整理)

二、经济环境

经济环境指影响企业营销活动的购买力因素,包括消费者的收入、消费支出倾向和消费结构及社会经济发展等内容。

(一)消费者收入水平

"有钱才能消费",消费者收入水平对企业营销活动的影响极大。不同收入水平的消费者,其消费的项目、消费的品质、对价格的承受能力都是不同的,如价格昂贵的品牌服饰的购买对象主要是高收入消费者。

在研究消费收入时,要注意以下几点:

1. 个人可支配收入

个人可支配收入是在个人收入中扣除税款等后所得的余额,它是个人收入中可以用于消费支出或储蓄的部分,它构成实际的购买力。

2. 个人可任意支配收入

个人可任意支配收入是在个人可支配收入中减去用于维持个人与家庭生存不可缺少的费用(如房租、水电、食物、燃料、衣着等项开支)后剩余的部分。这部分收入是消费需求变化中最活跃的因素,也是企业开展营销活动时所要考虑的主要部分。因为这部分收入主要用于满足人们基本生活需要之外的开支,一般用于购买高档耐用消费品、旅游、储蓄等,它是影响非生活必需品和劳务销售的主要因素。

3. 家庭收入

家庭收入的高低会影响很多产品的市场需求。一般来讲,家庭收入高,对消费品需求大,购买力也大;反之,需求小,购买力也小。

需要注意的是,企业营销人员在分析消费者收入时,还要区分"货币收入"和"实际收入",只有"实际收入"才影响"实际购买力"。

(二)消费者支出模式

消费者支出模式是指消费者各种消费支出的比例关系,也就是常说的支出结构。在收入一定的情况下,消费者会根据消费的急需程度,对自己的消费项目进行排序,一般需要先满足的即主要的消费排序在前。如温饱和治病肯定是第一位的消费,其次是住、行和教育,再次是舒适型、提高型的消费,如保健、娱乐等。

当家庭收入增加时,用于购买食物的支出比例下降,而用于服装、交通、保健、娱乐、教育的支出比例上升。这一研究结论被称为"恩格尔定律"。恩格尔定律的具体运用主要是通过计算恩格尔系数,计算公式为:恩格尔系数＝食物支出 / 总支出 ×100％。

食物支出占总支出的比重越大,恩格尔系数越高,生活水平越低;反之,食物支出所占比重越小,恩格尔系数越小,生活水平越高。恩格尔系数反映了在人们收入增加时支出变化的一般趋势,已成为衡量一个国家、地区、城市、家庭生活水平高低的重要参数。

在分析消费者支出模式时,还必须考虑我国消费者储蓄意识比较浓厚这一特征。存的钱越多,用于消费的钱就越少。近年来,我国居民储蓄额和储蓄增长率均较大,使得国内消费总规模始终不能显著增长,这影响了很多商品的销售。

三、自然环境

自然环境是人类最基本的活动空间和物质来源,可以说,人类发展的历史就是人与自然关系发展的历史,自然环境的变化与人类活动休戚相关。

(一)目前自然环境面临危机

目前,自然环境面临的危机主要表现在:

1.自然资源逐渐枯竭

传统上,人们将地球上的自然资源分成三大类:取之不尽、用之不竭的资源,如空气、水等;有限但可再生的资源,如森林、粮食等;有限又不能再生的资源,如石油、煤及各种矿物等。由于现代工业文明对自然资源无限度地索取和利用,导致矿产、森林、能源、耕地等资源日益枯竭,甚至连以前认为永不枯竭的水,也在某些地区出现短缺。目前,自然资源的短缺已经成为各国经济进一步发展的制约力甚至是反作用力。

2.自然环境受到严重污染

世界经济仍是物质经济,是一种肆意挥霍原料、资源、能源等自然资源的经济,是一种严重依赖于矿物燃料作为发展动力的经济。这种经济模式呈现粗放型高速增长的特点,不仅极大地消耗了地球资源,而且使人类生存环境遭到空前污染。土壤沙化、温室效应、物种灭绝、臭氧层破坏等,环境的恶化正在使人类付出惨重的代价。

(二)自然环境的变化对营销的影响

这些影响从目前情况看,主要表现在以下方面:

1.企业经营成本的增加

自然环境变化对企业经营成本增加的影响主要通过两个方面表现出来。一方面,经济发展对自然资源的严重依赖是传统经济发展模式的主要特征之一。自然资源的日趋枯竭和开采成本的提高,必然导致生产成本提高。另一方面,环境污染造成的人类生存危机,使得人们对环境的观念发生改变,环保意识日益成为社会主流意识。昔日粗放模式下的生产方式必须进行彻底改变,企业不仅要承担治理污染的责任,还必须对现有的可能产生污染的生产技术和所使用的原材料进行技术改造,而这不可避免地增加了企业生产成本。

2. 新兴产业市场机会增加

环境变化给企业带来的市场机会也主要体现在两个方面。一方面,为了应对环境变化,企业必须寻找替代的能源及各种原材料,替代能源及材料生产企业面临大量的市场机会。如石油价格的居高不下和剧烈波动,激起企业大量投资研究替代能源,仅仅在太阳能领域,已有成百上千的企业推出了新一代更具有实用价值的产品,用于家庭供暖和其他用途。另一方面,环保型材料和各种污染治理设备生产企业也在人们环保意识增强和各种立法治理污染的情况下,给污染控制技术及产品,如清洗器、回流装置等创造了一个极大的市场,促使相关企业探索其他不破坏环境的方法去制造和包装产品。

四、技术环境

科学技术是社会生产力发展中最活跃的因素。作为营销环境的一部分,科技环境不仅直接影响企业内部的生产和经营,同时还与其他环境因素相互依赖、相互作用,与经济环境、文化环境的关系更为紧密,尤其是新技术革命,给企业市场营销既造就了机会,又带来了威胁。例如,一种新技术的应用,可以为企业创造一个明星产品,产生巨大的经济效益;也可以迫使企业的某一传统优势产品退出市场。新技术的应用还会引起企业市场营销策略、经营管理方式及消费者购物行为发生变化。

(一)新技术引起的企业市场营销策略的变化

新技术给企业带来巨大的压力,同时也改变了企业生产经营的内部因素和外部环境,从而引起以下企业市场营销策略的变化。

1. 产品策略

由于科学技术的迅速发展,新技术应用于新产品开发的周期大大缩短,产品更新换代加快。在世界市场形成和竞争日趋剧烈的今天,开发新产品成了企业开拓新市场和赖以生存发展的根本条件。因此,要求企业营销人员不断寻找新市场,预测新技术,时刻注意新技术在产品开发中的应用,从而开发出给消费者带来更多便利的新产品。

2. 分销策略

由于新技术的不断应用,技术环境的不断变化,人们的工作及生活方式发生了重大变化。广大消费者的兴趣、思想等差异性扩大,自我意识增强,从而引起分销机构与分销方式的不断变化,大量的特色商店和自我服务的商店不断出现。例如,20世纪30年代出现的超级市场,40年代出现的廉价商店,六七十年代出现的快餐服务饭馆、自助餐厅、特级商店、左撤子商店等。尤其是在信息技术迅猛发展的今天,网上销售更成为未来企业产品分销的重要途径,同时也引起了分销实体流动方式的变化。

3.价格策略

科学技术的发展及应用,一方面降低了产品成本使产品价格下降,另一方面使企业能够通过信息技术,加强信息反馈,正确应用价值规律、供求规律、竞争规律来制订和修改价格策略。

4.促销策略

科学技术的应用引起促销手段的多样化,尤其是广告媒体的多样化、广告宣传方式的复杂化。如人造卫星成为全球范围内的信息沟通手段。信息沟通的效率、促销组合的效果、促销成本的降低、新的广告手段及方式将成为今后促销研究的主要内容。

(二)新技术引起的企业经营管理的变化

技术革命是管理改革或管理革命的动力,它向管理提出了新课题、新要求,又为企业改善经营管理、提高管理效率提供了物质基础。目前,许多企业在经营管理中都使用电脑、传真机等设备,这对改善企业经营管理、提高企业经营效益起到了很大作用。现在,凡是大众化的商品,在商品包装上都印有条形码,使得结账作业速度迅速加快,大大提高了零售商店收款的工作效率,缩短了顾客收款等候时间,提高了服务质量。

(三)新技术对零售商业和购物习惯的影响

自动售货机的出现,使销售形式得到改变。这种方式对卖方来说,不需要营业人员,只需少量的工作人员补充商品,回收现金,保养、修理机械;对买方来说,购货不受时间限制,在任何时间都可以买到商品、获得服务。网络销售的出现,使消费者足不出户即可完成购物,这大大方便了消费者,也改变了消费者的购物习惯和生活方式。

五、政治法律环境

政治与法律是影响企业营销的重要的宏观环境因素。政治因素像一只有形之手,调节着企业营销活动的方向,法律则为企业商贸活动的行为准则。政治与法律相互联系,共同对企业的市场营销活动发挥影响和作用。

(一)政治环境

政治环境指企业市场营销活动的外部政治形势、国家方针政策及其变化。

在国内,安定团结的政治局面不仅有利于经济的发展和人们收入的增加,而且影响人们的心理状况,使市场需求发生变化。党和政府的方针、政策,规定了国民经济的发展方向和速度,也直接关系到社会购买力和市场消费需求的变化。

对国际政治环境的分析,应了解"政治权力"与"政治冲突"对企业市场营销活动的影响。政治权力对企业市场营销活动的影响主要表现在有关国家政府通过采取某种措施限制外来企业及产品的进入,如进口限制、外汇控制、劳工限制、绿色壁垒等等。政治冲突则指的是国际上的重大事件和突发性事件,这类冲突即使在以和平和发展为主流的时代也从未绝迹。这种冲突对企业的市场营销工作的影响或大或小,意味着巨大的威胁或机会。

(二)法律环境

法律环境是指国家或地方政府颁布的各项法规、法令、条例等。法律环境不仅对企业的营销活动而且对市场消费需求的形成和实现具有一定的调节作用。企业研究并熟悉法律环境,不仅可以保证自身严格依法经营和运用法律手段保障自身权益,还可通过法律条文的变化对市场需求及其走势进行预测。

各个国家的社会制度不同,经济发展阶段和国情不同,体现统治阶级意志的法律制度也不同。从事国际市场营销的企业,必须对相关国家的法律制度和有关的国际法规、国际惯例和准则进行深入的学习和研究,并在实践中遵循它们。

六、社会文化环境

社会文化主要指一个国家、地区的民族特征、价值观念、生活方式、风俗习惯、宗教信仰、伦理道德、教育水平和语言文字等的总和。主体文化占据着支配地位,起着凝聚整个国家和民族的作用,它是由千百年的历史所形成的文化,包括价值观、人生观等;次级文化是在主体文化支配下所形成的文化分支,包括种族、地域、宗教等。文化对所有营销参与者的影响是多层次、全方位和渗透性的。它不仅影响企业营销组合,而且影响消费心理和消费习惯等,这些影响多半是间接的、潜移默化的。

在对社会文化环境进行分析时要考虑以下几方面:

1.教育水平

教育程度不仅影响劳动者的收入水平,而且影响消费者对商品的鉴别力,影响消费者心理、购买的理性程度和消费结构,从而影响企业营销策略的制订和实施。

2.宗教信仰

人类的生存活动充满了对幸福、安全的向往和追求。在生产力低下、人们对自然现象和社会现象迷惑不解的时期,这种追求容易带着盲目崇拜的宗教色彩。沿袭下来的宗教色彩逐渐形成一种模式,并影响人们的消费行为。

3.价值观念

价值观念指人们对社会生活中各种事物的态度和看法。不同文化背景下的价值观念差异很大,消费需求和购买行为之间也存在较大差异。对于不同的价值观念,营销管理者应研究并采取不同的营销策略。

4.消费习俗

消费习俗指历代传递下来的一种消费方式,是风俗习惯的一项重要内容。消费习俗在饮食、服饰、居住、婚丧、节日、人情往来等方面都表现出独特的心理特征和行为方式。

5.消费流行

受社会文化多方面的影响,消费者产生共同的审美观念、生活方式和情趣爱好,从而导致产生了一致的社会需求,这就是消费流行。消费流行在服饰、家电及某些保健品方面表现得最为突出。消费流行在时间上有一定的稳定性,但有长有短,有的可能是几年,有的则可能是几个月;在空间上还有一定的地域性,同一时间内不同地区流行的商品品种、款式、型号、颜色等可能不尽相同。

6. 时尚与趋势

时尚是不可预测的、短暂的和没有社会、经济及政治意义的一种形态。趋势是具有势头和持久性的发展方向或次序。趋势比时尚更具有可预见性、更持久,趋势能够展示未来的雏形并且提供战略方向。

【专栏2-2】在中国做生意常见的十个文化错误

在中国做生意常见的十个文化错误。

期待标准的时间概念:在中国的时间的概念并不一定清楚地指明这一个小时何时结束,下一个小时何时开始。例如,在西方人看来,中午指的是一个明确的时间,但中国人用它来指从上午11点到下午1点的两个小时。

将大嗓门误认为是敌意的表示:可能是中国想要发声的人太多,或者是这种语言习惯如此,但不管是什么原因,中国人的说话音量要比让西方人感到舒服的音量高出几个分贝。

误解中国人对尊敬的表示:虽然在西方人看来握手是很自然的,但在那些认为"亲热"是不礼貌且不尊敬的表现的中国人看来,握手并不总是令人自在的行为。多数中国人握手无力,在问候别人时仅仅表现出矜持。

低估在会前交换名片的重要性:印有简体汉字的双面名片是对中国商人表示尊敬的第一步;缺少这样一张名片与在西方商务会议开始时拒绝握手没什么不同。即使你很熟悉别人已经向你介绍过的那个人的头衔和职位,你也得细看他的名片。

不向"关系"妥协:像多数惯用语一样,关系很难翻译成能表达其意思的一个英语词汇。"家庭以外的关系或联系"可能最接近这个作为中国社会和文化核心的概念的意思。因此,中国人在做生意之前就要了解他们想要与之做生意的人,事情如何、为何、何时做成都取决于这些关系。

认为在中国一顿饭只是一顿饭:你肯定会受邀与人共进午餐或晚餐,在那期间讨论生意会被认为很无礼。但这并不意味着吃饭不带有商业目的(原因是关系)。如果有从未在你参加过的任何商务会议上出现的人来到餐桌前,请别感到吃惊。

忘掉餐桌礼仪:在西方人看来,桌上的食物总是太多(这表示主人的富足),但每样菜你都要尝一尝。对于主人指出的最好的菜,他夹给你的每一份你都一定要接受,那是他好客的表示。

敬酒不喝:在中国,拒绝主人即使以似乎很正当的借口,也会为一顿饭蒙上阴影。如果你不想喝酒,那么请早点找借口,趁敬酒还没开始。

将探索性问题视作无礼:中国人的百无禁忌与我们正确的(常常也扼杀自发性的)谈话方式截然相反。中国人能够问出多数人很想问但除了小孩以外都不敢问出的问题。请为常常百无禁忌到令人吃惊的社交谈话做好准备。

忘记尊严胜过金钱:对中国人来说,保全面子至关重要;丢面子是灾难性的;让别人丢面子不可原谅。任何形式的拒绝都会让别人丢面子,因此在中国不该直接说"不";相反,在中国,你也绝不该认为"是"很可靠,因为对中国人来说,"是"是一个暂时的、灵活的概念。

（资料来源：《美媒盘点在中国做生意常见的十个文化错误》李莎编译）

第三节 微观营销环境研究

企业的微观营销环境是指对企业服务其目标市场的营销能力构成直接影响的各种因素的集合,包括企业内部环境、顾客、供应商、营销中介、竞争者和社会公众等与企业具体营销业务密切相关的各种组织及个人。供应商、企业内部环境、营销中介、顾客这一链条构成企业的核心营销系统。企业市场营销活动的成败,还直接受到另外两个群体的影响,即竞争者和社会公众。

一、企业内部环境

企业为开展营销活动,必须设立某种形式的营销部门,而且营销部门不是孤立存在的,它还面对着财务、采购、制造、研究与开发等一系列职能部门。市场营销部门与这些部门在最高管理层的领导下,为实现企业目标共同努力着。另外,企业市场营销部门与这些部门之间既有多方面的合作,也存在争取资源方面的矛盾。例如,在产品品质方面,营销部门从顾客需求出发,会对产品品质提出更高的要求;而生产部门从成本的角度出发,可能会降低对品质的要求。再如,对营销推广费用的核定,营销部门与财务部门往往会不一致。因此,这些部门的业务状况如何,它们与营销部门的合作及它们之间是否协调发展,对营销决策的制订与实施影响极大。营销部门在制订和实施营销目标与计划时,要充分考虑企业内部环境力量,争取高层管理部门和其他职能部门的理解与支持。

二、供应商

供应商是指为企业生产提供所需原材料、辅助材料、设备、能源、劳务、资金等资源的供货单位。这些资源的变化直接影响到企业产品的产量、质量及利润,从而影响企业营销计划和营销目标的完成。供应商分析的内容主要包括以下几个方面:

(一)供货的及时性和稳定性

原材料、零部件、能源及机器设备等货源的保证供应,是企业营销活动顺利进行的前提。如汽车制造公司不仅需要发动机、变速箱、底盘等零配件来进行装配,还需要设备、能源作为生产手段与要素,任何一个环节在供应上出现了问题,都会导致企业的生产活动无法正常开展。为此,企业为了在时间上和连续性上保证得到货源的供应,就必须和供应商保持良好的关系,必须及时了解和掌握供应商的情况,分析其状况和变化。

(二)供货的价格变化

供应的货物的价格变化会直接影响企业产品的生产成本。如果供应商提高原材料价格,必然会导致生产企业的产品成本上升,生产企业如提高产品价格,可能会影响产品销售;如果价格不变,则企业的利润又会减少。因此,企业应密切关注和分析供应商的货物的价格变化趋势，以便积极应对。

（三）供货的质量保证

供应商能否供应质量可靠的生产资料将直接影响到企业产品的质量，从而进一步影响到产品的销售量、企业的利润及信誉。例如，使用劣质液晶屏不能生产出图像清晰、亮丽的电视，使用劣质水泥同样不能建成坚实的高楼大厦。因此，企业应了解供应商的产品，分析其产品的质量标准，从而保证自己产品的质量。

三、营销中介

营销中介是指为企业营销活动提供各种服务的企业或部门。营销中介对企业营销产生直接的、重大的影响，只有通过有关营销中介所提供的服务，企业才能把产品顺利地送达目标消费者手中。营销中介分析的主要内容有以下几个方面：

（一）中间商

中间商是把产品从生产领域转向消费领域的环节或渠道，主要包括批发商和零售商两大类。中间商对企业营销具有极其重要的影响，它能帮助企业寻找目标顾客，为产品打开销路，同时为顾客创造效用。为此，企业应根据自身情况选择适合自己的中间商，不仅要与中间商建立良好的合作关系，还必须了解和分析中间商的经营活动。

（二）营销服务机构

营销服务机构是指在企业营销活动中提供专业服务的机构，如广告公司、广告媒介、市场调研公司、营销咨询公司和财务公司等。这些机构会对企业的营销活动产生直接的影响，因此企业需要关注、分析这些服务机构，选择最能为本企业提供有效服务的机构。

（三）物流机构

物流机构是指帮助企业进行保管、储存、运输的机构，如仓储公司、运输公司等。物流机构的主要任务是协助企业将产品实体运往销售目的地，完成产品空间位置的移动，同时还有协助保管和储存职能。物流机构是否经济、便利，直接影响到企业营销效果。因此，在营销活动中，必须了解和研究物流机构及其业务变化动态。

（四）金融机构

金融机构是指为企业营销活动进行资金融通的机构，如银行、信托公司、保险公司等。金融机构的主要功能是为企业营销活动提供融资及保险服务。在现代经济社会中，企业都要通过金融机构开展经营活动。金融机构业务及活动的变化会影响企业的营销活动，比如银行贷款利率上升，会使企业成本增加；信贷资金来源受到限制，会使企业经营陷入困境。为此，企业应分析这些机构，并与这些机构保持良好的关系，以保证融资及信贷业务的稳定和渠道的畅通。

四、顾　客

顾客是企业服务的对象,也是营销活动的出发点和归宿,它是企业最重要的环境因素。按照顾客的购买动机,可将顾客市场分为消费者市场、生产者市场、中间商市场、政府市场和非营利组织市场5种类型。由于这5类市场的顾客需求各不相同,要求企业以不同的方式提供产品或服务,顾客的需求、欲望和偏好也直接影响企业营销目标的实现。为此,企业要注重对顾客的研究,分析顾客的需求规模、需求结构、需求心理及购买特点,这是企业营销活动的起点和前提。

【案例 2-2】一向口无遮拦的杜嘉班纳这次真的"栽"了

2018 年 11 月 21 日,杜嘉班纳创始人 Stefano Gabbana 的辱华言论一经曝光就引发了社会各界的不满。当天晚上本该是杜嘉班纳在中国的"高光"时刻,40 多位明星和 360 个模特一起走秀,展示 3 个主题、发布超过 100 个款式的全新成衣系列,不过这一切瞬间成了"泡影"。

事情的起因源于杜嘉班纳的一则广告片,因为"中式发音"、模特用夸张的姿势使用筷子吃披萨等片段被指歧视华人,后来这些视频在品牌官方微博上被删除。随后网友爆出了 Stefano Gabbana 的辱华言论——"没有你们我们(杜嘉班纳)也会卖得很好"等。辱华言论迅速在社交媒体发酵,受邀参加该活动的中国艺人,如陈坤、迪丽热巴、王俊凯、李冰冰、黄晓明等相继宣布将不会出席活动,而中国模特也宣称将罢演 DG 秀,这让杜嘉班纳感受到了危机。

Stefano Gabbana 紧急回应,称自己账号被盗,之前回复的并非他本人。随后杜嘉班纳在其官方微博也进行回应称:"Dolce&Gabbana 的官方 Intragram 账号和 Stefano Gabbana 的 Instagram 账号被盗,我们已经立即通过法律途径解决。我们为这些不实言论给中国和中国人民造成的影响和伤害道歉。我们对中国和中国文化始终一贯的热爱与尊重。"

(资料来源:根据网络资料整理)

五、竞争者

竞争者是指与企业存在利益争夺关系的其他经济主体。竞争是商品经济的必然现象。在商品经济条件下,任何企业在目标市场进行营销活动时,不可避免地会遇到竞争对手的挑战。即使某个市场只有一个企业在提供产品或服务,没有明确的对手,也很难断定在这个市场中没有潜在的竞争企业。因此,企业必须识别各种不同的竞争者,并采取不同的竞争策略。竞争者包括愿望竞争者、一般竞争者、品牌竞争者。一般来说,企业在营销活动中需要了解和分析竞争对手的内容包括 5 个方面:竞争对手的数量和类型,竞争对手的规模大小和能力强弱,竞争对手对竞争产品的依赖程度,竞争对手所采取的营销策略及对其他企业竞争策略的反应模式,竞争对手能够获取优势的特殊来源及供应渠道。

六、社会公众

社会公众是指对企业营销活动有实际或潜在利害关系的团体或个人,如媒体公众、政府公众、社团公众、社区公众、一般公众及企业内部公众等。企业面对广大公众的态度,会帮助或妨碍企业营销活动的正常开展。因此,企业应采取积极措施,树立良好的企业形象,力求保持和主要公众之间的良好关系。

第四节　市场营销环境分析方法与报告撰写

上文是对企业宏观、微观营销环境的研究与分析,在此基础上,还应对企业市场营销环境进行综合分析,以便对营销环境做出总体评价,为营销战略的制订提供可靠的依据。市场营销环境的综合分析也称为机会和威胁分析,通常分为 3 个步骤。

一、环境扫描

所谓环境扫描就是从市场环境中辨别出对企业经营有影响的、反映环境因素变化的某些事件。市场环境是动态变化的,每时每刻都会出现不同的事件,但并不是所有事件的发生都会对企业产生影响,即使对企业产生影响的事件也会由于本身性质而造成对企业产生影响的程度有所不同,需要通过环境扫描对其进行识别。因此,环境扫描是企业进行环境分析的第一步。

环境扫描工作通常由企业的高层领导召集和聘请企业内外熟悉市场环境的管理人员与专家组成分析小组,通过科学系统的调查研究、预测分析,将所有可能影响企业经营的环境因素因变化引发的事件一一罗列,然后加以讨论,逐一评审所有有关的环境事件的依据是否充分,从中筛选出分析小组一致认定的对企业经营将有不同程度影响的事件。

二、环境评价

经过环境扫描,甄别出环境中对企业产生影响的各种市场因素后,需要对这些影响因素的影响程度与影响方式进行评价。常用的评价方法有列表评价法、SWOT 分析法、劣势或优势分析法等 3 种,我们主要介绍 SWOT（"优势"——Strengths、"弱势"——Weaknesses、"机会"——Opportunities、"威胁"——Threats 4 个英文单词的第一个字母的缩写）分析法。通过 SWOT 分析法,可以结合环境对企业的内部能力和素质进行评价,理清企业相对于其他竞争者的相对优势和劣势,帮助企业制订竞争战略。

(一)企业优势和劣势

企业优势和劣势分析实质上就是企业内部经营条件分析,或称企业实力分析。

优势是指企业相对于竞争对手而言所具有的优势人力资源、技术、产品及其他特殊实力。充足的资金来源、高超的经营技巧、良好的企业形象、完善的服务体系、先进的工艺设备、与买方和供应商长期稳定的合作关系、融洽的雇员关系、成本优势等等,都可以形成企业优势。

劣势是指影响企业经营效率和效果的不利因素与特征,它们使企业在竞争中处于劣势地位。一个企业潜在的弱点主要表现在以下几方面:缺乏明确的战略导向、设备陈旧、盈利较少甚至亏损、缺乏管理和知识、缺少某些关键的技能、内部管理混乱、研究和开发工作落后、企业形象较差、销售渠道不畅、营销工作不得力、产品质量不高、成本过高等等。

(二)环境机会和威胁

企业的机会与威胁均存在于市场环境中,因此,机会与威胁分析实质上就是对企业外部环境因素变化的分析,市场环境的变化或给企业带来机会或给企业造成威胁。环境因素的变化对某一企业而言是不可多得的机会,但对另外一家企业则可能意味着灭顶之灾。

环境提供的机会能否被企业利用,同时,环境变化产生的威胁能否被有效化解,取决于企业对市场变化的反应的灵敏程度和实力。市场机会为企业带来收益的多寡、不利因素给企业造成负面影响的程度,一方面取决于这一环境因素本身的性质,另一方面取决于企业优势与劣势的结合状况。最理想的市场机会是那些与企业优势达到高度匹配的机会,而恰好与企业弱点结合的不利因素将不可避免地消耗企业大量资源。

在对企业环境因素进行评价时,一个有意义的方法便是将企业的优势、劣势和市场的机会、威胁进行结合分析,也可称为企业内外情况对照分析。企业内外情况对照分析法用的是十字形图表或矩阵进行分析,所以也称为十字图表法或矩阵分析法。现以某房地产经营企业的实例说明这种方法,如表 2-1 所示。

表 2-1　企业内外情况对照表

	有利条件(机会)	不利因素(威胁)
外部环境	商务写字楼的市场需求潜力大 企业拟开发的地段处于本市规划中的中央商务区范围内,具备良好的升值潜力 政府对开发商务用房产较为支持,有优惠政策	房地产企业受宏观经济因素影响大,波动性强 商品住宅市场趋于饱和 房地产项目融资困难 市场竞争激烈、本企业知名度不高
	企业优势	企业劣势
内部环境	企业管理能力、市场应变能力强,发展势头平稳 领导班子强、团结,中层干部力量强 设计人员素质高 具有较强的质量意识	企业整体规模不大,属中小型开发商 首次涉足商务用房市场,开发经验欠缺,项目资金不足 营销策划、市场推广能力差

表 2-1 基本上概括了该房地产开发企业面临的形势:①企业有住宅开发经验,却遇到了商品住宅市场供应饱和的威胁;②如转为商务写字楼开发,一方面竞争激烈,另一方面企业缺乏开发和销售经验;③企业虽整体规模不大,但管理水平高,市场应变能力强,设计与质量控制人员素质高;④拥有具有增值潜力的开发用地,能够获得政府支持。

通过以上几点分析,该开发商只要大力加强市场营销力量,就有可能成功进入商务用房市场,并形成良性循环。

通过这个实例可以看出,这个方法的主要优点是简便、实用而且有效。其主要特点是通过对照分析,把外部环境中的有利和不利条件、内部环境中的优势和劣势联系起来。

三、环境分析报告及其撰写

在进行机会与威胁分析及 SWOT 分析之后,需要整理、归纳以上对企业环境进行调查、分析和预测的结果,编写环境分析报告。该报告将作为企业最高领导层构想营销战略方案和进行战略决策的基本依据。

编写环境分析报告的过程是对未来环境的变化进一步调查分析、明确问题、深化认识的过程,因而是环境分析的一个重要步骤,必须予以充分的重视。

环境分析报告是环境分析结果的总结和概括,它应能回答战略决策制订时所要了解的未来环境问题。报告的主要内容是:

(1)企业未来将面临什么样的环境;

(2)各个环境因素会如何变化,对企业将造成怎样的影响;

(3)未来环境会对企业有哪些机会和威胁,它们出现的概率是多大;

(4)企业适应未来环境的初步设想和战略课题是什么。

对环境分析报告的撰写应力求简明扼要,论证要用事实和数据说明,尽量采用直观醒目的图表。

◆本章小结

市场营销环境是企业营销活动不可控制的外部因素和力量,包括微观营销环境和宏观营销环境。微观营销环境指与企业紧密相连,直接影响企业营销能力的各种参与者,包括市场营销渠道企业、顾客、竞争者及社会公众。宏观营销环境指影响微观营销环境的一系列巨大的社会力量,主要是人口、经济、政治法律、科学技术、社会文化及自然生态等因素。

市场营销环境具有客观性、差异性、多变性和相关性等特征。人口环境主要包括人口数量、年龄结构、社会结构、家庭和性别结构;经济环境主要包括收入、支出状况和经济发展状况;分析自然环境时需要注意某些自然资源短缺或即将短缺,环境污染日益严重,许多国家对自然资源管理的干预日益加强;分析政治法律环境时主要注意与市场营销有关的经济立法情况、群众利益团体发展情况;分析技术环境时主要注意新技术是一种"创造性的毁灭力量",新技术革命有利于企业改善经营管理水平,新技术革命会影响零售业态结构和消费者购物习惯;分析社会文化环境时主要分析教育水平、宗教信仰、价值观念、消费习俗、消费流行的时尚与趋势。

一个企业要进入某一行业或领域,不仅会面临很多发展机会,而且会遇到一些阻力或威胁。因此,企业在进入某一行业或领域之前,一定要对其所面临的市场机会和环境威胁做总体分析,包括机会威胁分析和优势劣势分析。

◆思考练习

1.企业在进行经济环境分析时,主要考虑哪些经济因素?

2.企业对其所面临的环境威胁可能采取的对策有哪些?

3.试述社会文化环境对市场营销的影响。

4.市场营销环境有哪些特征?

5.什么是SWOT分析法?如何应用SWOT分析工具对企业进行环境分析?

◆案例阅读与分析

【案例】"炭"里寻商机

白居易笔下有个卖炭翁。在北京朝阳区也有一家当代"卖炭翁"。店主李晶,是位精干的女士。涉足过广告行业的她,为何会看上并不起眼的黑竹炭,并认定其有巨大市场呢?一次偶然的机会,李晶在一本杂志上看到关于"卖炭翁"的介绍。一心想创业的她,对陶吧、咖啡厅都有过考虑,但技术和资金的壁垒成为李晶实现理想的障碍。李晶同先生一道来到了"卖炭翁"总部——杭州遂昌县。在那里,李晶亲自验证了竹炭的功效。此前,李晶不知道炭除了燃烧外,还有其他功能。这坚定了她把经营竹炭作为自己创业方向的信心。她说:"我认为,这就是潜在的市场。"

2004年4月24日,第一家"卖炭翁"终于落户北京。令李晶欣慰的是,在开张前三天,店面还在装修时,小店就创造了近400元的营业额。"那时,我还在忙着装修。就有不少顾客十分好奇,知道是竹炭产品后,他们都很感兴趣。甚至都不管店面是否已开张,就买了我的商品。现在,他们几乎都是我的常客。而回头客带来的收益,几乎占到了总营业额的60%。"李晶说起来特别开心。

当然,也有让李晶费心的事。"卖炭翁"经营的竹炭产品属于新面孔,加上配套的市场宣传滞后,李晶不得不耐心地就顾客提出的诸多问题进行仔细解答。一位女士听说竹炭能与饭一同蒸煮,便担心会不会把饭煮黑,一位男士也对一张炭制凉席标价500元而耿耿于怀。李晶对每个问题都细心回答。"只有顾客了解了这一产品,才可能去买它!"

李晶对产品前景充满信心:竹炭产品,利用最多的是其吸附和除湿功能。吸附除味、除湿保健——这都与老百姓生活贴近,冰箱有味了,鱼缸水质变坏了都能用竹炭改善。

商店开张后,李晶非常注重质量和服务。一次,一位女士反映:她所购买的竹炭腰带尺寸太小,根本无法佩带。李晶在收回该顾客的商品后,便向总公司反馈,要求解决这一问题。"不要看只是一个顾客,他的背后是一个市场。"李晶说。

开业第六天,北京通县的顾客就表示想加盟。随后,怀柔、回龙观等5处也相继有了加盟店。"卖炭翁"的市场在不断地扩大,麻烦事也在增多。由于"卖炭翁"系列刚涉足市场,产品有待完善,如该产品包装过于简单导致产品价位不能提升,包装袋上也没有生产日期等。顾客难免心中犯嘀咕:这炭怎么这么贵?没有生产日期会不会过期?李晶坦言:如果我是顾客,也会这么想。但她说,一个竹炭风铃制作过程需1个月,价格自然要高一些。"如能换上精美的包装,价格高一点顾客应该能接受。"她如是认为。

李晶特别善于打开市场。有些顾客对竹炭不是很了解,她坚持以诚动人:"您只要花几块钱,就会知道产品的好坏。我没有必要为这点小钱,砸自己的牌子。"就这样,李晶凭着一股拼劲,把"卖炭翁"经营得井井有条,并逐步在北京打开了市场,获得了可观的利益。

(资料来源:根据网络资料整理)

【问题】

1. 李晶在经营上获得成功的经验有哪些?

2. 谈谈你对"企业市场机会"的理解,以及寻找和利用企业机会给你的启示。

◆项目实训

项目一:2017年10月25日晚,麦当劳(中国)有限公司被发现更名为"金拱门(中国)有限公司"。这一消息也在社交平台上引发网友热议,有网友便感叹:"这名字太接地气了。"以课程小组为单位,通过查阅网络资源,应用市场营销环境知识进行分析,完成大作业"麦当劳更名金拱门的市场环境原因分析",并制作相应的PPT课件。

项目二:复习本章所学主要知识点,以课程小组为单位,以学校周边某一你们熟悉的餐饮或其他企业为样本,对其经营环境予以分析,并完成调查报告。

第三章 消费者市场与购买行为

生产要"养人之欲,给人以求"。

——荀子

【学习目标】

1. 了解消费者市场的含义与特点。

2. 理解消费者购买行为的影响因素。

3. 掌握消费者做出购买决策的过程。

【导入案例】

三则小故事

用什么颜色的杯子盛咖啡呢? 日本三叶咖啡店的老板发现不同的颜色会使人产生不同的感觉,那选用什么颜色的咖啡杯最好呢? 于是他做了一个有趣的实验:邀请了30多人,每人各喝4杯浓度相同的咖啡,4个咖啡杯的颜色分别是红色、咖啡色、黄色和青色。最后得出结论:几乎所有的人都认为红色杯子里的咖啡调得太浓了;三分之二的人认为咖啡色杯子里的咖啡太浓了;而所有人都认为黄色杯子里的咖啡浓度正好,而青色杯子里的咖啡太淡了。此后,三叶咖啡店改用红色杯子盛咖啡,既节约了成本,又使顾客对咖啡质量和味道感到满意。

波音公司的销售人员估计他们产品的潜在优点时有点保守,常高估油耗水平。他们说可节省5%的油,但实际节省8%。客户因实际性能超过期望,所以很满意。他们继续购买并告诉其他客户,说波音公司信守承诺。

我仍然很喜欢这套家具,它比我们以前所用的那套要强得多,但是我想如果花费更长一点的时间,我们也许会找到更满意的。我的意思是说这确实物有所值,在那样一个价位你不可能得到更好的东西。从某种意义上说,我对这笔支出相当满意,但有时我也真希望自己当时能买一套价格更贵一点、档次更高一点的。

请思考:以上3个小案例分别从不同角度分析消费者对购买行为满意与否的影响因素,通过本章的学习,你可以概括出来吗?

第一节　消费者市场与购买行为

一、消费者市场

(一)消费者市场的含义

在介绍消费者市场之前,我们先看看如何理解消费者市场的主角——消费者。消费者是各种消费品的需求者、购买者和使用者,是处于需求、购买、使用3个阶段中某一阶段或整个过程的个人与组织。

消费者市场又称为最终产品市场,是指为满足生活消费需要而购买产品或服务的市场,它是一切市场的基础,是实现企业利润的最终环节,是一切社会生产的终极目标。因此,所有的产业市场都是为消费者市场而存在的。对消费者市场的研究,是对整个市场研究的核心与基础。

(二)消费者市场的特点

与组织市场相比,消费者市场表现出如下特点:

1. 消费者多而分散,差异性大

消费者人数众多,分布面广,每次购买数量较少,购买频率较高。不同民族、宗教、地域、年龄、性别、职业、受教育程度、收入水平的消费者,在生活消费的各个方面都有不同的需求特点。不仅如此,就同一消费者而言,需求也有多样性特征,即不仅有生理的需求,还有心理方面和精神方面的需求。

2. 购买行为属非专家购买,可诱导性大

多数消费者对大多数商品缺乏深入的了解和专门的知识,对消费品的购买表现出很强的情感性和可诱导性。消费者的需求,大部分可以通过环境的改变或外部诱因的刺激和诱导而发生变化和转移。消费者需求的这一特征,为企业提供了巨大的市场潜力和市场机会。企业可以通过卓有成效的市场营销活动,从被动地适应、迎合消费者需求,转化为积极主动地引导、激发和创造需求,把无需求变为有需求、潜在需求变为现实需求和未来需求变为现实需求。

3. 消费者需求层次多,流动性大

消费者市场既包括生存、安全等低层次需求,也包括享受、发展等高层次需求。当低层次的物质生活需要得到满足后,消费者就会追求高层次的社会性、精神性需求的满足。同时,由于收入水平、文化修养、信仰观念、生活习惯等方面的差异,不同的消费者会呈现出各种各样的需要。当消费者的需要不可能同时得到满足时,消费者会根据需要的轻重缓急,有层次地逐步实现。即使是在同一类商品市场,消费者购买层次也是不同的。同时,市场经济比较发达的地区,人口的流动性较大,从而导致了消费者购买的流动性也很大,消费者经常会在不同产品、不同地区、不同企业之间流动购买。

4. 购买具有周期性,需求发展变化大

从商品的消费情况来看,有些商品是常年均衡消费品,需要经常购买,如食品、副食品等生活必需品;有些商品属季节性或节日消费品,如时令服装、蔬菜水果和节日消费品等。消费者购买行为有一定的周期性可循。同时,随着社会经济的发展和生活水平的提高,消费者需求的内容、构成和总量都会不断变化和发展,即使同一层次的需求,其内涵也是可变的,原有的需求会被新的需求所取代,潜在的、未来的需求会不断转化为现实的需求。消费者的一种需求满足了,又会产生出新的需求,循环往复。也就是说,人们的需求是无止境的,不会停留在一个水平上。

二、消费者购买行为

(一)消费者行为

消费者行为是指消费者为获得、使用、处置消费物品或服务所采取的各种行动。传统上,消费者行为被理解为产品或服务的获得或获取。随着对消费者行为研究的深化,人们日益深刻地意识到,消费者行为是一个整体,是一个过程,它涉及很多的决策、很多的参与者和很多的消费活动,获取或购买只是其中的一个环节。

营销学者在对购买行为进行分析研究时,归纳出了 7 个要素来描述消费者购买行为的过程。这 7 个要素是:购买者(消费者市场由谁构成)、购买对象(消费者购买什么)、购买目的(消费者为什么购买)、购买组织(哪些人参与了购买过程)、购买方式(消费者怎样购买)、购买时间(消费者于何时购买)、购买地点(消费者在何地购买)。在对购买行为七要素进行分析的过程中,难点是购买目的(消费者为什么购买),因为它是隐蔽的、错综复杂的和难以捉摸的,营销人员把消费者的购买心理视作一个充满疑问的"暗箱",所以又被称为"暗箱"分析。在此基础上,力求找出已知的外部影响因素和最终消费者行为间的关系,以解决企业最想知道的"消费者为什么购买"的问题。

(二)消费者购买行为的类型

1. 根据消费者购买行为的复杂程度和所购产品的差异程度划分

如果消费者属于高度参与,并且了解了现有各品牌、品种和规格之间具有的显著差异,则会产生复杂的购买行为。复杂的购买行为指消费者完整的购买决策过程,包括大量的信息收集、全面的产品评估、慎重的购买决策和认真的购后评价等各个阶段。对于复杂的购买行为,营销者应制订策略帮助购买者掌握产品知识,运用各种途径宣传本品牌的优点,影响最终购买决定,简化购买决策过程。消费者购买价格昂贵、使用期长的高档商品多属于这种类型,如购买轿车、商品房等,消费者购买该类商品时十分慎重,会花很多时间去调查、比较、选择。

减少失调感的购买行为:其是指消费者并不广泛收集产品信息,并不精心挑选品牌,购买决策过程迅速而简单,但是在购买以后会认为自己所买产品具有某些缺陷,或其他同类产品有更多的优点,进而产生失调感,怀疑原先购买决策的正确性。这一类消费品被购买后使用时间较长,消费者购买频率不高,对于这类购买行为,营销者要提供完善的售后服务,通过各种途径经常提供有利于本企业产品的信息,使顾客相信自己的购买决定是正确的。

寻求多样化的购买行为：其指消费者购买产品有很大的随意性，并不深入收集信息和评估比较就决定购买某一品牌，在消费时才加以评估，但是在下次购买时又转换成其他品牌。转换的原因是厌倦原口味或想试试新口味，是寻求产品的多样性而不一定是有不满意之处。对于寻求多样性的购买行为，市场领导者和挑战者的营销策略是不同的。市场领导者通过占有货架、避免脱销和提醒购买的广告来鼓励消费者形成习惯性购买行为，而挑战者则以低价格、高折扣、赠券、免费样品和新品试用等手段来激励消费者改变原习惯性购买行为。

习惯性购买行为：其指消费者并未深入收集信息和评估品牌，只是习惯于购买自己熟悉的品牌，在购买后可能评价也可能不评价产品。多发生在购买日常所需、消耗快、购买频繁、价格低廉的商品之时，如油盐酱醋、洗衣粉、味精、牙膏、肥皂等。购买者一般对商品比较熟悉，加上价格低廉，人们往往不必花很多时间及精力去收集资料和进行商品的选择。对于习惯性购买行为的主要营销策略是：利用价格优势与促销活动吸引消费者试用；开展大量重复性广告，加深消费者印象；加深购买参与程度和品牌差异。

2. 根据消费者购买目标的确定程度划分

全确定型：其指消费者在购买商品以前，已经有明确的购买目标，对商品的名称、型号、规格、颜色、式样、商标及价格的幅度都有明确的要求。这类消费者进入商店以后，一般都是有目的地选择，主动地提出所要购买的商品，并对所要购买的商品提出具体要求，当商品能满足其需要时，则会毫不犹豫地买下商品。

半确定型：其指消费者在购买商品以前，已有大致的购买目标，但具体要求还不够明确，最后购买需经过选择、比较才完成。如购买空调是原先计划好的，但购买什么牌子、规格、型号、式样等心中无数。这类消费者进入商店以后，一般要经过较长时间的分析、比较才能完成其购买行为。

不确定型：其指消费者在购买商品以前，没有明确的或既定的购买目标。这类消费者进入商店主要是参观、游览、休闲，漫无目标地观看商品或随便了解一些商品的销售情况，有时看到感兴趣或合适的商品就购买，有时则观后离开。

3. 根据消费者购买态度与要求划分

习惯型：其指消费者由于对某种商品或某家商店的信赖和偏爱而产生的经常或反复的购买。由于经常购买和使用，他们对这些商品十分熟悉，体验较深，再次购买时往往不再花费时间进行比较、选择，注意力稳定、集中。

理智型：其指消费者在每次购买前对所购的商品，要进行较为仔细的研究和比较。这类消费者的购买感情色彩较少，头脑冷静，行为慎重，主观性较强，不轻易相信广告、宣传、承诺、促销及售货员的介绍，主要受商品质量、款式等特质吸引。

经济型：其指消费者购买商品时特别重视价格，对于价格变化的反应特别灵敏。购买时无论是选择高档商品，还是中低档商品，最重视的是价格，因此他们对"大甩卖""清仓""血本销售"等低价促销最感兴趣。一般来说，这类消费者的购买行为主要与其自身的经济状况有关。

冲动型：其指消费者因受到商品的外观、包装、商标或其他促销手段的刺激而产生的购买行为。冲动型消费者的购买一般都是以直观感觉为主，从个人的兴趣或情绪出发,喜欢新奇、新颖、时尚的产品,购买时不愿做反复的选择、比较。

疑虑型:其指消费者具有内倾性的心理特征,购买时小心谨慎或疑虑重重。购买行为的产生一般较缓慢且费时多。常常是"三思而后行",常常会犹豫不决,甚至中断购买,购买后还会疑心是否上当受骗。

情感型:这类消费者的购买大多依靠情感反应,他们往往以丰富的联想力衡量商品的意义,购买时注意力容易转移,兴趣容易变换,对商品的外表、造型、颜色和命名都较重视,以是否符合自己的想象作为购买的主要依据。

三、消费者购买行为的研究方法

消费者购买行为的研究方法很多,有定性研究方法,如访谈法、投射技术法;定量研究方法,如实验法、调查法;还有定性和定量相结合的研究方法。研究消费者购买行为的具体方法还有观察法、心理测量法(数字分配量表、语义差异量表、态度层次应答量表)、案例法等。我们主要从消费者行为影响因素的不同层面来探索研究方法,可归纳为3种,分别是:决策导向研究法,体验导向研究法和行为影响研究法。

(一)决策导向研究法

持这种决策导向研究法的学者认为,消费者的购买行为被视为一个理性的问题解决过程:首先意识到问题的存在,然后收集信息,在此基础上对各种备选品进行评价、比较和筛选,最后做出购买决定。

(二)体验导向研究法

在有些情况下,消费者并不是按照一种理性的决策程序做出购买决策的。相反,人们有时购买产品或服务纯粹是为了有趣、好玩,为了产生一种离奇感,为了获得一种情绪或情感的体验。冲动性购买、寻求多样化的购买是这种体验型购买的典型例子。体验导向研究法着眼于从情绪和情感体验角度研究消费者行为,研究人员将致力于识别、发现与购买相伴随的各种感觉情绪、想象和象征。

(三)行为影响研究法

持行为影响研究法的学者认为,在外部环境力量的驱动下,消费者可能尚未产生或形成关于某种产品的情感和信念就做出购买决定。也就是说,消费者在购买一种产品或接受一项服务时,并不一定经过了一个理性的决策过程,也不一定依赖已经发展起来的某些情感,相反,行动可能受了环境因素的直接影响。

第二节　影响消费者购买行为的因素

如果你是战争专家,你会去研究"决定战争胜负"的相关因素如何变化;如果你是营销人员,你一定会去研究"决定消费者选择"的相关因素如何变化,因为消费者的选择永远是你占领市场的关键。那么,影响消费者购买行为的因素有哪些呢? 迄今,西方学者已建立了不少针对消费者行为方面的模型或分析框架,这些模型或分析框架从不同视角对影响消费者行为的变量及相互关系进行描述。概括起来主要由 3 部分构成：消费者决策过程，影响和决定消费者行为的个体与心理因素，影响消费者行为的外部环境因素。将影响消费者行为的各种因素按一定的层面组织在一起，形成一幅简单的框架图，如图 3-1 所示。

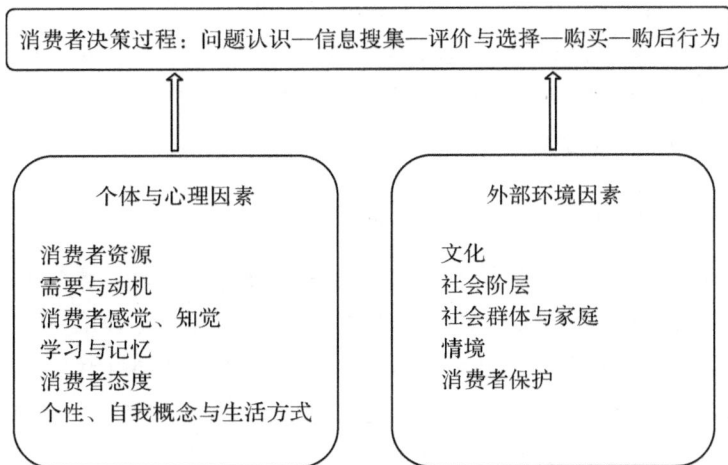

```
┌──────────────────────────────────────────────────────────┐
│ 消费者决策过程：问题认识—信息搜集—评价与选择—购买—购后行为 │
└──────────────────────────────────────────────────────────┘
        ↑                              ↑
┌─────────────────────┐    ┌─────────────────────┐
│   个体与心理因素      │    │    外部环境因素       │
│                     │    │                     │
│  消费者资源          │    │  文化                │
│  需要与动机          │    │  社会阶层            │
│  消费者感觉、知觉     │    │  社会群体与家庭       │
│  学习与记忆          │    │  情境                │
│  消费者态度          │    │  消费者保护          │
│  个性、自我概念与生活方式 │  │                     │
└─────────────────────┘    └─────────────────────┘
```

图 3-1　消费者行为研究基本分析框架

一、个体与心理因素

(一)消费者资源

消费者资源是影响消费者购买行为的一个重要因素，主要包括消费者的经济资源、消费者的时间和消费者的知识。

消费者的经济资源有很多种类型，主要有收入、财富和信贷。相对而言，财产数据较收入数据更不容易获得，所以在针对消费者的调查中，通常是了解和考察消费者的收入。由于消费具有一定的惯性，而且也受预期等因素的影响，在很多情况下，除了考察收入，还需要考虑家庭财产、消费信贷等因素。

消费者的时间：时间作为一种资源，像收入和财富一样制约着消费者对产品和服务的购买。如何根据不同顾客的时间压力开发产品，如何帮助消费者减轻时间压力，在这些方面，企业面临很多机遇和挑战。

消费者的知识：消费者关于产品、购买、使用等方面的知识是影响其购买行为的重要因素。为此，企业可以通过产品知名度分析、品牌形象分析等方法，了解消费者对企业及其竞争者的产品的看法，同时还要了解消费者是如何将这些知识有机地组织起来的，并在此基础上，有针对性地制订相应策略。

(二)需要与动机

需要，是指消费者生理和心理上的匮乏状态。作为个体的消费者，其需要是十分丰富多彩的，有生理需要与社会需要，也有物质需要与精神需要。作为营销人员，如何紧紧围绕消费者的需求，如"认知需求、宣泄需求、成就需求、分类需求、心理防御需求"等展开市场谋划,是赢得消费者的先决条件。"人们其实不想买一个四分之一英寸的钻头,他们只想要一个四分之一英寸的洞!"这句话提醒我们,消费者购买行为分析的基础,应该从满足消费者的需求开始。

我们设想自己将有一款产品,并畅想一下该产品拥有广阔的市场。但这些如何实现呢?逻辑应该是这样的:创意—表达—展示—订单—生产—客户。当你有一个想法时,你可以先表达出来,在平台上进行展示(这样的平台会越来越多),然后吸引喜欢的人去下单,拿到订单后可以找工厂生产(不用担心量太少,今后的生产一定会精细化和定制化),最后送到消费者手里。

【案例 3-1】肯德基如何开发消费者的潜在需要

几内亚地处赤道附近,酷暑异常,要让当地居民接受滚烫的炸鸡似乎并不容易。从表面上看,当地并没有对肯德基炸鸡的市场需求。但是,肯德基却以一种非常具有诱惑力的奇特方式打开了该国市场。公司在该国反复通过媒体传播这样一个观念:"肯德基炸鸡加冰可乐是最佳的口味搭配。"对该地居民来说,冰可乐是美妙的东西,把它和肯德基联系在一起,通过反复地宣传,进一步强化了它们的诱惑力。不久,当地居民果然接受了这一观念,大吃肯德基炸鸡和大喝可乐了。

(资料来源:根据网络资料整理)

动机,是引起个体活动,维持已有活动,并促使活动朝向某一目标发展的内在作用力。引起动机的内在条件是需要,外在条件是诱因。消费者具体购买动机可以概括为:

求实动机:其是指消费者以追求商品和服务的使用价值为主导倾向的购买动机。在这种动机的支配下,消费者在选购商品时特别重视商品的质量和功效,要求"一分钱一分货"。而对商品的象征意义所显示的个性、造型和款式等不是特别关注。

求名动机:其指消费者追求名牌高档商品,以显示或提高自己的地位和身份而形成的购买动机。

求廉动机:其是指以追求商品、服务的价格低廉为主导倾向的购买动机。在求廉动机的驱使下,消费者选择商品时以价格为第一考虑因素。他们对商品质量、花色、款式、包装、品牌等不是十分挑剔,而对降价和折让等促销活动有较大兴趣。

求美动机:其是指消费者以追求商品的审美价值和艺术价值为主要倾向的购买动机。在此动机的支配下,消费者选购商品时特别重视商品的造型、颜色等外观因素,讲究商品的造型、装潢和艺术性。求美动机的核心是讲究赏心悦目,重视商品的美化作用和效果。

求新动机:其是指消费者以追求商品和服务的时尚、新颖、奇特为主要倾向的购买动机。在这种动机的支配下,消费者选择商品时,特别注重款式、色泽、流行性、新颖性和独特性等,而产品的耐用性、价格等则成为次要的考虑因素。一般而言,在收入水平比较高的群体及青年人中,求新的购买动机较为常见。

求便动机:其是指消费者以追求商品购买与使用过程中的省时和便利为主要倾向的购买动机。在求便动机的支配下,消费者对时间、效率特别重视,对商品本身则不甚挑剔。他们特别关心的是能否快速方便地买到商品,讨厌过长的时间等候和过低的销售效率,对购买的商品要求携带方便,便于使用和维修。

模仿或从众动机:其是指消费者在购买商品或服务时自觉不自觉地模仿他人的购买行为而形成的购买动机。模仿是一种普遍的社会现象,一般而言,模仿对象多是社会名流或偶像。广告中经常出现某些歌星、影星、体育明星等名人使用某种商品的画面,目的就是刺激受众的模仿动机,促进产品销售。从众行为是指个人的观念与行为由于受群体的引导或压力,而趋向于与大多数人相一致的现象。比如,我们在家里随意试穿新买的奇异服装,但如果想把它穿出去时,则会慎重考虑大多数人的反应。

好癖动机:其是指消费者以满足个人特殊兴趣、爱好为主导倾向的购买动机。具有这种动机的消费者,大多出于习惯或个人癖好而购买某些商品。如有些人喜欢养花、养鸟、摄影、集邮,有些人喜爱收集古玩、古董、古书、古画,还有人好喝酒、饮茶。在好癖动机的支配下,消费者选择商品时往往比较理智、挑剔,不轻易盲从。

人的行为非常复杂,一个行为的背后可能有多种动机。消费者意识到并承认的动机我们叫它显性动机,而消费者没有意识到或不愿意承认的动机我们叫它隐性动机。消费者的很大一部分动机是隐性动机,也就是需要被掩盖了,所以很多营销的重要策略就是帮助消费者满足掩盖动机的需要,做到心照不宣。

(三)消费者感觉与知觉

感觉,是人脑对直接作用于感觉器官的客观事物个别属性的反映。个体通过眼、鼻、耳、舌等感觉器官对事物的外形、色彩、气味等个别属性做出反应。感觉是最简单的心理现象,人对客观世界的认识过程是从感觉开始的,记忆、思维、情感、意志等较高或较复杂的心理现象都是在感觉的基础上产生的。原来我们只相信自己的眼睛,所谓眼见为实。但是由于"虚拟现实VR"技术的逐渐成熟,我们就不再那么固执了:VR可以让你置身于任何一个世界里,通过AR技术可以把任何事物带到你面前。于是眼见再也不为实,今后我们可能只相信自己的内心,只要心一触念,一切都到了。

营销是场心理战。设想我们新开发了两款可乐饮品,起名为"雕牌可乐"和"老干妈可乐",跟"可口可乐"及"百事可乐"比,哪个比较好喝?你可能会皱起眉头问:这可乐能喝吗?洗衣粉味道的可乐?辣椒酱味道的可乐?这怎么喝?很多时候,你的产品好不代表卖得掉,必须让消费者"感觉"你的产品好,他们才有可能为它们买单。可见,营销人员一定要重视消费者的"感觉",要认识到:感觉让顾客对商品获得第一印象;对消费者发出的刺激信号强度要适合消费者的感觉限度;感觉是顾客引发某种情绪的诱因;感觉导致的流行趋势等。

许多产品只昙花一现就被消费者忘记,到底是什么原因呢?我们为什么会对当初疯狂追求的东西,产生"审美疲劳"?实际上,人之所以产生所谓"审美疲劳",无不源于一个经典的心理学概念:刺激适应(Sensory Adaptation)。大量的心理学方面的研究发现:任何的外部刺激,最终都会被"适应",也就是让人无感。而我们可以通过提供新的刺激源,如不断创新玩法,推出新产品,将外部刺激转化成内部刺激如让用户主动做事和参与,完成他们自己的目标等来应对"审美疲劳"。

人在感觉的基础上形成知觉。知觉是客观事物直接作用于感觉时,人脑所产生的对事物整体的反映。营销刺激如果不能被消费者知觉,就不能在消费者中引起预期的反应。知觉受一个人的兴趣、爱好、价值观和知识经验的影响,是一种心理活动。消费者的知觉过程主要包括3个相互联系的阶段:展露、注意、理解。

质量无疑是影响消费者购买行为的一个重要因素。我们把消费者对产品的适用性和产品功能特性适合消费者使用目的的主观理解叫作知觉质量或认知质量。消费者对产品质量的知觉主要依赖于产品的内部线索和外部线索。产品的内部线索指产品的外形、所用材料等,外部线索指产品品牌、价格、保证、出厂地、服务人员的仪表等。企业应根据目标消费者所依据的质量判断线索,制订相应的营销策略,以提高消费者对其质量的认知水平。

(四)学习与记忆

学习是有意识或无意识的信息处理,进而导致记忆和行为改变的过程,是人们通过神经系统接收外部环境变化信息而获得新的行为模式的过程,是基于经验而导致行为或行为潜能产生较为持久改变的过程。学习对于消费过程来说是非常关键的。实际上,消费者行为绝大多数是习得性行为。

消费者的学习离不开记忆。记忆是过去经验在人脑中的反映。记忆系统包括3个相互联系的子系统,即感觉记忆、短时记忆和长时记忆。与记忆相对的是遗忘,它是指消费者对识记过的内容不能再认识或记忆,或者表现为错误的再认识或回忆。许多营销者意识到,把产品与记忆建立起联系是一种重要的营销手段,也是培养和保持品牌忠诚度的有效途径。

一闪而过的东西很难给人留下深刻印象,重复可以吸引消费者的注意力,加深消费者的记忆,激发消费者的潜意识,并在潜意识层面形成心理倾向,促使消费者购买"熟知"的产品。例如,当你想购买口香糖、洗发液、运动鞋、饮料、手机等时,第一个出现在你脑海的商标或名字是什么?一般是那些最常出现的广告上的名字,你的潜意识记住了那些内容,并引导你选择"熟知"的产品。当然,营销人员也要注意,过多的重复也可能引起消费者的抱怨和反感,所以,应根据产品和市场的不同、需要与情境的不同等,恰当地选择重复的次数与间隔。

(五)消费者态度

态度一词最早指身体姿势,后来演变为专指心理状态的术语。这里是指消费者对某一对象所持有的评价与行为倾向。态度主要包含认知、情感和行为3种成分,它经服从、同化和内化三个过程形成,具有浓厚的感情色彩。态度既影响消费者对产品、品牌的判断和评价,也影响他的学习兴趣和效果,还影响他的购买意向和购买行为。态度虽然不是影响消费者购买行为的唯一因素,但了解态度后虽不能完全预测人们的实际行为,却可以很好地预测人们的消费偏好,如趋向于购买某商品或到某商场的心理倾向。

消费者的态度具有相对持久和稳定的特点,但并非不可改变。霍夫兰德和詹尼斯的态度改变说服模式,从外部刺激、目标靶特征、中介过程和劝说结果4个方面分析了态度改变的过程。态度在企业的营销传播活动中具有重要的运用价值,可通过成功地改变消费者对产品的态度来改变消费者的行为。

【案例 3-2】从"淑女"到"牛仔"

最初万宝路香烟推向市场的定位是一种极为温和的过滤嘴香烟。"像五月一样温和"是当时的促销口号。当你闭上眼睛想象万宝路香烟时,你的头脑中呈现的是有一个象牙烟嘴或红美人烟嘴的柔弱的并带有女性气息的香烟。后来,在对香烟市场进行深入的分析之后,企业决定将万宝路香烟改变为男子汉香烟,让香烟市场的主要男性消费者改变态度,接受万宝路香烟。为此,企业进行了一系列的策略改变。如在广告上的重大改变是:不再以妇女为主要诉求对象,而是在广告中一再强调万宝路香烟的男子汉气概,以浑身散发粗犷、豪迈气质和英雄气概的美国西部牛仔为品牌形象。在万宝路的品牌形象改变后的第二年,万宝路香烟在美国香烟品牌中的销量便扶摇直上,成为今天世界著名的香烟品牌。

(资料来源:MBA 智库文档)

(六)个性、自我概念与生活方式

个性是不同消费者在面临相似情况时做出有特性反应的倾向。它是在遗传、环境、成熟、学习等因素的交互作用下形成的,并具有很大的稳定性。同时,品牌也具有个性,品牌个性是指产品或品牌特性的传播及在此基础上消费者对这些特性的感知。消费者的购买行为之所以千差万别,是因为个体本身存在差异。现在,越来越多的营销人员倾向于把个性与决策过程中的一些中间变量如信息处理联系起来,或者转而研究品牌个性,这类研究对制订营销策略具有重要的意义。

如果一个品牌,如华为、小米、格力、海尔、西门子是一个人,你认为它属于哪种类型的人呢?如果找明星为这些品牌代言,你会寻找谁呢?为什么?

自我概念是消费者对自身的知觉、了解和感受的总和。换句话说,自我概念是由一个人对自己的态度(看法和感觉)所构成的。由于消费者倾向于购买那些与其自我概念相一致的产品,所以企业应了解目标消费者的自我概念,并塑造与这种自我概念相吻合的产品或品牌形象。

生活方式是指人们如何花费自己的时间,如何评说自己的生活环境,什么是生活中比较重要的及对自己和周围世界的看法等,也就是我们如何生活。生活方式是自我概念的表现,它通过消费者的活动、兴趣和意见反映出来。生活方式的形成很大程度上由一个人的内在个性特征所决定。营销人员可把对生活方式的测量与个性在价值观、态度、人口统计特征等方面的测量结合起来,从而在此基础上对市场进一步细分。

【专栏 3-1】约瓶江小白吗?

江小白,是重庆江小白酒业有限公司旗下江记酒庄酿造生产的一种自然发酵并蒸馏的高粱酒。以"我是江小白,生活很简单"为品牌理念,坚守"简单包装、精制佳酿"的反奢侈主义产品理念,坚持"简单纯粹,特立独行"的品牌精神。"小白"原本是菜鸟、新手的意思,现已成为江小白酒业有限公司所提倡的一种价值观,喻指追求简单、绿色、环保、低碳生活的都市年轻人。江小白酒业有限公司在《致我们情绪的青春》一文中这样写道:"我们捕捉每一个青春个体的丰富情绪,并向你提供一种带有酒精度的神奇饮料,它能放大我们的情绪,它能让我们更幸福、更快乐、更激情、更兄弟、更姐妹,也能让我们更孤独、更悲伤、更恐惧、更沮丧。我们喜欢的情绪,就让它淋漓尽致;我们回避不了的情绪,就让它来得更猛烈!"江小白提倡直面青春的情绪,做到不回避、不惧怕。"与其让情绪煎熬压抑,不如任其释放。"

随着互联网的普及,朋友之间的正常交流时间正越来越多地被移动社交软件所占据。但线上的热聊取代不了面对面的沟通。江小白号召放下手机、暂别网络,与朋友重新在现实中进行社交,不要让网络完全占据了生活。"回到现实,摘下面具,真心交流"——这种试图把消费者的情绪跟江小白产生连接,让情绪放大的想法,最终促成了江小白独具特色的"约酒大会",形成了新青年群体中流行的"约酒文化"。

（资料来源：根据网络资料整理）

二、外部环境因素

（一）文　化

文化是知识、信念、艺术、法律、伦理、风俗和由一个社会的大多数成员所共有的习惯、能力等构成的复合体。因此,文化不仅包括艺术和文学,而且包括生活思维方式、民族精神、价值体系、技术水平、传统和信仰等。也有学者认为,可以从物质层、心理层和心物结合层3个层面来理解文化。从消费者行为角度理解,文化是某个特定社会的大多数成员所习得和共享的,用以指导其消费行为的信念、价值观和习俗的总和。中国古语说的"入境而问禁、入国而问俗、入门而问讳",中国饮食文化的"南甜北咸、东酸西辣"等都是在潜移默化地影响着消费者购买行为的文化。

中国文化发展出不同于其他文化的一系列特点,如家族导向、伦理本位的务实精神,整体、直观的思维方式,中庸、尚和的处世态度,模糊、委婉的言说方式等。这些特点对消费者的消费观念、信息处理方式、产品和品牌偏好等均产生重要影响。对消费者行为影响最深刻的是文化价值观。西方学者将文化价值观分为有关社会成员间关系的价值观、有关环境的价值观,以及有关自我的价值观3种类型。在不同的文化价值观指导下,人们会有不同的消费行为。这些价值观中与消费者行为特别相关的包括集体主义,重家庭,重人情、关系和面子,崇老尚新等。

每一种文化中都存在着多种亚文化。亚文化是在一个较大的、更复杂的社会中存在的可以识别出来的独特的文化群体,如民族、种族、宗教、地理、年龄、性别、职业等亚文化。它是主文化的一部分,处于其中的成员具有共同的独特行为模式。在不同的文化氛围下,有不同的礼俗和象征,有不同的关于时间、空间、友谊、契约方面的理解和看法。这些均会极大地影响消费者行为。企业只有了解各文化中上述因素的差异,才可能更有效地制订广告、促销等方面的营销策略,才可能在跨文化的营销活动中游刃有余。所以,营销人员要意识到,你不仅在销售一种消费品,或是一种名牌产品,还是在销售一种情感化的产品,是在提供一种个性的文化。

【专栏 3-2】美国的中餐文化

衣食住行是人类社会最能彰显民族特色的方面,也是民族文化最基本的内容。出于种种原因,一些民族在诸多方面失去了民族特色,但至少在衣食住行的某一个方面还牢牢地保持着民族文化。如中国的汉民族,在衣服、居住和出行 3 个方面都没有了民族特色,但汉民族的饮食文化仍然被完整地保留了下来,而且一直在发扬光大。

汉民族的饮食文化非常丰富,由于气候、食材乃至地域文化等方面的不同,各地又有各地的风味特色。中国菜在国际上享有盛誉,可以说哪里有华人,哪里就有中国餐馆。中国饮食是最早走向世界的中国文化产品。但中国餐馆在很多国家一直不温不火,究其原因主要是特色鲜明,与大多数当地人口味不符。美国加州一家名叫"聚丰园"的中餐馆在 20 世纪 70 年代初就开业了,大厨是曾经为蒋介石做菜的程明才,水平不能说不高,但餐厅一直处于勉强维持的苟活状态,开张十多年后才开了第一家分店。经过考察,他儿子程正昌发现,和传统中餐的风味相比,美国人民更喜欢"酸甜中略带一点辣"的独特口味。他说:"美国人在吃饭时比较单纯,喜欢吃肉,但种类不必多,有几样菜就已经很满足。"针对这一特点,程正昌和父母将"聚丰园"的中餐进行改良,推出了非常适合美国人口味的陈皮鸡、酸甜排骨、五香虾、北京牛肉等菜式。其中又酸又甜、油多酱浓的陈皮鸡卖得最好,占据了整个营业额的 30%。在中国送给美国大熊猫之后,看到美国人如此喜爱大熊猫,程正昌又及时把餐厅改为"熊猫快餐",从此业绩扶摇直上。

经过 40 多年的发展,目前熊猫快餐已经成为美国,乃至世界上最成功的中国餐饮。在美国 48 个州和加拿大、墨西哥等近 10 个国家开设了 2000 多家分店,年销售额超过 30 亿美元,相关负责人计划在未来 5 年,把分店数量提升到 1 万家。

(资料来源:根据网络资料整理)

(二)社会阶层

社会分工使个体获取社会资源的机会和能力存在差别,使社会成员形成高低有序的不同等级和层次。社会阶层是具有相同或类似社会地位的社会成员组成的相对持久的群体,即社会按一种或多种因素判定一个人相对于他人所处的地位。决定社会地位或社会阶层的因素大致可分为 3 类,即经济因素、社会互动因素和政治因素。从营销人员的角度看,决定社会阶层的最重要的变量是职业、个人业绩、社会互动、拥有物、价值取向和阶层意识。

不同社会阶层的消费者在支出模式、休闲活动、对信息的利用与依赖程度、购物方式和场所,以及消费理念、媒体使用、购买力、生活方式等方面都会存在差异。同时,在具体的购买行为中,不同社会阶层的消费者在选择如服装、家具、电器、娱乐产品等产品上也都存在差异。通过对不同社会阶层消费者购买行为的分析,可让营销人员进行市场细化及更深入地了解消费者,为发展更为有效的市场提供依据与营销策略。

(三)社会群体与家庭

中国商业正从"物以类聚"变为"人以群分"。这句话有两层意思:第一,原来社会的中心是"物"(产品、商品),是人随物动;未来社会的中心是"人",是物随人动。以人为本的时代已经到来。第二,原来社会结构按"物品"归类,未来社会按"人群"归类。相同爱好、志向的人很容易会聚到一起。未来的社会将很有意思,一部分人将完全搞不懂另外一群人,君子和而不同。

群体,由两个或两个以上具有相同的规范、价值观或信念的个人组成,他们彼此之间存在着模糊的或明确的关系,因而其行为是相互依赖的。群体成员间相互影响和学习,对消费者行为产生潜移默化的影响。许多时候,消费者会为了群体成员身份而去购买相应的产品或服务。群体有很多种类型,与个体互动最频繁从而对其行为影响最大的群体是家庭、朋友群和同事群。

在社会群体中还有一个群体叫参照群体。参照群体是指这样一个群体,该群体的看法和价值观被社会中许多人作为当前行为的参考基础。消费者可以是也可以不是参照群体中的一员,像影视明星、体育明星等都可以成为参照群体。参照群体从信息、行为规范和价值体现3个方面影响消费者的行为。营销策略中的名人效应、专家效应、普通人效应、经理型代言人效应等都是对参照群体概念的营销运用。

角色是个体在特定社会或群体中占用的位置和被社会或群体所规定的行为模式。社会或群体对每一种角色都有一系列行为期待,大多数人在角色扮演过程中都力图使自己的行为符合社会的期待。在现实生活中,消费者要扮演各种各样的角色。在此过程中,需要使用很多与角色相关的产品。营销人员可以根据角色超载、角色冲突、角色演化、角色获取和转换来制订相关的营销策略。

【案例 3-3】群体规范的威力

一组潜在的顾客聚集在一起参加销售展示。当每种设计被展现时,做演示的推销员迅速浏览群体中每个人的表情,以便发现最赞赏该设计的那个人(如他不断点头)。然后询问点头者的意见,当然他的意见一定是赞同的。推销员继而请他详尽地发表评论意见,同时观察其他人的表情,以发现更多的支持者,并询问下一个最为赞同者的意见。一直问下去,直到那位起先最不赞同的人被问到。这样,鉴于第一个人的榜样作用,以及群体对最后一个人产生的压力,推销员使群体中的全部或大部分人公开对该设计做出了正面的评价。

(资料来源:《消费者行为学》第三版符国群编著)

家庭,是一种基本的社会群体,它由具有婚姻关系、血缘关系或收养关系的人所组成。大件商品如家具、家电及家居日用商品和食物等,多数是以家庭为单位购买的。什么样的企业尤其需要注重家庭的类型、规模及结构呢?除了家电、家具、日用品及食物企业以外,还有房地产商、汽车制造商、保险商、医疗服务商、疗养院、旅行社、餐饮业、宠物店、通信业、家政业等。此外,个人的消费模式,往往与家庭其他成员的消费模式密切相关。

随着时间的推移,根据成年人的年龄、婚姻状况、生育情况来区分家庭经历的阶段,就是家庭生命周期。在不同的生命周期阶段,财务状况和消费行为都会有所不同。家庭生命周期可以用来细分市场,并为目标市场制订适当的营销战略。如中国老年人的心理特征主要表现为希望长寿、希望生活安定幸福、希望受到尊重、希望为社会发挥"余热"。同时,他们还有一个突出的共同心理,那就是害怕孤独。在消费购买行为中集中表现为强调质量可靠、方便实用、经济合理、舒适安全,而商品的品牌、款式、颜色、包装、装潢等,则大多是放在第二位考虑的。此外,大部分支出用于购买食品和医疗保健用品;用于穿、用方面的支出则相对减少,受时尚、流行等因素影响的消费也非常少。

(四)情 境

情境是心理学术语,是以环境因素为基础,加入了人的情感和认知成分的一种比较特殊的环境。情境或消费者情境是指消费者进行消费或购买活动时,面临的环境中除主体刺激物(如广告或包装)以外的刺激及因环境导致的暂时个人特征,如赶时间或置于一个拥挤的商店内等等。情境既不是客观的社会环境,也不是可见的物质环境,是与二者有关的独立于消费者和商品本身属性之外的一系列因素的组合。如"双十一"购物节期间,消费者要面对降价折扣、促销氛围、时间压力、繁杂信息,同时还要持币搜索、伺机秒杀、担心错过——在这种独特情景下的消费者行为,和平时悠闲自得的购买行为有很大不同。

情境通常可以分为购买情境、沟通情境、使用情景和处置情境,具体可用以下方面来描述:

物理环境:如颜色、气味、声音、照明等。

人际环境:如同伴的影响、营业员的影响等。

时间观念:如某时间段人数、时间感对购物的影响。

人员密度:如人员多、压抑,可减少在商店的时间。

购买任务:如为自己与家人或为送人。

心境:购物时的情绪状态,如高兴、平和、压抑、忧伤等。积极和消极情绪都可能引起冲动消费,心境会影响对服务和等待的感知。

【案例 3-4】星巴克的魅力

在华尔街,星巴克是从事咖啡销售的店铺,更是一个传达浓缩咖啡技艺的体验之地,一个思考和想象的地方,一个可以喝着绝佳咖啡聚会畅谈的休憩之所,一个有社区归属感的舒适港湾,一个除了工作地点和家之外的第三个去处,一个欢迎和鼓励人们再来的场所,一个能同时包容快速服务和内心平静的空间。星巴克所代表的已经不只是一杯香气腾腾的咖啡,而是一种时尚文化的象征。在中国去星巴克的消费者中,90%是冲着那种氛围"喝情调"去的。如果你坐在巨大的落地窗旁,看着窗外的车水马龙,轻轻吸饮一口香浓的咖啡,会有一种城市主人的感觉,虽说有点作秀的味道,却也非常符合"雅皮"的感觉体验。星巴克的环境布置很聪明,巧妙地迎合了小资们的心理需求。

(资料来源:百度文库"星巴克服务场景")

(五)消费者保护

消费者保护运动(消费者保护主义)是由消费者、政府和有关社会组织发起的一系列活动,以提高消费者的权利意识和相对于买方的地位。消费者保护所涉及的内容非常广泛,现阶段一般包括产品品质与安全问题、信息与标志问题、儿童营销问题、消费者隐私问题和环境保护问题等。其中,某些不健康或疏忽性消费者行为问题是很多社会所共同关注的。面对消费者保护运动提出的一系列问题,企业应当也需要承担社会责任,并为履行这一责任,企业应建立起有效的消费者反应系统。

第三节　购买决策与过程

消费者行为受多种因素的影响和制约,这些因素包括决策过程、内部影响因素、外部影响因素和企业的营销活动。其中,企业的营销活动是可以为企业所控制的,其他 3 类因素基本在企业的控制以外。本节将介绍和讨论这些不为企业所控制的因素,旨在通过对这些不可控因素的分析,从而更好地制订营销战略与策略,更有效地影响消费者。影响和决定消费者行为的内、外因素,我们在上一节已经阐述过,本节将围绕消费者的决策过程具体展开介绍。

一、消费者购买决策的特点与角色

(一)消费者购买决策的特点

1. 消费者购买决策的目的性

消费者进行购买决策,就是要促进一个或若干个消费目标的实现,这本身就带有目的性。在决策过程中,围绕目标进行筹划、选择、安排,就是实现活动的目的性。

2. 消费者购买决策的过程性

消费者购买决策是指消费者在受到内外部因素刺激后,产生需求,形成购买动机,抉择和实施购买方案,购后经验又会影响下一次的消费者购买决策,从而形成一个完整的循环过程。

3. 消费者购买决策主体的需求个性

购买商品行为是消费者主观需求、意愿的外在体现,受许多客观因素的影响。除集体消费之外,个体消费者的购买决策一般都是由消费者个人单独进行的。随着消费者支付水平的提高,购买行为中独立决策的特点将越来越明显。

4. 消费者购买决策的复杂性

第一,消费者购买时的心理活动和决策过程是复杂的。决策是人类大脑复杂思维活动的产物。消费者在做决策时不仅要开展感觉、知觉、注意等一系列心理活动,还必须进行分析、推理、判断等一系列思维活动,并且要计算费用支出与可能带来的各种利益。因此,消费者的购买决策过程一般是比较复杂的。第二,是消费者决策内容的复杂性。消费者通过分析,决定在何时、何地,以何种方式、何种价格购买何种品牌商品等一系列复杂的购买决策内容。第三,是购买决策影响因素的复杂性。消费者的购买决策受到多方面因素的影响和制约,包括消费者个人的性格、气质、兴趣、生活习惯与收入水平等主体相关因素,消费者所处的空间环境、社会文化环境和经济环境等客观因素,产品本身的属性、企业的信誉和服务水平,以及各种促销形式等各种刺激因素。这些因素之间存在着复杂的交互作用,它们会对消费者决策的内容、方式及结果有着不确定的影响。

5. 消费者购买决策的情景性

影响决策的各种因素不是一成不变的,而是随着时间、地点、环境的变化不断发生变化,因此消费者的消费决策具有明显的情景性特点,其具体决策方式会因所处情景的不同而不同。由于不同消费者的收入水平、购买传统、消费心理、家庭环境等影响因素存在着差异性,不同消费者对于同一种商品的购买决策也存在着差异。

此外,在今天内容电商环境下,消费者在购买商品的时候,有时没有处在"我要购物""我要逛街"的心态和场景下,而是在悠闲地看着微博、微信、美妆达人直播、自媒体的文章、网上帖子……而且,消费者更容易进行单独评估,更多地被动接受信息,更少地认知闭合需求,从而导致消费者更加容易接受感性信息、享乐产品、新奇产品、复杂产品和有缺陷但总体有亮点的产品等。

(二)参与消费者购买决策的角色

在现实生活中,同一消费品或服务的购买决策者、购买者、使用者可能是同一个人,也可能是不同的人。不同类型的购买参与者及其所扮演的角色,可以概括为以下 5 种:倡议者,首先提出或倡议购买某一产品或服务的人;影响者,其看法或建议对最终购买决策具有一定影响的人;决策者,在是否买、为何买、如何买、哪里买等方面做出部分或全部决定的人;购买者,实际购买产品或服务的人;使用者,实际消费或使用产品或服务的人。在研究扮演各种购买行为角色的消费者时,需要注意的是:

(1)注意实际购买者,在很多情况下他或她仍然有权对何时、在何地购买等做出最终决定。

(2)在家庭购买与消费活动中,很多情况下产品或服务的购买者与使用者不是同一个人。

(3)在有的购买活动中,大部分角色都由一个人来承担;在另外的购买中,则可能由多人分别承担不同的角色。

(4)了解不同家庭成员在购买和消费活动中扮演的角色,有助于营销人员把握如下问题:谁最可能对企业的产品或服务发生兴趣? 谁将是产品或服务的最终使用者? 谁最可能成为购买产品或服务的最终决定者? 不同类型的产品或服务通常由谁实际购买?

二、消费者的购买决策过程

购买决策就是消费者购买行为的确定、手段的选择和动机的取舍过程,是指消费者在寻找、选择、购买、使用、评估和处置相关的产品或服务时所表现出的行为,而这一系列行为活动过程就是消费者的决策过程。

消费者购买产品或服务的决策过程,主要包括 5 个阶段,即问题认识、信息搜索、评价与选择、购买、购后行为。

(一)问题认识

问题认识是指消费者意识到理想状态与实际状态之间存在差距,从而需要采取进一步行为。这一阶段其实就是确认消费者需求的阶段。企业可以通过各种分析方法发现和识别消费者需求,在此基础上通过广告、促销等手段影响消费者对问题的认识。消费者在意识到某个问题之后,是否采取,以及采取何种行为取决于两个方面的因素:一是理想状态与现实状态之间差距的大小和强度;二是该问题的相对重要性。

从市场营销的角度来说,消费者问题可分为主动型与被动型两种。主动型问题指在正常情况下消费者能意识到的问题,如渴了喝、饿了吃。被动型问题指消费者尚未意识到,或需要在别人提醒之后才能意识到的问题,如一些新产品或服务推向市场前,企业必须先唤起消费者对问题的认识,才会获得积极的反应。所以,这两种情况下营销的方法与过程会有不同。

【案例 3-5】消费者防晒意识的激发

你认为有必要采取措施以防止晒伤吗?如果你是防晒品生产商家,你如何去激发消费者的防晒意识呢? 当时,斯切英•普劳弗(S&P)公司首先着力对紫外线指数进行宣传,并希望国家气象中心、环境保护署、疾病控制中心及其他一些健康组织与之共同努力,将该指数作为当地天气预报的内容之一。该指数表明了当地的紫外线侵害程度,包括人们在不采取任何防护措施的情况下多长时间就会被晒伤。调查结果显示,在被试验的城市中有 70% 的消费者知道了该指数,并由此带来了防晒品销量的大幅度上升。

(资料来源:"消费者决策过程开篇案例"百度文库)

(二)信息搜索

购买决策过程的第二个阶段是信息搜集,分为内部信息搜集和外部信息搜集。内部信息搜集指消费者将过去储存在长时记忆中的有关产品、服务和购买的信息提取出来,以解决当前面临的消费或购买问题。外部信息搜集是指消费者通过外部来源,如同事、朋友、商业传媒及其他信息渠道,获得与某一特定购买决策相关的数据和信息。影响外部信息搜集量的因素主要有购买风险、消费者特征、环境因素等。

为什么我们对有些产品的搜集付出了很多,而对另一些产品就不是呢? 当消费者通过搜集信息可带来的已知利益大于搜集信息付出的代价时,就会去搜集信息。具体而言,信息可获程度越高,搜集到的信息就越多;风险越高,搜集就越必要;产品差异越大,搜集就越必要;在选择中越具有不确定性,就越是倾向于搜集信息。

除了将信息搜集分为内部信息搜集和外部信息搜集以外,我们还可以将信息搜集分为购买前信息搜集和即时性搜集。前者是为即将进行的购买所进行的搜集;后者是基于兴趣爱好而积累知识,以备将来决策所需而进行的搜集。一般来说,即时性搜集的消费者对某一产品类别介入程度越高、产品知识越丰富,越有可能成为该产品的潜在消费者或宣传者。

(三)评价与选择

在搜集信息的基础上,消费者将采用一定的评价标准对备选品进行评价和比较。消费者采用的评价标准有时比较清晰,有时比较模糊,而且各评价标准的认可度不尽相同。典型的评价标准经常是与消费者期望获得的利益或必须付出的代价相关的产品特征或属性。有时预期的情感或反应也可以是一种评价标准。在用评价标准对备选品进行评价后,消费者将运用一定的选择标准从中选择一个他认为最合适的产品或品牌。如消费者对汽车以安全性、是否省油、外观、价格、操作性能、售后服务等作为评价标准,并从最看重到最不看重依次排序或设置不同的权重,然后运用一定的选择规则从中选择出他认为合适的产品或品牌。

【专栏 3-3】消费者对某品牌汽车的评价

消费者对某品牌汽车的评价如表 3-1 所示。

表 3-1 消费者对某品牌汽车的评价

消费者对某品牌汽车的评价标准	权重	得分
安全性	30%	5
是否省油	15%	4
外观	10%	4
价格	20%	3
操作性能	15%	4
售后服务	10%	5
合计	100%	25

如果根据期望值选择规则,此品牌车的综合得分可表示为 $R = 30\% \times 5 + 15\% \times 4 + 10\% \times 4 + 20\% \times 3 + 15\% \times 4 + 10\% \times 5 = 4.2$。

需要注意的是,有时仅仅询问哪些产品属性最重要,也不一定可以确定影响消费者选择行为的真正要素。如乘坐飞机,安全性无疑是最重要的考虑因素。但是如果消费者认为各家航空公司的安全性并无实质差异,那么,最终决定其选择行为的就是其他因素了。

(四)购 买

消费者按照决策程序搜索信息,并对备选商品进行评价、比较,在此基础上形成对某一品牌的购买意向。但是在形成购买意向后,消费者不一定马上采取购买行为。他们可能会做一些购买准备工作,如准备去哪个商店购买,筹备购买所需的资金,决定购买哪些配套的产品等。也就是说,消费者从购买意向到最终购买之间还有一段过程,如图 3-2 所示。

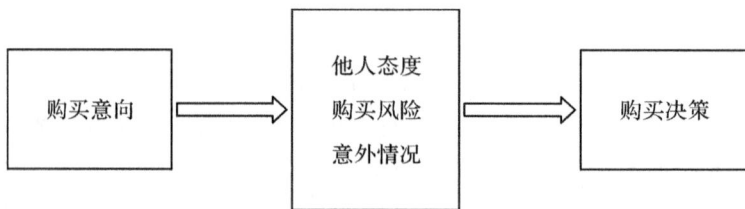

图 3-2　消费者购买决策的形成

在确定要购买的产品和品牌后，采取实际购买行为前，很可能还有一些因素会改变消费者最终的购买决策，如他人态度、购买风险、意外情况等。同时，在实际购买过程中，消费者还要决定购买时间、购买方式及怎样支付等。实际上，消费者的购买并非全部是有计划的，无计划或冲动性购买也占相当大的比例。

(五)购后行为

消费者获得产品之后，有时会产生不放心、不踏实的感觉，即产生所谓购后不和谐或购后冲突。这种对购买的怀疑和不安，被称为购后冲突或购后不和谐。一般发生在顾客怀疑自己的购买决定是否明智、正确的时候。当然，很多情况下购买不一定伴随购后冲突，但对于重要的购买决定，购后冲突是较常见的。消费者把产品买回来后，有时也不一定马上使用。在使用过程中和使用后，消费者还会对购买过程和产品进行评价。

一项关于消费者改变服务商原因的研究表明，大多数消费者不会从一个满意的服务商转向更好的服务商，相反，他们改变服务商是因为现有服务商不能令他们满意。消费者对购买的满意程度取决于最初的期望水平和实际感知水平。如果产品的实际绩效水平与期望水平趋于一致，消费者可能既不感到十分满意，也不会感到十分不满。当实际绩效水平高于期望水平时，消费者会感到满意，否则会感到不满。在满意的情况下，消费者可能形成重复购买甚至品牌忠诚。在不满的情况下，消费可能会有这样一些行动：直接向厂商或零售商投诉；私下转换品牌、停止光顾某商店；负面口传；向第三方投诉，如媒体、消协、政府部门；采取法律行动；或自认倒霉，不采取外显的抱怨行为。

◆ 本章小结

消费者市场是指为满足生活工作需要而购买产品或服务的一切个人和家庭所构成的市场，它是一切市场的基础，是实现企业利润的最终环节，是一切社会生产的终极目标。消费者市场具有不同于组织市场的鲜明特点。消费者的行为受诸多因素的影响，可以归纳为两大方面：一方面是个体与心理因素的影响，具体包括消费者资源、需要与动机、消费者知觉、学习与记忆、消费者态度、个性、自我概念与生活方式。另一方面是外部环境的影响，具体包括文化、社会阶层、社会群体、家庭、情境和消费者保护。在各种内外因素影响下，消费者最终做出购买决策。参与消费者购买决策的角色有倡议者、影响者、决策者、购买者和使用者。消费者的购买过程一般包括问题认识、信息搜索、评价与选择、购买和购后行为 5 个步骤。

◆思考题

1. 什么是消费者市场？它有哪些特点？
2. 影响消费者购买行为的主要因素有哪些？
3. 请举例分析参照群体是如何影响消费者行为的？
4. 请举例分析社会阶层是如何影响消费者行为的？
5. 请举例分析文化是如何影响消费者行为的？
6. 消费者的购买决策过程是怎样的？
7. 假如消费者要买手机，他(她)是如何搜索信息？又是如何评价与选择的？

◆案例阅读与分析

【案例】"双十一"购物节的消费者行为分析

"双十一"购物节期间，消费者要面临降价折扣、促销氛围、时间压力、繁杂信息，同时还要持币搜索、伺机秒杀、担心错过。这种独特情景下的消费者行为，和平时悠闲自得的购买行为有很大不同。

1. 利他行为增加

在"双十一"购物节环境下，消费者的利他性购买需求会增加，也就是我们常说的送礼购买。为什么呢？因为"双十一"购物节期间很多人会产生一大笔花销，从而产生负罪感，而利他行为可以减轻负罪感。

2. 自制力释放

"双十一"购物节之前，大部分人会刻意压制自己的购物需求，等到"双十一"购物节再一起购买。而对需求的压制会消耗人的自制力，从而导致消费者出现自制力集中释放行为(疯狂购物＋疯狂娱乐)。因为自制力跟肌肉力量一样，也是随着使用而消耗、随着休息而恢复的。

3. 预期后悔式购买

"双十一"购物节不断营造易逝感(过了今天就没了)、稀缺感(限量版)，会让很多消费者进入"预期后悔"的心理状态。预期后悔就是指我做这件事并不是因为我真正想做，而是担心我不做会后悔。翻译成"双十一"购物节的话就是："我买这些东西，是担心如果我不买，将来错过了就会后悔，将来买会更贵。"

4. 尝试新选择增加

"双十一"购物节一般是"囤货式"购买，一次性买好未来好几个月的衣服、鞋子等。而在这种情况下，消费者会比往常更加倾向于尝试新选择，而不是维持过去的购买习惯。心理学家曾经做过这样一个实验：给被试者一张菜单，让他们根据菜单预定自己的饭。A组被试者被要求每周制订下一周的食谱，而B组被试者被要求每天制订当天的食谱。结果发现：B组被试者每天的食谱类似程度很高，而A组消费者却选择更多花样。

5.决策瘫痪

"双十一"给消费者提供了海量的品种选择,商品琳琅满目,商家推销花样翻新。大部分人觉得"选择越多越好",但是研究发现,过多的同质选择,反而会让消费者进入"决策瘫痪"状态,最终放弃购买。

6.销量领先——更多使用"外周线索"

购物时,中心线索更加准确,决策质量更高,但是更费脑力;外周线索非常省力,但同时决策质量会偏低,容易受到无关因素影响,容易产生偏见。在购物决策时间压力大的时候,消费者的决策能力显著降低,他们往往更加会通过肤浅、单一、从众的方式来决策,也更加容易做出非理性决定。

7.更容易接受单一信息

时间压力之下,消费者决策能力下降,决策所需要的信息变少(不会考虑这么多了),所以会更加依赖单一信息做决策,而不是依靠综合信息做决策。

8.瞬间排除——消费者使用非补偿性评估

消费者在商品评价阶段,一般有两种评估方式:补偿性评估,即浏览一个产品,再看下一个产品,对每个产品进行一个大致的心理打分;非补偿性评估,先找到想要的属性,然后拿属性去筛选产品,比如只看5.5英寸的手机,不符合的直接筛掉,然后再比较第二个属性。这种情况下,产品属性的优势劣势不能相互补偿——你一开始都把它(们)踢掉了怎么补偿?

9.稀缺性感知增强

全民哄抢、全民狂欢——这会导致消费者更加容易受到稀缺性的影响,而对稀缺性的感知增加时,人会增加冲动性购买行为。

(资料来源:《双十一的消费者行为》李靖著)

【问题】

1.通过本章学习,结合案例试分析影响消费者行为的个体与心理因素。
2.通过本章学习,结合案例试分析影响消费者行为的外部环境因素。

◆项目实训

项目一:以讨论小组为单位,采用访谈法调研形式,去访问5位经理或店长,询问哪些因素是影响消费者行为的重要因素。再将这些因素归纳到本章介绍的影响消费者购买行为因素的类别中去认识、比较和分析,并撰写一份调研报告。

项目二:以讨论小组为单位,采用调查问卷调研形式,首先确定一类产品(如手机、运动鞋、洗发水等),然后访问你周边的若干同学(不少于30人)。可围绕本章购买决策过程的学习内容,进行相关问题的询问,如问题认知的类型、信息源、评价与选择标准、所持的态度等,最后将结果写成小组调研报告并在班上交流。

第四章 组织市场及购买行为分析

营销学不仅适用于产品与服务,也适用于组织与个人,所有的组织不管是否进行货币交易,事实上都需要营销。

——菲利普·科特勒

【学习目标】

1.了解组织市场的含义与构成。

2.了解组织市场的购买行为特征。

3.掌握生产者市场的购买特征。

4.理解生产资料的购买决策过程。

5.了解政府市场的购买行为。

【导入案例】

华为的采购价值

华为采购时坚持价值采购、阳光采购、科学采购的原则,构筑安全、可靠、有相对竞争优势的健康产业链。

战略合作,联合创新,合作共赢,分享利益。持续保障华为产品的创新和领先,华为鼓励产业链主流合作伙伴积极、主动、早期地介入华为的研发。构建与供应商合理的利益分享机制,是保障供应和提升竞争力的关键。合理分配产业链利润,保证供应商合理的利润,维护健康的产业环境,打造华为与供应商合作共赢、可持续发展、有竞争力的产业链。

质量优先。面向未来,华为致力于成为 ICT 行业高质量的代名词,通过整个产业链的共同努力,从而使华为向客户提供高质量的产品和服务。用高质量的器件来制造产品,用高质量的服务来交付产品。

运用先进的数字化技术,与供应商深度协同。构建及时、敏捷、可靠的采购协同体系,实现产业链信息多维度、多渠道、多形式的深度协同,将合作伙伴(如客户、供应商)通过深度协同快速高效地融入华为的业务中。保障业务全过程信息能够安全、直观、多形式展示并得到有效的监控。先进的技术和数字化工具的运用使得流程简化、业务效率提升、运作安全、操作便捷和协同成本降低。

阳光采购,公开透明,对腐败零容忍。华为倡导合规运营、遵从法律法规的要求,并致力于营造公平公正透明的阳光采购环境。华为针对采购建立了完善的内控监管体系和监管制度,从事前、事中、事后全方位管控采购业务风险,确保公司采购业务的安全实施。

(资料来源:改编自华为公司官方网站)

请思考:华为与其供应商形成了何种合作关系?其采购目标是什么?

第一节　组织市场的构成与特点

一、组织市场的构成

根据购买动机的不同,组织市场又可以分为生产者市场、中间商市场、非营利组织市场和政府市场四大类。

生产者市场又称为产业市场,是指购买产品或服务的目的不是满足自己的消费需要,而是用来生产其他的产品或服务,以供出售或租赁。生产者市场涉及的范围很广,包括农林牧渔业、采矿业、制造业、建筑业、运输业、通信业、公共事业、银行金融和保险业、旅游业、服务业及其他一些行业。

中间商市场又称转卖者市场,它是由以营利为目的、购买商品后再转卖或出租给别人的所有组织和个人所组成的一个市场。

非营利组织市场是指为维持正常运作和履行职能而购买产品或服务的非营利组织所构成的市场。非营利组织既不同于企业,也不同于政府机构,它是具有稳定的组织形式和固定的成员,独立运作,发挥特定社会功能,以推进社会公益而不以营利为宗旨的事业单位与民间团体。

政府市场也称政府采购市场,是指因政府消费而形成的一个特殊市场。政府除需要其他组织顾客所需要的产品或服务外,还有其他组织所不具备的需要,包括社会服务及一切与国家安全有关的产品或服务。政府采购市场不同于民间市场,有特定的采购主体,采购资金为政府财政性资金,没有营利动机,不具有商业性,它是一种特殊的非营利组织市场。

二、组织市场的特点

与消费者市场的个人购买相比较,组织市场的需求和购买行为有明显的区别,主要包括以下特点:

(一)购买者较少,购买数量较大

通常组织市场的顾客数量较消费者市场的少,但每个顾客每次交易的规模和价值相对比较大。同时,组织市场的购买者往往集中在某些区域,以至于这些区域的业务用品购买量在全国市场中占据相当的比重。例如,中国汽车业的零部件供应商把产品卖给为数不多的几个汽车制造企业,如一汽集团、上汽集团、北汽集团、广汽集团和东风集团等,它们多集中在北京、上海、广州、武汉等地。显然每个顾客对供应商都是十分重要的。如果失去任何一个顾客,这将严重地影响供应企业的销售额(和就业)。

(二)购销双方关系密切

由于组织市场的客户数量较少,但从客户的采购数量与实力来看,对供应商尤其重要,因此组织市场的购销双方一般会建立起紧密的关系。购买者总希望供应商能按自己的要求稳定供货,供应商也希望有稳定可靠的客户,购销双方一般均倾向于建立起长期的协作关系,包括长期交易关系、合作伙伴关系、战略联盟等,以便在产品的技术规格和交货要求等方面能够深入合作、默契配合。

(三)组织市场的购买者多属专业人员

消费者市场上,购买者通常不具备充分的专业知识。而组织市场的购买者多为专业人员。对于产业市场而言,采购的生产资料重要性越高,参与决策的人员就越多,通常会由工程技术专家、各部门主管和高层管理人员等共同组成采购中心(或委员会),负责采购决策;采购人员一般都经过专业培训,对所采购产品的技术细节有充分的了解。我国各级政府机关与事业单位在实施采购时,通常会由采购中心按照规范流程进行采购。因此,供应商需要雇佣一些受过精良训练、有专业知识和人际交往能力的销售代表和销售队伍,与经过专业训练、具有丰富专业知识的采购人员打交道。

(四)直接采购和招标采购是主要的采购方式

由于采购数量大、采购要求复杂,组织市场的购买者往往避开中间环节,直接向供应商采购,特别是在采购价格昂贵或技术复杂的产品(或项目)时。

招标采购近年来成为众多组织购买者的重要采购方式。招标采购是指生产企业对于所需采购的物品通过招标的方式,购买到在价格、质量等方面较为优秀的物品。这种购买方式具有平等性、有限性、开放性和竞争性等的特点。

第二节　生产者市场的购买行为

一、生产者市场的特征

除具有组织市场的一般特点外,生产者市场还具有以下特征:

(一)购买者的地理分布相对集中

受自然资源分布、生产力布局及产业集聚等因素影响,某些行业往往密布于一定的区域空间,从而使这些行业的生产资料购买者在地理位置上也相对集中。很多国家在石油、橡胶、钢铁、农业等行业显示出明显的地理区域集中性。如我国电子信息等产业则主要集聚在长三角与珠三角一带,这些产业的客户也相对集中在这两大产业带。供应商应当结合购买者集中分布这一特征,在生产布局及响应客户服务等方面进行科学安排。

(二)生产者市场的需求具有派生性

某种生产资料需求量的大小归根到底是由利用这种生产资料生产出来的消费品的需求量所决定的,因而具有派生(或衍生)性。如果最终用户对某企业产品的需求下降,该企业就会削减生产计划,它在市场上的需求也会下降;反之亦然。当消费者的收入水平发生变动后,不仅消费者的需求受到影响,为消费品生产提供原材料、设备、辅料及零配件的产业市场也会受到影响。因此,生产资料供应商在进行市场调查和预测时,先要了解与本企业产品相关的最终消费品需求量的变化情况。

(三)生产者市场的需求属于"硬性"需求

由于生产者市场需求的派生性,生产资料需求量短期受价格的影响较小,生产者市场需求属于"缺乏价格弹性"的需求。如生产资料价格上升,生产者很难通过变动生产方式、选择替代产品等举措进行应对,更不能降低生产量,为了使生产过程连续进行,生产者必然要根据生产计划不断购买、补充生产资料。一般情况下,它受价格波动因素的影响较小,故生产者市场的需求属于"硬性"需求。总体上,在需求链条上距离消费者越远的产品,其价格弹性越小。

(四)生产者市场的波动性较大

生产者市场比消费者市场的需求波动性更大。这是因为,生产者市场内部的各种需求之间具有很强的连带性和相关性,而且消费品市场需求的结构性变化会引起生产者市场需求的一系列连锁反应;受经济规律的影响,消费品需求的少量增加与减少,会导致生产者市场需求较大幅度地增加和减少;生产者市场的需求更容易受各种环境因素(尤其是宏观环境因素)的影响,从而产生较大的波动。消费品需求增加一定比例,往往能够引起追加生产所必需的工厂和设备的量上升更大的比例,经济学家把这种现象称为"加速原理"。有时候消费品需求仅上升10%,却能在下一阶段引起企业用品需求上升1倍;而若消费品需求下降10%,可能会在企业需求上造成雪崩。

(五)互购和租赁是重要的采购补充方式

生产者市场除采用一般组织市场常用的直接采购和招标采购方式外,还运用互购、租赁等重要的采购方式作为补充。

互购是一种常见的形式。购买者和供应商之间经常相互提供产品,如造纸厂需要化工原料,而化工企业也需要一些纸制包装物,这样双方之间就可以建立起稳定的购销关系,并互相提供优惠条件,实行"互惠交易"。

租赁是生产者市场上的另一重要交易方式。购买者采用租赁方式取得一定时期内设备的使用权,既可以缓解资金短缺压力,在不追加大量投资的情况下实现设备技术更新,也可以避免设备折旧的风险。而出租者通过出租设备取得收益,提高其利用率,减少其无形损耗,如此,双方各有收益。

【专栏 4-1】设备租赁

设备租赁的优势就是无须直接购买固定资产,以保证好的现金流,无须专人对设备

进行维护,它有以下特点:

(1)可以轻松通过租赁实现技术更新;租金属营运费用性质的支出,相比采购,内部决策程序更为简单,便于编制资金预算,简化财务核算程序。

(2)小额分期付款替代大笔现金一次性投入,避免大量宝贵的流动资金沉淀在固定资产投资中,无须另外的抵押或担保,轻松快速取得相当于设备全款的中长期"贷款",节省融资成本。同时节约企业现有银行额度,租金可作为当期营运费用在税前抵扣,从而获得节税的好处。

(3)租赁服务中所包括的全面保修保养服务,可免除客户的一切后顾之忧,确保设备一直处于良好的工作状态,有利于承租人专注其核心产业;合用租赁服务无须配备维修人员,无须管理设备,节省承租人在设备维护、维修和管理上的人力物力;租期相对于设备的经济寿命而言较短,从而避免设备的技术落后风险。

(4)设备厂商并不适宜自己发展租赁业务,而应该是通过第三方或者成立独立的租赁公司来开展租赁业务。厂家的资金是用来发展制造业的,设备厂商应该通过自己的租赁公司和第三方租赁公司利用回购承诺的方式与金融机构或融资租赁机构建立合作,来销售自己的产品给设备租赁公司,实现产品到设备销售的转化,然后通过与租赁公司签订服务合同来保持设备的存量,实现对设备生命周期的全过程控制。

（资料来源:根据网络资料整理）

二、影响生产者购买行为的主要因素

生产者市场的购买行为受多种因素影响,既有与消费者市场相似的因素,也有因组织存在而形成的独特因素,综合起来分为四大类:即环境因素、组织因素、人际因素和个人因素,如图 4-1 所示。

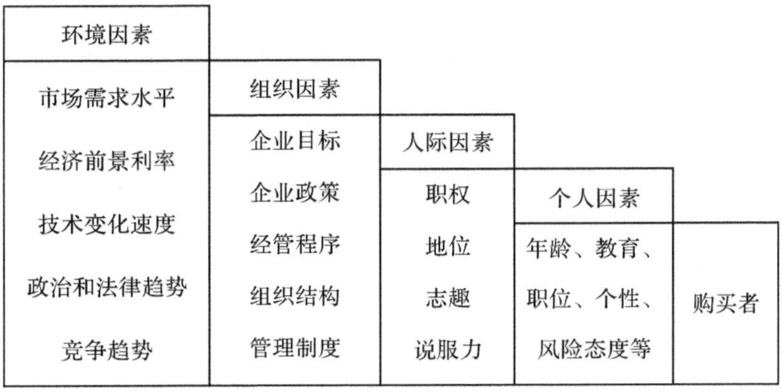

图 4-1　影响生产者购买行为的主要因素

（一）环境因素

环境因素是指生产者客户面对的宏观环境因素,主要包括国家的经济前景、市场需求水平、技术发展、政治法律状况、竞争态势等。在经济萧条时,生产者客户往往会缩减对企业和设备的投资,减少生产资料的采购量和库存量,供应商很难刺激生产者的购买欲望。产销量大且担忧主要原材料短缺的生产者客户希望购买和储存较多的原材料,因而愿与供应商签订长期供货合同,以保证原材料的稳定供应。生产者客户还受政治、法律和竞争环境的影响,特别是要受技术环境的影响。因此,生产资料供应商必须密切注视所有这些环境因素的变化情况,并采取积极主动的措施去影响生产者客户。

(二)组织因素

组织因素在生产者购买决策制订中具有特殊重要的地位。每个购买生产资料的企业都有自己特有的目标、政策、经营活动程序、组织结构和管理体制,生产资料供应商必须尽可能了解这些情况,并特别要重视以下问题:多少人参与购买决策?他们是谁?他们的评价标准是什么?企业的政策对采购人员有什么约束力?等等。生产资料供应商只有弄清了这些问题,才能采取适当的措施,对采购人员产生影响。

近几年来,国外的生产资料采购企业的组织因素具有以下发展趋势:

1. 提高采购部门的地位

过去,企业的采购部门在企业的整个层次中通常处于低层次的地位。但由于近年来通货膨胀加剧和生产资料的短缺,许多企业提高了其采购部门的地位。如美国一些大公司甚至把采购部门的领导人提升到公司副总裁的位置;一些公司还把采购、库存控制、生产作业过程和运输等职能合并成一个高层次的职能,称为"原材料管理";更多的公司则设法物色聪明灵活、受过高等教育的人从事采购工作,并给予较高的酬金。这意味着生产资料供应商必须相应地提高企业推销人员的业务水平,以应付新的能力较强的采购人员。

2. 采取集中采购的方式

在多部门的企业中,过去由于各部门的需要不同,生产资料通常由各部门自己负责采购。但近年来,许多西方企业为了降低成本,达成更有利的交易条件,采取了集中采购的方式进行采购。对生产资料供应商来说,这种发展趋势意味着他们将有数量较少但层次较高的采购人员,这就要求供应商必须配备较高素质的推销人员、制订更周密的市场营销计划。

3. 签订长期合同

生产资料采购企业越来越愿意同供应商签订长期合同,以保证生产资料的不断供应,而签订长期合同要求买卖双方具有较高的谈判技巧,因而双方要培训专门的商务谈判人员。

4. 重视对采购实绩的考评

许多西方企业建立了经济刺激制度,对采购工作成绩优异的人员进行奖励,促使采购人员努力寻找对企业最有利的供应商,这必然会增加对企业有利的生产资料供应商的数量,这必然会增加生产资料供应商的压力。

(三)人际因素

人际因素体现在内部和外部两个方面。企业内部的人际因素主要指参与购买决策的各种角色(产品使用者、影响者、决策者、采购者和信息控制者)的职务、地位、态度、利益和他们之间的相互关系。企业外部的人际因素指上述企业内部的 5 种角色与企业外部各类人员之间的关系。无论是内部还是外部人际因素,都会在不同程度上影响决策者对采购任务的最终决定。因此,生产资料供应商的营销人员应当了解生产资料采购企业的这些人际因素,并利用这些因素促成交易。

(四)个人因素

每个参与生产资料购买决策过程的人都有不同的动机、感觉和偏爱等特征,并在购买决策过程中始终起着一定的作用,而这些特征往往由参与者的年龄、教育水平、职务、个性及对风险的态度等因素所决定。如有些生产资料采购人员是受过良好教育的理智型购买者,选择生产资料供应商之前会经过周密的方案比较;有些生产资料采购人员个性强硬,总是同供应商反复较量。生产资料营销人员应努力了解采购人员的这些个人因素,同他们处理好关系,以有利于开展业务。

三、生产资料购买活动的主要类型

生产资料的购买活动可分为以下 3 种主要类型:

(一)纯粹续购型

纯粹续购型也称直接续购型,指采购方按既定方案不做任何修改直接进行的采购业务,是一种重复性的采购活动。这种采购按一定程序办理即可,基本上不需要制订新的决策。纯粹续购型往往是建立在供需双方之间良好的合作关系基础之上的。对于这种类型的购买活动,与采购企业已经建立业务关系的生产资料供应商应努力维护原有的产品质量和服务质量,为了留住常客,这些供应商应提出自动续购的办法,让采购企业定期订货,以便省却采购人员续订合同的时间;而对于一些尚未与供应商建立业务关系的采购企业,供应商应设法向他们提供一些质量更好、价格更廉的产品和服务,促使采购单位与其建立长期购销关系。在策略上,这些供应商可先设法同采购单位达成小额交易,取得他们的信任后,再逐步扩大交易额。

(二)更改续购型

更改续购型也称修正续购型,生产资料采购企业对以前已采购过的产品修订其规格、价格、交货条件或其他事项后再进行购买。通常造成更改续购的原因有:计划外的发展问题或者环境变化;客户需求变化或供应商供应的变化;供应商或客户对购买的产品定期复查等。更改续购型比纯粹续购型复杂得多,购销双方需要重新谈判,故往往有较多的人参与决策过程。这种购买活动类型往往会对已经与采购企业建立了业务关系的生产资料供应商产生一定的威胁。他们应特别谨慎,要设法使原有的顾客继续购买本公司的产品,维持既得的有利地位;而对于尚未同采购企业建立业务关系的供应商来说,这是一种“有孔可入”的机会,应向采购者提供质量较优、价格较低和服务较多的产品,以争取新顾客。

(三)新任务购买型

一些企业要生产新产品或添置新的机器设备,往往需要采购新的生产资料,新任务购买型就是采购企业首次购买某种生产资料的活动。购买者所购买的生产资料的成本越高,风险越大,则参与购买决策的人就越多,需要寻求的信息也就越多。这类购买活动对于生产资料供应商来说,应充分考虑在购买决策中起关键性作用的影响因素,对其采取相应的措施,并尽力向购买者提供有用的信息和帮助。由于这类购买活动最为复杂,许多供货商往往通过由最优秀的推销人员组成小组,向购买者推销产品。

在以上 3 种购买活动类型中,纯粹续购型购买活动需要制订的购买决策最少,而新任务购买型活动需要制订的购买决策最多。在新任务购买型活动中,购买者一般要做出主要细分决策,如产品规格、价格幅度、交货条件和时间、服务条件、付款方式、订货数量、可考虑的供应商和最后选定的供应商等,而且不同的决策参与者对每一个细分决策会产生不同的影响作用。

四、生产资料购买决策过程

生产资料购买决策过程一般包括 8 个阶段,但并非每次采购都要经过这 8 个阶段,这要依据采购业务的不同类型而定。下面以新任务购买型的购买决策为例,阐述这 8 个阶段的主要内容。

(一)认识需要

生产资料购买企业的采购过程起始于企业认识到某种没有得到满足的需要的存在,该需要往往是由企业的内部刺激或外部刺激引起的。

内部刺激。企业决定生产某种新产品,因而需要购买相应的新生产设备和原料;企业原有的设备发生故障,或已陈旧与破损,需要更新或购买新的部件进行维修;已采购的原材料不能令人满意,或不能完全符合生产需要,需要物色新的生产资料供应商,购买新的原材料;采购人员发现能获得价格更低或质量更优的生产资料的机会。

外部刺激。采购人员可以通过参加展销会,从产品广告或从某个推销人员那里得到信息,企业能采购到质量较优、价格较低的生产资料,从而产生了购买的新设想。因此,生产资料供应商应主动推销,通过广告宣传、上门推销或其他方式刺激生产资料购买企业产生购买欲望,使其认识到需要的存在。

(二)阐明总体要求

提出了某种需要之后,生产资料采购企业便着手确定所需项目的总特征(如机器设备的功率、精确度、安全性等)和所需要的数量。如果是简单的采购任务,这不是大问题,采购人员可以单独做出决策。如果企业要购买的生产资料比较复杂,采购人员要会同其他部门人员,如工程师、使用者等来共同决定所需项目的总特征,并按照产品的可靠性、耐用性、价格及其他属性的重要程度来加以排列。在此阶段,由于采购人员通常不太了解不同产品特征的价值,供应商在生产资料的特征和数量等方面,应向采购人员提供帮助。

(三)确定产品规格

明确总体要求后,生产资料采购企业就要决定所购生产资料的技术指标,为此,企业可成立一个由专业人员组成的小组,运用"价值分析法"进行分析。这种方法是美国通用电气公司在20世纪40年代末首创的,在不降低产品功能的前提下,通过降低成本以提高产品价值。产品功能、成本和价值的关系是:V(价值)＝F(功能)/C(成本)。在进行价值分析时,这个由专业人员组成的小组着重审查那些在特定产品中数量只占零部件部分的20%,但价格占产品总成本80%的零部件,并设法在保证产品功能的前提下,通过使用价格较低的零部件,以降低成本。通过价值分析,这个小组要写出书面材料,确定产品的具体规格和其他技术指标,使得采购人员所购买的生产资料能符合预期的要求。

同样,生产资料供应商也可把产品价值分析作为打入市场的工具。供应商通过尽早地参与产品价值分析,可以影响采购企业所确定的产品规格并获得中选的机会。

(四)寻找供应商

在这一阶段,采购人员努力寻找最合适的生产资料供应商。常见的方式包括查阅工商企业名录、征询行业内其他企业建议、观看商业广告、参加展览会、互联网搜索等。供应商应在采购人员寻找信息的主要媒体或平台上进行广告投放等宣传推介活动,并争取在市场上树立起良好的信誉。生产资料购买企业通常会拒绝那些生产能力不足、声誉不好的供应商;而对合格的供应商,则会登门拜访,察看他们的生产条件,了解其人员配置。最后,采购人员会归纳出一份合格供应商的名单。

【案例4-1】中国进出口商品交易会

中国进出口商品交易会(又称广交会)由商务部和广东省人民政府联合主办,中国对外贸易中心承办,每年春秋两季在广州举行,自1957年春创办以来已有60多年历史,被国家领导人称为中国对外开放的窗口、缩影和标志,被誉为"中国第一展"。

广交会承载着中国外贸的光荣和梦想,是中国最大的贸易促进平台。截至第121届,广交会累计出口成交额约12 635亿美元,累计到会境外采购商约803万人次(注:当届1人到会算1人次)。广交会展览规模达118万平方米,境内外参展企业近2.5万家,210多个国家和地区的约20万名境外采购商与会。即使在当前复杂的国际经贸环境下,广交会到会境外采购商的数量和质量依然保持稳定。如今,它一年两届的出口成交额约占中国一般贸易出口总额的1/4,其庞大的采购商资源及辐射度,对中国商品进入国际市场也起到了至关重要的作用。

"近些年各种展会琳琅满目,但广交会仍是行业内公认的最重要的展会。这从广交会每届都在扩容,展位却总供不应求上就可见一斑。"已经参加逾20届广交会的外贸人彭先生对国际商报记者表示,就他所在的公司而言,"参加广交会,一是因为广交会的专业客户比例高,要尽力抓住这个行业展示的机会;二是追踪广交会的成交记录可知,广交会的成交率很高,可以说我们公司70%的境外客户和订单都来自广交会"。

对供应商而言,广交会的地位无可替代;对采购商而言,广交会也是举足轻重的。广州某外贸公司的负责人杨曦,近4年来每届广交会她都会带领数个外商到会洽谈合作、采购商品。她说,"我们的客户中,80%来中国就是为了参加广交会。虽然在阿里巴巴上也能找到各种各样的工厂,但是大家都希望能够亲眼看看产品再签单。而客户也认为能够参加如此大规模展会的企业都是业内领先的企业,是中国优质的供应商,会更有保障"。

(资料来源:根据中国进出口商品交易会官方网站及《国际商报》整理)

(五)征求供应商建议

在这一阶段,生产资料采购企业将发函邀请符合采购标准的生产资料供应商提供应建议书(包括产品使用说明、价目表、质量标准等)。对于新购复杂、贵重的产品,采购企业往往要求每一个潜在的供应商提出详细的书面建议,经选择淘汰后,请初选合格的供应商提出正式的供应建议书。因此,供应商必须善于研究和提出建议,其建议不能仅有技术方面的,还应包括市场营销等其他方面,并努力取得采购企业的信任,以获得竞争优势。

(六)选择供应商

在此阶段,购买决策参与者对每个生产资料供应商的建议进行评议,在此基础上选择最终的供应商。他们不仅要考虑各个供应商在产品技术方面的可信度,而且要考虑供应商按时交货和提供必要服务的能力,采购企业通常会拟定一张理想的供应商所具有的特征和各特征的相对重要性的单子。例如,某一个选择化工产品供应商的采购企业,按重要性排列出供应商应具有的各项特征:①技术服务水平;②交货速度;③对顾客需要的反应;④产品质量;⑤供应商声誉;⑥产品价格;⑦产品项目的完整性;⑧推销人员的能力;⑨信贷范围;⑩人际关系等。该采购企业即按上述特征评价供应商,并选择最符合特征的供应商。

西方一些采购企业还常以某种供应商评价模式为工具选择供应商,如表4-1所示。

表 4-1　分析供应商一例

供应商特征	评 分 等 级				
	不能接受(0)	差(1)	一般(2)	好(3)	优秀(4)
技术和生产能力					*
财务能力			*		
产品质量					*
交货及时性				*	
服务能力					*

总分:4＋2＋4＋3＋4＝17
平均分:16÷5=3.4

由表4-1可见,被评价的生产资料供应商除财务能力和交货及时性一般外,其他3个特征都是优秀的,采购企业要考虑这2个表现一般的特征的重要性。还有一种分析方法是对不同的特征给予不同的重要性权数后再加以分析。

通过分析,生产资料采购企业便着手同符合特征的供应商就产品价格和其他条件进行谈判,以做出最终的选择。最后,采购企业可能只选择一个供应商或少数几个供应商。而许多精明的采购企业往往宁愿保持多条产品供应渠道,以避免在只依靠一个供应商的情况下可能会给采购企业带来的不利,同时,这也有利于对几个不同供应商的供货条件进行比较。在方法上,采购企业可以向一个主要的供应商定大量的货物,而向其他供应商定少量的货物。例如,某采购企业最后选定 3 个供应商,采购人员向一个主要供应商订购 60% 的所需货物,向其他两个供应商则分别订购 30% 和 10% 的货物。这样,主要供应商就会努力做好供应,以保证其有利地位;而次要供应商则会积极工作,力求扩大其供应份额;而对于未同采购企业发生业务关系的供应商来说,可以通过向采购企业提供优惠价格和其他优惠条件,争取同采购企业建立起业务关系。

(七)确定订货

在此阶段,生产资料采购企业就要把订货单发给选中的生产资料供应商,在订单上列明产品的技术规格、订货数量、交货时间、产品保证和其他事项。目前,许多采购企业日益趋向于同供应商签订"一揽子合同",以取代原来的"周期性采购订货"。因为采购企业发出的订单越少,每次的订货量就越大,这就意味着采购企业的生产资料的库存就越多;而采购企业同供应商签订"一揽子合同",双方建立起长期的购销关系,则当采购企业需要生产资料时,供应商就会按照事先商定的价格(一般是在一个特定的时期内保持不变)随时供货。这实际上有利于采购企业减少库存。所以,"一揽子合同"又被称为"无库存采购计划"。"一揽子合同"必然导致采购企业多向单一的供货者采购生产资料,买卖双方的关系更为密切,除非购买企业对原有供应商的价格和服务等感到十分不满,否则新的供应商很难打入。

【专栏 4-2】零库存管理在国外的发展现状

零库存管理作为产生于日本的先进管理方式,在日本企业中有着广泛的应用。谈到零库存管理在日本的成功应用,日本丰田汽车公司无可争议地是零库存管理的最大受益者,也是最好的证明。随着零库存管理在日本丰田汽车公司的成功实施,越来越多的日本企业加入了实行零库存管理的行列中。经过几十年的发展,零库存管理在日本已经拥有了供、产、销的集团化作业团队,形成了以零库存管理为核心的供应链体系。

而美国的企业从 20 世纪 80 年代开始逐步了解并认识了零库存管理理论。现在,零库存管理已从最初的一种减少库存水平的方法,发展成为内涵丰富,包括特定知识、技术、方法的管理哲学。如 Dell 计算机公司运用直销模式以实现产成品的零库存,通过"供应商管理库存"(VMI,Vendor Management Inventory)的方式实现原材料的零库存管理。

零库存管理方式不仅在日本、美国广泛应用,其应用足迹也遍布世界各地。

(资料来源:根据网络资料整理)

(八)评价合同执行情况

在这个阶段,采购企业要求供应商根据生产资料使用的结果,做出满意程度的评价,并对生产资料供应商履行合同的总体情况(如交货及时性、服务质量等)做出评价。

采购企业的评价工作可能影响其是否继续同供应商保持业务关系;也可能增加或减少同该供应商的业务量;如果评价结果表明供应商没有较好地履约,采购企业也可能从此断绝同该供应商的联系。因此,供应商应注重采购企业对自身评价的内容,并努力使生产资料采购企业感到满意。

以上是以新任务购买型的购买活动为例,介绍了购买过程的 8 个阶段。当然,不同类型的购买活动所需的购买阶段并不相同(参见表 4-2)。由表 4-2 可见,新任务购买型必须通过所有的 8 个购买阶段;而更改续购型最为复杂,需要经过所有 8 个阶段型购买活动;纯粹续购型最简单,只需经过 2 个阶段。在修正重复购买或直接重复购买的情况下,其中有些阶段可能被简化、浓缩或省略。在实际购买情况中,也有可能发现这 8 个阶段以外的其他情况,这要求生产资料购买企业要对每一个情况分别建立模型,而每一个情况都包含一个具体的工作流程。

总之,生产资料市场是一个富有挑战性的领域,其中最关键的问题就是要了解采购者的需要、购买参与者、购买标准及购买步骤。了解了以上各点,组织营销人员就能够因势而动,为不同的顾客设计不同的营销计划。

表 4-2　生产资料购买过程各阶段与购买活动类型的关系

购买活动类型 / 购买过程各阶段	新任务购买型	更改续购型	纯粹续购型
1. 认识需要	需要	可能需要	不需要
2. 阐明总体要求	需要	可能需要	不需要
3. 确定产品规格	需要	需要	需要
4. 寻找供应商	需要	可能需要	不需要
5. 征求供应商建议	需要	可能需要	不需要
6. 选择供应商	需要	可能需要	不需要
7. 确定订货	需要	可能需要	不需要
8. 评价合同执行情况	需要	需要	需要

第三节　中间商市场的购买行为

中间商市场又称转卖者市场,它是由以营利为目的、购买商品后再转卖或出租给别人的所有组织和个人所组成的一个市场。这些组织和个人可分为两类:一是批发商,它们主要向生产者或其他批发商进货,然后把商品转卖给零售商、工业用户和其他营利企业(如旅馆、饭店等)及机关团体;二是零售商,它们主要向批发商进货或直接向生产企业进货,然后把商品卖给最终消费者。

中间商介于生产者和消费者之间,专门从事商品流通活动并发挥重要作用。除了少数体大物重、技术复杂的产品由生产者直接卖给最终用户外,绝大多数商品都通过中间商卖给最终消费者。

一、中间商的产品经营战略和购买过程

(一)中间商的产品经营战略

1. 独家产品战略

独家产品战略即中间商只经营一家企业的产品,如某家电商店只经营海尔公司的海尔系列冰箱,以求得较好的优惠条件。这只为规模较小的企业所采用,而且采用这种战略的企业并不多。

2. 多家产品战略

多家产品战略即中间商同时经营多家企业`的同类产品,如某中间商除了经营海尔公司的冰箱外,还经营西门子、松下、华日等品牌的冰箱。采取这种战略,能使顾客在购买某种产品时有一定的选择余地,从而能吸引较多的顾客前来购买;但由于经营单一的产品,还是存在较大的经营风险。

3. 多种产品战略

多种产品战略即中间商在经营范围内经营多种相关产品,如某中间商除了经营冰箱外,还经营电视机、洗衣机等家用电器。采取这种战略,能使顾客买到相关产品,同时也使企业具有一定的经营范围。

4. 混杂产品战略

混杂产品战略即中间商经营互不关联的产品,如某中间商既经营家用电器,又经营服装、食品等其他不相关联的产品。这种战略能使中间商减少经营风险,但要求企业有较雄厚的实力。

这样,一家商场可能只经营海尔品牌的冰箱(采取独家产品战略),也可能经营多种品牌的冰箱(采取多家产品战略),也可能经营冰箱、洗衣机等相关产品(采取多种产品战略),还有可能另外经营服装、食品等不相关产品(采取混杂产品战略)。中间商选择产品经营战略是十分重要的一件事,因为这会直接影响中间商的顾客组合、市场营销组合和供货者组合。

(二)中间商的购买过程

中间商除了要做出产品经营战略的选择外,在其购买过程中还会面临以下 3 类不同的购买决策:

1. 购买新产品

在这种状况下,卖主向中间商提供某种新产品,中间商需要做出接受或不接受的选择,这取决于这一产品的销路如何及能否带来一定的利润。这同生产者的新任务购买型是不同的,因为生产者为了满足生产需要,必须向某一供应商购买所需的生产资料。面对新产品的购买抉择,中间商会做出不同的反应。如果中间商估计该新产品有较好的销路,就会决定购买较大的数量。如果对销路没有把握,中间商可以采取小批量进货的办法,一旦发现销路较好,可以马上追加订货,这样即使销路不好也不会对企业造成太大的损失。对于中间商的供货者来说,可以通过多种手段促使中间商采购新产品,如向中间商说明新产品比老产品有较大的相对优势,能满足顾客的新需要,也可以采取对

首次购买者享受优惠价的办法,还可以采取售后付款等手段。

2.选择最佳供应商

中间商需要购买某种产品,而经营这种产品的供应商很多,这时,中间商就要选择最佳的供应商。中间商往往从产品价格、质量、售后服务、信贷、交货等方面来评价供应商。因此,供应商应努力了解到对特定的中间商来说最关键的评价标准是什么,以便采取相应措施吸引中间商购买本企业的产品。

3.谋求更好的供货条件

许多中间商往往同供应商建立了一定的业务关系,在一般情况下,中间商是不会轻易更换供应商的。但中间商往往会向现有的供应商谋求更好的供货条件,索求优惠的待遇,如更多的服务、更好的条件和较大的价格折扣等。供应商为了同中间商保持和增进业务关系,首先应了解其他供应商向该中间商提供的供货条件,然后以较有吸引力的供货条件促使中间商增加对本企业产品的采购份额。

二、影响中间商购买的因素

中间商作为组织购买者之一,其购买行为也会受到环境因素、组织因素、人际因素和个人因素的影响。但是,由于中间商的营销目标、营销活动内容、购买决策及购买行为又有自己的特点,在制订购买决策、采取购买行为时,还会受到以下因素的制约:

1.消费者需求

为顾客购买是中间商的一个显著特点,由此中间商有顾客采购代理人之称。中间商购买什么、购买多少、以什么价格购买,都必须考虑其购买者——消费者个人及家庭的需求和愿望,按照他们的需求和愿望制订采购决策。

2.存货管理

储存是中间商的基本职能之一,储存什么、储存多少是影响中间商购买行为的一个重要因素。

3.供应商策略

中间商购买商品是为了转售给他人,供应商的策略、供货条件、价格折让、运费折让、促销津贴等与其商品转售有直接关系,因而影响中间商的购买决策。

三、中间商采购决策的制订

中间商的采购决策因所采购的商品不同而有所区别,如采购新产品,像生产者一样,中间商一般要经过8个购买阶段(这里不再重复)。如续购原来已经营的产品:当中间商的库存降到一定水平时,就会重新向供应商订货,只要中间商对供应商的产品、供货条件和服务比较满意,中间商一般不会变换供应商;只有中间商的费用和成本增加,影响其利润时,中间商才会同供应商重新协商价格。

中间商在续购产品时有两种决策可供选择:一是进货次数较少,每次进货数量较大。这可以减少进货的手续和进货费用(如搬运费等),并能享受较大的数量折扣,但会使中间商的库存量增加,不利于资金周转。二是进货的次数较多,每次进货的数量较小。即采取"勤进快销"的方法,这有利于减少库存量,加速资金周转,但会增加进货工作量和进货成本,不利于享受优惠的价格折扣。不同的中间商可采取不同的决策。一般地说,第一种决策多为批发商所采用,因为批发商有较多的流动现金,有一定的仓储条件,有较大的销售额;而零售商多采取第二种决策,因为零售商的流动资金有限,库存较小,有的零售商甚至没有正式的仓库。对于不同的供应商,中间商也会采取不同的决策,如对于远地的供应商,中间商就倾向于第一种决策,而对于当地的供应商则倾向于第二种决策。同时,中间商的购买决策还受供应商所提供的价格折扣幅度的影响,如供应商所提供的折扣幅度较大,就能吸引中间商大批量进货;反之,中间商就会减小进货批量。中间商无论倾向于哪一种决策,都必须遵循"以销定进"的原则,即根据对下一期销售额(量)的预测值和本期期末库存水平决定进货批量。

【案例 4-2】华润万家

华润万家的物流模式分为存储型(Stock Item)、直通型(Cross-Docking)及供应商直送门店(Deliver to store Directly)3 种。物流模式的选择,是由商品的属性及供应商的实力和备货能力来决定的。存储型商品一般为销量比较大的紧俏商品,我们对其在配送中心储存为的是保证安全库存,从而避免断货现象。这类商品有宝洁的产品、矿泉水等。直通型商品主要是销量不是很大、周转较为缓慢的商品,比如箱包之类;供应商直送门店的商品一般以生鲜及一些冷冻产品为主。李亦春在《第三只眼看零售》中表示,"选择不同的物流模式也要根据供应商的实力来决定,如果供应商实力雄厚,配送能力强大,我们可以采取直通的物流模式;如果供应商实力较弱,我们只好采取存储型配送模式了"。据了解,华润万家的门店中,供应商直供的商品只占到商品总数的30%;在剩下的70%商品中,直通型商品占到65%,存储型商品占到35%。

"采购人员在采购商品时,考虑的重点常常是商品进价,很少考虑企业后台的运作。例如,采购 100 箱和采购 500 箱商品,其进价会差异很大。如果采购人员只考虑赚取商品差价而盲目订货,很可能会给配送中心和门店造成很大压力,并由此导致很高的配送成本和仓储成本。所以,遇有大批量的采购订货,我们就会与采购部门沟通,并了解具体的销售计划和配送需求,从而避免盲目订货导致的商品进销差价获得的收入无法弥补物流作业的成本。"李亦春告诉笔者。

华润万家物流对新品的引进可以起到"参谋"作用。在引进新品时,采购部门通常要做销售预测,但预测的销量有可能偏大,因为能引进某个单品,一定是认可它的销售前景。但消费者对新品往往有一个较慢的接受过程。所以,引进新品需要把握节奏。在这个过程中,物流部门虽然不对最初的订货量提出意见,但一旦门店出现大量退货,物流部会马上通知采购部,请他们分析原因并尽快调整采购量。经过物流与采购部门的反复讨论和协商,商品订量才趋于合理,才能逐步减少不合理库存。

此外,为了帮助采购部门评估供应商,物流部门会向采购部门提交产品订单满足率报告。根据这份报告,采购人员做出相应的反应。如果某供应商长期无法满足 80% 的供货需求,采购人员就要重新考察这家供应商了。

(资料来源:《华润万家整合 Tesco 的"有力抓手":三级供应链架构》赵向阳著)

四、中间商市场的营销策略

随着我国由"卖方市场"转变为"买方市场"及中间商的采购决策水平不断提高,许多中间商开始重视对市场需求的调查与预测、库存控制、空间利用和商品陈列等经营管理活动,一些较为先进的中间商还利用计算机来控制库存额,计算经济采购批量,以明确企业经营某一特定的产品能否为企业带来满意的利润。这些情况说明,中间商的供应商正面临着中间商日益复杂的购买行为,这也部分说明了购销主动权由生产者转向了中间商。供应商应了解中间商不断变化的需求,向他们提供有吸引力的产品和服务,并采用下列市场营销策略来吸引中间商:

(一)产品策略

中间商以转售商品获得利润,所以其采购商品时特别注重产品的试销性。同时,产品在同类产品中的技术创新水平、品牌的市场效应等应是中间商采购时特别重视的方面。由于中间商把服务作为主要的经营手段,产品功能和质量的稳定性及产品供应商能否提供完善的售后服务保障体系,也是影响中间商购买的重要因素。

(二)价格策略

1.运用数量折扣刺激中间商大批量购买

供应商应根据中间商采购数量的大小给予不同的折扣。由于采购的数量越大,享受的折扣率越高,如此能够刺激中间商向供应商大批量进货。若实行累计数量折扣,供应商还能刺激中间商不断向本企业采购产品,以便在一定时期内达到较大的累计采购额,享受更多的优惠。

2.实行延期付款

对于流动资金比较短缺的中间商,供应商可实行延期付款的方法,从资金信贷上给予优惠,刺激中间商购买本企业的产品。

(三)渠道策略

供应商若通过中间商经销或代理,则应注重对销售网络的管理和控制,如建立规范的管理体系和制度,加强双向沟通,在双方利益共同提高的基础上进行合作,具体可应用以下策略:①提供无库存采购服务,以较短的时间间隔向中间商送货。由于市场需求的变化,中间商需要降低销售,供应商可为中间商承担部分或全部损失。②实行移库代销措施,供应商将部分库存商品交由中间商保管代销,中间商根据销售额取得一定比例的代销金。③供应商可为中间商提供津贴等。

(四)促销策略

供应商应充分利用中间商的销售场所进行广告宣传,即 POP 广告活动,如在销售场所统一设立有企业标记、标准色彩的本企业产品专用陈列柜,张贴广告等。同时,供应商应为中间商为产品所做的广告承担部分或全部的广告费用,提供有关产品的宣传资料,撰写广告文稿等。供应商还可配合中间商进行销售促进活动,如派出专业人员进行现场演示、现场咨询活动,举办主题产品展览等。

第四节　非营利组织与政府市场

一、非营利组织的购买行为

所谓非营利组织泛指一切不从事营利性活动,即不以创造利润为根本目的的机构团体。不同的非营利组织,有其不同的工作目标和任务。在我国,习惯以"机关团体事业单位"称呼各种非营利组织。非营利组织市场购买行为是指国家机关、事业单位和团体组织使用财政性资金采购依法制订的集中采购目录以内的或者采购限额标准以内的货物、工程和服务的行为。

(一)非营利组织的类型

1.公益性组织

公益性组织通常以国家或社会整体利益为目标,服务于全社会。这类非营利组织包括各级政府和有关部门,以及军队、警察等。

2.互益性组织

互益性组织如职业团体、业余团体、宗教组织、学会和协会、同业公会。这些组织较重视内部成员利益和共同目的,看重对成员的吸引力。

3.服务性组织

服务性组织以满足某些公众的特定需要为目标或使命,常见的有学校、医院、新闻机构、图书馆、博物馆、文艺团体、红十字会、福利和慈善机构。

(二)非营利组织的购买特点

1.限定总额

许多非营利组织的资金都是来自外界捐款,从某种意义上来说,不能无限制地随意购买,需要尽量做到减少购买总经费、限定购买总额,这样也便于组织管理。所以一般情况下,非营利组织是要求限定购买总额的。

2.价格低廉、保证质量

由于经费的限制,非营利组织在采购中必须要求商品价格低廉。而其采购的商品是为了维护组织运行和履行组织职能,因此在价格低廉的条件下必须保证采购商品的质量和性能。

3.受到较多控制且程序复杂

与政府采购一样,非营利组织采购的参与者众多,做出一个购买决策常常需要很多人参与,这些参与者包括管理者、专业人员甚至外部咨询顾问。为了更好地发挥非营利组织的资金的效用,购买决策需要按照各项规定进行严格的评估。

二、政府市场购买行为分析

(一)政府市场概述

政府市场也称政府采购市场,是国内市场的一个重要组成部分。政府采购是各级国家机关、事业单位和团体组织,使用财政性资金采购依法制订的集中采购目录以内的或者采购限额标准以内的货物、工程和服务的行为。政府除了需要其他组织顾客所需要的产品与服务外,还有其他组织所不具备的需要,包括社会服务及一切与国家安全有关的产品与服务。政府采购的目的是履行政府管理职能或为社会提供公共品,没有营利动机,政府市场是一种特殊的非营利组织市场。

(二)政府采购的特点

对于很多企业来说,政府市场是个巨大且充满诱惑力的市场。企业一旦进入了政府市场,就意味着拥有了稳定的、具有保障性的、较高收益的回报。有意进入政府市场的供应商,必须充分了解政府采购的特点,才有机会获得与政府合作的可能。与其他组织市场客户采购相比,政府采购具有以下特点:

1.政府采购资金来源的公共性

一是政府采购的资金来源于政府财政收入,或需要由财政资金进行偿还的公共借款,这些资金最终来源于公众的纳税、公共事业收入和其他公共收入;二是政府采购的目标具有公共性,即政府采购的产品或服务是为了向社会提供公共服务。

2.政府采购的强制性

为了规范政府采购行为,提高资金使用效益,维护国家利益和社会公共利益,我国颁布了《中华人民共和国政府采购法》及一系列相关法律法规。属于政府采购范围的项目的采购计划方案的制订、程序、方式及其资金使用等,必须严格按照有关法律法规组织实施和规范管理。

3.政府采购的政策性

政府采购有责任维护国家和社会公共利益,促进社会经济协调平衡发展,体现社会责任感。政府采购对于平衡社会有效需求和供给、推动经济产业结构调整升级、保护和扶持民族产业、促进地区经济发展、扶植中小企业发展、支持科技创新、支持环境生态保护和节约能源等社会经济、公益事业都能发挥显著的促进作用。

4.政府采购的稳定性

政府采购一般是按年度预算进行的,年度预算具有法律效力,不会轻易变动。也就是说,政府在一个财政年度内的采购规模基本上是固定不变的,这是政府市场相对稳定的一个重要原因。

5.政府采购的经济性和非营利性

政府采购活动必须遵循市场经济规律,追求财政资金使用效益的最大化。同时,政府采购活动不以营利为目标,而是以追求社会公共利益为最终目标。

【案例 4-3】政府采购

国家机关事务管理局介绍,"十二五"期间中央国家机关政府采购中心采购额共计986.2亿元,节约资金148.7亿元,采购规模和资金节约额比"十一五"分别增加52.1%和38.2%,该采购中心接受委托的项目数增长近1.65倍。2015年中央国家机关政府采购中心全年完成采购额182.47亿元,节约资金40.39亿元,资金节约率达18.12%。进入"十二五"后,中央国家机关政府的采购规模趋于稳定,年均采购额近200亿元。

国家机关事务管理局局长李宝荣指出,"十三五"时期,要充分发挥政府采购的政策功能,要从鼓励采购国货、支持中小企业和民营企业、扶持不发达地区和少数民族地区发展、加强制度建设4个方面着力,在助力产业发展、承担社会责任方面发挥更大作用。

针对社会高度关注的政府采购的公信力问题,李宝荣强调,下一步要强化政府采购的公开透明,按照《中华人民共和国政府采购法实施条例》确定的推进全过程公开的要求,进一步扩大公开范围,让供应商公平地获得采购信息和商业机会,让社会更好地监督政府采购工作,要以价格、质量为重点,形成一套包括基本政策、评估标准在内的较为完整的信用评价体系,对不同诚信状况的供应商实施有针对性的监督措施;要建立政府采购黑名单制度,对虚假投标、围标串标、以次充好、失信违约的企业,一定时期内禁止其参加政府采购活动,并将处理结果予以公示,接受社会监督;对个别里应外合、倾向性评审的专家,要采取信用约束措施,限制其在相关领域的评审活动。多措并举,"让失信者寸步难行,让守信者一路畅通"。

(资料来源:《中央国家机关"十二五"期间完成政府采购额近1000亿元》崔清新著)

(三)影响政府采购的主要因素

政府采购的独特之处在于它受到外界公众的密切关注。政府采购者除受到环境、组织、人际和个人因素的影响,还受到其他一些因素的影响。

1. 受到社会公众的监督

政府采购的监督者包括:国家权力机关与政治协商会议、行政管理和预算办公室、传播媒体、公民与民间团体等。国家的采购资金为政府财政性资金,主要来自国家预算资金(纳税人缴纳的税金),按照财政收入取之于民、用之于民的原则,政府采购活动必须公开、公正、公平地开展,监督者有权对国家的采购行为进行监督。

2. 受到国际国内政治形势的影响

政府的采购参与者分为两类:行政部门的购买组织和军事部门的购买组织。在国际政治形势紧张导致国内安全受到威胁时,政府部门对军事采购的需求就会增加;如果国际形势和国内政局比较稳定,政府部门将增大国家建设方面的采购支出。

3. 受到国际国内经济形势的影响

经济形势的好坏对经济有着很大的影响,继而影响到国家的财政收入和财政支出。目前,受全球性的金融危机的影响,国际经济明显处于低迷状态。受此影响下,我国经济发展速度明显减缓,国家大量投资基础设施的建设,以此来拉动经济增长。

4. 受到自然因素的影响

在遇到自然灾害时,国家的财政支出比例中对抗灾物资采购的比重将加大。

(四)政府采购的主要方式

根据《中华人民共和国政府采购法》,政府采购方式主要有以下几种:

1. 公开招标

公开招标是政府采购的主要方式。政府采购部门邀请合格的供应商对拟采购的商品品目进行投标,一般来说,获得合同的是出价最低的供应商,供应商必须考虑能否满足产品的各种规格及接受的条件。

2. 邀请招标

符合下列情形之一的货物或者服务,可以采用邀请招标方式采购:

(1)具有特殊性,只能从有限范围的供应商处采购的;

(2)采用公开招标方式的费用占政府采购项目总价值的比例过大的。

3. 竞争性谈判

符合下列情形之一的货物或者服务,可以采用竞争性谈判方式采购:

(1)招标后没有供应商投标或者没有合格标的或者重新招标未能成立的;

(2)技术复杂或者性质特殊,不能确定详细规格或者具体要求的;

(3)采用招标的所需时间不能满足用户紧急需要的;

(4)不能事先计算出价格总额的。

4. 单一来源采购

符合下列情形之一的货物或者服务,可以采用单一来源方式采购:

(1)只能从唯一供应商处采购的;

(2)发生了不可预见的紧急情况不能从其他供应商处采购的;

(3)必须保证原有采购项目一致性或者符合配套的要求,需要继续从原供应商处添购,且添购资金总额不超过原合同采购金额百分之十的。

5. 询　价

采购的货物规格、标准统一,现货货源充足且价格变化幅度小的政府采购项目,可以采用询价方式采购。

◆ **本章小结**

组织市场由生产者市场、中间商市场、非营利组织市场和政府市场构成。组织市场与消费者市场相比,具有购买量大、购买者数量少、地理位置相对集中、需求缺乏弹性、供需双方关系密切、派生需求等的特点。生产者市场的决策受环境、组织、人际、个人等因素的影响,组织因素的作用尤其明显。采购中心是组织市场的决策单位。生产者市场的典型购买决策过程分为认识需求、阐明总体要求、确定产品规格、寻找供应商、征求供应商建议、选择供应商、确定订货和评价合同执行情况等 8 个阶段。中间商的 4 种产品经营战略有独家产品战略、多家产品战略、多种产品战略和混杂产品战略,其购买过程分为购买新产品、选择最佳供应商、谋求更好的供货条件。中间商的类别不同,购买决策的参与者也不同,其购买决策过程与生产者市场相似。非营利性组织市场是近年来我国发展较快的组织市场,它可分为公益性组织、互益性组织和服务性组织 3 种类型。政府采购方式主要有公开招标、邀请招标、竞争性谈判、单一来源采购和询价 5 种。

◆ 思考题

1. 与消费者市场相比较,组织市场具有哪些特点?

2. 不同的生产资料购买类型对企业营销会产生怎样的影响?

3. 以新任务购买型为例,分析生产者的购买决策过程。

4. 中间商的产品经营战略有哪些类型?

5. 供应商可采用哪些营销策略促使中间商产生购买行为?

7. 非营利组织的类型及购买特点是什么?

8. 政府采购具有哪些特点、影响因素及主要方式?

◆ 案例阅读与分析

【案例】物美超市董事长蒙进暹:采购变革才是真正颠覆传统

三鹿事件发生后,中国的食品企业面临整体的信任危机,重树国人对本土产品的信任,是每家食品企业特别是大企业,应认真面对的课题。在此过程中,中国的零供关系必然发生重大转变,对国内的生产企业、代理商、零售商必然产生深远的影响。

零售业终于有人动真格的了!如今,"颠覆""变革"这些极具挑战性的字眼,早已被大数据、O2O、互联网思维等概念"绑架"。然而,自蒙进暹上任董事长以来,物美集团所推行的采购变革显得如此与众不同。没有花架子,也没有大肆宣传,一切都按照既定的节奏有序推进。

采购变革

在蒙进暹看来,变革的动力来自开放的心态。不论是治国,还是做企业,故步自封都会走向穷途末路。眼下正是中国社会和经济变革的时期,"抓住机会,或许就能成为成功的改革者"。

既然要变革,就要找到突破口。"10 块钱的产品,5 块的成本,3 块的利润,那剩下的 2 块钱哪里去了?"他直指业内秘而不宣的灰色交易。

2013 年 10 月 29 日,吴坚忠辞职,蒙进暹升任物美集团董事长。就在同一天,央视财经频道以"超市乱收进场费"为主题进行大量报道,矛头直指物美等几家大卖场。此事招来了行业和媒体的共同关注,物美集团却没有做出过多的反应。然而,几天之后,物美集团却以公开招标的形式拉开了采购变革的序幕。与沃尔玛中国的改革重点在于精选商品和谋划全国布局将 30 多个城市采购办公室压缩为 8 个区域采购中心不同,物美集团此时利剑出鞘的目的,是试图直接铲除灰色交易生存的土壤。

优化供应商结构,是采购变革的第一步。物美集团依据供应商的生产能力、品牌知名度、销售排名、产品质量、市场推广等标准进行首轮筛选,淘汰了部分规模不够、产能不足的供销商。蒙进暹以挂面为例:"原来卖场里有20个左右的供应商,现在通过筛选挑出4家。每家供应商大大提升了在物美卖场的市场占有率,物美也要求这4家供应商撑起挂面品类的销售业绩。"事实证明,品牌的优化收到了很好的市场反馈,每个供应商的销售额都有不同程度的上升。

当然,采购变革不是凭空实现的。要想改变企业甚至是行业的"潜规则",必须有机制保证。物美集团改革了招商竞标体系,为了使招标过程公开透明,成立了由党委、纪委、法务、采购、财务5部门组成的招标委员会,5人一个小组对供应商进行评估并投票,削弱了采购部的权利。为了改变过去"拖泥带水"的采购模式,蒙进暹将供应商稳稳地"钉"在了乙方的板凳上:"我们要把复杂的事情简单化,招标书上有一系列标准,供应商只需要在表格中打钩,签完之后盖章,这就是承诺。"

最后,与优选的供应商进行"厂超对接",这是变革采购体系最核心的部分。物美集团直接与供应商的工厂展开合作,如果厂商不直接销售,则与全国总代理商谈,最大限度地减少中间环节。

很多人认为,电商、O2O将颠覆传统零售业,但蒙进暹认为采购变革才是真正的颠覆传统。化浊水为清流,势必触动多方的利益,蒙进暹希望物美集团在转型升级的路上轻装上阵。但他也知道变革的艰难,所以始终保持着理性和清醒:"绝对公平我不敢保证,但至少相对公平吧!对供应商来说,让真正的好商品、好品牌占领市场;对消费者来说,物美价廉才是给他们真正的实惠。"

作为企业管理者,蒙进暹对人性有着更深刻的认识,他说:"人都有欲望。当官当久了,就容易颐指气使;采购灰色收入拿多了,真正研究商品的精力自然就减少了。"通过重置游戏规则,蒙进暹希望打破原有的惯性,兼顾公司、供应商、员工、顾客的四方利益,让采购寻找真正好的产品,以更低的价格让消费者获得实惠,使得原本的痼疾有机会根治。

拿捏有道

如此强势的供应链改革,需要自上而下的决心和力量。此前担任物美高级副总裁和银川新华百货董事长的从业经历,让蒙进暹对这些年"零售这点事儿"了然于心。从银川回到北京,蒙进暹就主持这项酝酿已久的变革。物美集团是北京地区拥有网点最多的超市,在供过于求的市场环境下,供应商失去了物美渠道,便失去了大部分的市场份额。物美集团在北京市场的强势地位更让蒙进暹感到肩上的责任:"过去,包括物美在内,很多超市的合同管理都很松散。谈到6月份的合同,却能卖到8月份,今年1月份起我们就清理了原有的合作,与供应商签署了新协议,对双方的权利和义务都做了明确的规定。"

无论是在银川新华百货,还是如今就任物美集团董事长,他都清楚地认识到区域性零售企业的优势和潜力。"区域性零售企业在全国的品牌号召力有限,但在自己的区域中就会有较强的话语权和竞争力。"他说。

不过,采购模式和规则的变革涉及零供关系的利益博弈,不论是对媒体来说,还是对主管部门来说，这都是个敏感的话题。拥有博士学位的蒙进暹，除了有着资深的零售经验，还有着严谨的逻辑思维。

他还有一张"底牌"。虽然物美集团筛选出来的都是"门当户对"的供应商，但是一些优质的中小供应商也需要生意机会。虽然无法达到常规要求，但产品有优势、公司发展目标明确，物美便把他们挑出来进行扶持。首批13家有潜质的供应商，由招标委员会共同投票筛选出来，给予30%的竞标优惠，并安排相应的促销计划扶持。蒙进暹说："这也是我们经过多方面考虑的结果，制度也要有体现人性化的地方。"但他同时表示，如果发现这些小供应商没有按照协议办事，便会立马淘汰。他笑着说："目前还没有供应商来举报不公平。"

"老人"新任，蒙进暹对于转型策略拿捏得非常准确。不打无准备之仗，要瞄着打，不能蒙着打。但这并不代表蒙进暹是个保守之人，相反，他是一个稳重而务实的创新者。

当年物美集团实施信息化管理，蒙进暹是主要推动者之一，物美的大卖场事业部更是由他带领团队打下了基础；在银川新华百货，他让一个有着几十年历史的传统企业坚持自营和创新。当步步高、大润发、五星等企业近期大举进攻电子商务时，蒙进暹依旧气定神闲地说："还没到时候，不管B2C还是O2O，叫什么不重要，赚钱最重要。"

而在全行业遭遇拐点之际，物美集团由"农超对接"转向"厂超对接"，蒙进暹也是最强力的推手。如果能顺利完成变革，或许物美集团会作为第一批成功转型的零售企业，领跑行业。

返璞归真

沉淀多年的零售经验，给蒙进暹最深刻的感受是——零售业的变革最终要回归本质，把复杂问题简单化，就是要想尽办法满足消费者的需要，玩花活是没用的。

在他眼里，采购变革、厂超对接，就是回归最简单的本质。他认为，"花费时间、精力和全部心思研究商品，开发商品，这才是采购该做的事情"。

聪明的人是不会舍本逐末的，面对线上线下融合的趋势，电商在线上占据着压倒性的优势。蒙进暹却从未视其为洪水猛兽："对于我们而言，线上只是渠道之一，但对于电商而言却是唯一渠道，所以他们要拼命干。我们不能还没走好就想着跑起来。"可以试想，如果真正能回归产品和服务，未来的物美，也许是电商们不得不选择的一张"线下王牌"。

至于回归本质的方法，他经常跟下属讲："学农民卖菜，学小贩卖碟。"

农民没有清洁和陈列标准，没有巡检和督导，却能把菜码得漂漂亮亮，因为菜农深知顾客喜欢什么，他们天然就懂得迎合顾客的心理；小贩经常被城管抓，但总是"野火烧不尽"，是因为小商贩为了维持生计，形成了一套自己的战术。

谈到这些，蒙进暹自嘲自己的想法"不入流"，但这是我们听过的关于零售本质的最简单朴实的诠释。分析问题并抓住主要矛盾，是他长期实践与不断思考锤炼的结果。

不仅自嘲，蒙进暹还敢于否定自己，他觉得现在很多零售企业包括物美，都进入了一个管理导向的误区——不从顾客角度出发，只图为自己省事。比如，顾客退货需要找客服、门店主管等多人签字。烦琐的流程让顾客体验大打折扣,往往是货也退了,顾客还有一堆抱怨。

他主张顾客在柜台签字后便可以退货,剩下的是零售商与供应商之间的事情,变管理导向为顾客导向。

有人说碰到刁蛮的顾客怎么办,他说:"顾客到店里来都是为了买东西的,爱占便宜的人少之又少。偶尔遇到,就当我们自己吃点亏吧。"

而真正把顾客当成上帝,除了提供好的产品和服务,蒙进暹一直倡导"落到实处"的诚信。在很多商场,经常有"满100送50"的返利促销,最终却是顾客花得更多。他说:"促销就是要给顾客实惠。我们自己攻于算计,顾客也不傻,发现这促销徒有其表,以后还会相信我们吗?还不如直接满'100降20',诚信经营才是真正的回归。"

与蒙进暹的对话更像是上课听讲,他总能抓住问题的本质,将复杂的事情简单化。与他交流,学到的是观察事情的角度和解决问题的方法。交流之中,他经常跳出零售本身,表达自己在诸多方面的奇思妙想。在他看来,不管是否在做零售,生意万变不离其宗。零售业就是要采购到好商品,并把顾客服务到位,这也正是未来一定会回归的原点。

作为一个即将冲击千亿元销售目标的零售航母掌舵人,蒙进暹最后用简单的话语概括了物美集团未来发展的脉络——"从顾客中来,到顾客中去"。

(资料来源:《全球商业经典》罗贵希著)

【问题】

1.影响组织市场购买决策的因素为哪些?

2.物美超市采购决策反映了现代组织市场购买的哪些新变化?给我们有何启示?

◆项目实训

项目一:以熟悉的企业以对象,调查工商企业等组织客户的采购制度、程序及实施效果。

项目二:以熟悉的学校为对象,调查学校等的采购制度、程序及实施效果。

第五章 市场竞争战略分析

知己知彼,百战不殆;不知彼而知己,一胜一负;不知彼,不知己,每战必殆。

——孙武

【学习目标】

1.了解不同层次的竞争者。

2.能够从行业结构和市场视野对竞争者进行识别与分析。

3.掌握企业一般性竞争战略和竞争性营销战略的内容。

【导入案例】

永辉生鲜品的竞争战略

永辉以独特的三鲜模式闻名,其三鲜销售占总销售的比重在40%以上,而一般超市的三鲜销售占比在10%—30%之间。在一般超市中,三鲜并非重要品类,而永辉超市却将三鲜作为战略产品来经营。三鲜产品因其具有需求面广、购买频率高等特点,是超市集聚客流的最佳武器。永辉三鲜抛出这一撒手锏,"直采为主的采购体系＋自营为主的盈利模式",以及强大的买手团队、标准化的门店管理、优化的信息系统等供应链环节,是维持其差异化竞争、跨区域扩张的"发动机"。三鲜品类的供应链管理与其他品类的相比难度较大,且不同三鲜产品的管理技术存在差异,永辉超市具有先发优势,并经过长期不断资金投入和经验积累,让同行难以模仿。

永辉还以股权合作的形式牵手中百集团和联华超市,以合纵连横加快协同整合,联合采购降低采购成本,这显著提升了永辉采购议价能力,同时有助于公司外延扩张,加快挺进合作者市场,实现与合作伙伴共赢。

竞争是市场经济的基本特征。市场经济就是适者生存、优胜劣汰的经济,市场竞争是推动经济运行的强制力量。随着市场经济和全球经济一体化的进一步发展,市场竞争势必日益激烈和复杂,竞争者的竞争行为也对企业的营销活动产生深刻的影响。因此,企业营销者必须识别谁是竞争者,并根据竞争者的特点认真研究竞争者的竞争战略、竞争目标、竞争优势与劣势及企业的竞争性地位,有的放矢地制订竞争战略,只有这样,才能在激烈的竞争中求得生存和发展。

(资料来源:根据网络资料整理)

请思考:永辉生鲜品所采用的竞争战略是什么?

第一节　竞争者的识别与分析

一、识别竞争者

企业的现实竞争者和潜在竞争者很多,因此识别竞争者并不是一件容易的事,通常可从市场和行业两个方面加以分析。

(一)4 种层次的竞争

企业通常把那些为同样的顾客提供相似的产品或服务的企业定义为竞争者。根据产品替代观念,我们可以分出以下 4 种层次的竞争者。

1. 品牌竞争者

当其他企业以相似的价格向相同的顾客提供类似的产品或服务时,企业将其视为竞争者。如别克、本田分别将福特,本田将雷诺等中档汽车品牌视为竞争者,而不是将奔驰、宝马、沃尔沃、凯迪拉克、劳斯莱斯、宾利等高端汽车品牌视为竞争者。再如格力变频空调与海信变频空调之间的竞争。

2. 行业竞争者

同行是冤家,一个企业可以把制造相同或相似产品或服务的企业视为竞争者。如法国欧莱雅化妆品集团公司把宝洁、资生堂、大宝等不同品牌企业视为竞争者。又如传统燃油汽车生产厂商与电动汽车生产厂商之间的竞争。

3. 产品形式竞争者

企业把所有制造相同产品、提供相同服务的企业视为竞争者。如不同运输工具——飞机、火车、客车、轮船等之间的竞争。

4. 愿望竞争者(一般竞争者)

企业可以把所有争取同一消费者的企业都视为竞争者。企业可以引导消费者购买房产、车、高档耐用消费品、奢侈品等,所有争夺同一消费者的不同行业内的企业就成为最广义的竞争者。如消费者要选择一种价格为万元的消费品,他所面临的选择就可能有购买品牌摄像机、奢侈品等,这时商家彼此之间就存在竞争关系。

(二)从行业结构的角度识别企业的竞争者

行业内的企业竞争者是一组提供一种或一类密切替代产品的相互竞争者。

1. 现有企业

现有企业是指本行业内现有的与企业生产同样产品的其他厂家,这些企业是企业的直接竞争者。如蒙牛与伊利、可口可乐与百事可乐、麦当劳与肯德基、苹果与三星、天猫与京东、美的与海尔、滴滴打车与美团打车、ofo 与摩拜等等。

2. 潜在加入者

当某一行业前景乐观、有利可图时,会引来新的竞争者,使该行业增加新的生产能力,并要求重新瓜分市场份额和主要资源。另外,某些多元化经营的大型企业还经常利用其资源优势从一个行业侵入另一个行业。新企业的加入,将可能导致产品价格下降,利润减少。如 2018 年 4 月 2 日美团打车的加入,与滴滴打车形成强有力的直接竞争,这将加大网约车市场的竞争力度。

3. 替代品企业

替代产品是指在功能上能部分或全部替代另一产品的产品。随着现代科学技术的发展,替代品将越来越多,某一行业的所有企业都将面临与生产替代品的企业进行竞争的状况。替代品的数量和种类的多少、替代品的替代程度、替代品的成本水平和行业的获利水平都会对市场竞争的激烈程度造成影响,如数码相机与智能手机的竞争。

行业的竞争激烈程度主要取决于市场集中度、进入和退出壁垒、产品差异化程度、成本结构、纵向一体化程度和全球化程度。

(三)从市场角度识别企业的竞争者

从市场角度识别企业的竞争者,即把其他竞争者看作力求满足相同顾客需求或服务于同一顾客群的企业。这一视角可以帮助企业看到还存在着更多的、实际的和潜在的竞争者,并激励其制订更长远的战略性计划。拿相机产业来说,消费者活动可分为购买相机、拍照、数字化存储与处理、打印相片等。第一层可以刻画出与相机有关的竞争者如佳能、尼康、索尼、奥林巴斯等;第二层可以刻画出间接竞争者如惠普、英特尔和相机世界网站,这些企业也可能成为直接竞争者;第三层可以刻画出数码相机存储介质和处理软件的相关竞争者如索尼、SanDisk、IBM 及 ACDSee 公司等;第四层可以刻画出消费者购买相机的相关竞争者如爱普生、柯达等。通过这类分析,企业可以同时看清一个企业面临的机遇和挑战。

二、判定竞争者的战略与目标

(一)判定竞争者的战略

竞争对手会采取什么样的竞争战略,可以通过迈克尔·波特的成本领先战略、差异化战略、集中化战略来判断,具体包括竞争者的研究与开发、制造、营销、财务和人力资源管理战略,产品质量、特色及产品组合战略;顾客服务、定价、分销、促销策略等等。各企业采取的营销战略越相似,竞争就越激烈。在多数行业中,根据所采取的经营战略,可将企业划分为不同的战略群体。所谓战略群体是指在一个特定目标市场中推行相同战略的一组企业,同一战略群体内部的竞争更为激烈。不同战略群体采取的竞争手段不同,参与竞争的难度也不同。同时,不同战略群体的进入和流动障碍不同,且不同的战略群体之间存在着现实或潜在的竞争。一家企业最为直接的竞争对手是那些处于同一行业采取同一战略的企业。

(二)判断竞争者的目标

企业不仅要识别竞争者的战略,还必须要了解他们的目标。竞争者的最终目标是获取利润,但不同的企业对于长期与短期利润的重视程度是不同的:有的企业注重长期利润,有的企业注重短期利润,有的企业重视利润最大化。

企业的战略目标多种多样,如提高获利能力、市场占有率,增加现金流量,降低成本,技术领先、服务领先等。每个企业都有不同的侧重点和目标组合。

三、评估竞争者的优势与劣势

在市场竞争中,企业需要分析竞争者的优势与劣势,才能有针对性地制订正确的市场竞争战略,以避其锋芒、攻其弱点、出其不意,即利用竞争者的劣势争取市场竞争的优势,从而实现企业的经营目标。竞争者的优势和劣势通常体现在以下 8 个方面:

(1)产品;

(2)销售渠道;

(3)市场营销;

(4)生产与经营;

(5)研发能力;

(6)资金实力;

(7)组织;

(8)管理能力。

四、估计竞争者的反应模式

企业的市场营销活动,必将引起竞争对手的某些反应。这种反应反过来又会影响企业的市场营销活动效果,这就是市场竞争的博弈过程。

不同竞争对手的反应模式存在差异。竞争者的反应模式主要受到竞争者的经营哲学、企业文化、经营理念和行业竞争结构等的影响。

概括起来,竞争者的反应类型有以下 4 种:

(1)从容不迫型竞争者。对某些特定的攻击行为没有做出迅速反应或反应不强烈。

(2)选择型竞争者。只对某些类型的攻击做出反应,而对其他类型的反应无动于衷。

(3)凶狠型竞争者。对其所占据的所有领域发动的任何攻击行为都会做出迅速反应,如美国宝洁公司。

(4)随机应变型竞争者。企业对市场竞争所做出的反应通常是随机的,往往不按规则出牌,使人觉得不可捉摸。

五、进攻与回避对象的选择

进攻谁,回避谁,可根据 3 种情况来定。

(一)竞争者的"强"与"弱"

攻击弱的竞争者在提高市场占有率的每个百分点方面所耗费的资金和时间较少,但能力提高和利润增加也较少。攻击强的竞争者可以提高自己的生产、管理和促销能力,更大程度地扩大市场占有率,并提高利润水平,但所耗费的资金和时间较多。

（二）竞争者的"远"与"近"

多数企业重视同近的竞争者对抗并力图摧毁对方，但是竞争胜利可能招来更难对付的竞争者，所以需要把握适当的强度。如玉兰油要和旁氏竞争而不是和兰蔻与雅诗兰黛竞争；在中国市场上柯达挑起的价格战使得国内的胶卷生产商难以为继，最后被竞争对手富士收购，从而演变成一场更高级别的白热化价格战直到数码时代的到来而终结。

（三）竞争者表现的"好"与"坏"

并非所有的竞争都会给企业带来不利的后果；相反，竞争者的存在也会给企业带来一些战略利益，如增加总需求、提高产品差异化程度、分摊市场开发成本、服务于吸引力不大的细分市场、降低违反反托拉斯法的风险等等。每个行业都包括"好"和"坏"的竞争者。明智的企业应通过与"品行良好"的竞争者合作，支持"品行良好"的竞争者，共同打击"具有破坏性"的竞争者。通过减少行业中"具有破坏性"的企业，来规范每个企业的营销行为，使得每一个企业都遵守竞争规则，凭借正当的营销努力提高市场份额，并且尽量采用差异化经营的手段参与竞争，以降低企业间正面竞争对抗的程度。

【案例 5-1】九阳与美的之争

两位力量悬殊的选手：一位是 2013 年销售额超过 1210 亿元，称霸白色家电和小家电领域的美的；另一位是 20 年来一直专注于豆浆机的深度开发和市场推广的豆浆机开创者九阳，其 2013 年的销售额为 53.3 亿元，两者相差约 20 倍。美的打破了九阳豆浆机市场占有率 87％的神话，短短几年间，美的就从九阳的手中抢走了近 30％的市场份额。美的的步步紧逼，让九阳不得不应对一场攻防战。

豆浆机领域的针锋相对

美的投入巨资强势进入豆浆机市场，实行"无网打干豆"的差异化战略，在中央电视台黄金时段打出广告"豆浆机该换代了"。为了说明干豆比泡豆好，美的拿出了某大学的测试数据：泡豆营养流失量是干豆的 11 倍；泡豆 6 小时，菌落总数是干豆的 170 倍；泡豆会产生致癌物质黄曲霉毒素等。针对美的"换代"说法，九阳在央视黄金时段宣传"专注豆浆多少年"，树立豆浆机的开创者和领导者形象，引发"豆浆机就是九阳的好"的联想；针对"干豆比泡豆好"的说法，九阳在尚未推出同类产品的情况下，以豆浆发展史说明"中国正宗豆浆是需要泡豆的"来予以正面回击；接着又针对美的豆浆机的"无网"展开反击，提出"拒绝简单，提倡精磨"，用新技术"五谷精磨器""X 型旋风精磨刀"等反击美的的"锰合金旋风研磨刀头"；针对美的价格战推出低价产品，试图拉低美的的品牌地位。面对美的的竞争压力，加之豆浆机行业增速放缓的现状，九阳与美的的竞争也进一步加剧。

多元化竞争

竞争的惨烈和市场份额的不断被挤占，九阳也不得不走上转型的道路。九阳通过并购来补偿短板，逐步向其他小家电倾斜资源，以厨房小家电产品（豆浆机、食品料理机、榨汁机、电磁炉、紫砂煲、电压力煲、电水壶等)为主,但也不局限于厨房小家电,来寻求"豆"和"电"的均衡发展,多元化战略开始成为九阳的主要发展战略。从专注发展单一产品到走向多元化战略,这也是家电企业做强做大的必然模式。多元化经营可以使九阳避免依赖单一产品的风险。

而在多元化发展的道路上,美的无疑是具有强大的优势的。美的从 1968 年创建,1980 年正式进入家电业,一直谋求多元化发展,其旗下拥有美的、小天鹅、威灵、华凌、安得、美芝等 10 余个品牌,主要家电产品有家用空调、商业空调、大型中央空调、冰箱、洗衣机、微波炉、风扇、洗碗机、电磁炉、电饭煲、电压力锅、豆浆机、饮水机、热水器、吸尘器、取暖器、电水壶、烤箱、抽油烟机、净水设备、空气清新机、加湿器、炉灶、消毒柜、冰箱压缩机、电机、磁控管、变压器等家电及家电配件产品——现实似乎表明,大而全的美的更有竞争力。

(资料来源:根据九阳股份有限公司 2013 年年度报告及美的集团官网数据整理)

第二节　市场竞争战略类型

迈克尔·波特在其 1980 年出版的《竞争战略》一书中,提出 3 种基本竞争战略:成本领先战略、差异化战略和集中化战略,如图 5-1 所示。

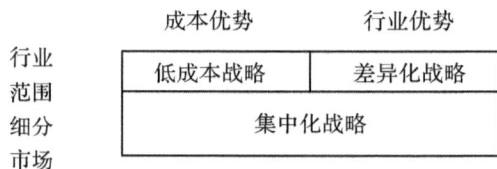

	成本优势	行业优势
行业 范围	低成本战略	差异化战略
细分 市场	集中化战略	

图 5-1　竞争战略关系

一、成本领先战略

(一)成本领先战略实施条件

成本领先战略又称低成本战略,即企业的全部成本低于竞争对手的成本,甚至在同行业中是最低成本。这一战略要求企业在提供相同的产品与服务时,加强成本控制,在研发、生产、营销等领域把成本最小化,使成本明显低于行业平均水平或主要竞争对手,从而赢得更高的利润,成为行业中的成本领先者。

实现成本领先战略需要一整套具体政策:经营单位要有高效率的设备,积极降低经营成本,紧缩成本开支和控制间接费用及降低研发、服务、销售、广告等方面的成本。要达到这些目的,必须在成本控制上进行大量的管理工作。为了与竞争对手相抗衡,企业在质量、服务及其他方面的管理也不容忽视,但降低成本则是贯穿整个战略的主线。

(二)成本领先战略的益处

(1)企业处于低成本地位上,可以抵挡住现有竞争对手的对抗。

(2)处于低成本地位的企业进行交易时握有更大的主动权,可以抵御购买商的讨价还价。

(3)当强有力的供应商抬高企业所需资源的价格时,处于低成本地位的企业可以有更大的灵活性来解决困境。

(4)企业已经建立起巨大的生产规模和成本优势,使欲加入该行业的新进入者望而却步,形成加入障碍。

(5)在与替代品企业竞争时,低成本的企业往往比本行业的其他企业处于更有利的地位。

(三)成本领先战略的风险

(1)生产技术的变化或新技术的出现可能使过去的设备投资或产品学习经验变得无效,变成无效用的资源。

(2)行业中新加入者通过模仿,总结前人经验或购买更先进的生产设备,使得他们的成本更低,后来居上,原企业就会丧失成本领先地位。

(3)由于采用成本领先战略的企业的力量集中于如何降低产品成本,从而使它们丧失了预见产品的市场变化的能力。企业可能发现所生产的产品即使价格低廉,也不为顾客所欣赏和需要,这是成本领先战略的最危险之处。

(4)受通货膨胀的影响,投入生产的成本已升高,但企业如采用降低成本来实现产品价格优势,则不能与采用其他竞争战略的企业相竞争。

【案例 5-2】无情的竞争对手

新起家的竞争对手可能正潜伏于某个角落,伺机而动。一旦发现进攻机会,他们就有可能成为现有公司的"无情的竞争对手"。现有公司想要真正生存下来,不仅需要有辨别潜在威胁的能力,还需要它愿意仿效竞争对手最残酷的一面。

耐克的无情对手,是相对名不见经传的史蒂夫·贝瑞——一家抓住运动鞋市场机遇的折扣服饰连锁公司。其售价低于 15 美元的马布里一代(Starbury One)篮球鞋,全面满足了当时青少年对低价运动鞋的需求。史蒂夫·贝瑞在品牌商品的环境中运用了低成本战略,取得了令人瞩目的成功。自 2006 年 8 月投放市场以来,马步里一代运动鞋已售出了 300 万双。相比之下,耐克的鞋类存货比一年前高出了 15%,即使是风靡一时的飞人乔丹鞋,销售额也远远落后。

美国西南航空公司堪称航空业另一大杰出的无情竞争对手。西南航空公司因低成本服务闻名于世,但其营利战略——高超的资产利用——往往为人所忽视。通过严格制订航班时刻表,使飞机在短至 20 分钟内再次起飞,西南航空的飞机飞行时间比其他主要航空公司多 20%—30%。西南航空公司的点对点路线网络取代了多数主要航空公司的"中心辐射型"模式,将航班延误的多米诺效应降至最低,实现了资产利用的最大化。

甚至本身就曾是零售业无情竞争者的沃尔玛和宜家,也须不断警惕新的威胁。它们出售低成本品牌商品的零售模式正受到无印良品(Mujirushi Ryohin,译为"Muji")的挑战——一家在无品牌环境中应用高概念极简主义的日本零售商。在亚欧市场站稳脚跟以后,Muji现正进军美国市场,其纽约门店预期将在一年内实现盈利,波士顿、芝加哥、旧金山的门店也将扭亏为盈。

实际上,任何公司都可能成为无情的竞争对手。对此,其他公司必须严阵以待。当前的合作伙伴、供应商,甚至是合约制造商,都有可能轻松带走公司价值链中的关键要素,建立自己的业务,通过向上游发展或提升影响力进行定位,掠走更多的利益。同一合约制造商还可能跨越行业界限,凭借从某行业所学经验进军其他行业。华为对思科的挑战便是很好的例证。

无情的竞争对手会比公司以往遭遇的任何对手都更为专注,他们几乎不在非核心活动中浪费丝毫精力。

(资料来源:《如何比"无情的竞争对手"更胜一筹》科尔尼企业咨询有限公司)

二、差异化战略

(一)差异化战略的实施条件

差异化战略是企业使自己的产品或服务区别于竞争对手的产品或服务,创造出与众不同的东西。一般说来,企业可在下列几个方面实行差异化战略:产品设计或商标形象的差异化、产品技术的差异化、顾客服务的差异化、分销渠道的差异化等等。

企业实行差异化战略得投入一定的成本费用,一般来说,其产品成本会超过竞争对手的成本,但是,如果差异化价格与竞争对手的平均价格的差额大于这一成本差额,企业还是会比竞争对手获得更多的利润。应当强调的是,产品或服务差异化战略并不是指企业可忽视成本因素,只不过这时主要战略目标不是低成本而已。

(二)差异化战略的益处

(1)建立起顾客对产品或服务的认识和信赖,降低顾客对产品或服务发生变化时的敏感程度。这样,差异化战略可为企业在同行业竞争中形成一个隔离地带,避免竞争对手的侵害。

(2)顾客对商标的信赖和忠实形成了强有力的行业进入障碍。

(3)差异化战略产生的高边际收益增强了企业对付供应商讨价还价的能力。

(4)企业通过差异化战略,使得顾客缺乏与之可比较的产品选择,降低了顾客对价格的敏感度。另外,通过差异化战略使顾客具有较高的转换成本,使其依赖于企业。这些都可削弱购买商的讨价还价能力。

(5)企业通过差异化战略建立起顾客对本产品的信赖,使得替代产品无法在性能上与之竞争。

(三)差异化战略的竞争风险

(1)实行差异化战略的企业,其生产成本可能很高,因为它要增加设计和研究费用,选用高档原材料等。

(2)购买者变得更加聪明起来,他们降低了对产品或服务差异化的要求。

(3)随着企业所处行业的发展进入成熟期,差异产品的优点很可能为竞争对手所模仿,这会削弱企业产品的优势,而这时如果企业不能推出新的差异化,那么会因价格较高而处于劣势,这时企业就会处于非常困难的境地。

三、集中化战略

(一)集中化战略实施条件

集中化战略是集中服务一个特殊的市场补缺,而这个补缺可能是以地理、顾客的形态,或产品线的区隔来定义。集中化战略的目的是很好地服务某一特定的目标,它的关键在于能够比竞争对手提供更为有效的服务。企业能够在特殊和独特的细分市场上通过集中化成本领先战略或差异化战略为顾客创造价值。瑞典的宜家家居就是采用集中化成本领先战略的典范。低成本贯穿在宜家企业活动的每一个方面,同时提供了对顾客极具吸引力的服务,如独特的家居设计、店内的儿童游乐场、供顾客使用的轮椅、延长营业时间等。

集中化战略对于实力不是很强大、资源有限的企业有着特别重要的意义。它使这些企业避开与广泛的整体市场中的强大竞争对手的冲突,而集中资源于自己最具优势或竞争对手最薄弱的部分,营造自己的竞争优势壁垒,从而在一个狭小市场上获得竞争优势地位和成功。利用集中化成本领先战略和差异化战略所需的业务活动与行业范围内的成本领先战略和差异化战略所需的业务活动也是一致的。

(二)集中化战略的益处

(1)集中化战略便于集中使用整个区域的力量和资源,更好地服务某一特定的目标市场。

(2)将目标集中于特定的细分市场,企业可以更好地调查研究与产品有关的技术、市场、顾客及竞争对手等各方面的情况,做到"知彼"。

(3)战略目标集中明确,经济成果易于评价,战略管理过程也容易控制,从而带来管理上的简便。

根据中小型企业在规模、资源等方面所固有的一些特点,以及集中化战略的特性,可以说集中化战略对中小企业来说可能是最适宜的战略。

(三)集中化战略的竞争风险

(1)由于企业全部力量和资源都投入一种产品或服务或一个特定的市场,当顾客偏好发生变化,技术出现创新或有新的替代品出现时,市场需求会下降,企业就会受到很大的冲击。

(2)在整个行业内竞争的企业可能认为由执行集中化战略的公司所服务的细分市场很有吸引力,竞争者打入了企业选定的部分市场,并且采取了优于企业的更集中化的战略。

(3)狭窄的竞争性细分市场中的顾客需求可能会与一般顾客的需求趋同,市场的优势就会被削弱或消除。

一般的成本领先战略和差别化战略多着眼于整个市场、整个行业,从大范围谋求竞争优势。而集中化战略则把目标放在某个特定的、相对狭小的领域内,在局部市场争取成本领先或差别化,以建立竞争优势。

成本领先战略、差异化战略和集中化战略这3种战略是根据产品、市场的不同组合而形成的,企业可根据自己的生产经营情况,选择所要采取的竞争战略,具体见表5-1。

表 5-1 竞争战略组合

	成本领先战略	差异化战略	集中化战略
产品差异化	低 (主要来自价格)	高 (主要来自特殊性)	由低到高 (价格或特殊性)
市场细分化	低 (大市场)	高 (众多细分市场)	低 (一个或一些细分市场)

第三节 企业竞争性营销战略

企业对自己在本行业中所处竞争地位的分析,是企业进行竞争性营销战略决策的基础。现代营销理论根据企业在市场上的竞争地位,把企业划分为4种类型:市场领导(主导)者、市场挑战者、市场跟(追)随者和市场补缺(利己)者。

市场领导者是指在相关的产品市场上占有最大的市场份额,并且在价格变化、新产品开发、分销渠道设计和促销手段等方面对本行业其他企业起着领导作用的企业。

市场挑战者是指在行业占据第二位及以后位次,有能力对市场领导者和其他竞争者采取攻击行动,希望夺取市场领导者地位的企业。

市场跟随者是指那些在产品、技术、价格、渠道和促销等大多数营销战略上模仿和跟随市场领导者或市场挑战者的企业。

市场补缺者是指精心服务于市场的某些细小部分,而不与主要的企业竞争,只是通过专业化经营来占据有利市场位置的企业。

一、市场领导者竞争战略

处于市场领导者地位的企业,往往在行业内有着比较大的市场占有率,并且在价格变化、新产品开发、分销渠道设计和促销手段等许多方面扮演着相对支配或者领先的角色。同时,树大招风,领导者企业面临着众多其他企业的竞争威胁。市场领导者的地位是在竞争中自然形成的,但不是固定不变的。如果它没有获得法定的特许权,必然会面临竞争者的无情挑战。因此,市场领导者为保持自己的领导地位,必须保持高度警惕,采取适当的竞争战略,以维护自己的竞争优势。绝大多数行业都存在一个公认的市场领导者,其他企业都承认它的统治地位,例如,可口可乐、宝洁、微软、IBM、吉利等都在各自的行业中扮演着领导者的角色。

一般而言,市场领导者要维护竞争优势有以下3种竞争战略(见图5-2):

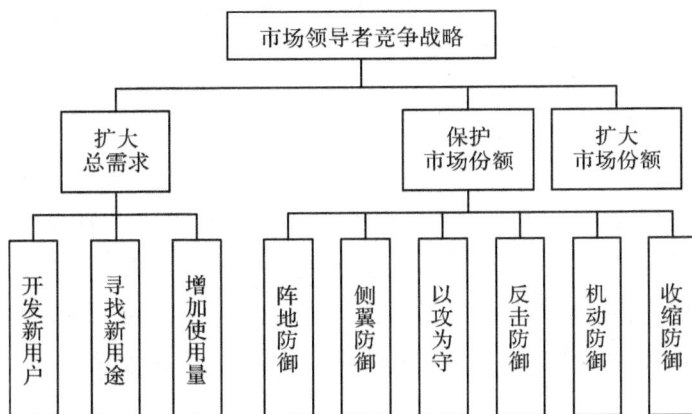

图 5-2　市场领导者的 3 种竞争战略

(1)想方设法扩大市场总需求。

(2)采取有效的防守措施和攻击战术保护现有的市场份额。

(3)在市场规模保持不变的情况下进一步扩大市场份额。

(一)扩大市场总需求

市场领导者占有的市场份额最大,在市场总需求扩大时受益也最多。因此,促进产品总需求量不断增长,扩大整个市场容量,是市场领导者维护竞争优势的积极措施。例如,中国市场消费者如果增加人均牛奶消费量,那么受益最大的是蒙牛公司,原因是蒙牛液态奶的市场份额占全国第一,其特仑苏单品更是在 2007 年占中国高端乳品市场71.2%的份额。市场领导者可以通过 3 个途径达到扩大市场需求总量的目的。

1.寻找新的消费对象

每类产品都有吸引新使用者的潜能,这些购买者可能因目前不知道此项产品,或因其价格不当或因其无法提供某些性能、型号而拒绝购买该产品。比如,企业可以从 3 种群体中寻找新的使用者:当香水还只为一部分女性所使用时,一个香水企业可以说服那些不使用香水的女性也使用香水(市场渗透策略),或说服男人开始使用香水(新市场策略),或销售香水至其他国家(地理扩张策略)。

2.开辟产品更多的新用途

开辟产品更多的新用途即发现并推广现有产品的新用途。如杜邦公司就是通过不断开发尼龙的新用途而实现市场扩张的。尼龙首先是用于制作降落伞的合成纤维;之后成为制作女袜的主要原料;后来又作为制作服装的原料;再后来又成为生产汽车轮胎、沙发椅套、地毯的原料。事实上,在更多情况下,不是企业发现产品的新用途,而是使用者自己将产品拿作他用。比如,凡士林当初只不过用作机器润滑油,然而数年内使用者便发现此产品的数种用途,包括用作护肤软膏、药膏和发蜡等。

3.鼓励使用者更多使用

说服人们在每个使用场合使用该产品。在刺激高使用率方面,有一个非常具有创造性的例子,是法国米其林轮胎公司。该公司过去一直都在设法鼓励汽车拥有者每年驾驶更多的里程,以更换更多的轮胎。他们的一个构想就是,以三星系统来评价法国境内的旅馆,并且出版一本旅游指南,书中介绍的大多数最好的旅馆皆在法国南部,从而使得许多巴黎人都到法国南部去过周末。

(二)保护市场占有率

处于市场领导地位的企业在努力扩大整个市场规模时,必须注意保护自己现有的业务,防备竞争者的攻击。例如,可口可乐公司必须对百事可乐公司常备不懈,中国移动公司要防备中国联通公司和中国电信公司的进攻,等等。市场领导者最好的防御方法是通过不断创新、持续增加竞争效益和顾客让渡价值,并抓住对方的弱点发动最有效的进攻。同时,市场领导者还需加强防御、堵塞漏洞,不给挑战者可乘之机。主要的防御战略有以下6种:

1. 阵地防御

阵地防御指围绕企业目前的主要产品和业务建立牢固的防线。阵地防御是防御的基本形式,是静态的反应,在许多情况下是有效的、必要的,但是单纯依赖这种防御则可能导致"营销近视症"。企业更重要的任务是创新技术、开发新产品和扩展业务领域。海尔集团没有局限于赖以起家的冰箱市场,而是积极从事多元化经营,开发了空调、彩电、洗衣机、电脑、微波炉、干衣机等一系列产品,成为我国家电行业的著名品牌。

2. 侧翼防御

侧翼防御指企业在自己主阵地的侧翼建立辅助阵地,以保卫自己的周边和前沿,并在必要时把它当成反攻基地。超级市场在食品和日用品市场占据统治地位,但在食品方面受到以快捷、方便为特征的快餐业的蚕食,在日用品方面受到以廉价为特征的折扣商店的攻击。为此,超级市场提供广泛的、货源充足的冷冻食品和速食品以抵御快餐业的蚕食,并在城郊和居民区开设新店以击退折扣商店的攻击。

3. 以攻为守

以攻为守指在竞争对手尚未构成严重威胁时或在竞争对手向本企业采取进攻行动前抢先发起进攻以削弱或挫败竞争对手。这是一种先发制人的防御,企业应正确地判断何时发起进攻效果最佳,以免贻误战机。具体做法主要有:当竞争者的市场占有率达到某一危险的程度时,就对它发动攻击;或者对市场上的所有竞争者发动全面攻击。

4. 反击防御

反击防御指市场领导者遭到竞争者发动降价或促销攻势,或改进产品、占领市场阵地等的进攻时,不能只是被动应战,应主动反攻入侵者的主要市场阵地。市场领导者可实施正面反攻、侧翼反攻以切断进攻者的后路。

5. 运动防御

运动防御指市场领导者不仅要固守现有的产品和业务,还要扩展到一些有潜力的新领域,以作为将来防御和进攻的中心。

6. 收缩防御

收缩防御指市场领导者主动从实力较弱的领域撤出,将力量集中于实力较强的领域。当企业无法坚守所有的市场领域,并且由于力量过于分散而降低了资源效益时,可采取这种战略。其优点是在关键领域集中优势力量,增强竞争力。

(三)扩大市场占有率

市场领导者应想方设法提高市场份额、增加收益、保持领先地位。但是,切不可认为市场份额提高了就会自动增加收益,还应考虑以下 3 个因素:

1. 经营成本

当市场份额达到一定水平时,再要求进一步提高就要付出很高的成本,其结果可能就得不偿失。

2. 营销组合

如果企业实行了错误的市场营销组合策略,比如过分降低商品价格、过高支出公关费、广告费、渠道拓展费、人员奖励费用,承诺过多的服务项目等,则市场份额的提高反而会造成收益下降。

3. 反垄断法

许多国家都有反垄断法,当企业的市场份额超过一定限度时,就有可能受到指控和制裁。例如,可口可乐公司试图对汇源果汁进行并购,以增强其在中国果汁饮料市场的竞争优势,但由于受到中国商务部《中华人民共和国反垄断法》的限制而未能成功。

【案例 5-3】格兰仕与美的

提到微波炉,几乎所有的中国人都会想到"格兰仕"这一品牌,因为在某种程度上,它是微波炉的代名词。巅峰时期曾占据全球微波炉 70% 市场份额的格兰仕,希望构建它的微波炉"帝国之梦"。然而,任何一个想要垄断市场的企业,必定会受到竞争对手的猛烈攻击,格兰仕也不例外。

进入 21 世纪之后,当格兰仕与 LG 为争夺微波炉市场份额而短兵相接时,美的集团携巨资挺进微波炉市场,与同城兄弟进行 PK,当年就从格兰仕手中抢去近 10% 的市场份额。格兰仕对美的集团的挑衅岂能坐视不管?在失去部分阵地之后决定予以反击。格兰仕很快宣布以 20 亿元资金杀入空调市场,直指美的心脏。美的集团虽然不是空调业的领导者,但绝对是一个重要的参与者。格兰仕在空调市场上的发力,让美的集团如芒刺在背。更可怕的是,格兰仕还高调地从美的集团的人才队伍中挖墙脚,这更让美的集团寝食难安。格兰仕与美的集团为争夺市场份额展开了一连串的进攻与反击战,从后来的市场效果看,格兰仕空调尽管没有如预期那样在市场上热销,但美的微波炉的发展却严重受制,并且空调业务也受到威胁。

(资料来源:《市场营销学》吴建安主编)

二、市场挑战者竞争战略

处于挑战者地位的企业,一般多具有相当的规模和实力,在竞争策略上有相当大的主动性,它们随时都可以向市场领导者企业或其他企业发动进攻。然而,作为市场挑战者的企业,盲目的进攻是愚蠢甚至是有害的,要使自己的挑战获得成功,必须明确企业的营销目标和挑战对象,然后选择恰当的进攻策略。

(一)确定挑战目标

明确企业的竞争对手和主攻方向,是市场挑战者企业成功的基础。一般有3种挑战目标可供市场挑战者企业选择:

(1)向处于领导者地位的企业挑战,意在夺取其市场份额和产品优势。

(2)向与自己实力相当的企业挑战,意在扩展自身市场份额以改变市场地位。

(3)进攻力量薄弱的小企业,意在夺取其市场份额或进行兼并,扩充自身实力。

(二)选择竞争策略

市场挑战者发起挑战是一种主动的攻击行为,进攻方向及具体运用的营销策略是经过认真选择的。

1. 正面进攻

当市场挑战者实力明显高于对手企业时,可以采用正面或全面进攻的策略。比如,经营和竞争对手相同的产品,进行价格竞争,或者采用势均力敌的促销措施等。这是集中全力向对手主要市场阵地发动攻击的策略,进攻的是对手的强项而不是弱点,胜负取决于双方力量的对比。

2. 迂回进攻

迂回进攻是一种最间接的进攻战略,完全避开对手的现有阵地而发动迂回的攻击。具体办法有3种:发展无关的产品,实行产品多元化;以现有产品进入新地区的市场,实行市场多元化;发展新技术、新产品,取代现有产品。

3. 游击进攻

如果市场挑战者暂时规模较小、力量较弱的话,可以采用游击进攻策略。根据自己的力量针对竞争对手的不同侧面,发动小规模的时断时续的攻势。比如,进行有选择、有限度的降价,采用突然的强度促销措施,发起与中间商的联合行动等,达到干扰对手的士气、争取消费者的目标。这是以小型的、间断的攻击手段逐渐削弱对手的实力,从而占据长久立足点的策略。

4. 侧翼进攻

侧翼进攻是指集中优势力量攻击对手的弱点,有时可采取"声东击西"的战略,佯攻正面,实际攻击侧面和背面。这又可分为两种情况:一种是地理性的侧翼进攻,另一种是细分性的侧翼进攻。侧翼进攻符合现代营销观念——发现需要并设法满足它。侧翼进攻也是一种最有效和最经济的战略形式,比正面进攻有更高的获胜可能。

5. 包围进攻

包围进攻是一种全方位、大规模的进攻战略。市场挑战者拥有优于对手的资源,并确信围堵计划的完成足以打垮对手时,可采用这种战略。

三、市场跟随者竞争战略

优胜劣汰的竞争法则是残酷无情的,在市场竞争中,持续的正面竞争往往会造成两败俱伤,因此许多企业会避免与市场领导者和市场挑战者发生正面冲突。同时,对于相当一部分中小企业而言,在产品创新上所投入的大量的人力、财力、物力、信息、技术、时间及所带来的相应的市场风险,它们无力承担。因此,在实际的营销活动中,许多企业采用跟随策略,从事产品的模仿或改良,在投资少、风险小的基础上,获取较高的利润,并保持企业相对有利的竞争地位。市场跟随者与市场挑战者不同,它不是向市场领导者发动进攻以图取而代之,而是跟随在市场领导者之后自觉地维持和平共处局面。例如,索尼重视新产品的开发,并花费巨资赢得了市场领导者的地位。而松下则很少创新,它模仿索尼的产品,然后低价销售,如此也取得了相当的利润。

一般而言,市场跟随者企业有 3 种可供选择的跟随策略。

(一)紧密跟随

紧密跟随是指市场跟随者在产品、价格、分销、促销及其他方面,尽可能模仿市场领导者,但又不从根本上侵犯市场领导者的地位,不与市场领导者发生直接冲突。这种市场跟随者往往很少关心市场的开发和培育,他们只是依赖市场领导者在市场开发、产品开发及其他方面的投资,靠拾取市场领导者的残余市场来生存。所以有时市场跟随者被看成寄生者。例如,1999 年,蒙牛刚刚成立,无工厂、无市场、无客户,力量很弱小。在 2000 年时,蒙牛在内蒙古呼和浩特市设立的路牌广告"蒙牛乳业,创内蒙古乳业第二品牌"就是很好地利用了这种策略,因为当时伊利是内蒙古乳业第一品牌。

(二)距离跟随

距离跟随是指市场跟随者只在某些主要方面模仿市场领导者,而在另一些方面又与市场领导者保持一定的差异。如在产品包装、广告宣传、产品价格等方面与市场领导者形成差异,而在产品功能、分销渠道等方面跟随市场领导者。如果这种跟随不具有攻击性,市场领导者一般不会介意这些市场跟随者的存在。

(三)选择跟随

选择跟随是指跟随者择优模仿市场领导者的某些做法,而在其他方面保持自己的独创性。它们往往先模仿市场领导者的产品、服务和营销战略,然后有选择地改进它们。这种跟随者有可能发展成为市场挑战者。为了避免与市场领导者直接竞争,这些市场跟随者往往会选择与市场领导者不同的细分市场来销售产品。

四、市场补缺者竞争战略

市场补缺者也称市场利基者,是指那些专心致力于为市场规模较小或大企业忽视的、不感兴趣的细分市场提供产品或服务,并在这些细小的细分市场上通过专业化的经营来获取最大限度的收益的企业,也就是在大企业的夹缝中求得生存与发展的企业。

(一)市场补缺者的特征

市场补缺者市场不仅对小企业有意义,而且对某些大企业中的较小的业务部门也有意义,它们也常热衷于寻找一个或多个既安全又有利的补缺市场。理想的补缺市场应具备以下特征:

(1)具有一定的规模和购买力,能够营利;

(2)具备发展潜力;

(3)强大的公司对这一市场一般不感兴趣;

(4)本公司具备向这一市场提供优质产品或服务的资源和能力;

(5)本公司在顾客中建立了良好的声誉,能够有效抵御竞争者入侵。

(二)补缺市场的类型

1.自然补缺市场

为了追求规模经济效应,很多大企业一般采用少品种、大批量的生产方式,这自然为中小企业留下了很多大企业难以涉及的"夹缝地带",这些夹缝地带即为自然补缺市场。

2.协作补缺市场

对于生产复杂产品的大企业来说,不可能每道工序都达到规模经济性的要求。大企业为了谋求利润最大化或节约成本,避免"大而全"生产体制的弊端,而与外部企业进行协作,这种协作关系为中小企业提供了空间。

3.专利补缺市场

拥有专利发明的中小企业,可以运用知识产权来防止大企业染指自己的专利技术,防止大企业向自己的产品市场渗透,从而在法律制度的保护下形成有利于中小企业成长的专利补缺市场。

4.潜在补缺市场

现实中,常有一些只得到局部满足或根本未得到充分满足或正在孕育并即将形成的社会需求,这就构成了潜在的市场需求空间。

5.替代补缺市场

替代补缺市场是指那些竞争对手尚未准备充分、尚未适应且竞争力较弱的市场。在该市场中,消费者的需求没有得到充分的满足,这正是取而代之的市场机会。

(三)市场补缺者竞争战略的选择

市场补缺者发展的关键是实现专业化,主要途径有以下 11 种:

1.最终用户专业化

公司可以专门为某一类型的最终用户提供服务。例如,航空食品公司专门为民航公司提供给飞机乘客食用的航空食品。

2.垂直专业化

公司可以专门为处于生产与分销循环周期的某些垂直层次提供服务。例如,铸件厂专门生产铸件,铝制品厂专门生产铝锭和铅制部件。

3.顾客规模专业化

公司可以专门为某一规模(大、中、小)的顾客群服务。市场补缺者专门为大公司不重视的小规模顾客群服务。

4. 特殊顾客专业化

公司可以专门向一个或几个大客户销售产品,许多公司只向一家大公司提供其全部的产品。

5. 地理市场专业化

公司只在某一地点、地区或范围内经营业务。

6. 产品或产品线专业化

公司只经营某一种产品或某一类产品线。比如,某公司专门生产不同花色品种的尼龙丝袜,某造纸厂专门生产水泥包装纸。

7. 产品特色专业化

公司专门经营某一种类型的产品或者产品特色。例如,某书店专门经营"古旧"图书,某公司专门出租儿童玩具。

8. 客户订单专业化

公司专门按客户订单生产特制产品。

9. 质量、价格专业化

公司只在市场的底层或上层经营。例如,惠普只在优质高价的微型计算机市场上经营。

10. 服务专业化

公司向大众提供一种或数种其他公司所没有的服务。例如,某家政服务公司专门提供管道疏通服务。

11. 销售渠道专业化

公司只为某类销售渠道提供服务。例如,某饮料厂只生产在加油站出售的大容器包装的软饮料。

(四)市场补缺战略实施步骤

1. 创造补缺机会

首先要敏锐捕捉消费者的需求信息。营销的关键在于正确确定目标顾客的需要和欲望,并且比竞争对手更有效、更有利地传送目标顾客所期望的产品或服务,这些产品或服务是满足消费者需要或解决他们所面临问题的工具。

其次要善于寻找和利用竞争对手的弱点。所谓弱点是指竞争者在满足该领域消费者需求时所采取的手段和方法与消费者最高满意度之间存在的差异,正是这一差异给了市场补缺者机会。如果企业有能力比竞争对手提供更好地令消费者满意的产品或服务,即能够有力地打击竞争者的弱点,那么,该市场就可以成为市场补缺者的目标市场,这正是"避实就虚"思想在市场竞争战略上的应用。

2. 扩大补缺份额

市场补缺者开发出特定的专业化产品,一旦成功地切入某个补缺市场,就要开始致力于扩大市场份额。扩大补缺市场份额有两种思路:一是扩大销售区域,让更多的消费者知道这个产品的好处;二是让消费者成为你的忠诚顾客,不断地消费你的产品,或让老客户带来新客户。

3. 保护补缺市场

当补缺市场开始赚钱时，一定会引起强大的竞争对手的注意，对手会来抢夺补缺市场的胜利果实，越来越多的大公司也会相应划分小业务经营单位去服务这些补缺市场。市场补缺者必须及时采取相应对策，未雨绸缪，防患于未然，全力以赴保住在特定市场的领先地位。

【专栏 5-1】 利润市场

"利基"的英文单词为 niche，本意为"壁龛"，源于法语。法国教徒家庭在建造房屋时会在墙上凿出一块凹台用以供奉神像，称为"壁龛"。与整幢房子相比，壁龛只占房屋里的非常小的空间。所以后来的营销学家就借用此意提出了"利基市场"（Niche Market）的概念，用以指微小的细分市场，也称为"缝隙市场"或"补缺市场"等。因为实力强大的企业往往会忽视或不屑于进入这种狭小的市场，从而为中小企业提供了生存和发展的空间。如市场中出现的 2 元店、左撇子工具、胖人服装。小饰品店或进口食品店等都是市场利基者的代表。实际上，如果企业在利基市场能经营得法，利基市场也可以成长为广阔市场甚至是主流市场，市场利基者也能成为某一专业领域的市场领导者。如可口可乐当初相对于茶饮料而言也是利基者，但是随着市场的不断发展和扩大，如今的可口可乐已经成为世界市场的主流饮料，可口可乐公司也因此成为世界饮料界的市场领导者。

（资料来源：《市场营销学》吴建安主编）

◆ 本章小结

激烈的市场竞争是现代经济新常态下市场的主要特征，任何企业及其任何产品或服务都要经受市场竞争的洗礼和考验。企业要想在市场竞争中立于不败之地，就要培养和挖掘自身的核心竞争力。同时，企业要认真分析自己的竞争者，通过各种途径了解和分析竞争者的战略、目标、优劣势及反应模式，做到"知己知彼，百战不殆"。

本章重点分析和研究对竞争者的识别，对竞争者分析的内容和流程，阐明了企业建立竞争优势的基本竞争战略。同时，说明企业在应对竞争时，要在分析环境的基础上，结合自身的行业地位选择适当的竞争战略，对市场领导者、市场挑战者、市场跟随者和市场补缺者的竞争战略分别进行详尽的阐述。

制订竞争性竞争战略，企业必须从行业结构角度及市场角度识别竞争者。分析竞争者的核心内容是分析竞争者的战略与目标、评估竞争者的实力及其反应模式，并选择进攻和回避的对象。企业面对行业竞争者的一般竞争战略有：成本领先战略，即一个企业力争使其总成本降到行业最低水平，并以此作为战胜竞争者的基本前提；差别化战略，指使企业产品与竞争对手产品有明显的差异，形成与众不同的特点的战略；市场集中（聚焦）战略，指把目标放在某个特定的、相对狭小的领域内，在局部市场争取成本领先或差异化，以建立竞争优势。这 3 种战略的适用条件不同。

企业在市场中处于不同地位，其竞争战略就有区别。企业处于市场领导者地位的，通常采用的竞争战略是设法扩大整个市场需求；采取有效的防守与攻击战略进一步提高市场占有率；保护市场占有率。企业处于市场挑战者地位的，可采用向市场领导者进攻或跟随领导者的战略。企业处于市场跟随者地位的，可采用紧密跟随、距离跟随、选择跟随等战略。企业处于市场补缺者地位的，主要采用专业化战略，即在市场、顾客、产品或渠道等方面实行专业化。

企业在密切关注竞争者的同时，还要密切关注消费者的需求，实现消费者导向与竞争导向的平衡。同时，竞争并不永远意味着你死我活的厮杀，战略联盟作为一种兼有竞争与合作功能的新型的营销组织形式，正成为超越竞争的新思维和新模式，以实现共同生存、共同发展的目标。

◆ 思考题

1. 如何识别竞争者才能收到最好的效果？
2. 竞争者分析的内容包括哪些？
3. 企业一般性的竞争战略有哪些？试举例具体分析说明。
4. 市场领导者可采用的市场竞争战略有哪些？
5. 市场挑战者可采用哪些进攻战略？
6. 市场跟随者可分为哪些类型？
7. 理想的市场补缺者应具备哪些特征？
8. 市场补缺者的竞争战略有哪些？

◆ 案例阅读与分析

【案例讨论】国美 VS 苏宁：竞争无处不在

德勤与 STORES Media 联合发布的《2014 全球零售力量》报告称，在上一财年（自2012 年 6 月至 2013 年 6 月）全球零售商进行了大洗牌。其中，我国的苏宁凭借其零售收益在"全球 250 强零售商排行榜"中排名第 60 位，国美则凭借其零售收益在该排行榜中排名第 82 位。

近年来，随着外资连锁大鳄进入中国市场，中国家电连锁的竞争进一步加剧，作为国内电器连锁的两大巨头——苏宁与国美的竞争无处不在。

1. 市场份额的竞争——规模为王

商业家电连锁做的不是实体产业，而是网络和渠道。对于这样的企业，市场竞争规模为王，没有规模就没有话语权。近几年，为打造商业帝国，国美展开了雄心勃勃的强势扩张计划。并购连锁渠道"老三"永乐，国美在上海地区占据了 80% 以上的市场份额，抢占了华东可观的市场；并购"老四"大中，国美在北京地区占据了垄断地位；并购行业"老五"三联商社，国美进一步打开了山东市场。大规模的融资并购带来了规模的迅速膨胀，2011 年国美全国门店已达到 1737 家。而苏宁采取"租、建、购、并"四位一体、同步开发的模式，保持稳健、快速的发展态势，每年新开 200 家连锁店，同时不断加大对自建旗舰店的开发力度，以店面标准化为基础，通过自建开发、订单委托开发等方式，在全国数十个一、二级市场推进自建旗舰店的开发进程。预计到 2020 年,苏宁的网络规模将突破 3000 家,销售规模将突破 3500 亿元。在短短几年内,中国的家电连锁五强只剩下了国美和苏宁,形成了国内家电连锁两强争霸的寡头垄断局面。

2. 价格竞争——竞争成本由上游消化

凭借着规模的扩张,国美和苏宁在与上游供应商的价格谈判中的话语权不断增强。谁的话语权强,谁就会依靠价格的优势占据市场竞争的优势地位。同时,国美还通过对兼并企业仓储、物流、人员和管理成本的整合,进一步优化资源配置,提高资产回报率和人员效率,消化整合成本,降低营销成本。国美正是在规模扩张的支撑下,对上游生产供应商强势压价,在业界获得了"价格屠夫"的称号,这与全球最大的连锁供应商沃尔玛的做法如出一辙。

3. 人才的竞争——互挖墙脚

为提高人才的竞争力,国美实施"选、用、育、留"并重的人才战略,任用和培养了一批在资本运作、市场营销、渠道整合方面的顶尖高手。苏宁也非常重视人才建设,坚持专业的服务基于人才的理念,形成了苏宁独特的人才培养机制,SAP-HR 系统上线,成为人力资源基础作业管理中的一个划时代的事件。苏宁还为各个岗位量身定做了专业化人才培养机制,实施了"1200 工程""店长工程""梯队工程""千名蓝领工程"等项目。

4. 新渠道领域的竞争——电商渠道的打造

曾经习惯于街头互搏的国美和苏宁,已经开始在互联网上同时发力,并希望重新获得掌控权。但在电子商务的对抗方面,它们仍是个新手。

2011 年以来,苏宁持续推进新十年"科技转型、智慧服务"的发展战略,云服务模式进一步深化,逐步探索出线上线下多渠道整合、全品类经营、开放平台服务的业态形式,认为未来中国的零售模式将是"店商+电商+零售服务商",苏宁称之为"云商"模式。苏宁易购是苏宁的新一代 B2C 网上商城,于 2009 年 8 月 18 日上线试运行,2010 年苏宁易购正式上线运营,苏宁通过其电商平台,将配货网下沉到三、四级市场。在苏宁易购上线后,国美电器也选择跟进。首先,2010 年 11 月,国美以 4800 万元的投资获得库巴网 80% 的股权,以此方式快速切入电商市场。同时,国美也启动了自建电商品牌的工作,成立了新锐美电子商务有限公司,作为国美网上商城的营运主体,并于 2011 年 4 月上线了国美网上商城。国美电商双品牌战略,最初的意图是一攻一守。国美库巴严格锁定京东和苏宁易购的价格,京东和苏宁易购一调价,库巴也跟着调整。库巴实际上是被当作阻击苏宁易购的一个利器。而国美网上商城的定价则不跟随同行,以保证不至于对线下实体店的价格体系冲击太大,而且希望推动家电以外的百货品类的销售。

5. 拼的不仅是价格,还有品类的竞争——品类的拓展

无论是国美还是苏宁,都在朝着百货的方向做电商布局。苏宁易购的规划是,以后70% 的产品都是百货,品类扩充将围绕家电、家居和家用展开。国美网上商城的管理层也对《南方周末》的记者透露,国美网上商城未来的主营业务会从电器慢慢扩大到家庭日用消费品,前期是耐用消费品,后期是快速消费品。

国美和苏宁负责人都对《南方周末》记者表示,他们都会投资自建电商物流体系,不可能长期依赖线下体系。而这一步京东早已迈出，这意味着苏宁和国美未来仍需要投入大笔资金补足短板。

苏宁易购领先一步，花重金请 IBM 为其开发全新的支持万亿元级别销售规模的后台数据管理系统。库巴网副总裁彭亮也表示："电商比拼的一是供应链，二是技术。技术是国内所有前十电商的短板。稍微做大点，一天订单达几千单，对系统的要求很高。"京东也在做同样的事，京东在成都建立自己的研究院，为京东的信息系统开发做准备，目前已投入数亿元。而京东做的另一件事则是削弱苏宁易购和国美网上商城在供应链上的优势。2012 年 4 月 17 日，京东商城宣布与海尔、美的等家电品牌签署总额达 800 亿元的未来 3 年家电产品采购协议。

（资料来源：根据网络资料整理）

【问题】

1. 国美与苏宁在竞争中各自使用了哪些竞争策略？
2. 该案例的分析带给我们的启示是什么？

◆项目实训

实训目的：

1. 了解处于不同竞争地位的竞争者对竞争性战略的运用。
2. 提高分析公司的竞争地位及制订竞争战略的能力。

实训内容：

调查分析宝洁公司洗发水产品及其竞争对手在中国市场的竞争战略。

实训要求：

将参加实训的学生分成若干组，分组讨论宝洁集团洗发水产品在中国市场的竞争战略，并与其竞争产品的竞争战略进行比较。

第六章 营销信息系统和营销市场调研

不要企图无所不知，否则你将一无所知。

——德谟克里特

【学习目标】

1. 了解市场营销信息系统的概念和构成。
2. 掌握市场营销调研的概念和类型。
3. 理解市场营销调研的程序和方法。
4. 了解市场需求测量的定性预测方法和定量预测方法。

【导入案例】

试衣间的大数据分析

传统奢侈品牌 PRADA 正在向大数据时代迈进。它在纽约及一些旗舰店里开始了大数据时代行动。在纽约旗舰店里，每件衣服上都有 RFID 码，每当顾客拿起衣服进试衣间时，这件衣服上的 RFID 码会被自动识别，试衣间里的屏幕会自动播放模特穿着这件衣服走台步的视频。顾客不仅可以得到衣服被穿着时的直观感受，而且会下意识地认为自己穿上衣服就是那样，于是不由自主地认可手中所拿的衣服。

而在顾客试穿衣服的同时，这些数据会传至 PRADA 总部，包括每一件衣服在哪个城市的哪个旗舰店，什么时间被拿进试衣间，停留多长时间，这些数据都会被存储起来加以分析。如果有一件衣服销量很低，以往的做法是直接废弃掉。但如果 RFID 码传回的数据显示这件衣服虽然销量低，但进试衣间的次数多，那就说明存在一些问题，衣服或许还有改进的余地。

这项应用在提升消费者购物体验的基础上，帮助 PRADA 提升了 30％ 以上的销量。传统奢侈品牌在大数据时代采取的行动，是公司对大数据时代的积极回应。

（资料来源：根据中国数据分析行业网资料整理）

请思考：物联网和大数据分析对于市场调研具有怎样的利用价值？

第一节　市场营销信息系统

一、市场营销信息的含义与特征

(一)市场营销信息的含义

市场营销信息是与企业所处市场的各种经济活动和环境有关的数据、资料、情报的统称,它反映了市场活动和环境的变化特征与发展趋势等的情况。

(二)市场营销信息的特征

1.系统性

市场营销信息不是零星的个别信息的集合,而是若干具有特定内容的同质信息在一定时间和空间范围内形成的系统集合,具有层次性和可分性。

对市场营销信息的搜集、加工、传递、存储、检索和应用都是通过信息管理系统进行的。市场营销信息在时间上具有纵向的连续性,在空间上具有横向的广泛性,在内容上具有全面性和完整性。

2.有效性

市场信息是为了开展营销决策的需要而搜集、整理的。有效性包括及时性和准确性。不准确的信息只会导致决策误入歧途,而不及时的信息,对企业的营销决策是毫无价值的。

3.双向性

企业通过信息的传递对营销活动进行控制,控制的结果作为信息又反馈给企业,企业利用反馈的信息对营销计划进行调整和修正,再对营销活动进行调整。这样,在企业的营销活动中,信息的流动始终是以市场为核心贯穿于企业营销活动的全过程。

二、市场营销信息系统

(一)市场营销信息系统的概念

既然所有的营销决策和计划都需要以充分、准确的信息资料为基础,那么,企业应有一套科学的信息管理办法和程序,对信息进行搜集,实行管理,使其成为有用的信息,这就是市场营销信息系统(Marketing Information System,MIS)。

具体地说,市场营销信息系统是一个由人员、机器设备和计算机程序所组成的相互作用的复合系统,它连续有序地搜集、挑选、分析、评估和分配恰当的、及时的和准确的市场营销信息,为企业营销管理人员制订、改进、执行和控制营销战略与计划提供依据。

(二)市场营销信息系统的构成

市场营销信息系统的作用是评估营销管理人员的信息需要,搜集他们所需要的信息,并为适时分配信息。市场营销信息系统的结构如图 6-1 所示。

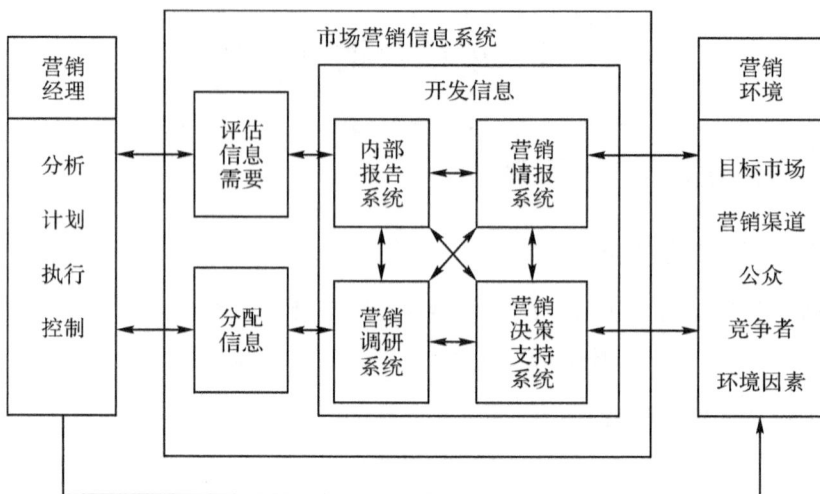

图 6-1　市场营销信息系统

1. 内部报告系统

营销管理人员使用的最基本的信息系统是内部报告系统。它提供企业内部信息，以会计系统为主，同时辅以销售报告系统，集中反映订单、销售额、价格、存货水平、应收账款、应付账款等数据资料。通过分析这种信息，营销经理能够发现重要的机会和问题。

内部报告系统的核心是"订单—发货—账单"的循环。即销售人员将顾客、经销商、销售代表的订单送交企业，订单处理部门会通过计算机网络了解存货情况，并将数份订单副本迅速分送至有关部门，使各部门协调行动，顾客收到货物和账单后付款，企业根据付款凭证确认货款到账。企业设计内部报告系统时要确保面向用户，科学高效，及时、足量、经济地满足营销工作对信息的需要。

2. 营销情报系统

营销情报系统用于提供外部环境的变化资料，帮助解释企业内部的营运结果，并指明未来的机会和问题。

企业获取情报信息的来源一般包括：公众出版物中提供的信息，如书籍、报刊等；顾客提供的信息；销售部门和人员提供的信息；批发商、零售商提供的信息；市场调研公司、咨询公司提供的信息等。

营销情报的数量和质量决定着企业营销决策的灵活性与科学性，进而影响企业的竞争力。为了扩大信息的来源和提高信息的质量，企业通常采取以下措施改进信息采集工作：

(1)增强营销人员的信息意识，培养其信息搜集能力。

(2)建立和完善内部营销信息中心，改进信息处理、传递工作。

(3)多渠道、多形式地了解竞争对手的营销活动情况。

(4)鼓励与企业有业务关系的经销商、零售商及中间商搜集和提供营销信息。

(5)积极购买有价值的市场营销信息。

3. 营销调研系统

自行调查或委托市场调查公司进行调查,系统地搜集、分析和报告与特定营销环境有关的信息资料及研究结果。营销调研系统的主要任务是搜集、评估、加工、传递信息,供管理人员制订决策之用。

4. 营销决策支持系统(Marketing Decision Support Systems，MDSS)

营销决策支持系统(MDSS)是指企业用一些先进的技术和方法,分析市场营销数据和问题以更好地进行营销决策的营销信息子系统。完整的营销决策支持系统,通常由数据库、统计库和模型库 3 部分组成。如图 6-2 所示。

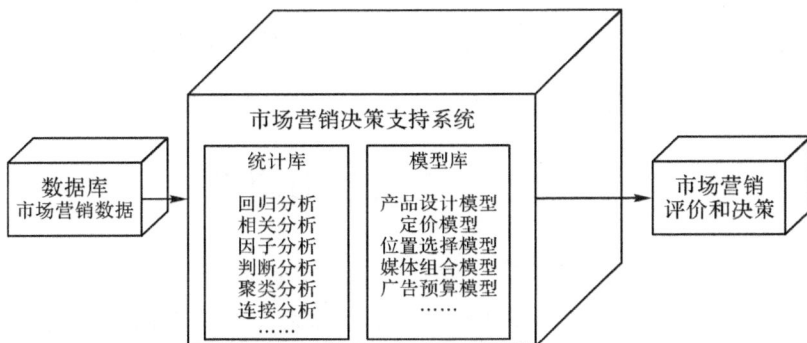

图 6-2　市场营销决策支持系统

数据库有组织地搜集企业内部资料和外部资料,营销人员可以随时取得所需资料进行研究和分析。统计库包括各种统计软件,帮助人们深入了解数据之间的关系及统计上的可靠性。模型库是一组数学决策模型,在既定的约束条件下寻求最优决策。

近年来,随着计算机技术在营销领域的应用,营销决策支持系统中发展最快的是数据库营销。企业通过数据库营销能够更好地选择目标市场,更精确地开展营销活动,以此来获得更高的收益。

【案例 6-1】九芝堂的营销管理信息系统

九芝堂营销管理信息系统囊括了业务管理、仓库管理、账务管理、客户管理、领导查询、费用管理、计划管理、系统管理等八大子系统,基本涵盖了营销业务领域的方方面面。其实现了以事务为基础,以客户为中心,确保了账账相符、账实一致的营销管理指导思想。

业务管理:以对发货单、发票、结算单、往来凭证的流水线式管理为基础,以客户、产品、仓库、业务员、销售机构、销售区域六大要素的组合报表为延伸,以应收账款管理为核心,是三者的有机构成。

仓库管理:其基本事务是对各仓库的单据的管理,同时通过发货、收料与业务方面紧密相连,通过入库、领料,让残损与账务联成一体。

账务管理:其是业务和仓库管理流程的审结者,它调入业务和仓库基本数据来产生产成品账、销售账和销售利润账,还通过与业务方面的对账来发现和规范业务管理。

客户管理:在建立全面标准化的客户档案的基础上,保证客户作为最重要业务资源的有效性,可管理性和可指导、制约业务的特性。

领导查询:可以调取领导最为关心的营销信息的对比和排比表,实时清晰地了解业务进展情况。

费用管理:按照品牌、业务员和科目将各项费用细分,同时也与业务的实际发生情况进行挂钩。

计划管理:从计划和综合报表(台账等)两个角度,在综合采集业务数据的基础上自动生成。

系统管理:有两大特色,一按岗定职责,二是可以从数据安全的角度将整套营销系统透明一致地开放给业务员、分(子)公司经理等具有不同数据访问权限的人员使用。

(资料来源:上海财经大学国际工商管理学院市场营销学精品课程,http://dept. shufe.edu.cn/jpkc/marketing/1111.htm)

第二节　市场营销调研

现代市场营销观念强调顾客导向,要求市场营销者重视顾客的需要。要做到这一点,市场营销者必须通过市场营销调研,了解市场需求及竞争者的最新动态,广泛搜集市场营销信息,准确掌握有关顾客需要的实际资料,从而保障营销决策的顾客导向。

一、市场营销调研的内容和步骤

(一)市场营销调研的概念

市场营销调研是指运用科学的方法系统地、客观地辨别、搜集、分析和传递有关市场营销活动的各方面的信息,为企业营销管理者制订有效的市场营销决策提供重要的依据。与狭义的市场调查不同,它是对市场营销活动全过程的分析和研究。市场营销调研的主要作用是通过信息把营销者、消费者、顾客及公众联系起来,这些信息用来辨别和界定营销机会与问题,产生、改善和评估市场营销方案,监控市场营销行为,改进对市场营销过程的认识,帮助企业营销管理者制订有效的市场营销决策。

(二)市场营销调研的内容

市场营销调研的内容是十分广泛的,但归纳一下,主要是以下5个方面:

1.调查消费者需求

顾客的需求应该是企业一切活动的中心和出发点,因而调查消费者或用户的需求,就成了市场营销调查的重点内容。这一方面主要包括服务对象的人口总数或用户规模、人口结构或用户类型、购买力水平及购买规律、消费结构及变化趋势、购买动机及购买行为、购买习惯及潜在需求和对产品的改进意见及服务要求等。

2.调查生产者供应方面的情况

这方面的调查应侧重于与本行业有关的社会商品资源及其构成情况,有关企业的生产规模和技术进步情况,产品的质量、数量、品种、规格发展情况,原料、材料、零备件的供应变化趋势等,并且从中推测出对市场需求和企业经营的影响。

3.调查销售渠道的情况

主要调查和了解商品销售渠道的过去与现状,包括商品的价值运动和实体运动途经的各个环节,以及推销机构和人员的基本情况、销售渠道的利用情况、促销手段的运用及其存在的问题等。

4.调查新产品发展趋势的情况

主要为企业开发新产品和开拓新市场搜集有关情报,内容包括社会上的新技术、新工艺、新材料的发展情况,新产品与新包装的发展动态或上市情况,某些产品所处的市场的生命周期阶段情况,消费者对本企业新老产品的评价及对其改进的意见等。

5.调查市场竞争的有关情况

这方面的调查主要是为了使企业在市场竞争中处于有利的地位而搜集有关的情报,主要内容有:同行业或相近行业的各企业的经济实力及其技术和管理方面的进步情况;竞争性产品的销售和市场占有情况、竞争者的主要竞争对手情况;竞争性产品的品质、性能、用途、包装、价格、交货期限及其他附加利益等。

【案例 6-2】一次性尿布市场的营销调研

营销的成功不是偶然的,成功来源于缜密的计划和有效的调研。宝洁公司一直是一次性尿布市场的主要供应者,后来金伯利公司的加入,使其市场份额在两年内降低了20%,销售额减少 30 亿美元。

宝洁公司于是积极着手进行产品改进和营销调研。一次性尿布的两个基本效用是舒适程度和吸湿能力。调研表明,家长通常认为较薄的尿布较合适,但较薄的尿布吸湿能力往往较差。金伯利公司认为家长们相信只有尿布足够厚,才有足够的吸湿能力。宝洁公司则相信顾客比较易于接受又薄又有较强吸湿能力的尿布。1985 初,宝洁公司开始试验新的、改进型的"帮宝适"。

宝洁公司的新产品比竞争者薄,却有更强的吸湿能力。虽然销售试验很成功,产品吸湿能力增加 25%—35%的结果也向公众公布,但家长们还是不相信新产品和原来的产品具有同样的吸湿能力。为此,研究者编制了一个针对性的广告节目,向用户传授产品改进因素的知识以促进销售。

(资料来源:《市场研究》叶明海著)

(三)市场营销调研的类型

根据研究的问题、目的、性质和形式的不同,市场营销调研一般分为如下 4 种类型:

1.探测性调研

探测性调研用于探询企业所要研究的问题的一般性质。研究者在研究之初对所欲研究的问题或范围还不是很清楚,不能确定到底要研究些什么问题。这时就需要应用探测性研究去发现问题、形成假设。至于问题的解决,则有待进一步的研究。

2.描述性调研

描述性调研是通过详细的调查和分析,对市场营销活动的某个方面进行客观的描述。大多数的市场营销调研都属于描述性调研。例如,市场潜力和市场占有率、产品的消费群结构、对竞争企业的状况的描述。在描述性调研中,可以发现其中的关联因素,但是,此时我们并不能说明两个变量哪个是因,哪个是果。与探测性调研相比,描述性调研的目的更加明确,研究的问题更加具体。

3. 因果关系调研

描述性调研可以说明某些现象或变量之间的关系,但要说明某个变量是否引起或决定着其他变量的变化,就要用到因果关系调研。因果关系调研的目的之一是找出关联现象或变量之间的因果关系,之二就是寻找足够的证据来验证这一假设。

4. 预测性调研

市场营销所面临的最大问题就是市场需求的预测问题,这是企业制订市场营销方案与市场营销决策的基础和前提。预测性调研就是企业为了推断和测量市场的未来变化而进行的研究,它对企业的生存与发展具有重要的意义。

(四)市场营销调研的步骤

1. 确定调研问题和提出问题假设,明确市场营销调研目标

市场营销调研的第一步就是对调研问题的界定,并以此提出对调研问题的假设。这是市场营销调研能否取得预期效果的先决条件。定义调研问题是一件非常科学和谨慎的事,它主要包括以下几个过程:

(1)寻找和确定调研信息。要明白一次调研的目的和要达到的目标;清楚达到目标所需的信息;这些信息将会满足什么样的决策需求;在信息需求中,哪些问题是最重要的,此次调研的核心问题是什么;通过市场营销调研所获得的信息是否具有可测性。这些都是一次调研能否取得成功的前提条件。

(2)定义调查研究的问题,形成调研目标。管理决策问题决定了调研的目标,需要什么信息和怎样最好地得到这些信息,这是研究者要面对的问题,也是市场营销调研的基本问题。在这总目标的指导下,市场营销调研还要对问题进行具体分解,使得调研的问题能够通过一系列的调研和分析处理得以明晰。从调研的实践活动来看,通过探测性调研的方法来确定调研的问题是一条非常科学和可行的途径。

在定义调查研究问题时要防止两类错误:将调研问题定义得太宽或太窄。将问题定义得太宽则难于操作;而定义得太窄又可能限制了研究者的视角,妨碍研究者去研究管理决策问题中的重要部分。为了避免这两类错误的出现,可以先将调研问题用比较宽泛的、一般的术语陈述出来,然后再具体规定问题的各个组成部分,为进一步的操作提供清楚的路线。

在确定调研目标时,应当努力使需要调研的问题定量化,提出具体的数量目标,以利于对调研结果的审核和评估。例如,把调研目标定为“我们的新产品是否会畅销?”在这里究竟多少是畅销呢? 如果说一年销售额为 300 万元的产品为畅销,那么这个目标就明确多了。

2. 确定调研方案和撰写调研策划书

在明确地定义了调研问题和做出一定的假设之后,调研人员需要建立一个回答具体调研问题的框架结构,这就是调研方案。这种调研方案应该是具体详尽的。不同的研究目的和研究内容需要不同的调研方案,但是一般应涉及以下内容:

(1)规定调研目的和调研内容。

(2)确定调研对象和调研范围。

(3)选择总的研究方法。

(4)选择数据搜集的具体方法。

(5)设计抽样方法和样本量。

(6)制订调研实施的具体计划和质量控制方法(访问、复核)。

(7)制订数据分析方案(编码、录入、查错、编辑、统计分析)。

(8)安排调研进度。

(9)预算调研经费。

(10)设计调研问卷和测试调研问卷。

调研策划书的格式一般包括封面、目录、内容和附录说明。其中,内容部分有时还包括报告形式和内容、项目管理、保密条款等。

3. 实施调研和搜集数据

调研的实施是关系到市场营销调研的关键一步,而调研实施的关键又在于实施过程中的严格的组织管理和质量控制。在这一过程中应重点做好以下工作:

(1)挑选和培训调研员。

(2)进行调研工作的质量监控。

(3)查收和评价调研员的工作。

4. 整理和分析数据

搜集好数据后,调研过程的下一步就是对数据进行处理和分析。分析的目的是解释所搜集的大量数据并提出结论。调研数据处理人员开始时所做的可能只是简单的频次分析,最后可能会使用复杂的多变量技术分析。这一部分的工作主要包括以下几个部分:

(1)查收和校对资料;

(2)编码;

(3)录入数据,建立原始数据库;

(4)查错和净化数据,处理缺失数据;

(5)数据处理、制表作图和统计分析。

5. 准备和撰写调研报告

调研报告是整个调研项目至关重要的部分,因为它是调研工作的最终产品,是研究人员辛勤劳动的结晶。调研报告包括书面报告和口头报告。

书面报告能够将枯燥乏味的数字变得生动,便于有关管理者及决策者进行阅读和理解;口头报告能够帮助管理者理解报告的内容并接纳报告,还能够加强双方的交流。调研报告一般包括以下几个部分:

(1)报告的摘要,包括主要发现、主要结论;

（2）报告的详细目录；

（3）报告正文，包括调研的基本情况、主要发现、小结与建议；

（4）报告附录，包括问卷、数据、图表等。

6.信息反馈和跟踪

这一部分是很容易被调研者忽视的内容。尤其是由公司自己做的调研活动，如果调研的信息不能被很好地利用，则会使市场营销调研的作用降低。同时，对调研问题的跟踪将有利于公司对问题做全面的认识，以进行科学的决策。所以这一过程是不容忽视的。

【专栏6-1】哮喘数据的创新采集

传感器被装在哮喘病人日常使用的呼吸器上，它可以记录病人使用呼吸器的情况，这种记录比病人每天自己记录的使用日志要准确得多。传感器的数据可以上传到病人的智能手机上，而通过智能手机，数据可以传到病人的医生那里。此外，通过 Asthmapolis 的移动应用，病人也可以看到针对发送数据的反馈和指导意见。由于哮喘病的情况因人而异，因此，这样的个性化指导对于控制哮喘病的发病率有很重要的意义。

哮喘数据创新计划采集到的数据将和其他数据源结合起来，研究其相关性并研究热点发病地区。通过研究呼吸机数据与空气质量、交通状况、污染情况等数据的相关性，城市管理者可以更好地进行城市规划及公众健康保护。

（资料来源：根据网络资料整理）

二、市场营销调研的抽样技术和方法

从调研范围的大小和被调查者的多少来划分，市场营销调研的抽样技术和方法可归纳为全面调研与非全面调研两大类。具体分类由图6-3加以说明。

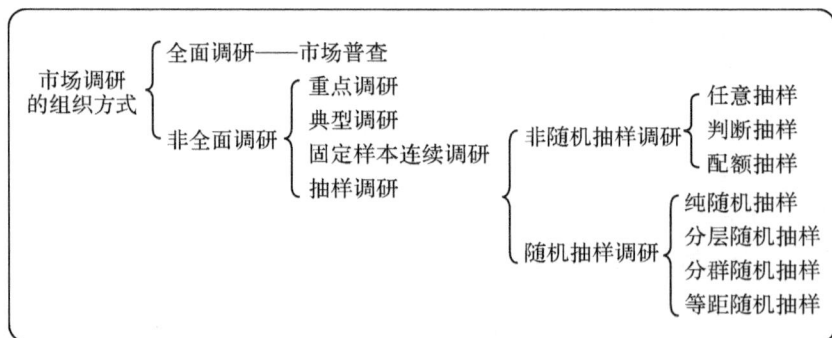

图6-3　市场调研的抽样技术和方法

（一）市场普查

市场普查是对调研对象（总体）的全部单位进行的无一遗漏的逐个调查，是一种全面调研的组织方式。市场普查是一次性调研，其目的是把握在某一时点上一定范围内的调研对象的基本情况，如商品库存普查。

(二)重点调研

重点调研是在全体调研对象(即总体)中选择一部分重点单位进行的一种非全面调研。所谓重点单位是指所要调研的这些单位在总体中占重要地位或者在某项标志总量中占绝大比重的单位。如要了解全国钢铁生产的基本情况,只要对少数几个重点钢铁生产企业如首钢、宝钢、鞍钢、武钢、包钢等企业进行调研即可取得所需资料。

在市场调研中,重点调研常用于对商品需求和商品资源的调查研究。此外,在有关流通渠道、经营条件、竞争对手等问题的调研中,也可以选定地位、作用重要的单位进行重点调研。采用这种调研方式,能以较少的人力和费用开支,较快地掌握调研对象的基本情况。不过,重点调研中选取的重点单位不具有普遍的代表性,一般情况下不宜用重点调研的综合指标来推断总体的综合指标。

(三)典型调研

典型调研是在全体调研对象(即总体)中有意识地选择一些具有典型意义或具有代表性的单位进行非全面的专门调查研究。典型调研有两个特点:一是典型单位是从调研对象中有意识地选择的,所以选择出来的典型单位是否具有代表性完全取决于调研者对调研对象的认识程度;二是调研单位较少,人力和费用开支较省,运用比较灵活,调研内容可以多一些。运用这种调研方式,有利于深入实际对问题做比较细致的调查分析。所以,在我国市场调研中,这种调研方式得到广泛的采用。

搞好典型调研的关键在于选好典型单位。当总体单位很多、各单位的差异程度较大时,通常采取"划类选典"的方法,即把总体按一定的标志,划分几个类型级,以减少类型组中各单位的"异质性",然后再从各个类型组中按比例或不按比例地选出典型单位。例如,在居民消费品购买力投向的典型调研中,就可以按经济收入水平的不同情况,将被调研的居民户总体划分为高、中、低档三类,再在每一类中按照各类居民户占居民户总体的一定比例,选定若干典型户进行调研。如果各类型组内各个居民户的收入状况差异仍较大,还可以分别在各个类型组内再划分若干小类,再在小类中选定若干典型户。

(四)固定样本连续调研

固定样本连续调研,是指把随机选定的调研单位固定下来,进行长期连续的调查和观察。主要目的是了解和掌握市场事态在时间历程中的变化趋势,寻找事态发展的连续性、可比性和规律性。在实践中,对我国的城镇职工家庭和乡村农户的生活调查(即家计调查)、对西方国家的住房调查,都是对固定调查户采用连续调查研究方法。

(五)非随机抽样调研

抽样调研是一种从全体调研对象(即总体)中抽取部分对象(即样本)进行调查研究,用所得样本结果推断总体情况的调研方式。抽样调研按照调研对象总体中每一个样本单位被抽取的机会(概率)是否相等,可以分为随机抽样调研和非随机抽样调研两类。从调研对象总体中按调研者主观设定的某个标准抽取样本单位的调研方式,称为非随机抽样调研。这种抽样方式虽在样本的抽取方法上带有主观性,并会对总体推断的可靠程度产生影响,但由于简便易行,可及时取得所需的信息资料,因此在市场调研中较常被使用。非随机抽样调研的抽样方法主要有任意抽样法、判断抽样法和配额抽样法3种。

1. 任意抽样法

任意抽样法,也称便利抽样法或偶遇抽样法。它是一种随意选取样本的方法,通常没有严格的抽样标准。任意抽样法的基本理论根据,就是认为总体中每一样本都是"同质"的,而事实上,虽然有的样本基本上是同质的,但绝大多数总体中的样本是"异质"的。这种调研方式一般用于非正式的探测性调研及在总体中各样本的同质程度较大的情况下,运用这种方法也有可能获得具有代表性的调研结果。

2. 判断抽样法

判断抽样法是按照调研者的主观经验判断选定调研单位的一种抽样方法。判断抽样有两种做法:一种是由专家判断决定所选样本,一般选取"多数型"或"平均型"的样本。另一种是利用统计判断选取样本,即利用调研对象(总体)的全面统计资料,按照一定标准选取样本。判断抽样的样本代表性如何,完全凭调研者本身的知识、经验和判断能力而定。判断抽样具有挑选样本简便和及时的优点,在精确度要求不是很高的情况下,企业为了迅速获得解决日常经营决策问题的客观依据资料,常常使用判断抽样的方法。

3. 配额抽样法

配额抽样法又称定额抽样法。具体做法是先依据调研总体中的某些属性特征(控制特性)将总体划分成若干类型,再按分类控制特性将各类型总体分成若干子体,依据各子体在总体中的比重分配样本数额,然后由抽样者主观选定样本单位。配额抽样按分配样本数额的做法不同分为独立控制和相互控制两种方式。

独立控制配额抽样法是分别独立地按各类控制特性分配样本数额。它对样本单位在各类控制特性中的交叉关系没做数额上的限制,因此这种方法在抽样时有较大的机动性。相互控制配额抽样法在按各类控制特性分配样本数额时,要考虑到各类型之间的交叉关系。

(六)随机抽样调研

随机抽样调研(Random sampling survey)是按随机原则从调研总体中抽取一定数目的样本单位进行调查,以其结果推断总体的一种调研方式。它对调研总体中每一个样本单位都给予平等的抽取机会(即等概率抽取),完全排除了人为的基于主观因素的选择,这也是它与非随机抽样调研方式的根本区别。

目前,我国在市场调研的某些方面采用了随机抽样调研的方式,如居民家庭生活调研、粮食及重要经济作物的产量调查等。但总体来讲,其应用面还不太广。这主要是因为诸如典型调研、重点调研等方法的运用更为简便易行和灵活,人们比较熟悉;而随机抽样的调研方式须具备一定的数学基础方能掌握运用,多数实际工作者对此较为陌生,因而影响了它的推广。其实,随机抽样这种调研方式在我国市场调研中有着广泛的应用前景。如对城乡居民收支状况与购买力的调研、消费者商品需求量与耐用消费品市场普及率的调研、消费结构与消费倾向的调研、农副产品产量与资源的调研、市场价格与需求弹性的调查分析等专题市场调研均可运用随机抽样的方式加以组织。

1. 纯随机抽样法

纯随机抽样法，也称简单随机抽样法（Simple Random Sampling），就是在总体单位中不进行任何有目的的选择，完全按随机原则抽选调研单位。在市场调研中，通常采用抽签法或乱数表法。

纯随机抽样法是随机抽样中最简单的一种。由于市场调研的总体范围较广，总体内部各单位之间的差异程度较大，一般不直接使用这种方法抽样，而是与其他抽样方法结合使用。只有在市场调研对象情况不明、难以划分组类或总体内单位间差异小的情况下才直接采用这种方法抽取样本。

2. 分层随机抽样法

分层随机抽样法（Stratified Sampling），也叫类型抽样法或分类抽样法，就是首先将总体单位按一定标志（如调研对象的属性、特征等）分组，然后在各个类型组中用纯随机抽样方式或其他抽样方式抽取样本单位，而不是在总体中直接抽取样本单位。例如，在进行针对农村的经济调研时，先按产粮区、经济作物区、林区、特区、渔区等将农村总体划分为若干个类型组（层），最后在每层中用纯随机抽样或其他抽样方式抽选若干农民户进行调研。

分层抽样必须注意以下问题：①必须有清楚的分层界限，以免在划分时发生混淆；②必须知道各层中的单位数目和比例；③分层的数目不宜太多，否则将失去分层的特征，不便在每层中抽样。

采用分层随机抽样比直接采用纯随机抽样的代表性要高，抽样误差要小。采用分层随机抽样，可以把差异程度大的各单位划分为性质、属性相近的若干类，使类型内的各单位差异程度要小于类型之间的差异程度，即类内方差小于类间方差。在不同类型中分别抽样，就能使样本分布更接近于总体的分布，从而能提高代表性，缩小抽样误差。在市场调研实践中采用这种抽样方法比较多。

3. 分群随机抽样法

分群随机抽样法，又称整群随机抽样法（Cluster Sampling），是指将市场调研的总体按一定的标准（如地区、单位）分为若干群，然后在其中随机抽取部分群体单位进行普查的方法。

此法与分层随机抽样法的区别在于分层随机抽样法分出的各层彼此之间差异明显，而每层内部差异很小；分群随机抽样法正好相反，分出的各群彼此之间差异不大，而每群之内差异明显。从抽取样本方式上看，分层随机抽样中每层都要按一定数目抽取样本，而分群随机抽样是抽总群中的若干群，抽出的群全部为样本。

采用分群随机抽样法可以避免简单随机抽样法中可能遇到的一些问题。简单随机抽样抽取的样本可能极为分散，在各地都有，从而增加了调查往返的时间和费用。分群随机抽样法最主要的优点是样本单位比较集中，进行起来比较方便，可以减少调研人员旅途往返的时间,节省费用。其缺点在于样本只能集中在若干群中,不能均匀地分布在总体的各个部分,用以推断总体的准确性较差。但当群体内各单位间的差异性大,而群与群之间的差异性小时,采用此法可以提高样本的代表性。

4. 等距随机抽样法

等距随机抽样法又叫机械随机抽样法,或称系统抽样法(Systematic Smapling)。这种抽样是把总体中各单位按一定标志顺序排序,然后依固定的顺序和间隔抽取调研单位。排列顺序可以与调研项目无关的标志为依据,叫作无关标志排队,例如,按户口册、姓名笔画、地名、地理位置等排列;也可以与调研项目直接或间接有关的标志为依据,叫作有关标志排队,例如,职工家庭调查中,按总收入或平均工资由低到高排队,再以此抽选调研单位。在市场调研中,抽样间隔(或称抽样距离)可以依据总体单位总数和样本单位数计算确定。显然,用有关标志排队法要比用无关标志排队法的效果好,但较为麻烦。

三、市场营销调研数据的搜集方法

(一)文案调查——二手资料的搜集方法

1. 文案调查的概念及分类

文案调查,是指通过搜集各种历史和现实的动态资料,从中摘取与调查有关的情报,在办公室内进行分析的调查方法,也叫间接调查法、资料分析法或室内研究法。

文案调查的对象是各种历史和现实的资料。此法的优点是可以充分利用第二手资料,节省调查费用。但是,调查人员必须要有较丰富的专业知识和分析能力,才能胜任。文案调查要求更多的专业知识、实践经验和技巧。这是项艰辛的工作,要求调查人员有耐性、创造性和持久性。

文案信息可以分为以下几类:

(1)文献性信息、物质性信息和思维性信息。按照信息的负载形式不同,可将信息划分为文献性信息、物质性信息和思维性信息。文献性信息是指以文字、图像、符号、声频和视频等形式负载的各种信息。按照载体形式和记录手段不同,文献性信息又可分为手工型、印刷型、微缩型、机读型、视听型和卫星型 6 类,具体有统计报表、调研报告、电视、广播、网页、录音、录像等。印刷型文献是最基本、最普通的一种形式,但随着科技水平的提高,机读型和视听型文献的数量在急剧增加。物质性信息是指各种物质形式所负载的信息,如商品展览、模型、样品等。它具有直观、可靠、易理解的特点。思维性信息是指人头脑所负载的,经对调查活动的分析、综合和推理而得到的信息,如预测信息、调查对象的决策判断等。

(2)原始信息和加工信息。按照信息的产生过程不同,可将信息划分为原始信息和加工信息。原始信息,又称初级信息,它是调查活动中所产生的各种文字和数据资料,原始信息是调查的基础。加工信息,又称次级信息,它是根据调查活动的需要,对原始信息进行加工、处理和分析后所形成的信息。对于文献性信息来讲,原始信息为一次文献;对原始信息进行加工、转换,使之有序化和浓缩化,就可形成二次文献,如目录、文摘、索引、统计和报表等。如果再对二次文献进行综合加工,而得到的有关综述、年鉴、手册、分析报告等,就是通常所说的三次文献。

(3)宏观信息和微观信息。按照信息的范围不同,可将调查信息划分为宏观信息和微观信息。宏观信息是关于调查对象外部环境的各种信息,如国民经济发展情况、居民购买力、股市行情、商品供求状况等信息。微观信息是反映调查对象个体的各种信息,如企业内部的财务资料和统计报表等。

(4)动态信息和静态信息。按照获得信息的时间不同,可将调查信息划分为动态信息和静态信息。动态信息是反映调查对象在不同时期的发展变化的信息。静态信息是对某一时刻调查对象的活动的说明。对各种动态及静态资料进行搜集、整理和分析,是科学预测和决策的前提。

2.文案调查的特点

调查必须选用科学的方法,调查方法选择恰当与否,对调查结果影响甚大。各种调查方法都有利有弊,只有了解各种方法,才能正确选择和应用。

与实地调查相比,文案调查有以下几个特点:

第一,文案调查是收集已经加工过的文案,而不是对原始资料的搜集。

第二,文案调查以收集文献性信息为主,它具体表现为收集各种文献资料。在我国,目前仍主要以收集印刷型文献资料为主。当代印刷型文献资料又有许多新的特点,如数量急剧增加、分布十分广泛、内容重复交叉和质量良莠不齐等。

第三,文案调查所收集的资料包括动态和静态两个方面,尤其偏重于从动态角度收集各种反映调查对象变化的历史与现实资料。

3.文案调查的功能

在调查中,文案调查有着特殊地位。它作为信息搜集的重要手段,一直得到世界各国的重视。文案调查的功能表现在以下4个方面:

(1)文案调查可以发现问题并为解决问题提供重要参考。根据调查的实践经验,文案调查常被作为调查的首选方式。几乎所有的调查都可始于搜集现有资料,只有当现有资料不能提供足够的证据时,才进行实地调查。因此,文案调查可以作为一种独立的调查方法加以采用。

(2)文案调查可以为实地调查创造条件。如有必要进行实地调查,文案调查可为实地调查提供经验和大量背景资料。具体表现在:①通过文案调查,可以初步了解调查对象的性质、范围、内容和重点等,且它能提供实地调查无法或难以取得的各方面的宏观资料,便于进一步开展和组织实地调查,从而取得良好的效果。②文案调查所收集的资料可用来证实各种调查假设,即可通过对以往类似调查资料的研究来指导实地调查,并将文案调查资料与实地调查资料进行对比,鉴别和证明实地调查结果的准确性和可靠性。③利用文案调查获得的资料经实地调查证明后,可以推算所需掌握的数据。④利用文案调查获得的资料,可以帮助探讨现象发生的各种原因并进行进一步的说明。

(3)文案调查可作为经常性的调查。实地调查更费时费力,操作起来比较困难,而文案调查如果经调查人员精心策划,会具有较强的机动灵活性,能随时根据需要,收集、整理和分析各种调查信息。

(4)文案调查不受时空限制。从时间上看,通过文案调查不仅可以掌握现实资料,还可获得实地调查所无法取得的历史资料。从空间上看,通过文案调查既能对内部资料进行收集,还可掌握大量的有关外部环境方面的资料。文案调查适用于因地域遥远、条件各异,采用实地调查用时过长和经费不足的情况。

4.文案调查的基本要求

文案调查的特点和功能,决定了调查人员在进行文案调查时,应该满足以下几个方面的要求:

第一,广泛性。文案调查对现有资料的搜集必须周详,要通过各种信息渠道,利用各种机会,采取各种方式大量搜集各方面有价值的资料。一般说来,既要有宏观资料,又要有微观资料;既要有历史资料,又要有现实资料;既要有综合资料,又要有典型资料。

第二,针对性。要着重搜集与调查主题紧密相关的资料,善于对一般性资料进行摘录、整理、传递和选择,以得到有参考价值的信息。

第三,时效性。要考虑搜集资料的时间是否能保证调查的需要。随着知识更新速度加快,调查活动的节奏也越来越快,资料适用的时间在缩短,因此,只有反映最新情况的资料才是价值最高的资料。

第四,连续性。要注意所搜集的资料在时间上是否连续。只有连续性的资料才便于动态比较,便于我们掌握事物发展变化的特点和规律。

(二)实地调查——一手资料的搜集方法

实地调查是出于对一手资料搜集的需要,从其研究的方法上看,可以分为定性研究和定量研究。

1.定量研究

(1)入户(单位)访问。入户访问是指访问员到被访者家中或工作单位进行访问,直接与被访者接触并完成访问。在中国,目前这种入户访问方法是最为常用的调查方法。入户访问的被访者一般按照一定的随机抽样规则抽取。

优点:①访问是在被访者熟悉的环境之中。入户访问是在较为舒适、安全、不受干扰的环境中进行的。②访问问卷回答的完整率高。入户访问由于是在被访者家中或工作单位进行,通常一旦访问开始,被访者都会较有耐心地完成全部访问,很少有中途拒绝或不配合的情况发生;也可能由于问卷太长,花的时间较多,出现中途不愿意继续进行的情况,不过经访问员的劝说后,多数都会配合完成访问全过程。③可以通过观察获得被访者失真回答的补充。被访者在回答问卷中的某些问题时,不愿讲出自己的真实想法,如此会使访问结果的可信度下降。对某些问题,如被访者的收入状况,访问员是可以通过被访者对其他问题的反映及对其所居住环境的观察,来判断信息的准确程度。如被访者在回答其个人收入或者家庭收入时有所顾忌的话,那么其所说的收入会比实际收入水平低,有时候两者之间的差距会很大。访问员可以根据其家庭装修的情况和家具、家电等的拥有状况来对被访者真实的经济水平进行估测,并在可能的情况下进行追问来验证判断是否准确。④访问的问卷可相对较长。由于访问是在被访者家中或者工作单位中进行的,访问的环境为被访者熟悉,且少受外界因素干扰。特别是在被访者家中的访问,访问是在被访者的业余时间进行,优越性要比在单位的面访更突出。不过一般入户(单位)访问最好不超过20分钟。⑤易于回访复核。访问员可以记录被访者家庭或者单位的地址,可实现对访问对象的回访,以检验访问的真实性。

缺点:①调查成本高。调查公司支付给访问员的劳务费相对于其他调查方式的要高得多,因为访问员实现访问的难度较大,而且现在困难程度有明显的增强趋势。这种困难阻力主要源于城市中小区公寓的封闭式管理,访问员进入受访者家中的难度越来越大。②拒访率高。被访者有不愿接受不速之客来访及安全性等方面的顾虑,进行入户访问的访问员需要接触很多样本,但成功率相对较低。对中心大城市居民的访问拒绝率高。

(2)拦截访问(街头访问、定点访问)。其指的是在特定场所拦截访问对象,对符合条件者进行面访调查。

优点:①效率高。拦截访问不需要像入户访问那样要在敲开被访者家门后才能进行访问,而是直接面对面地向被访者征询意见,可以明显节省时间及人力。②费用低。与入户访问相比,与被访者接触的难度减小了,访问的成功率提高了,因而支付给访问员的费用也就相对比入户访问的少。

缺点:①现场控制难度大。拦截访问的质量控制关键在于现场控制。访问过程中需要安排督导员进行现场督导、监控,调查过程中需要投入较多督导;另外,访问是在公共场所进行的,特别是在户外的访问,常常会有好奇的围观者。如果围观者过多,不利于访问工作进行,甚至可能造成意想不到的麻烦。②事后回访较难实现。由于该访问是在公共场合第一次与被访者接触,被访者常常非常敏感,不愿意将真实的个人信息(如个人家庭住址、电话及其他有效联系方式)留给访问员,因而很难进行事后回访复核。访问质量应尽最大可能在调查过程中进行控制。③被访者的选取受访问员的影响较大。访问员在拦截访问对象时经常会加入个人主观判断,同样是符合条件的受访样本,某些访问员可能更愿意选择表情温和、易于接近的人,而那些表情冷漠、亲和力差的人往往可能会被访问员筛掉,因此获得的样本总体代表有偏差,在对总体量进行推断时,不如入户访问方式的来得准确。④访问过程易被中止。因为访问是在公共场所进行,被访者被访问员意外拦截,事先没有任何心理准备,当被访者在接受访问时发现对访问内容没有兴趣或访问时间过长,他们都有可能中止访问去做自己的事。

(3)电话访问。电话访问是访问员利用电话对对象进行访问。

优点:①反馈速度快。由于电话访问不需要登门访问,访问员在单位时间里完成的访问量会比入户访问的多;在跨地区的访问项目中,不需要有异地的旅行,因而还可以节省许多时间。②花费较低。访问是在调查公司的电话访问间或办公室中进行,访问员不用像入户访问那样在交通及寻找被访者所在区域上花较多的时间,访问员的单位时间的工作效率提高了,在同样的时间里,访问员电话访问完成的工作量要比入户访问的高,因而单位问卷的访问成本也就降低了。对于同样的调查问卷,调查公司需要支付给每一位电话访问员的劳务费用要比入户访问员的低。

缺点:①不能进行有形产品测试。由于电话访问无法向被访者出示任何产品,因而就无法进行关于产品图片、产品样品、广告图片、包装、口味等方面的测试访问。②无法对被访者进行社会地位的判断。电话访问不能像入户访问那样,可以通过面对面的言谈举止或观察被访者的家庭状况来做出判断,从而易出现被访者单方面提供失真信息的情况。③访问时间不能过长。当被访者接受面对面访问时,一般会碍于面子,较少中途放弃;但进行电话访问时,被访者与访问员之间素不相识,没有面对面的"情感联系",只有"冷漠"的电话线,如果访问时间过长,被访者会很轻易地挂断电话而中止访问。④不能询问较为复杂的内容。电话访问无法像面对面访问那样,可以借助卡片等来实现选项较多或者内容较复杂的访问;如果访问选项过多或者内容复杂,被访者很难记住所有选项,访问就会导致较大的回答误差。

(4)留置调查。留置调查是一种自助式调查方法。

优点:①被访者可自由安排时间完成调查。被访者只需在访问员第一次到达时,听清楚访问员给他讲解如何填写好问卷,不需要耽搁更多的时间;随后被访者可自行安排时间,在下一次访问员到达前完成调查任务。一般来讲,在这种方式下被访者的积极性较高、配合程度较高。②成本相对较低。填写过程不需要访问员,一定程度地降低了数据搜集的成本。

缺点:①无法进行过程的控制。因为整个问卷都是由被访者自行完成的,只能凭被访者填写的问卷来评定访问是否有效,至于被访者是否按照规定完成问卷等则没有更好的办法去控制。②可能会有较高的非抽样误差。由于被访者没有访问员的现场指导,很容易误解题目,或不正当操作测试产品而导致测试结果失真。③实施需要的时间较长。被访者的信息不能立即反馈,一般需要一周时间才可以取回反馈信息。

(5)观察监测调查。观察监测调查是一种观察法,其基本特征是访问员与被访者之间不进行语言交流,访问者通过对被访者的观察来获得信息。主要分为以下几点:①铺面观察,主要针对商业店面进行的调查研究。即访问者对店面中经营商品的种类、品牌、价格、货架陈列方式等进行观察和记录。这种观察法既有隐秘观察也有告之观察,大多数是人为观察而很少用机械观察。②人员流动监测,是由观察者通过对某一特定地域人员流动数量、外貌特征、行为特征的记录,反映该地域的商业或商务价值。这种方法一般为隐秘观察,常用于定位研究,如要在一个商业区建设一个新的商场,需要测度这个区域的人员流动状况,从而判断该区域特定人群的潜在购买力,为商场初步定位的确定提供决策参考。③神秘购物更多用来检验商业服务或销售情况,也是整个顾客满意度测量过程的一部分。有时它能通过对假定的提问和购买的检验,发现公司在提高顾客满意度上有多大潜力。执行神秘购物的访问员一般伪装成购买者或询问者,以检验销售过程的有效性;访问员对观察结果的记录不是当场而是事后完成的,因而是一种隐秘观察。

观察监测的优缺点如下:

优点:①避免因被访者刻意掩饰而产生的误差。观察监测是在被观察者不知道的情况下进行的,这种方法可以真实地记录被观察者自然状态下的行为、理由、语言、态度,从而减小心理、意识层面等导致的结果偏差。②可以获得精确的市场信息。如在儿童还不能很好地表达对新玩具的喜欢程度时,通过观察儿童看到新玩具后的行为、态度与看到其他玩具时的有何不同,要比直接向儿童或其看护人询问更具有价值。③可以有效地用作其他调查方法的补充。观察监测方法可以作为任何一种面对面研究方法的补充,如使用入户访问方法的同时再结合观察监测法来进一步判断被访者的回答与现实情况的偏差;在进行店面销售状况研究时,除了有必要向店面销售人员了解销售的基本情况外,再通过观察监测法可以帮助研究者对目前的销售实际情况进行判断。

缺点:①观察监测的结果通常是尝试性的。直接的观察监测通常是在特殊的环境下进行的,数量较为有限,通常为小样本(除人员流动监测),观察所得到的结果代表性有限。②无法观察内在的动机及行为原因。只有当观察主体的行为动机、态度及心理反应不是研究的主要因素时,运用观察监测方法才更有效。因为观察监测法可以观察到由主体表现出来的行为、态度,但无法回答观察主体为什么有如此行为或态度。

(6)实验调查法。实验调查法是指在控制的条件下对所研究的现象的一个或多个因素进行操纵,以测定这些因素之间的关系,它是因果关系调研中经常使用的一种行之有效的方法。实验调查方法来源于自然科学的实验求证,现在广泛应用于营销调研,是市场营销学走向科学化的标志。现场实验法的优点是方法科学,能够获得较真实的资料。但是,大规模的现场实验往往很难控制市场变量,这将影响实验结果的内部有效性。实验室实验法正好相反,内部有效性易于保持但外部有效性难于维持。此外,实验室实验法的周期较长,研究费用昂贵,这严重影响了实验方法的广泛使用。

2. 定性研究

(1)小组座谈会。小组座谈会是定性研究中最常用的一种方法,以小组讨论的形式进行,主要目的在于获得方向性答案。其最大的特点是在 1—2 名主持人的引导下,若干被访者就具体主题进行自由讨论。一般座谈会中被访者的数量以 8—12 人为最佳。

优点:①可以了解被访者对某一产品、概念、假设的感觉及其原因。②可以作为定量研究的向导,来探求定量研究中可能遇到的问题;也可以作为对定量研究数据的补充,解释或确认已得到的一些信息。③应用范围广,包括名称测试、包装测试、概念测试、广告测试和产品使用习惯测试等。④资料搜集时间短,见效快。⑤所需被访者人数较少。⑥如有监控设备,可以使客户了解整个过程。

缺点:①对甄别条件的设定、甄别质量的控制和主持人的主持水平要求高,稍有偏差即直接影响到研究结果的准确性。②所取得的信息是方向性的,不易精确地进行定量分析,不能将结论推及总体。③有些涉及隐私、保密等的问题,不容易当众询问。④由于时间的限制,需在有限时间内完成规定的内容,无法进行深入讨论。

(2)深度访问。深度访问是一种无结构的、直接的、一对一的访问,在访问过程中,掌握高级访问技巧的调查员通过对被访者进行深入的访谈,以揭示被访者对某一问题的潜在的动机、信念、态度和感情。

优点:①深度访问比小组座谈会更深入地探索被访者的内心思想与看法。②深度访问是一对一的,可将反应与被访者直接联系起来,不像小组座谈会中难以确定哪个反应是来自哪个被访者。③深度访问可以消除群体压力,因而调查员与被访者可以更自由地交换信息,被访者提供的信息更真实。④不需要保持群体秩序,个人会谈更容易激发出偶然的想法,这常能对主要问题提供重要的解决思路。⑤一对一的交流使得被访者感到自己是被注意的焦点,从而认为自己的感受和想法是重要的。

缺点:①深度访问的成本通常比小组座谈会的高,尤其是在被访者人数多的时候。②能够做深度访问的有技巧的访问员收取的费用很高,也难找到。③调查的无结构性使得结果十分容易受访问员自身的影响,其结果的质量的完整性也十分依赖于访问员的技巧,其数据结果常常难以分析和解释,所以需要熟练的心理学家的帮助来解决这个问题。④由于占用的时间和花费的经费较多,因而在一个调研项目中进行深度访问的次数是十分有限的。

四、市场营销调研问卷设计

调查问卷是市场营销调研的重要工具之一。在大多数市场调查中,研究者都要依据研究的目的设计某种形式的问卷。问卷设计没有统一的固定的格式和程序,一般说来有以下几个步骤:

1. 确定需要的信息

在问卷设计之初,研究者先要考虑的就是要达到研究目的、检验研究假设所需要的信息,从而在问卷中提出一些必要的问题以获取这些信息。

2. 确定问题的内容

确定了需要的信息之后,就要确定在问卷中提出哪些问题或包含哪些调查项目。在保证能够获取所需信息的前提下,要尽量减少问题的数量,降低回答问题的难度。

3. 确定问题的类型

问题的类型一般分为以下 3 类:①自由问题。这种问题可以获得较多的、较真实的信息。但是被调查人因受不同因素的影响,各抒己见,使资料难以整理。②多项选择题。这种问题便于应答者回答,资料和结果也便于整理。需要注意的问题是,选择题要包含所有可能的答案,又要避免选项过多和重复。③二项式问题。二项式问题回答简单也易于整理,但有时不能完全表达出应答者的意见。

4. 确定问题的词句

问题的词句或字眼对应答者的影响很大,有些表面上看差异不大的问题,由于字眼不同,应答者就会做出不同的反应。因此,问题的字眼或词句必须斟酌使用,以免引起不正确的回答。

5. 确定问题的顺序

问题的顺序会对应答者产生影响,因此,在设计问卷时,对问题的顺序也必须加以考虑。原则上开始的问题应该容易回答并具有趣味性,以提高应答者的兴趣,涉及应答者个人资料的问题则应最后提出。

6. 问卷的试答

一般在正式调查之前,应该选择小样本对设计好的问卷进行预试,其目的是发现问卷的缺点,改善和提高问卷的质量。

一份良好的问卷,应具备 3 项条件:①能达到市场调查目的。即将调查目的,以询问方式具体化、重点化地列举在问卷上。②促使被访问者愿意合作,提供正确情报,协助达成调查目的。③正确表达访问者与被访问者的相互关系。

第三节　市场营销预测

预测是一门研究未来的科学,它是通过对过去和现在的研究,预计和推测未来的发展。市场营销预测是企业在把握过去和现在的营销状况的基础上分析和研究未来的营销情况。因此,它是市场营销调研的继续和发展。换言之,市场营销调研是市场营销预测的前提和基础。营销企业根据市场调查掌握的数据资料,运用市场预测的基本原理,借助于一定的科学预测方法,就可以通过预测减少市场营销中的盲目性,增加市场营销成果。

一、市场营销预测的内涵

市场营销预测是指通过市场营销调研掌握市场信息,并运用科学的方法,对影响市场需求变化的各种因素进行分析研究,以推测未来一定时期内的市场需求情况和变化发展趋势。其预测的对象是营销企业可能或将要面对的未来的、尚未形成的市场现象和事件。

市场预测本身已有很长的历史,但现代的科学市场预测是随着计量经济学的产生而发展起来的。由于当代商品经济的高度发展,对营销市场的判断和预测工作日趋复杂化。为了保证市场预测的准确性和科学性,不仅需要深入考察人口、社会、文化、政治、自然条件等因素,而且还需要对收入、消费、储蓄、投资、就业、价格、资本、利息等经济变量的数量关系与发展趋势做深入的研究。一句话,市场营销预测是市场营销管理的重要组成部分之一,它是在市场调查的基础上,通过对市场未来发展潜力的定性和定量的预测,向企业的管理者提供可靠的信息,为企业正确决策提供依据。

【案例 6-3】中国人不喝冰红茶

一间宽大的单向镜访谈室里的桌子上摆满了没有标签的杯子,有几个被访者逐一品尝着不知名的饮料,并且把口感描述出来后写在面前的卡片上……这个场景发生在1999年,当时任北华饮业调研总监的刘强组织了5场这样的双盲口味测试,他想知道,公司试图推出的新口味饮料能不能被消费者认同。

此前调查显示:超过60%的被访者认为不能接受"凉茶",他们认为中国人忌讳喝隔夜茶,冰茶更是不能被接受。刘强领导的调查小组认为,只有进行了实际的口味测试才能判别这种新产品的可行性。

等拿到调查结果,刘强的信心被彻底动摇了,被访者表现出对冰茶的抗拒,一致否定了装有冰茶的测试标本。新产品在调研中被否定。

直到2001年,以旭日升为代表的冰茶在中国全面旺销,北华饮业再想迎头赶上已为时已晚,一个明星产品就这样穿过详尽的市场调查与刘强擦肩而过。说起当年的教训,刘强还满是惋惜:"我们举行口味测试的时候是在冬天,被访者从寒冷的室外来到现场,没等取暖就进入测试,寒冷的状态、匆忙的进程都影响了被访者对味觉的反应。被访者对口感温和浓烈的饮料表现出了更多的认同,而对清凉淡爽的冰茶则表示排斥。测试状态与实际消费状态的偏差让结果走向了反面。"

(资料来源:节选自百度文库)

二、市场营销预测的类型

1. 根据预测范围的不同,可以将市场营销预测分为宏观预测和微观预测

宏观预测也就是国民经济预测,它的任务是考察和估计市场总需求和总供给,如国民收入、物价总水平、就业水平、消费投资、储蓄、利息、汇率等国民经济总量指标的发展变化趋势。微观预测则是从企业的角度对影响企业生产、经营的市场环境及企业本身生产经营活动的预测,目的是估计和考察在一定的国民经济宏观条件下,企业自身的营销活动及其发展变化趋势。企业市场营销预测的重点是微观预测。由于企业的市场营销活动受到宏观环境因素的制约,因而企业的微观预测必须以宏观预测为基础,否则不可能行之有效地进行。

2. 根据预测时期长短的不同,市场营销预测大体可以分为长期预测、中期预测和短期预测

短期预测一般指 1 年以内的市场营销预测,它通常是从现有的生产经营规模出发,目的在于根据预测结果安排近期的产品生产和销售。中期预测指 1—3 年的市场营销预测,它是为企业中期营销计划服务的。根据中期预测结果,企业可以调整现有的生产经营规模,安排生产和采购。中期预测往往会影响到企业生产技术设备的添置、生产工艺的改进、人员的招聘与培训等。长期预测一般是指 5 年以上的预测,是为企业制订长期规划服务的。它常偏重于研究市场要素的长期发展趋势,为确定企业的长期发展方面提供决策依据。但长期预测的预测值会与市场实际情况的变化有一定的差距。预测期越长,预测不正确的概率越大,风险也越大。在实际工作中,企业比较侧重于短期和中期预测。

3. 根据预测对象的不同,市场营销预测可以分为市场需求预测、价格预测、占有率预测、产品生命周期预测、成本预测、渠道预测、竞争预测等

市场需求预测是最主要的预测。市场需求预测是指通过对消费者的购买心理和消费习惯的分析,以及对国民收入水平、收入分配政策的研究,推断出社会的市场总消费水平。

4. 根据预测性质的不同,市场营销预测可以分为定量预测与定性预测

定性预测是一种趋势预测,如预测市场经济形势的走向、科技发展的进程、行业竞争的态势和消费者的心理特点等。定量预测是对预测目标做出数量估计,如预测单位时间销售额可以达到多少万元、企业市场占有率可达到多少百分比等。在实际的企业市场营销预测中,两者常被结合在一起运用。例如,预测未来市场需求量的增长趋势是一个定性预测;而如果预测到下一年度市场需求量增长 50% 的可能性为 85%,则既是一个定性预测,又是一个定量预测。

5. 根据预测方法的不同,市场营销预测可以分为经验判断预测和数理统计预测

经验判断预测又称为直观预测,它依靠预测者的个人经验与分析综合能力对市场的变化发展做出预测判断。该方法简便易行,耗时少,费用低,在统计数据和原始资料不足时,经验判断预测法可以做出定量与定性估计,得到文献上尚未反映的信息,因而显得特别有用。常见的经验判断预测有专家预测法、经理人员评判法、营销人员估算法、市场调查预测法等。数理统计预测法是借助于经济理论和数理统计分析模型进行市场预测的方法。该类方法可以提供明确的预测数值,如果占有的资料充分可靠、选用的预测模型又合理,那么预测结果的可靠性就比较高。常见的数理统计方法有时间序列预测法和相关分析预测法。

三、市场营销预测的方法

(一)定性预测法

定性预测是指预测者依靠熟悉业务知识、具有丰富经验和综合分析能力的人员与专家,根据已掌握的历史资料和直观材料,运用个人的经验和分析判断能力,对事物的未来发展做出性质和程度上的判断,然后,再通过一定形式综合各方面的意见,并将其作为预测未来的主要依据。

定性预测特别适合于对预测对象的数据资料(包括历史的和现实的)掌握不充分,或影响因素复杂,难以用数字描述,或对主要影响因素难以进行数量分析等的情况。

定性预测偏重于对市场行情的发展方向和各种影响因素的分析,能调动专家经验和发挥主观能动性,比较灵活,而且简便易行,可以较快地提出预测结果。但是在进行定性预测时,也要尽可能地搜集数据,运用数学方法,其结果通常也可以从数量上做出测算。

定性预测的特点在于:①着重对事物发展的性质进行预测,主要凭借人的经验及分析能力;②着重对事物发展的趋势、方向和重大转折点进行预测。

定性预测的优点在于:注重对事物发展在性质方面的预测,具有较大的灵活性,易于充分发挥人的主观能动作用,简单且迅速,省时省费用。

定性预测的缺点是:易受主观因素影响,比较注重于人的经验和主观判断能力,从而易受人的知识、经验与能力的束缚和限制,尤其是难以对事物发展做数量上的精确描述。

1. 德尔菲法

德尔菲法是根据有专业知识的人的直接经验,对研究的问题进行判断、预测的一种方法,也称专家调查法。它是美国蓝德公司于 1964 年首次用于预测领域的。

德尔菲法具有反馈性、匿名性和统计性的特点,选择合适的专家是做好德尔菲预测的关键环节。

德尔菲法的优点:①可以加快预测速度和节约预测费用。②可以获得各种不同但有价值的观点和意见。③适用于长期预测和对新产品的预测,在历史资料不足或不可测因素较多时尤为适用。

德尔菲法的缺点:①对于分地区的顾客群或产品的预测有可能不可靠。②责任比较分散。③专家的意见可能不完整或不切实际。

2. 主观概率法

主观概率是人们凭经验或预感而估算出来的概率。它与客观概率不同,客观概率是根据事件发展的客观性统计出来的一种概率。在很多情况下,人们没有办法计算事件发生的客观概率,因而只能用主观概率来描述事件发生的概率。

主观概率法是一种适用性很强的统计预测方法,可以用于人类活动的各个领域。

3. 对比类推法

对比类推法是依据类比性原理,根据已知的相类似的经济事件去推断和预测目标的将来发展趋向。例如,如需要预测今后一段时间全国照相机市场的需求状况,只需选取若干大、中、小城市及一些有代表性的农村地区进行调查分析,以类推全国总需求的情况。这是一种应用较广泛的局部总体类推法,除此之外,对比类推法还包括产品类推法(根据产品的相似性类推)、地区类推法(根据地区的相似性类推)、行业类推法(根据行业的相似性类推)等。

在应用对比类推法时,应注意相似事物之间的差异。相似不等于相等,因此在进行类推时,要根据相似事物的差异做一定的修正,如此才能提高对比类推法的精度。

4. 集体经验判断法

集体经验判断法是由预测人员召集企业内部有经验的管理者(如经理、科长)、业务人员(如销售员、采购员)和职能部门人员(如会计人员,统计人员)等,组成一个小组,对未来市场的发展趋势做出判断预测,最后由预测人员把小组中每个成员的预测意见集中起来,进行综合处理,得出最后预测结果。小组内的人员可以单独进行各自的预测,也可以在会上进行充分的讨论并调整各自原来的预测结果。企业集体经验判断法,相对于个人经验判断法有十分明显的优点,它利用了集体的经验和智慧,避免了个人掌握的信息量有限和看问题片面的缺点。企业集体经验判断法,又称为专家小组意见法。很显然,凡是有丰富经验和一定预测能力的人员均可成为这里的专家。

预测意见的综合处理一般分两步进行:第一步采用主观概率统计法计算出每个预测者的预测期望值;第二步运用加权平均法或算术平均法计算预测的最终结果。

5. 营销人员估计法

营销人员估计法就是将不同销售人员的估计值综合汇总起来,作为预测结果值。由于销售人员一般都很熟悉市场情况,因此,这一方法具有一些显著的优势。

6. 相关推断法

相关推断法是根据因果性原理,从已知的相关经济现象和经济指标,去推断预测目标的未来发展趋向。例如,农村数据网络的普及和收入的提高与农村计算机的销量相关,因此调查到农村数据网络的覆盖率和农民收入的增加率,就可以推断出农村计算机的销售量的增加情况。儿童玩具的需要量增加,可从儿童人数的增加和家庭购买力的提高去推断。

运用相关推断法,应先根据理论分析和实践经验,找出影响预测目标的主要因素;再根据因果性原理,进行具体的推断。

7. 购买者意向调查法

购买者意向调查法,也称买主意向调查法,是指通过一定的调查方式(如抽样调查、典型调查等)选择一部分或全部的潜在购买者,直接向他们了解未来某一时期(即预测期)购买商品的意向,并在此基础上对商品需求或销售做出预测的方法。在缺乏历史统计数据的情况下,运用这种方法,可以取得数据资料,做出市场预测。在预测实践中,这种方法常用于中高档耐用消费品的销售预测。

8. 情景预测法

情景预测法是一种新兴的预测法,由于它不受任何条件限制,应用起来灵活,能充分调动预测人员的想象力,考虑较全面,因而有利于决策者更客观地进行决策,且在制订经济政策、公司战略等方面有很好的应用。但在应用过程中一定要注意具体问题具体分析,同一个预测主题,因所处环境不同,最终的情景可能会有很大的差异。

(二)定量预测法

定量预测偏重于对数量方面的分析,重视预测对象的变化程度,能做出变化程度在数量上的准确描述;它主要把历史统计数据和客观实际资料作为预测的依据,运用数学方法进行处理分析,受主观因素的影响较小;它可以利用现代化的计算方法,来进行大量的计算工作和数据处理,求出适应预测对象的最佳数据曲线。缺点是比较机械,不易灵活掌握,对信息资料的质量要求较高。

定性预测和定量预测并不是相互排斥的,而是可以相互补充的,在实际预测过程中应该把两者正确地结合起来使用。进行定量预测,通常需要积累和掌握历史统计数据,即把某种统计指标的数值,按时间先后顺序排列起来,以便于研究其发展变化的水平和速度。这种预测就是对时间序列进行加工整理和分析,利用数列所反映出来的客观变动过程、发展趋势和发展速度,并进行外推和延伸,借以预测今后可能达到的水平。

定量预测基本上可分为两类:一类是时序预测法。它是以一个指标本身的历史数据的变化趋势,去寻找市场的演变规律,并以此作为预测的依据,即把未来作为过去历史的延伸。时序预测法包括平均平滑法、趋势外推法、季节变动预测法和马尔可夫时序预测法。另一类是因果分析法,包括一元回归法、多元回归法和投入产出法。回归预测法是因果分析法中很重要的一种,它从一个指标与其他指标的历史和现实变化的相互关系中,去探索它们之间的规律性联系,并以此作为预测未来的依据。

时间序列中每一时期的数值,都是很多不同的因素同时发生作用后的综合反映。总的说来,这些因素可分为三大类:

第一类,长期趋势。这是时间序列变量在较长时间内的总态势,即在长时间内连续不断地增长或下降的变动态势。它反映预测对象在长时期内的变动总趋势,这种变动趋势可能表现为向上发展,如劳动生产率提高;也可能表现为向下发展,如物料消耗的降低;也可能表现为由向上发展转为向下发展,如物价变化。长期趋势往往是市场变化情况在数量上的反映,因此它是进行分析和预测的重点。

第二类,季节变动。这是指一再发生于每年特定时期内的周期波动。即这种变动出现后,每隔一年又再次出现。所以简单地说,每年重复出现的循环变动,就叫季节变动。

第三类,不规则变动,又称随机变动,其变化无规则可循。这种变动都是由偶然事件引起的,如自然灾害、政治运动、政策改变等影响经济活动的变动。不规则变动幅度往往较大,而且无法预测。

1. 时间序列分析法

时间序列分析法的主要特点是,以时间推移研究和预测市场需求趋势,不受其他外界因素的影响。不过,在遇到外界发生较大变化,如国家政策发生变化时,根据过去已发生的数据进行预测往往会有比较大的偏差。

产品销售的时间序列,可以分成 4 个组成部分:

(1)趋势。它是人口、资本积累、技术发展等方面共同作用的结果。利用过去有关的销售资料描绘出销售曲线就可以看出某种趋势。

(2)周期。企业销售额往往呈现出某种波状运动的特征,因为企业销售一般都受到宏观经济活动的影响,而宏观经济活动总呈现出某种周期性波动的特点。周期因素在中期预测中尤其重要。

(3)季节。其指一年内销售量变动的形式。"季节"一词在这里可以指任何按小时、月份或季度周期发生的销售量变动形式。这个组成部分一般同气候条件、假日、贸易习惯等有关。季节形式为预测短期销售提供了基础。

(4)不确定事件。其包括自然灾害、战争恐慌、一时的社会流行时尚和其他一些干扰因素。这些因素属不正常因素,一般无法预测。应当从过去的数据中剔除这些因素的影响,考察较为正常的销售活动。

时间序列分析就是把过去的销售序列 Y 分解成趋势(T)、周期(C)、季节(S)和不确定因素(E)等组成部分,通过对未来这几个因素的综合考虑,进行销售预测。这些因素可构成线性模型,即 $Y=T+C+S+E$;也可构成乘数模型,即 $Y=T \times C \times S \times E$;还可以是混合模型,如 $Y=T \times (C+S+E)$。

2. 因果分析法

时间序列分析法把过去和未来的销售都看作时间的函数,即仅考虑随时间的推移而变化,不考虑受其他任何现实因素的影响。然而,任何产品的销售都要受到很多现实因素的影响。因果分析法就是运用一整套统计学方法发现影响企业销售的最重要的因素及这些因素影响的相对大小。企业营销经常分析的因素,主要有价格、收入、人口和销售等。

因果分析法将销售量 Q 视为一系列独立需求变量 $X_1, X_2, \cdots, X_n$ 的函数,即 $Q=f(X_1, X_2, \cdots, X_n)$。但是,这些变量同销售量之间的关系一般不能用严格的数学公式表示出来,而只能用因果分析法来揭示和说明,即这些变量同销售量之间的关系是统计相关的。多元回归技术就是这样一种数理统计方法。它运用数理统计工具在寻找最佳预测因素和方程的过程中,可以找到多个方程,这些方程均能在统计学意义上符合已知数据。

在运用因果分析法时,应充分注意影响其有效性的问题:①观察值过少;②各变量之间高度相关;③变量与销售量之间的因果关系不清;④未考虑到新变量的出现。

需要说明的是,市场营销中的需求预测是一项十分复杂的工作。实际上只有特殊情况下的少数几种产品的预测较为简单,如在未来需求趋势相当稳定,或没有竞争者存在(如公用事业),或竞争条件比较稳定(如纯粹垄断的产品生产)等的情况下。在大多数情况下,企业经营的市场环境是在不断变化的,由于这种变化,总市场需求和企业需求都是变化的、不稳定的。需求越不稳定,就越需要精确的预测。这时准确地预测市场需求就成为企业成功的关键,因为任何错误的预测都可能导致诸如库存积压或存货不足,从而使销售额下降以至中断等的不良后果。

在预测需求的过程中,所涉及的许多技术问题需要由专业技术人员解决,但是市场营销经理应熟悉主要的预测方法及每种方法的主要长处和不足。

◆本章小结

市场营销的重要目标是发现和满足消费者的需求。在现代企业市场营销活动中,市场营销调研是市场营销的重点职能之一,已成为企业了解市场和把握顾客需求的手段,是辅助企业进行营销决策的基本工具,是现代企业在营销战略和营销战术制订中必须认真对待的工作。而企业所处的环境总是动态的,如果企业不能对庞杂多变的信息进行系统的提炼、整理和归纳,往往会影响营销决策的科学性。因此,建立市场营销信息系统并进行市场调研与预测是极为重要的。

所有的营销决策和计划都需要以充分、准确的信息资料为基础,因此,企业应有一套科学的信息管理办法和程序,对信息进行搜集和实行管理,使它们成为有用的信息。现代市场营销观念强调顾客导向,要求市场营销者重视顾客的需要。要做到这一点,市场营销者必须通过市场营销调研,了解市场需求及竞争者的最新动态,广泛搜集市场营销信息,准确掌握有关顾客需要的实际资料,从而保障营销决策的顾客导向。与此同时,现代企业还需要根据市场调查掌握的数据资料,运用市场预测的基本原理,借助一定的科学预测方法,通过定性预测与定量预测降低营销决策中的盲目性,以扩大市场营销成果。

◆思考题

1.理解下列概念。

市场营销信息　市场营销信息系统　市场营销调研　市场营销预测

2.简述市场营销信息系统的构成。

3.简述市场营销调研的步骤。

4.简述市场调研的抽样技术。

5.简述文案信息的分类和文案调查的特点。

6.实地调查中收集一手资料的方法有哪些?

7.简述市场营销预测的分类及其主要的预测方法。

8.某企业计划研发新产品投放市场,你认为应当调研哪些内容?

◆案例阅读与分析

【案例】两个小细节引发一千万元大风险

普瑞辛格调研公司给《中国财富》出示了两组数据,来说明调研需要严谨性。同样的调研问卷,结构完全相同的抽样,两组数据的结论却差异巨大。国内一家知名的电视机生产企业,2014年初设立了20多人的市场研究部门(这20多人分为两组),就是因为下面的这次调查,部门被撤销,人员全部被裁。

调查问题:列举您会选择的电视机品牌。

其中一组的结论是有15%的消费者会选择该企业的电视机。另一组得出的结论却是36%的消费者表示该企业的产品将成为其购买的首选。巨大的差异让公司高层非常恼火,为什么完全相同的调研抽样,会有如此矛盾的结果呢?公司决定聘请专业的调研公司来进行调研诊断,找出问题的真相。

普瑞辛格调研公司的执行小组受聘和参与调查执行的访问员进行交流,发现调研期间,首先,第二组的成员佩戴了公司统一发放的领带,而领带上有本公司的标志,其尺寸足以让被访问者猜测出调研的主办方;其次,第二组在调查过程中,把选项的记录板(无提示问题)向被访问者出示,而本企业的名字处在题板的第一位。以上两个细节,向被访问者泄露了调研的主办方信息,影响了消费者的客观选择。

(资料来源:节选自百度文库)

【案例讨论】

1. 两组调查结果为什么会有如此大的差异?
2. 你觉得哪一组数据更合理些?为什么?
3. 市场调查中应该遵守哪些原则?

◆ 项目实训

【项目背景资料】20世纪70年代,以7-11为代表的新型零售业态便利商店(Convenience Store)引进日本。日本一家调查公司选择家庭主妇为调查对象,展开专项市场调查。在实际调查家庭主妇的购买行为之后,他们发现:①超级市场林立;②私家车普及;③周末两天休息,形成全家出动购物风气。于是主妇每周的购物次数减少,而每回消费的单价有所增加。

这项调查结果显示,日本的条件对便利商店的经营非常不利,当时流通业界反应相当冷漠。但是,目前此种便利商店却是成长相当快速的零售业态。那么,当初调查作业是否遗漏了某些重要因素?

【项目问题分析】

1. 该项市场调查在调查主题确定、调查样本选择等方面存在什么问题?
2. 为该项调查设计一份科学的市场调查方案,并编制相应的调查问卷。

第七章 市场细分、目标市场选择和定位

> 不要去购买市场份额，而应该计算怎样赢得它。
>
> ——菲利普·科特勒

【学习目标】

1. 了解市场细分的概念。

2. 掌握目标市场选择的主要内容。

3. 掌握市场定位理论。

【导入案例】

汉庭酒店

汉庭酒店的创始人季琦，于 2005 年创立了汉庭酒店，在中国开创了经济型酒店蓝海。当时中国的酒店行业，只有两类产品：一类是高星级酒店，价格昂贵，普通人难以承受；一类是招待所，虽然价格便宜，但住宿条件十分落后。汉庭酒店选择了差旅人士作为自己的主要细分市场，并从这一细分市场消费者对酒店的需求出发，推出独具特色的产品。

在产品设计上，汉庭酒店剔除了传统星级酒店的豪华大堂、大型会议室、KTV、餐厅等不必要设施。因为出差的人业务繁忙，传统星级酒店提供的很多空间和服务他们没有时间享受，于是汉庭酒店把这些都剔除了。

对差旅人士而言最重要的只有两个：一张干净舒适的大床，能够洗个畅快的热水澡。所以汉庭酒店选择把客房作为唯一的产品，减少房间的面积，剔除奢华不实的装修，增强消费者"洗好澡，睡好觉，上好网"的体验，价格只要 200 元左右，自然很有吸引力。这使得汉庭酒店在中国酒店市场迅速崛起。

汉庭酒店开创了经济型酒店的蓝海，之后各大经济型酒店品牌如雨后春笋般出现。到 2015 年底，汉庭酒店的数量已经达到了 2000 家，全国的经济型酒店总量已接近 2 万家，此时的经济型酒店已经是一片红海，汉庭酒店面临着行业不景气、价格竞争激烈等的问题。2016 年，汉庭酒店聘请华与华战略咨询公司为其进行战略策划，该公司认为，汉庭酒店是一家国民酒店，服务的是最广大的普通消费者，它的蓝海战略就是把酒店最基本的做到极致。经过对各大城市的经济型酒店的消费者的访谈，该公司发现，相对于"睡眠、安静"这些酒店的硬件设施或服务水平，客房不够干净卫生是消费者入住经济型

酒店最大的痛点。在消费升级的今天,酒店行业最基本的"干净"反而缺失了。市场上没有一个酒店品牌在"干净"上建立了普遍的认知。基于以上理由,汉庭酒店提出新战略,就是在"干净"上加强,通过压倒性的资源投入,把干净做到极致,做到比五星级酒店更干净,形成新的竞争优势。为打造"爱干净,住汉庭"的差异化形象,具体在以下方面进行了投入:

第一,率先与行业领先的洗涤公司达成战略合作,从源头保障毛巾和床单的严格洗涤,成本高涨 10%。

第二,行业首创便携式消毒柜,每一个水杯都经过紫外线和臭氧高温消毒 10 分钟。

第三,采用从美国进口的艺康清洁剂,价格是国产的 2 倍,让马桶有效除菌率达 99.9%。

第四,启动内部自检。每月将 5% 质量不达标的酒店或房间下线停业。

2017 年 12 月,汉庭酒店发布了经济型酒店第三季度 RevPar(平均每间可供出租客房收入,其是衡量酒店经营水平的重要指标)业绩数据比较,汉庭酒店以 181 元遥遥领先,成为经济型酒店的第一品牌。

(资料来源:根据网络资料整理)

请思考:汉庭酒店选择了怎样的细分市场作为自己的目标市场? 2015 年前,为适应目标市场消费者的需求,汉庭酒店独具特色的产品有哪些特征? 2015 年后,经济型酒店竞争十分激烈,汉庭酒店又实施了怎样的定位策略?

第一节　市场细分

一、市场细分的产生与发展

美国学者温德尔·斯密(Wendell R. Smith)于 1956 年提出市场细分的概念,该概念的提出不仅是第二次世界大战后市场营销理论的新发展,也是买方市场环境下的一种现代市场营销观念。经历了半个多世纪的营销实践,市场细分已经成为营销学理论的重要组成部分,而且在商业实践中不断发挥作用。市场细分的出现与营销发展包含以下阶段:

(一)大量营销阶段

大量营销阶段也称为大众化营销阶段或广泛营销阶段。在 19 世纪末 20 世纪初的西方发达国家工业化初期,市场以卖方为主导,整个社会经济的发展重心是强调速度和规模。企业市场营销的基本方式是大量营销,即大批量生产品种规格单一的产品,并且通过广泛、普遍的分销渠道销售产品。如美国福特汽车公司只生产一种黑色 T 型车。这一阶段本质上还不能称为真正意义上的营销。

(二)产品差异化营销阶段

从 20 世纪 20 年代开始,美国及其他西方国家企业的产品产量迅速提高,逐渐出现了"生产过剩"现象,供过于求,导致产品价格下跌,企业利润减少。此时,企业的营销方式开始从大量营销向产品差异化营销转变,即向市场推出许多与竞争者产品不同的,具有不同质量、外观、性能的产品。与大量营销相比,产品差异化营销有了进步,但是,由于企业在生产产品前,仍忽视对消费者需求的研究,市场细分也并无产生的基础和条件。

(三)目标市场营销阶段

20 世纪 50 年代后,生产力水平大幅度提高,西方发达国家的市场已由原来传统的卖方市场变成了买方市场,生产与消费的矛盾日益尖锐,以产品差异化为中心的营销方式不能解决企业面临的问题。企业从产品差异化营销转变为目标市场营销,即企业根据消费者需求的差别,将整体市场细分为若干个子市场,从企业自身的资源和条件出发,选择对企业来说最有吸引力和能最有效地为之提供产品和服务的市场作为目标市场,通过设计适当的市场营销组合策略,以最大限度地适应和满足目标顾客的需要。由此,市场细分理论诞生了。

市场细分理论是以满足消费者需求为目标的现代营销观念,该理论使传统营销观念发生了根本的变革,企业通过市场细分(Market Segmentation)、选择目标市场(Market Targeting)、市场定位(Market Positioning)决定营销组合策略,组织企业的营销活动,这一过程也称 STP 战略,如图 7-1 所示。

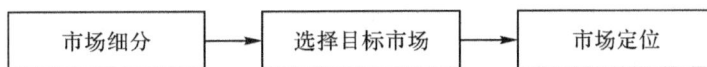

图 7-1　目标市场营销过程(STP 战略)

二、市场细分的含义和特点

(一)市场细分的含义

市场细分是企业根据自身条件和营销意图,以需求的某些特征或变量为依据,区分具有不同需求的顾客群体的过程。经过市场细分,同一细分市场的消费者具有较多的共性,而不同细分市场的消费者的需求具有较多的差异性。其中,任何一个或几个子市场都可能成为企业的目标市场。

(二)市场细分的理论依据

市场细分的理论依据也称市场细分的理论基础或原理。在营销活动中,市场细分的出现是由市场经济内在矛盾的激化引起的。这种内在矛盾主要表现为消费者的需求动机和购买行为的多样性、差异性与企业营销活动局限性之间的矛盾,正是这个矛盾导致了市场细分。营销活动的局限性的根源是企业资源的有限性。另外,处于同一细分市场的消费者的消费需求又具有相对同质性。因此,市场细分的理论依据来源于消费需求的绝对差异性、消费需求的相对同质性与企业资源的有限性 3 个方面。

三、市场细分的变量

(一)消费者市场细分的变量

1. 地理细分

地理细分是指把市场按国家、州、地区、城市、县或者街道等地理单位进行划分。企业可以在一个或几个地理区域内开展业务,也可以在全部地理区域内开展业务,但是要注意需求和偏好的地理差异。

现在,很多企业都在将它们的产品、广告、促销和销售策略本地化,以此适应单个地区、城市或社区的需求。例如,肯德基自1987年进入中国,30多年来,肯德基为本土化定制的产品已不胜枚举,如老北京鸡肉卷、鲜虾春卷、各款花式粥和油条等。

2. 人口统计细分

人口统计细分指以人口统计变量为基础划分市场,如年龄、性别、家庭规模、家庭生命周期、收入、职业、教育、宗教、人种和国籍等。人口统计因素是最常用的消费者细分依据。一个原因是,消费者的需求、偏好和使用率通常与人口统计变量密切相关;另一个原因是,人口统计变量比大多数其他变量都更容易测量。

(1)年龄和生命周期阶段。消费者的需求和偏好会随年龄的变化而变化。一些公司使用年龄和生命周期把市场分为具有不同年龄和不同生命周期的群体。如消费者市场可以按照年龄变量,细分出许多各具特色的细分市场,如儿童市场、青年市场、中年市场和老年市场。

(2)性别。性别细分常常被应用于服装、化妆品和杂志行业。近年来,男士化妆品行业迅速发展。例如,上海家化公司旗下的子品牌高夫,是中国化妆品市场上第一个专业男士护理品牌,品牌致力于为19—35岁的中国男士提供最佳的个人护理解决方案。

(3)收入。收入细分常常被营销者应用在汽车、服装、化妆品、理财服务和旅游产业上。奢侈品企业将富有的消费者作为目标顾客群,银行为富裕人士提供高端理财服务,而大型零售超市沃尔玛,成功地在全球市场将中低收入群体作为自己的目标市场。

【专栏7-1】茶叶的消费群体

日本是世界主要的茶叶消费国。根据不同年龄段的消费特点,日本对茶叶消费市场进行细分。对于20岁至34岁的年轻人,此阶段群体学习或工作生活节奏较快,对于需要花较长时间的饮茶,大多不容易接受,再加上日本人口已经进入少子老龄化阶段,此部分群体将只占据小部分市场;对于35岁至59岁的中年人,该阶段群体大多具有较强的经济实力与综合素质,由于工作时间较长、空闲时间较少,对于快消茶而言,这部分群体将有可能成为快消茶的目标消费者;对于60岁以上的老年人,该阶段群体在日本总人口结构中比重较大,大多已退休或者即将退休,拥有大量自由支配时间,经济上拥有较强的消费能力,且养生观念较为强烈,因此这部分群体将成为茶叶主要的目标消费者。

(资料来源:《对外经贸实务》王红、程芳著)

3. 心理细分

心理细分是根据消费者所处的社会阶层、生活方式、个性特征将市场划分为不同的细分市场。处于同一个人口统计群组中的各个个体在心理特征上可能完全不同。

（1）生活方式细分。生活方式即人们选择以什么样的方式来生活，生活方式反映一个人对生活的态度，它会体现在人们的活动、兴趣和观点中，即便来自相同的亚文化群、社会阶层、职业的人们，也可能拥有不同的生活方式。生活方式不同的消费者对商品有不同的需求；即便是同一个消费者，一旦其生活方式发生变化，就会产生新的需求。即生活方式是影响消费者的欲望和需求的一个重要因素。在现代市场营销实践中，越来越多的企业按照消费者不同的生活方式来细分消费者市场，并且按照生活方式不同的消费者群体来设计不同的产品和安排市场营销组合。例如，有些服装企业按照女性生活方式的不同，为"朴素女性""时髦女性""有男子气的女性"设计和生产不同的女性服装。对于这些生活方式不同的消费者群，不仅产品的设计要有所不同，产品价格、经销商店、广告宣传等也应有所不同。许多企业都从生活方式细分中发现了日益增多的、有吸引力的细分市场机会。

（2）个性细分。有些企业按照消费者的个性来细分市场。这些企业通过广告宣传赋予其产品与某些消费者的个性相似的"品牌个性"，即塑造品牌的独特气质和特点，将品牌予以人性化表现，以此为产品树立"品牌形象"。例如，当我们提到李维斯牛仔就会联想到自由、反叛的个性，提到万宝路香烟就会联想到粗犷豪放、男子汉气概等，我们所联想的这些就是品牌个性。

4. 行为细分

行为细分是根据消费者的知识、态度、产品使用率或消费者对产品的反应把市场分为不同的细分市场。很多营销者认为，行为因素是进行市场细分的最佳起点。具体又可以按照以下特征进行行为细分：

（1）追求的利益。将消费者按他们购买产品时追求的不同利益划分为不同的群体。利益细分要求企业发现消费者购买某种产品时所追求的主要利益、追求每种利益的人的特点及能够实现每种利益的主要品牌。例如，日本企业每年从我国进口大量蔬菜，它们依据消费者购买进口蔬菜的情况，把消费者分为口味型消费者、视觉型消费者、安全型消费者、便利型消费者和多样化型消费者。其中，口味型消费者非常注重蔬菜的口味，考虑其味道是否适于烹饪和家人的饮食爱好。同时，这一细分市场的消费者具有价格敏感性，价格是他们追求的次利益诉求点。视觉型消费者注重蔬菜产品的外观特性，偏好包装精美、色泽鲜亮的蔬菜产品。这反映了他们对外观方面的利益需求。同时，价格也是这一群消费者的次利益诉求点。安全型消费者追求产品的卫生安全和质量，关注产品的农药残留量、质量认证、保质期和新鲜度。便利型消费者选择包装方便、实用的蔬菜产品。多样化型消费者对蔬菜不仅要求营养丰富，而且还要求多样化、供应周年化。同时，蔬菜的口味是这群消费者的次利益诉求点。日本蔬菜进口企业为以上各细分市场的消费者提供不同的蔬菜产品，取得了很好的经济效益。

（2）使用状况。企业可以根据使用状况把消费者细分为从未使用者、曾经使用者、潜在用户、首次使用者和经常使用者。营销者希望强化和维系经常使用者，吸引从未使用者,恢复与曾经使用者的关系。

(3)使用率。消费者还可以被细分为少量使用者、中度使用者、重度使用者。重度使用者一般只占市场中很小的一部分,但他们的购买量占据市场上的很大一部分。以美国啤酒市场为例,总人口中只有32%的人消费啤酒,其中16%的人几乎消费了90%的啤酒产品。因此,啤酒公司宁愿吸引一个重度饮用啤酒者,而放弃几个轻度饮用者。大多数营销策划者都把重度使用者作为主要的目标市场。

在进行市场细分时,营销人员并不局限于仅运用一种或几种变量,而是运用多种细分变量。他们经常会使用多种细分方法,试图确定更小、更明确的细分群体。

(二)生产者市场细分的变量

很多用来细分消费者市场的变量同样可以用来细分生产者市场。但是,由于生产者市场的细分对象是企业,不同于消费者市场的细分对象,所以,生产者市场细分的标准除了运用上述消费者市场细分的一些变量外,还必须用一些其他的细分变量。生产者市场最常用的细分变量有以下几类:

1. 按最终用户要求细分

按产品的最终用户进行细分是生产者市场细分最常用的变量。不同行业用户采购同一种产品的使用目的常常不同。如玻璃生产企业生产的玻璃可用于各种行业,而我国企业家曹德旺选择了汽车玻璃这一细分市场,创立了福耀汽车玻璃厂,其生产的汽车玻璃远销全球,已经成为全球规模最大的汽车玻璃专业供应商,产品得到全球顶级汽车制造企业及主要汽车厂商的认证和选用,它还向宾利、奔驰、宝马、奥迪等提供全球汽车玻璃配套服务和汽车玻璃全套解决方案。

2. 按用户规模细分

用户的规模是生产者市场细分的重要变量。用户规模决定了其购买力的大小。大用户数量少,但购买量大;小用户数量多,但采购量不大。用户规模不同,企业的营销组合方案也不同。如对于大用户,往往建立直接的业务联系,不经过中间环节;对于众多小用户,可通过批发商或零售商组织销售。

3. 按用户地理位置细分

由于世界各国各地的自然资源、气候条件、社会环境等不同,以及产业集聚的不断加深,要求合理布局生产力,这样会形成不同的产业带。如由于我国杭嘉湖、江苏地区居民有养蚕制丝的传统,形成了江浙丝绸工业。生产者市场比消费者市场更为集中,企业如果按照用户的地理位置来细分市场,可选择用户较为集中的地区作为自己的目标市场。这样不仅方便联系,而且可以有效地规划运输路线,降低销售和运输成本。

不少企业服务于多个商业市场。例如,星巴克为其两个商业细分市场——办公室咖啡市场和食品服务市场分别开发了营销项目。在办公室咖啡市场,星巴克的办公室咖啡解决方案是为各种规模的企业提供多种办公地点的咖啡服务,帮助它们在工作场所为其雇员提供星巴克咖啡和相关产品。星巴克帮助这些商业顾客开发最好的办公室解决方案,这些方案包括星巴克的各种产品,如咖啡、茶、糖浆、带品牌的纸质产品,以及各种提供产品的办法,如定量装、单杯装、自动贩卖等。星巴克食品服务部门则与航空公司、餐厅、大学、医院、棒球馆等企业合作，帮助它们向其顾客提供星巴克产品。星巴克不只为其食品服务合作伙伴提供咖啡、茶或食品，还提供设备、培训及营销和技术支持。

四、有效细分的要求

并不是所有的细分市场都是有效的。有效市场细分必须具备以下特征：

(一)可衡量性

细分市场的规模、购买力和特征可以被衡量。这就要求能够按照某些细分变量，识别目标细分市场中的消费者，并能够理解他们的特征和行为模式。某些细分变量，例如一些个人的性格特点，如"内向"或"保守"等，这些很难度量，而年龄、职业等变量很容易辨别。

(二)可进入性

公司必须有资源去开发在细分市场时所识别出的机遇，并为吸引和服务细分市场设计出有效的营销方案。例如，中国是世界第一苹果生产大国，欧盟是非常有吸引力的果品市场，但同时，欧盟对进口水果实施非常严苛的农药残留标准，因此，我国出口到欧盟的苹果很少。然而，陕西华圣果业公司，依托强大的科技实力，进行了苹果品种的创新，并全程进行标准化种植，其生产的苹果顺利进入欧盟市场。

(三)可营利性

可营利性是变量中最为重要的。细分市场必须足够大才可能营利，因为，非常小的细分市场可能不足以营利。例如，凉席按尺寸分类，基本可分为1.8米宽的、1.5米宽的和1米宽的，很少有凉席企业生产宽1米以下的凉席，主要是因为这部分细分市场太小，可能不足以营利。

五、市场细分的步骤

(一)依据需求选定产品市场范围

企业根据自身的经营条件和经营能力确定进入市场的范围，如进入什么行业，生产什么产品，提供什么服务。

(二)列举潜在顾客的基本需求

选定产品市场范围以后，营销人员可以从地理环境变量、行为和心理变量等方面，预估潜在顾客有哪些需求，尽可能比较全面地列举出潜在顾客的基本需求，为进一步深入分析提供基本资料和依据。例如，某住宅出租公司发现，人们希望小公寓住房满足的基本需求包括遮风避雨，停放车辆，安全，经济，设计良好，方便工作、学习与生活，不受外来干扰，有足够的起居空间和满意的内部装修，有良好的公寓管理和维护等。

(三)分析潜在顾客的不同需求，初步划分市场

企业对所列出的各种需求进行调查，进一步搜集有关的市场信息与顾客资料，向不

同的潜在顾客了解上述需求中哪些对他们来说更为重要,再初步划分出一些差异最大的细分市场。

(四)抽掉潜在顾客的共同要求

要移除各细分市场或各顾客群的共同需求。这种共同需求只能作为制订市场营销组合的参考,不能作为市场细分的基础。例如,遮风避雨、停放车辆和安全等,几乎是每一个潜在顾客对房屋的共同需求,企业可以把其作为产品决策的重要依据,但在细分市场时要移除。

(五)为细分市场定名

企业应根据各个细分市场消费者的主要特征,用形象化的方法,为各个可能存在的细分市场确定名称。例如,某旅游公司把顾客分为舒适型、好奇型、冒险型、享受型和经常外出型等。

(六)进一步分析每个细分市场的需求和购买行为的特点

企业应进一步分析每个细分市场的需求和购买行为的特点,并分析其原因,以便在此基础上决定是否可以把这些细分出来的市场进行合并,或者做进一步的细分。

(七)对每一个细分市场进行分析

估计每一个细分市场的规模和营销机会,即在调查的基础上,估计每个细分市场顾客的数量、购买频率、平均每次的购买数量等,并对细分市场上产品竞争状况、营业收入和费用、潜在利润及发展趋势做出分析和估计,将其作为最后选定目标市场和制订营销策略的分析依据。

第二节　目标市场选择

市场细分的目的在于发现市场机会。目标市场选择,是在市场细分的基础上,企业根据自己的资源条件和经营能力选择一个或数个子市场作为自己的目标市场。

一、目标市场的含义及确定目标市场的目的

(一)目标市场的含义

目标市场是指企业决定服务的具有相同需要和特征的顾客的集合。例如,沃尔玛将追求高性价比的消费者作为自己的目标市场,通过企业强大的全球采购能力和供应链管理能力,向这些消费者提供品类丰富、价格便宜的商品。全家便利店则将以求便为主要诉求的年轻消费者作为其目标市场,满足他们对购买商品便利的需求。虽然全家的一些标准化产品价格比沃尔玛等超市的要昂贵,但仍然获得了很好的经营业绩。

(二)确定目标市场的目的

确定目标市场的目的是更好地满足目标市场消费者的需求。

我们通常把不加选择或未细分化的市场称为一般性市场。一般性市场没有特性，它不针对顾客的特定需求，而针对顾客的共同要求来开展市场营销活动，其产品的针对性不强，差异性不大，顾客仅能从价格上进行选择，且品种很少。这种企业只有在卖方市场条件下才能生存。以服装市场为例，如果不从顾客年龄、体型和爱好角度出发，不根据顾客的各种需求来生产服装，企业就谈不上有什么目标市场。

在买方市场条件下，消费者需求日益多样化。产品的竞争不仅表现在价格上，更表现在产品性能及产品差异化等方面。在这种情况下，企业只有通过市场细分，选择一定的顾客对象和地区作为本企业的目标市场，从而生产出不同于其他企业的能够满足顾客特定需求的产品，并选择有利的销售渠道和方法，才能获得成功。这就是确定目标市场的目的。

二、目标市场进入模式

经过市场细分后，企业会发现一个或几个细分市场是值得进入的。此时，企业需要进行选择，以确定进入哪些细分市场。一般来说，企业进入目标市场的模式有以下5种：

(一)单一市场集中化

单一市场集中化是指企业在进行消费者分析后，只选择其中一个细分市场进行营销，如企业只生产一种产品，供应一个顾客群，进行集中营销。这是一种最简单的目标市场进入模式。例如，某制鞋厂只生产儿童的旅游鞋。许多小企业由于资源有限，往往采用这种模式。而一些新企业，由于初次进入市场，缺乏生产经营经验，也可能把一个细分市场作为其继续发展扩张的起始点。

单一市场集中化模式使企业的经营对象单一，企业可以集中力量在一个细分市场中获得较高的市场占有率。但是，如果采用这种模式，由于目标市场范围较狭窄，经营风险较高。如果该细分市场出现不景气的情况，或某个强有力的竞争者决定进入同一个细分市场，会给企业带来较大的风险。

(二)产品专业化

产品专业化指企业集中生产一种产品，向各类顾客销售。例如，某制鞋厂生产并销售各个年龄段都适合穿的旅游鞋。

采用这种模式的企业市场面广，有利于摆脱对个别市场的依赖，降低风险。同时，生产相对集中，有利于发挥生产及技术技能，在某种产品领域树立较高的声誉。局限性是当该领域被一种全新的技术与产品替代时，会有产品销量大幅度下降的风险。寻呼机被移动电话所替代就是典型的例子。

(三)市场专业化

市场专业化指企业面对同一顾客群，生产和销售其所需要的各种产品。例如，某制鞋厂为儿童生产旅游鞋、皮鞋和休闲鞋等各种各样的鞋。

采用这种模式时，因产品类型众多，能有效分散风险，有助于发展和利用与顾客之间的关系,减少交易成本,并在顾客中树立良好的形象。然而,由于集中于某一类顾客,一旦这类顾客的需求发生变化或购买力下降,企业的收益就会受到较大影响。

(四)选择专业化

选择专业化指企业在对市场进行详细细分的基础上,经过仔细考虑,结合本企业长处,有选择地生产几种产品,有目的地进入某几个市场,满足这些市场的不同要求。例如,某制鞋厂为儿童生产旅游鞋,为青年人生产皮鞋,为老年人生产休闲鞋。

实际上,这是一种多角化经营的模式,可以较好地分散企业的经营风险。但是,采用这种模式时应当十分谨慎,必须以几个细分市场均有相当的吸引力为前提,而且采用这种模式的企业应具有较丰富的资源和较强的营销实力。

(五)市场全面化

市场全面化指企业为细分后的各个细分市场生产不同的产品,分别满足各类顾客的不同需求,以覆盖整个市场。例如,某鞋厂为儿童、青年人及老年人市场生产旅游鞋、皮鞋和休闲鞋等各种各样的鞋。

一般来说,实力雄厚的大型企业在一定阶段会选用此模式,以收到良好效果。例如,IBM 在全球计算机领域内全面出击,从以前的商用服务器发展到如今的服务器、系统、个人电脑、软件、打印机、零售终端、存储产品及其他计算机相关产品。

上述 5 种进入模式如图 7-2 所示。

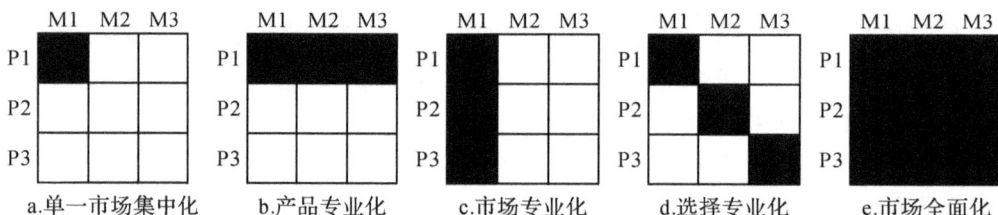

图 7-2 5 种目标市场覆盖模式

三、目标市场营销战略

评价不同的细分市场后,企业必须决定选择多少个及哪些目标细分市场。一个目标市场应存在一群具有共同需求或特征的购买者,可以让企业决定为之提供服务。企业能进行广泛的(无差异营销)、非常细化的(差异化营销)或相对集中的(集中性营销)目标市场选择。

(一)无差异性目标市场营销战略

无差异性目标市场营销战略(图 7-3),又称为大众营销战略,它忽略细分市场之间的区别,通过一种产品或服务瞄定整个市场。例如,可口可乐早期曾出售单一规格、单一口味的瓶装饮料,以满足各种顾客的需求。无差异性目标市场营销战略专注于消费者需求的共同点而不是不同点。企业将制订能够吸引最多数量购买者的产品和市场计划。采用该种战略的理由是规模效益,它是与标准化生产和大规模生产相适应的一种营销方法。它可以大大降低生产、储存、广告等的成本,从而减少企业的经营成本。

然而,开发一种能够满足所有消费者需求的产品或者品牌是很困难的。另外,面向大市场的营销者经常会在与更为专注的企业进行竞争时遇到麻烦,因为那些企业在满足某个特定细分市场时做得更好。

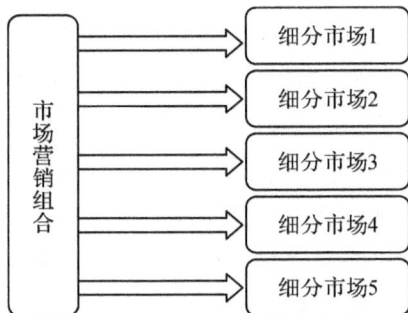

图 7-3　无差异性目标市场营销战略

(二)差异性目标市场营销战略

差异性目标市场营销战略(图 7-4),是指企业同时为几个子市场服务,并设计不同的营销组合以适应各个子市场的需要。例如,美国通用汽车公司生产凯迪拉克、别克、雪佛兰等品牌的汽车,用以满足高、中、低收入者对汽车的不同需求。又如,宝洁公司在中国营销的洗发水品牌有海飞丝、飘柔、潘婷、沙宣等,每一种洗发水针对不同的细分人群,满足他们对去屑、柔顺、保养和打造时尚造型等的不同需求。

通过为目标市场提供不同的产品和营销方案,企业希望获得更高的销售额并争取在每个细分市场都占据更有利的位置。在不同的细分市场内占据优势地位相对于针对所有市场的无差异营销可以为企业带来更多的销量。但是,差异性目标市场营销战略也同样增加了企业的经营成本。为不同的细分市场制订不同的营销计划需要更多的营销调研、预测、销售分析、促销计划及渠道管理。同时,利用不同的广告策略来打动不同的细分市场也会增加促销成本。因此,企业在决定是否采取差异性目标市场营销战略时必须衡量因此增加的销售额和成本。

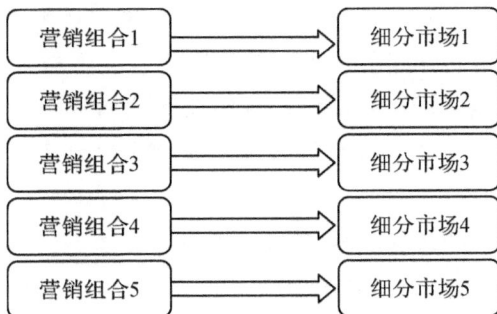

图 7-4　差异性目标市场营销战略

(三)集中性目标市场营销战略

集中性目标市场营销(图 7-5)又称为利基营销,企业追求一个相对较小的细分市场中的大份额,而不是追求大市场中的小份额。

通过集中性目标市场营销,企业对所服务的细分市场上的消费者的需求会产生深刻的理解,并在此方面获得特别的声誉,进而获得更好的市场地位。根据精心定义的细分市场来调整产品、价格和营销计划的营销将能达成更好的效果。而仅仅瞄定那些企业有能力为之提供最好服务,并从中获得最大利润的顾客,并设计最合适的产品服务、渠道和沟通项目,将可能使企业的营销获得更高的效率。

利基营销使得较小企业能够将有限的资源集中在较大企业并不看重或忽略的利基市场上。许多企业都是从利基市场开始,首先在大规模、资源丰富的竞争者面前获得立足点,然后再逐步把自己发展成更强大的竞争者。例如,西南航空公司开始时只服务那些在德克萨斯州内旅行、不要求额外服务的顾客,而现在西南航空公司已经成为美国最大的航空公司之一。

如今建立网络商店的低成本使得服务于看上去更小的利基市场变得更为有利可图了。尤其是一些小规模企业,正通过网络服务在一些空白领域获得利润。

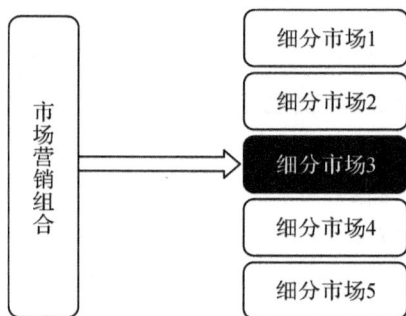

图 7-5 集中性目标市场营销战略

【案例 7-1】酒店的利基市场:以莫干山民宿为例

民宿在许多人看来就是一个出门住宿的地方,和酒店没有什么区别。其实,民宿最早是旅游景区的旅馆和酒店住宿供给不足时的产物。房屋主人利用自有住宅的空闲房间接待游客,同时提供当地的渔林牧等活动,结合当地的民俗和文化或自然景观,为游客提供个性化服务的住宿形式。它实际上属于酒店业的利基市场,是一种有温情和情怀的服务场景。

莫干山镇位于浙江省德清县境内,莫干山的区位和交通优势明显,地处沪宁杭的核心地带,同时位于杭州湾都市圈。莫干山脚下的莫干山镇区,距离德清县城约 13 千米,距杭州、湖州 55 千米,离上海 210 千米,离南京 250 千米。09 省道由东向西串联起莫干山风景区与镇区,104 国道直通杭州,宣杭铁路、杭宁高速公路缩短了莫干山到南京、杭州的出行时间。莫干山镇域面积 185.77 平方千米,下属 18 个行政村、3 个居民区,户籍人口 3.1 万人,常住人口 3.1 万人。

莫干山风景区位于镇区西北,是国家 AAAA 级景区,平均海拔 500 米,其主峰塔山海拔为 758 米,山上植被茂密、流泉飞瀑,是我国的四大避暑胜地之一。除了自然风光,莫干山的人文景观也十分丰富,无数文人墨客在此留下大量诗词碑刻,此外还保存了从民国时期至中华人民共和国成立前的 200 多幢名人修建的度假别墅。莫干山镇于 2016 年入选为全国第一批特色小镇。在住房和城乡建设部公布的第三批美丽宜居小镇、美丽宜居村庄示范名单中,莫干山镇成功获评全国美丽宜居小镇。

基于得天独厚的自然条件,莫干山镇自古以来便是避暑度假的胜地。鸦片战争后,美、英、德、法、俄等外国侵略者在莫干山修建独家别墅。至民国,一些政要也在此修建别墅,山上也相继开设了商店、旅馆等。中华人民共和国成立后,莫干山成为风景旅游区,但一直未被开发。

莫干山民宿出现于 2007 年,一名外国商人到莫干山旅游避暑,他很喜欢那里且住了很久,后来他萌生了做民宿的想法,于是他租下农舍,建立起了第一个"洋家乐"。"洋家乐"居住设施与休闲设施建设的完善,逐渐吸引了莫干山周边城市居民到此参观游览。住宿需求增多,一些本地居民开始改造自己的农宅为民宿用来接待游客,同时少量外地投资者看中此地民宿的价值,租下农宅并对其进行改造,使之更适合游客居住。2013 年莫干山镇民宿产业初具规模,民宿开始向"专业化"发展,据统计整个莫干山镇约有 60 家"农家乐"和"洋家乐"。近年来,随着乡村旅游的迅速发展,游客逐渐增多,开办民宿的人增加了,但基础设施不够完善,政府通过建设基础设施、污水处理、绿化工程等设施,有序引导产业发展,同时通过资金补贴和对外宣传,吸引更多的投资者和游客。2015 年美丽乡村建设和 2016 年特色小镇建设使莫干山民宿如雨后春笋般冒了出来,在数量增加的同时一些精品民宿和度假村吸引了更多的投资,同时形成民宿品牌并向外拓展,在其他省份的度假胜地修建了精品民宿。此外,莫干山也吸引了其他行业的投资,扩张了民宿的产业链条。截至 2015 年,整个莫干山民宿数量达 400 多家,总营业收入达到六七亿元,有统计的税收将近 2500 万元。

莫干山民宿分布在庾村集镇、燎原村、劳岭村等多个村庄。民宿的经营者不仅有本地人、外地人,还有外国人。基于个体经营的民宿也呈现类型多元化的趋势,传统上可以分为度假村、精品民宿和农家乐 3 种类别。在德清县 2015 年出台的县级民宿等级划分标准《乡村民宿服务质量等级划分与评定》中,将民宿划分为精品民宿、优品民宿和标准民宿 3 类。精品民宿一般占地较大,建筑风格经过设计和推敲,民宿居住条件和设施能达到较高水平,并能接待一些商业活动,民宿内提供 SPA、温泉甚至骑马等多种活动。优品民宿具有一定的建筑风格,居住条件和设施较好,并提供场所供宾客休闲聚会。标准民宿有公共活动空间,居住质量较好。德清县在民宿的打造上整体呈现出精品化的趋势,一些精品民宿还成立了酒店管理公司,输出品牌到外地进行民宿的经营。

(资料来源:《酒店利基市场"民宿"的营销策略研究》吕列金编著)

四、选择目标市场营销战略的条件

上述 3 种目标市场营销战略各有利弊,企业在选择时需考虑 5 个方面的因素,即企业资源、产品多样性、市场多样性、产品所处的生命周期阶段和竞争对手的目标市场营销战略。

(一)企业资源

如果企业的资源雄厚,且市场营销能力强,可实施差异性目标市场营销战略或无差异性目标市场营销战略;如果企业的资源有限,可选择集中性目标市场营销战略。

(二)产品多样性

最优的策略还取决于产品的多样性。无差异性目标市场营销战略更适合于统一产品,如钢铁、煤炭等初级产品;而在设计上可变的产品则更适合采用差异性目标市场营销战略或者集中性目标市场营销战略,如汽车、家居产品等。

(三)市场多样性

如果大多数购买者的品位、购买数量、营销反应都相同,适合用无差异性目标市场营销战略。如果市场需求差异较大,可采用差异性目标市场营销战略或集中性目标市场营销战略。

(四)产品所处的生命周期阶段

产品处于导入期和成长期时,可实施无差异性目标市场营销战略。产品进入成熟期后,市场竞争日益激烈,消费者需求日益多样化,这时可实施差异性目标市场营销战略,或者针对某一特定市场实施集中性目标市场营销战略,以开拓新市场,满足新需求,并延长产品生命周期。

(五)竞争对手的目标市场营销战略

当实力强大的竞争对手采用无差异性目标市场营销战略时,企业应实施集中性营销战略或差异性目标市场营销战略。如果实力强大的竞争对手已经采用了差异性目标市场营销战略,企业可在更深层次上实施差异性目标市场战略或集中性目标市场营销战略。

第三节　市场定位战略

除了决定以哪些细分市场为目标,企业还必须提出价值主张——它如何为目标细分市场创造差异化的价值并在这些细分市场中确定自己的位置。

一、市场定位

(一)市场定位的概念

市场定位概念是美国营销学专家艾·里斯(AL Ries)和杰克·特劳特(Jack Trout)于 1972 年提出的,定位理论开创了营销理论全面创新的时代。

市场定位指对企业的产品和形象进行设计,从而使其在目标顾客心中占据一个有意义的、独特的位置。这种特色和形象可以是物质的,可以是心理的,也可以两者兼有。

市场定位将企业的产品和消费者寻求的解决方案联系在一起,当消费者思考自己的需求时,企业的品牌将是顾客首先想到的品牌之一。例如,在汽车市场上,梅赛德斯和凯迪拉克定位为豪华型,而保时捷和宝马定位为高性能。汽车厂商沃尔沃通过汽车设计和广告信息将自己成功定位为安全系数最高的汽车品牌之一。当被问及什么品牌的车最安全时,即使技术测试显示,沃尔沃汽车的安全性能并没有显著高于市场中其他品牌,但顾客们的答案常常是沃尔沃汽车。这就是有效的市场定位的作用:使产品品牌在消费者心目中占据一个有意义的、独特的位置。

(二)市场定位的核心是差异化

1. 产品差异化

产品差异化是从产品质量、产品款式等方面实现差别的。产品差异化主要体现在形式、特色、性能、一致性、耐用性、可靠性、可维修性、风格和设计等方面。产品质量是指产品的有效性、耐用性和可靠程度等。产品款式是产品差别化的一个有效工具,对汽车、服装、房屋等产品来说尤其重要。

2. 服务差异化

服务差异化是向目标市场提供与竞争者不同的优质服务。服务差异化主要体现在订货、交货、安装、客户培训、客户咨询、维修保养和多种服务等方面。企业的竞争力越能体现在顾客服务水平上,市场差异化就越容易实现。如果企业把服务要素融入产品的支撑体系,就可以在许多领域建立"进入障碍"。因为服务差异化能够提高顾客购买总价值,保持牢固的顾客关系,从而使企业击败竞争对手。

3. 人员差异化

人员差异化是通过聘用和培训比竞争者更为有效的人员以获得差别优势。市场竞争归根结底是人才的竞争。优秀的员工应具备以下 6 个特征:①能力,指具有良好的专业知识和技能;②礼貌,指友好地对待顾客;③诚实,指使人感到坦诚和可以信赖;④可靠,指强烈的责任心;⑤反应敏锐,指对顾客的要求和困难反应迅速;⑥善于交流,指尽力了解顾客,并将有关信息准确地传达给顾客。

4. 促销方式差异化

促销方式差异化是试图采取不同的促销宣传方式,以占领不同的细分市场。企业要持续保持促销方式的差异化,就需要不断抓住客户需求,并恰当地利用先进技术手段。

5. 形象差异化

形象差异化是在产品的核心部分与竞争者类似的情况下塑造不同的产品形象以获取差别优势。对个性和形象进行区分是重要的。个性是确定或定位企业与产品的一种方法,形象则是公众对企业与产品的认知方法。企业或产品想要成功地塑造形象,需要着重考虑 3 个方面:一是企业必须通过一种与众不同的途径传递这一特点,从而使其与竞争者区分开来;二是企业必须产生某种感染力,从而触动顾客的内心情感;三是企业必须利用可以利用的每一种传播手段和品牌接触。将具有优秀创意的企业标志融入某一文化的气氛中,是实现形象差异化的重要途径。如麦当劳的金色"M"标志,只要一见到这个标志,消费者无论在美国纽约、英国伦敦,还是在中国北京,马上就会想到麦当劳舒适宽敞的店堂、优质的服务和新鲜可口的汉堡包、薯条,这样的形象设计就是非常成功的。

以上 5 种差异化具体体现情况如表 7-1 所示。

表 7-1　差异化变量

产品差异化	服务差异化	人员差异化	渠道差异化	形象差异化
形式	订货	能力	覆盖面	标志
特色	交货	礼貌	专长	媒体
性能	安装	诚实	绩效	气氛
一致性	客户培训	可靠		事件
耐用性	维修保养	反应敏锐		
可靠性	多种服务	善于交流		
可维修性	客户咨询			
风格				
设计				

(三)有效差异化的原则

1. 清晰性

在阐述目标市场与差别优势时,必须用清晰明了的词句。复杂的定位陈述让人难以记住,一些简洁的话语却可以让人过目不忘,例如"嘉士伯——世界上最好的淡啤酒""欧莱雅——你值得拥有"。

2. 一致性

信息有必要始终不变。一些公司一直使用相同的定位,像宝马的"终极驾驶机器"已经使用了几十年。

3. 竞争性

差异性服务必须具备竞争优势,为顾客提供竞争对手无法提供的有价值的服务。

4. 可信度

企业选择的差别优势必须让目标顾客觉得可信。

二、市场定位的步骤

(一)识别可能的价值差异和竞争优势

为了与目标顾客建立营利性的关系,营销人员必须比竞争对手更了解顾客的需求,并能够向顾客传递更多的价值。如果企业能够通过提供卓越的顾客价值实现差异化和定位,那么企业就获得了竞争优势。

(二)选择合适的竞争优势

假如一家企业挖掘出多个可提供竞争优势的潜在差异点,那么它必须决定选择基于哪些优势来建立定位策略,并选择对多少及哪些差异点进行推广。

(三)显示独特的竞争优势

选定的竞争优势不会自动地在市场上显示出来。企业要进行一系列活动,使得其独特的竞争优势进入目标顾客的脑海。主要是企业通过一系列的宣传促销活动,将其独特的竞争优势准确传播给潜在顾客。

【专栏 7-2】宜家的市场定位

瑞典家居企业宜家自创建初期,就与家居用品消费者中的"大多数人"站在一起。宜家将自己的产品定位为"低价格、精美、耐用"的家居用品。

在欧美等发达国家,宜家把自己定位成面向大众的家居用品提供商。因为其物美价廉、款式新、服务好等的特点,受到广大中低收入家庭的欢迎。

但到了中国后,因为中国市场普遍消费水平较低,原有的低价家具生产厂家竞争激烈,市场接近饱和,市场上的国外高价家具也很少有人问津,于是宜家把目光投向了大中城市中相对富裕的阶层。宜家在中国的市场定位是为"想买高档货而又付不起高价的白领"提供家具产品的家居提供商。宜家通过精准的定位吸引了不少白领阶层的眼球,加上较出色的产品质量,让宜家在吸引新顾客的同时,稳定了自己固定的回头客群体。如今,很多中国白领把"吃麦当劳,喝星巴克的咖啡,用宜家的家具"作为一种风尚,可见宜家的产品定位之成功。

(资料来源:《科特勒营销思想大全集》梁素娟、王艳明编著)

三、市场定位战略

市场定位作为一种竞争战略,其主要的定位战略包括以下 3 种:

(一)对抗性定位战略

对抗性定位战略又称为迎头定位战略,是一种与在市场上占据支配地位的竞争对手,即与最强的竞争对手"对着干"的定位方式。例如,百事可乐与可口可乐的对抗,汉堡王与麦当劳的对抗,清扬洗发水与海飞丝洗发水的对抗,等等。采用这种战略会有一定的风险,但不少企业认为这是一种更能激励自己奋发向上的可行的定位尝试。实施对抗性定位战略,必须知己知彼,必须要评估自己的实力。

(二)避强定位战略

避强定位战略是指企业把产品定位于目标市场上的空白处,这样可以避开市场的激烈竞争。企业在做此决策前,必须明确以下 3 个问题。

1.市场空白处的潜在顾客数量

市场出现空白,也许并不是因为其他竞争者没有注意到,而可能是该处缺乏足够的需求。

2.技术上的可行性

企业要有足够的技术能力生产市场空白处的需求产品,否则,选择了这种战略也没有作用。

3. 经济上的合理性

经济上的合理性指企业填补市场空位能有利可图。

(三)重新定位战略

在销售业绩平平或者消费群体偏好发生改变的情况下,企业需要对服务或产品进行重新定位。重新定位、设计、改变目标市场或改变差别优势之一,或者将两者都有所改变。

四、市场定位策略

市场定位的具体策略是指企业在进行产品的市场定位时所采取的具体方法与手段。一般而言,企业的具体市场定位策略主要有以下几种:

1. 特色定位

产品内在特色的许多因素可以作为市场定位的依据,如所含成分、材料、质量、价格等。例如西湖龙井茶、陕西洛川苹果等都是以产地及相关因素定位,而名贵藏药等的定位则充分体现了原料、配方和特种工艺的结合。

2. 利益定位

根据顾客利益定位,是指突出产品能够给予顾客某一方面更多的利益。例如,沃尔玛超市强调"天天平价,始终如一",吸引了很多精打细算的顾客。产品提供给顾客的利益是顾客最能切实体会到的,也可以用作定位的依据。

3. 特定的使用场合及用途定位

特定的使用场合及用途定位主要是根据产品使用场合及用途来定位。企业一方面可以通过明确产品的用途,来突出定位,例如,"金嗓子喉宝"是专门用于保护嗓子的;另一方面还可以为老产品找到一种新用途,从而扩大产品的定位,例如,尼龙从军用到民用,就是一个很好的用途定位例证。

4. 使用者定位

使用者定位是指把产品引导给某一特定顾客群体。例如,美国米勒啤酒曾将其原来唯一的品牌"高生"啤酒定位为"啤酒中的香槟",吸引了许多不常饮用啤酒的高收入妇女。后来发现,占饮酒人群 30% 的狂饮者消费的啤酒大约占总销量的 80%。于是,该公司在广告中展示石油工人钻井成功后狂欢的镜头,还有年轻人在沙滩上冲刺后开怀畅饮的镜头,塑造了一个"精力充沛的形象",并在广告中宣传"有空就喝米勒",从而成功占据啤酒狂饮者市场达 10 年之久。

5. 竞争定位

竞争定位主要是根据竞争地位或竞争者的定位来确定企业产品的差异化。前者更多的是突出其竞争地位,如"嘉士伯可能是世界上最好的啤酒",实力较弱的企业可能会采取仅次于竞争者的定位,例如蒙牛刚起步时,提出"伊利第一、蒙牛第二"的定位。

6. 产品品目定位

产品品目定位是指根据产品的分类来定位。例如,西安杨森的采乐洗发水是去除头屑的药品,该产品采用药字号,以"杀灭真菌、药物去屑"为卖点,突出其定位是专业治疗头屑的药品,只在药房销售。这是产品品目定位的典型例子。

【案例7-2】利用中国元素创建强势品牌 ——以佰草集的成功之道为例

自中国加入WTO后,市场竞争日益激烈。日化市场是中国最早开放的市场,因而也是竞争最为激烈的市场。综观中国现今的日化市场格局,宝洁、欧莱雅、联合利华三大巨头垄断中国中高端市场,国产化妆品品牌只能在低端市场上挣扎生存。随着欧莱雅收购小护士,强生收购大宝,外资品牌开始大举进攻低端市场,国产化妆品品牌面临着新一轮的挑战。同时,国产化妆品品牌自身存在很多问题。例如,国产化妆品品牌似乎被低价紧箍咒束缚,大多都停留在低价的档次上;一味洋化、模仿,缺乏创新;品牌附加值极低,竞争力弱。

美国著名品牌专家Larry Light说:"未来的营销是品牌的战争,即品牌互争长短的竞争。拥有市场比拥有工厂更重要,而拥有市场的唯一途径就是拥有强势的品牌。"品牌的重要性不言而喻。国外品牌对中国品牌加快了市场份额的侵蚀,这种侵蚀不仅表现在利润的侵蚀上,更是一种品牌意识的挑战。国产化妆品品牌要想在激烈的市场竞争中占有一席之地,必须要成为市场中的强势品牌。

在与外资化妆品品牌的竞争中,国产化妆品品牌的黑马——佰草集脱颖而出。佰草集是上海家化联合股份有限公司于1998年推向市场的一个具有全新概念的品牌,是中国第一套具有完整意义的现代中草药中高档个人护理品。它以中草药添加剂为特色,秉承中国美容经典的精髓,糅合了中草药精华与现代生物科技的最新成果。在产品开发中科学地运用了中医独有的平衡理论和整体观念,并以高科技手段萃取天然草本精华,一步步执着地实践着中国文化中对"自然、平衡"美的追求。2005年1月,佰草集专卖店突破100家;同年4月,佰草集进入国际知名化妆品连锁专卖店丝芙兰,进军国际市场。在《时尚COSMO》2005年度美容评选中,佰草集美白嫩肤面膜荣获专家评委团特别推荐奖。2007年7月,佰草集中药研究所成立,其以尖端科技发扬千年古方,使中草药美容护肤文化得到全新风尚的继承。

2008年,佰草集正式进入法国巴黎市场,掀起一股中国本草风。2009年,该品牌提出以"证""方""效"为核心的严谨的理论体系:运用中医理论,结合现代科技,以内在调养之法达到养护肌肤之效,开启本草养美的全新风尚。经过十多年的发展,佰草集成为国产化妆品第一高端品牌,成为唯一能够与欧莱雅、宝洁、联合利华等高端品牌相抗衡的国产化妆品品牌。佰草集能够在如此短的时间内成为强势品牌,很重要的原因在于其坚持并成功运用中国元素,依靠中国元素,与市场上强势的洋品牌相区别。在运用中国元素打造强势品牌方面,佰草集为我们树立了一个标杆,值得许多国产品牌借鉴和学习。什么是中国元素呢?中国元素除了具象的之外,更应该包括那些抽象的,龙、旗袍、长城、书法等图像化或者符号化的东西都是中国元素,还有中国人的精神、文化、价值观、生活方式、习俗习惯等也是中国元素。中国元素的内涵具有以下共性:一是代表中国文化、中国精神;二是为中华民族所特有的图像、符号、文化。佰草集所运用的中国元素是中国传统文化中博大精深、传延千古的中医药文化。

佰草集怎样运用中国元素打造强势品牌呢?

第一,品牌命名体现中国特色。名称是品牌基本的、核心的组成部分,名称奠定了品牌知名度和传播的基础。更为重要的是,名称能产生品牌联想——品牌是什么和做什么。佰草集,在品牌命名上嵌注中国元素,巧用中国文字的寓意和内涵。名称源自神农尝百草的千古传说,意为"集百草而成"——以天然的根、茎、叶、花、果精华为原料,自然健康。从"佰草集"3个字中我们可以理解其集中了百种名贵中草药植物的精华,这很容易让人联想到绿色、纯天然,给人以清新自然的品牌联想。

第二,在佰草集的品牌包装上,中国风中透着时尚气息。品牌包装的重要性就在于它是一个品牌核心价值的有形载体,能够直接传播品牌形象及突出品牌个性。佰草集的产品包装融入了中国元素,产品外观颜色是古朴的淡绿和淡黄,颇具东方韵味。产品包装的外形从中国传统元素——竹节中汲取灵感。瓶盖上,荟萃百种草药形态的团花盘覆瓶顶,并且带有立体感,让人联想起中国的印章。佰草集在品牌包装上不仅体现中国风,还融入了国际时尚元素。佰草集聘请国际著名时尚设计师亲自操刀设计,在保证品牌内在的中国气质的同时,使瓶身的设计更加符合国际时尚潮流。整个品牌的包装形象,中国风中透着国际时尚气息。

第三,佰草集的品牌定位——中草药护肤第一品牌。品牌定位,是品牌识别和价值陈述的组成部分,它积极地同目标受众沟通并展示品牌相对于竞争品牌的优势所在。佰草集将自己定位为中草药护肤第一品牌,与欧莱雅、宝洁等竞争对手形成了有力的区隔。佰草集从中国五千年的传统中医药文化中,吸取中医理论的精华,提炼出自己的养护理论,并在这个理论的基础上推出符合消费者需求的产品。从最初的春黄菊草药添加,到七白古方融汇,再到太极的清透调和,再到如今新玉润的源头打造,佰草集一直孜孜不倦地从千年古书中汲取有效的医药理论。我国中医理论博大精深,其阴阳平衡带来身体健康的理论、植物入药副作用小的观念都已得到世人的广泛认可。跨国公司虽然有不俗的实力和声名显赫的品牌,但为了保证其全球化经营的标准性,难以满足消费者多样化的需求。而且外资品牌的化妆品大多都是宣扬高科技,产品原料大多是化学产品,无论科技水平有多高都不可避免地会产生副作用。例如,宝洁公司旗下的高端化妆品品牌SK-Ⅱ曾被迫退出中国市场的原因就是其存在危害人体的物质。

随着现代人对健康、自然、安全的关注,绿色纯天然的产品受到人们的欢迎。中医药文化是中国特有的传统文化,具有国别属性,可以为品牌形成强有力的区隔性。例如,法国的时尚领袖是兰蔻、香奈儿等品牌;美国梦的开拓精神成就了雅诗兰黛、倩碧等后起之秀。中国传统中医文化也为佰草集提供了独一无二的定位区隔。佰草集产品是蕴含本土精华的汉方草本,汉方与西医分解不同,强调复方即成分的混合会产生新效用,讲究由内而外的调理,这是外资品牌无法效仿和复制的,因此成为外资品牌与佰草集竞争的壁垒。

第四,品牌文化中注入中国元素。同样是化妆品品牌,国外大品牌如雅诗兰黛、香奈儿能卖到上千元一瓶,而我们国产的化妆品只能卖到几十元甚至几元的价钱,可见国产品牌的附加价值极低。品牌附加值是指品牌中所包含的那些中肯的、被消费者欣赏的东西和产品的基本功能以外的东西,也就是通过品牌给消费者提供的信任感、满足感和荣誉感,它能够通过其商品形式满足一种溢价。如何提升品牌的附加价值呢? 答案就是建设和培育具有品牌个性与内涵的品牌文化。只有给品牌注入了文化基因,才有可能构筑起品牌壁垒,其他企业才难以模仿。优秀的品牌文化可以赋予品牌强大的生命力和非凡的扩张能力,如充分利用品牌的美誉度和知名度进行品牌延伸,进一步提高品牌的号召力和竞争力。最为重要的是,优秀的品牌文化还可以使消费者对其产品的消费成为一种自觉,成为生活中不可或缺的内容。正如劳伦斯·维森特在阐述传奇品牌的成功经验时指出的:"这些品牌蕴含的社会、文化价值和存在的价值构成了消费者纽带的基础。"综观世界著名的化妆品品牌,几乎都有鲜明的品牌个性与文化内涵。例如,雅诗兰黛从埃丝特·劳德夫人富有传奇色彩的品牌创业故事到香氛产品"青春之泉"独具特色的瓶盖设计,一直倡导"美丽是一种态度"和"没有丑陋的女人,只有不关心或者不相信自己魅力的女人"的美的理念、美的文化;香奈儿强调"香奈儿代表的是一种风格、一种历久弥新的独特风格";资生堂倡导"帮助消费者实现美丽和健康的生活愿望"的文化理念;美宝莲提出"美来自内心"的文化理念。总之,各大品牌通过各种品牌故事,向消费者传达出品牌的情感利益,关注品牌对消费者精神层面的愉悦与满足。

可以说,佰草集在品牌文化建设方面具有得天独厚的优势。神农俯身采下第一朵菊花,开启了中国千年的中医文化;神农氏尝遍百草的传说也启迪了集百草于一身的佰草集的诞生。佰草集汲取了中国文化中"自然平衡"的美学精粹,对人体各种状态进行全新的界定,认为每个人在身体皮肤调养中都存在一个简单又完整的"平衡机制"。在尊崇中国传统医学文化的同时,佰草集将这种传统理念延伸到自己独有的平衡理论和整体观念中,提倡一种健康的、体现中国传统养生文化的生活方式,使品牌从单纯的护肤功能性利益提升到一种健康的养生文化生活方式上,使消费者对其产品的消费成为一种文化自觉。

佰草集的品牌文化不仅体现在对人的情感利益的满足上,还体现在对人的尊重上。如今全球气候变化加剧,全世界的人都在思索人与地球的关系,倡导环保、人与自然和谐共生的理念。中国传统文化中"天人合一"的哲学思想体现了最基本的环保理念,人应该顺应自然的规律,与自然建立和谐共存的关系。佰草集将传统文化中"天人合一"的理念注入品牌文化中,追求平衡之美,推崇绿色时尚,深信保护环境就是保护肌肤,承诺自然,回馈自然。佰草集积极践行绿色时尚,产品的瓶子采用环保材料,可回收再利用,并号召佰草集顾客一起降低环境污染。同时,推行中草药基地建设活动,保护濒危草本植物。这些都体现出了一个大品牌的文化风范。

第五,品牌传播处处彰显中国韵味。品牌传播是指品牌所有者通过各种传播手段持续地与目标受众交流,最优化地增加品牌资产的过程。佰草集的品牌传播的手段主要有广告和公关活动,在传播的过程中佰草集将中国元素贯穿其中,处处彰显中国韵味。佰草集的广告创意经常运用中国传统的水墨、白描等艺术手法,加上荷花、荷叶、莲蓬、莲子、梅花、瓷器等具有浓郁中国特色的物品,运用巧妙的创意构思,体现品牌的中国韵味。以佰草集2005年的新七百系列广告为例,广告表现中抓住了"七"与"白",一片粉红的荷叶花瓣承载的七颗嫩白莲子,洁白的百合花瓣中显露的七根娇嫩的花蕊及汇聚至荷叶中心的七颗水珠等美好事物来象征:"七""白"成分,既突出了产品的特点,又深具艺术表现的张力,画面十分简洁、唯美。这种广告表现方式能够使品牌形象准确地直达目标消费群体,有效地传达产品信息和品牌核心价值。

再以佰草集2009年新推出的新玉润系列产品为例,在其平面广告创意部分,品牌运用了毛笔、书法、线描、墨韵等中国元素,广告基调在沿袭佰草集一贯清新自然且富有植物感的基础上,着力注入更多中国元素加时尚感的品牌核心精神。而在TVC广告创意部分,除了延续平面广告的中国元素之外,更紧扣概念推广中的三步:在富有中国意境美的场景中,金钗石斛熠熠闪动,新玉润保湿精华霜清新亮相,以中国式的唯美,带出"润"的理性阐释。

公共关系是树立组织的良好形象、协调公众关系的传播行为,并作用于品牌传播。与其他国产化妆品品牌单纯依靠广告提高知名度不同,佰草集善用公关策略树品牌。佰草集深信广告只能提高产品的知名度,而公关能够更加贴近产品与消费者的距离,增加品牌的美誉度。在公关活动中,佰草集也将中国元素运用得炉火纯青。在法国上市时,佰草集采用的是公关活动树品牌的方式。在法国召开产品上市发布会时,公司工作人员将活动现场装饰成具有中国特色的场景,邀请了太极大师表演中国的太极,表现了佰草集追求阴阳平衡的护肤理念,取得了很高的公众关注度与美誉度。同时,佰草集还邀请法国各大时尚杂志如 Vogue,Elle 的美容编辑来中国学习汉方本草文化,加深媒体对品牌的理解。

佰草集的成功之道得益于对中国元素的巧妙运用,其恰恰印证了只有民族的才是世界的。品牌不能靠模仿别人,我们不可能比美国人更了解美国,品牌要有自己的理念和感性才能成就特色风格,不同凡响。只有尊重自己的传统文化,引入中国元素,体现出中国创造的品牌价值,建筑中国品牌的防御能力,才能打造出一流的品牌。2008 年北京奥运会让世界见证了中国大国的崛起,"中国风"席卷全球。全球目光对中国的聚焦,让我们对传统文化有了更清醒的认识,也更加自信。本土化妆品企业完全可以抓住这一良好时机,把鲜明的中国元素融入产品中进行整合后再及时推出,这些中国元素将会为产品带来巨大的增值效应,这也是本土化妆品打造强势品牌的一个有力切入点。中国元素将成为决定中国市场未来营销的关键力量,将推动中国品牌创造价值,参与全球竞争。

(资料来源:《利用中国元素创建强势品牌》初令伟、韩红星著)

◆ 本章小结

目标市场营销战略包括市场细分、选择目标市场和市场定位。市场细分是指以整体市场上顾客需求的差异为起点,以影响顾客需求和欲望的某些因素为依据划分出不同的消费者群体,并把整体市场划分为若干个子市场的过程。

企业进行市场细分后,对各个细分市场进行评估,结合企业自己的资源条件,准备以相应的产品和服务满足一个或几个细分市场需求的过程,即目标市场的选择。接下来是选择目标市场的覆盖模式,分别是市场集中化、产品专业化、市场专业化、选择专业化和全面市场化。目标市场营销战略分别是无差异性目标市场营销战略、差异性目标市场营销战略和集中性目标市场营销战略。

企业选择了目标市场后,需要研究自己在目标市场的位置,在目标市场消费竞争中的地位,即市场定位。企业的市场定位应该是企业主动地、战略性地、竞争性地与顾客进行双向沟通,在形象、产品、竞争等方面在消费者心目中树立特色鲜明的形象。

◆ 思考题

1.什么是市场细分?市场细分的作用是什么?

2.选择目标市场的模式有几种?

3.什么是无差异性目标市场营销战略?其在什么情况下适用?其优点和缺点各有哪些?

4.什么是市场定位?其依据是什么?

◆ 案例阅读与分析

【案例】宝洁洗发水的市场细分

宝洁公司作为世界日化行业的巨头,一直注重对市场份额的争夺,仅洗发水一项,从早期的海飞丝到飘柔,从沙宣到伊卡璐,针对不同消费者的各种洗发水遍布市场。从一般营销角度解析,宝洁公司是根据需求的异质性采用了市场细分法则,目的是找出更多的空白市场,占领更多市场份额。

1.头屑去无踪,秀发更出众

没有了头皮屑问题的困扰,秀发随时美丽动人,让你倾心拥抱自由畅快的感觉,这就是海飞丝。海飞丝去屑洗发露有 6 种类型,包括海飞丝滋养护理型、海飞丝丝质柔滑型、海飞丝洁净呵护型、海飞丝柠檬草控油型、海飞丝莹彩乌黑型,海飞丝海洋活力型。

2.飘柔"就是这样自信":创"二合一"理念

回顾飘柔自 1989 年 10 月以来的历程,不难发现飘柔就是开创洗发"二合一"理念的鼻祖。抛弃洗发水、护发素分开使用的传统洗发观念,以"二合一"的形式告诉人们有一种方便、快捷、有效的洗发产品更适合现代都市人的生活节奏。飘柔现有的产品系列包括滋润去屑二合一(绿飘)、焗油护理二合一(橙飘)、首乌黑发洗发露(黑飘)、轻盈均衡滋润洗发露(蓝飘)及多效护理多合一洗发露(黄飘)。

3.潘婷令头发健康,加倍亮泽

潘婷坚持以维生素护养头发,宣称所蕴含的维生素配方,可以增加头发内在的韧性,显著改善各种头发损伤,让秀发恢复健康光泽。目前,潘婷已有弹性丰盈洗发露、丝质顺滑洗发露、滋润去屑洗发露、乳液修复洗发露四大系列。

4.沙宣,国际美发大师

在沙宣洗发水广告中出现的国际美发大师确有其人,他就是维达·沙宣,他是荣获美国美容名人堂和英国美发名人堂的双荣誉传奇人物,在世界各地有 26 家专业沙宣美发沙龙,与宝洁公司合作开发沙宣美发系列产品。沙宣洗发水广告通过表现维达·沙宣的专业水准,以寻找适合不同人的不同发型为表现情节,给人们以沙宣属于专业洗发水的印象,从而突出沙宣有别于其他洗发水的独一无二的品牌形象。

5.伊卡璐,回归自然,崇尚环保

伊卡璐拥有独特的来自天然花草芬芳的香味,这种香味还曾获得"美国香料协会"的大奖。伊卡璐草本精华系列自1996年1月进入我国市场以来,因其产品采用天然植物精华,融汇纯净高山泉水配制而成,给消费者带来清新爽快的感受而有别于其他洗发产品。还有其独特新颖的透明包装,更突出了产品具有天然、纯净的特点。

评析:作为市场领导者的宝洁公司凭借其强势品牌的优势,不断细分市场,仅在洗发水领域就获得了巨大的市场空间。真可谓细分无限,市场无限。

(资料来源:根据网络资料整理)

【问题】

1.宝洁公司是怎样在洗发水市场进行市场细分的?

2.你如何评价宝洁公司在洗发水市场进行的市场细分?

◆项目实训

1.任课教师与学生共同商定选择一个企业,说明实践目的和任务,以及进度、要求。

2.全班学生分别进行准备工作,包括复习相关教学内容,补充阅读参考文献,搜集企业及所在行业的相关资料。

3.深入企业,展开调研。

4.可分组进行课外讨论,根据本章相关理论,撰写某产品(可以是假设的某种新产品,也可以是你认为原定位不合适的某种老产品)的市场定位建议书。

5.进行课堂讨论,由任课教师批阅或点评、总结。

第八章　产品策略

> 产品第一,品牌第二。
>
> ——陈邦跃

【学习目标】

1.理解和把握产品服务的内涵。

2.掌握产品生命周期的特点及相应的营销决策。

3.把握产品品牌的内涵及品牌的具体运营决策。

4.掌握产品组合策略和产品线决策的应用。

5.了解新产品的开发、推广管理及产品包装决策的基本内容。

【导入案例】

把握消费者变化,拓宽产品线,实现产品创新

如今,豆类素食制品行业竞争激烈,大众消费者的口味又比较挑剔,产品更新换代极快。虽然卫龙食品成功打造爆款辣条,甚至高价远销海外,然而,仅靠辣条撑场,对于卫龙来说绝非长久之计。卫龙也开始意识到为了获取更多年轻消费群体,满足他们在食品方面的升级诉求,产品本身也需要实现延展。从休闲食品市场的整体走向来看,近几年,该市场上增长最快的是具有健康、营养、消化等功能的品类。经过缜密的市场调研和认真的消费习惯分析,除了经典麻辣类零嘴产品,卫龙决定在健康休闲类产品上开发新品。在其天猫旗舰店上,可以发现卫龙已从最开始的辣条,渐渐扩展到辣味零食,甚至进军了市场更大的休闲食品品类,推出了包括豆制品、魔芋、坚果等在内的多种健康美味的零食系列。通过在原有产品的基础上再度创新升级,借助品牌现有的资源优势,持续打造知名度,这进一步拓展了消费群,打开了更多细分市场,为品牌长期发展奠定基础。

（资料来源:根据网络资料整理）

请思考: 这个小故事中,卫龙采取了怎样的品牌策略?

第一节　产品与服务产品决策

产品和服务决策是市场营销的首要策略。市场营销的基本目标就是以企业的产品和服务去满足消费者的需求,因此所有的决策都是以产品和服务决策为基础展开的,产品和服务决策在极大程度上决定着企业经营的成败。

一、产品的概念及其分类

(一)产品概念

现代市场营销学认为,产品是能够在市场上得到的、用于满足人们欲望和需要的任何东西,包括实物、服务、场所、设计、软件、意识等各种形式。简单地说,产品就是指通过交换而获得的能够满足人们消费需求的一切物品和服务。

(二)产品整体概念的 3 个层次

产品的整体概念是指一切能满足顾客某种需要和利益的物质产品和非物质形态的服务。具体可以划分为 3 个层次,如图 8-1 所示。

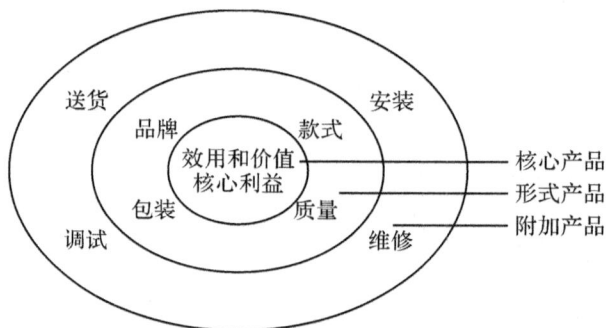

图 8-1　产品整体概念的 3 个层次

1. 核心产品

核心产品是指向购买者提供的基本效用或利益。消费者购买产品并不是为了获得产品本身,而是为了获得能够满足某种需求的使用价值。如消费者购买洗衣机,并不是为了拥有这种机器物品本身,而是为了获得清洗、洁净衣物和安全洗涤的效用。核心产品是消费者追求的最基本内容,也是他们所真正要购买的东西。因此,企业在设计和开发产品时,必须先界定产品能够提供给消费者的核心利益,以此作为立足点。

2. 形式产品

形式产品是核心产品所展示的全部外部特征,即呈现在市场上的产品的具体形态或产品核心功能、效用借以实现的外在形式,主要包括品牌商标、包装、款式、颜色、特色、质量等。即使是纯粹的服务产品,也具有相类似的形体上的特点。产品的基本效用必须通过特定形式才能实现,市场营销人员应该努力寻求更加完善的外在形式来满足顾客的需要。

3. 附加产品

附加产品是指顾客购买产品所得到的各种附加利益的总和,它包括安装、使用指导、质量保证、维修等一系列售前售后服务。由于产品的消费是一个连续的过程,售前需要宣传产品,售后需要持久、稳定地发挥效用,所以,附加产品不可或缺。而且,随着市场竞争的日趋激烈和顾客要求的不断提高,附加产品越来越成为竞争获胜的重要手段。

(三)产品的分类

(1)根据产品的耐用性,可以将产品划分为耐用品和非耐用品。

(2)根据产品的有形性,可以将产品划分为有形产品和无形产品。

(3)根据产品的购买者和购买目的,可以将产品划分为消费品和工业品。

①消费品:消费品是指个人和家庭为满足生活消费而购买的商品和服务。根据消费者的购买行为和购买习惯,消费品可以划分为便利品、选购品、特殊品、非渴求品。②工业品:工业品是指各种组织,如企业、机关、学校、医院为生产或维持组织运作需要而购买的商品和服务。可以根据它们参与生产过程的程度和价值大小,将其划分为材料和部件、资本项目及供应品和服务三大类。

二、服务产品决策

(一)服务的含义和特点

服务是指为顾客提供价值或利益的无形活动和过程,它一般不会导致所有权的转移。例如,乘飞机旅行,去理发店理发,修理汽车,干洗衣服,请律师提供咨询等都是服务。一般来说,服务具有以下特点。

1.无形性

无形性是服务与有形产品最根本的区别,也是服务最为显著的特征。它表现为 3 个方面:首先,服务的许多元素看不见、摸不着,无形无质。其次,顾客在购买服务之前,往往不能肯定会得到什么样的服务。因为大多数服务都非常抽象,很难描述。最后,顾客在接受服务后通常很难察觉或感受到服务的利益,也难以对服务的质量做出客观的评价。

2.不可分性

服务的提供和消费往往是同时进行的。有形的产品在从生产、流通到最终消费的过程中,往往要经过一系列的中间环节,生产和消费过程具有一定的时间间隔。而服务则不同,它具有不可分离性的特点,即服务的生产过程与消费过程同时进行,也就是说服务人员在向顾客提供服务时,也正是顾客消费服务的时刻,二者在时间上不可分离。

3.易质性和易变性

服务的无形性和不可分性,导致了服务的易质性和易变性。服务是非常易变的,因为它们依赖于由什么人提供服务,在何时何地提供服务。差异性是指服务无法像有形产品那样实现标准化,每次服务带给顾客的效用、顾客感知的服务质量都可能存在差异。这主要体现在 3 个方面:第一,由于服务人员,如服务心理、服务技能、努力程度等方面的不同,即使同一服务人员提供的服务在质量上也可能会有差异。第二,由于顾客,在知识水平、兴趣爱好等方面不同,会直接影响服务的质量和效果。比如,同样去旅游,有人乐而忘返,有人败兴而归;同样听一堂课,有人津津有味,有人昏昏欲睡。正如福克斯所言:"消费者的知识、经验、诚实和动机,影响着服务业的生产力。"第三,由于服务人员与顾客间相互作用,在服务的不同次的购买和消费过程中,即使是同一服务人员向同一顾客提供的服务也可能会存在差异。

4.不可储存性

服务无法储存,也很难被转售和退回。产品是有形的,因而可以储存,而且有较长的使用寿命;服务则无法储存。例如,理发、旅游、现场文艺晚会及其他任何服务,都无法在某一年生产并储存,然后在下一年进行销售或消费。

服务与有形产品的比较情况见表8-1。

表 8-1　服务与有形产品的比较

有形产品	服务	相应的含义
有形性	无形性	服务不可储存
		服务不能申请专利
		服务不容易展示与沟通
		服务难以定价
标准化	异质性	服务的提供与顾客的满意取决于员工的行动
		服务质量取决于许多不可控因素
		无法确认提供的服务是否与计划或宣传相符
生产与消费相分离	生产与消费相同步	顾客参与并影响交易
		顾客之间相互影响
		员工影响服务结果
		分权可能是必要的
		难以进行大规模生产
可储存性	易逝性	服务的供应和需求难以同步进行
		服务不能退货或转售

(二)服务营销 VS 产品营销

传统营销组合的"4P"对于服务产品的营销也是十分重要的。除此以外,服务营销扩展了原有的营销组合,在"4P"的基础上加上了人员(People)、有形展示(Physical Evidence)和过程(Process)。

1.服务的产品策略

服务产品必须考虑提供服务的范围、服务质量和服务水准,同时还要注意品牌、保证及售后服务等。服务产品中,这些要素的组合的变化相当大。例如,一家只提供几样特色小菜的小餐厅和一家供应各色大餐的五星级大饭店的要素组合就存在着明显差异。

2.服务的定价策略

服务定价应该考虑价格水平、折扣、付款方式和信用。在区别一种服务和另一种服务时,价格是一种识别方式,顾客可从一种服务的价格感受到其价值的高低。价格和质量之间的相互关系,也是服务定价的重要考虑因素。

3.服务的分销策略

提供服务者所在地及地缘的可达性在服务营销中都是重要因素。地缘的可达性不仅是指实物上的,而且包括传导和接触的其他方式,所以分销渠道的形式及其覆盖的地区与服务的可达性有密切关联。

4.服务的促销策略

服务的促销包括广告、人员推销、销售促进或其他宣传方式的各种营销沟通方式及一些间接的沟通方式,如公关等。

5.服务的人员策略

在服务企业担任生产或操作性角色的人员,在顾客看来其实就是服务产品的一部分,其贡献也和其他销售人员相同。大多数服务企业的特点是操作人员可能担任服务表现和服务销售的双重工作。因此,市场营销管理者必须和作业管理者协调合作。市场营销管理者必须重视对服务人员的筛选、训练、激励和控制。此外,对某些服务业务而言,顾客和顾客之间的关系也应引起重视。因为一位顾客对一项服务产品质量的认知,很可能受到其他顾客的影响。在这种情况下,管理者应面对的问题是,对顾客与顾客之间相互影响方面的质量控制。

6.服务的有形展示

有形展示会影响消费者对一家服务企业的评价。有形展示包括的要素有实体环境(装潢、颜色、陈设、声音)及服务提供时所需要的装备实物(比如汽车租赁公司所需要的汽车),还有其他的实体性线索,如航空公司所使用的标志或干洗店将洗好的衣物加上的包装。

7.服务的过程

人的行为在服务企业中很重要,而服务过程(即服务的递送过程)也同样重要。表情愉悦、专注和关切的工作人员,可以减轻顾客必须排队等待服务的不耐烦的程度,或者平息顾客在服务出问题时的抱怨和不满。整个体系的运作政策和程序方法的采用、服务供应中的机械化程度、员工决定的适用范围、顾客参与服务操作过程的程度等,都是服务营销管理者必须特别注意的事情。

第二节　产品生命周期营销策略

任何产品或服务都有被市场接受直至淘汰的过程,因此,研究产品生命周期,对于企业的生存和发展有着十分重要的意义。

一、产品生命周期的概念

(1)产品生命周期是指某种产品或服务从投放市场开始到被淘汰退出市场为止的整个过程。产品在其生命周期过程中主要经历导入期、成长期、成熟期和衰退期这 4 个阶段,如图 8-2 所示。

（2）根据产品生命周期曲线，产品处于导入期时，销售增长缓慢，企业微利甚至亏损；到了成长期，销售额和利润额迅速增长，企业获利丰厚；而进入成熟期，销售额和利润额开始时虽仍有增长，但已出现饱和趋势并随后逐渐下降；进入衰退期后，销售额和利润额开始急剧下降。

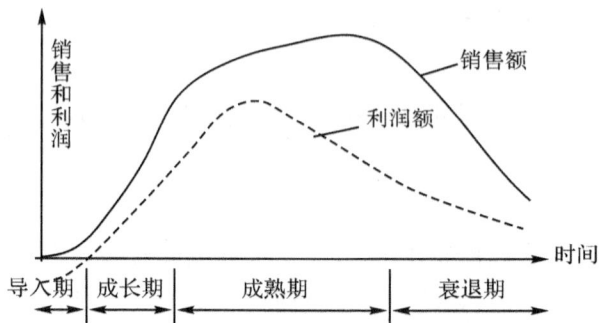

图 8-2　产品生命周期及其阶段划分

（3）企业研究和应用产品生命周期理论和策略的目的是使消费者尽快地接受新产品，迅速度过导入期；采取各种策略措施努力保持和延长成长期和成熟期；对处于衰退期的产品采取果断措施，以尽量减少企业的损失和不良的影响。研究这一理论能促使企业不断加强对新产品的开发，逐步替代老产品；使老产品能延长其生命周期，保证企业获取更多盈利，立于不败之地。

二、研究产品生命周期时应注意的问题

（1）产品生命周期是指产品的"经济生命"或"市场生命"，而不是"自然寿命"或"使用寿命"。产品使用寿命是指产品的耐用寿命时间，即产品从投入使用到损坏后无法使用所经历的时间。经济寿命是指产品的经济价值在市场上的变化过程，它是由市场需求状况、科技因素及人们的消费习惯所决定的。有的产品使用寿命很短，可能是几个月，甚至只有几个星期，如某些食品和一次性消耗品就属于这种情况。而有些产品，如时装，使用寿命较长，但产品的市场寿命却很短，可能是几个月，甚至只有几个星期。

（2）产品生命周期具有变异性。生命周期曲线图中显示的销售额的变化趋势，只是一些典型产品的销售历史，而不同产品的生命周期曲线会表现出不同的情形，具体如图8-3所示。

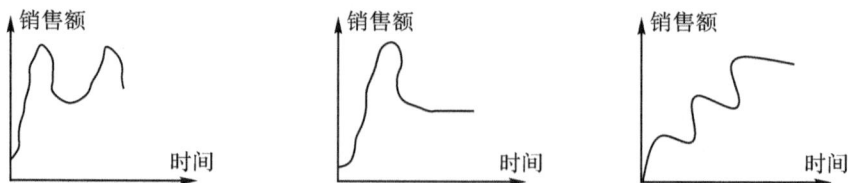

图 8-3　常见产品的生命周期形态

（3）产品生命周期的层次性。产品大类、产品品种和具体品牌产品的生命周期是不相同的。如西服作为产品大类，它的生命周期曲线同单排扣西服（产品形式）及雅戈尔

单排扣西服(具体品牌产品)的生命周期曲线就表现出不同的情形。我们一般研究的是产品形式的生命周期。

三、产品生命周期各阶段的特点和营销策略

(一)导入期的特点和营销策略

导入期指产品刚进入市场时,销售额增长缓慢的时期。

1.导入期阶段的市场特点

(1)生产同类产品的企业较少,企业的生产批量小,产品的规格、花色、款式单一,产品设计尚未定型。

(2)单位产品生产、经营成本高。

(3)大多数消费者并不了解和接受产品,购买者少。

(4)企业通常获利甚微,甚至亏损经营。

2.导入期的营销策略

企业在产品生命周期导入期的市场营销策略重点要突出一个"快"字,具体来说有以下可供选择的策略,如图8-4所示。

(1)快取脂策略。企业给新产品制订较高的价格,并花费大量的费用进行促销。采用这种策略应具备以下几个方面的条件:第一,消费者对产品情况知之甚少。第二,消费者对产品抱有极大的兴趣,愿出高价购买。第三,企业面临潜在的竞争威胁,急需树立品牌。

(2)快渗透策略。企业为新产品制订较低的价格,并花费大量的费用进行促销。采用这种策略应具备的条件是:第一,市场规模和容量都比较大。第二,多数消费者还不知道市场上已存在这种新产品,且多数消费者对价格敏感。第三,该产品的生产成本会随生产批量的扩大而进一步降低。第四,企业面临较大的竞争威胁时,低价可有效地防止竞争者介入。

(3)慢取脂策略。企业为新产品制订较高的价格,但花费较少的费用进行促销。采用这种策略应具备的条件是:第一,市场的规模和容量都比较小。第二,通过前期的促销工作,消费者对该产品的生产企业、品牌等已有较多了解。第三,消费者愿出高价来购买新产品。第四,由于产品的生产工艺复杂、申请了专利或技术严格保密等,竞争者不容易进入该市场。

(4)慢渗透策略。企业以低价和低促销费用结合的方式推销产品,其条件是:第一,市场规模较小,但潜力较大。第二,通过以前的促销工作,消费者对该产品已有所了解。第三,消费者对价格很敏感。第四,企业面临潜在竞争,低价能有效地防止竞争者介入,花费较少的促销费用,又不至于因为竞争者的介入而使企业损失过大。

图 8-4　从价格和促销费用考虑的导入期营销策略

(二)成长期的特点和营销策略

成长期指销售额和利润额都迅速增加的时期。

1.产品成长期的特点

(1)经过导入期对产品的改进,产品设计已基本定型,产品质量稳定,花色品种增加。

(2)经过前一阶段的促销活动,消费者对产品的性能、用途已比较了解,购买者迅速增加,产品销售额增长很快。

(3)随着产品销售额的迅速增加,企业各项成本下降,企业获利丰厚。

(4)同类产品的生产企业增加,市场上开始出现竞争。

2.成长期的营销策略

根据成长期的特点,企业的营销策略应突出一个"长"字,一方面是尽量促进销售额增长,另一方面使成长期得以延长,具体可考虑从以下几个方面着手制订营销策略:

(1)施行提高质量,增加花色品种,改进包装,提供优良的服务等措施,使消费者产生信任感,力求创出名牌产品。

(2)企业应根据自身的特点和市场情况灵活作价。

(3)企业应"居安思危",努力开辟新的分销渠道,扩大网点,把产品打入新的市场。因为产品终将会由成长期进入成熟期,在成长期为产品今后的销售打好基础,是保证企业及时更改销售市场,获得更多利润的行之有效的途径。

(4)企业仍然要进行大量的广告宣传和其他促销工作,但广告的内容要由导入期的介绍产品改为着重宣传产品的特殊性能、特色及提高企业和产品的形象和声誉,使消费者偏爱本企业的产品。

(三)成熟期的特点和营销策略

成熟期指产品销售额趋于饱和并开始缓慢下降的时期,通常产品在生命周期这一阶段持续的时间最长。

1.产品成熟期的特点

(1)销售额虽仍有增长,但已达饱和程度,销售额增长率呈下降趋势。

(2)企业生产批量很大,产品花色、品种、款式更新较快。

(3)市场上类似产品增多,消费者的产品选择余地增大。

(4)企业间竞争十分激烈,为扩大广告攻势,企业经营成本迅速增加,利润额开始下降。

2. 产品成熟期的营销策略

针对此情况,企业的营销策略应突出一个"改"字,具体可采取以下策略:

(1)更改市场策略,即不改变产品本身,重点开辟新的市场,从而达到增加产品销量之目的。具体可以通过以下 3 种途径扩大市场:寻求新的细分市场,把产品引入尚未使用过这种产品的市场,或通过市场重新定位,寻找有潜在需求的新顾客;重点是要发现产品的新用途,应用于其他领域,以使产品的成长期延长;寻求能够刺激消费者增加产品使用率的方法。

(2)更改产品策略,即通过改进产品的性能、质量、式样等措施,以吸引新的消费者或使现有顾客增加使用量。

(3)更改营销组合策略,即企业重新制订营销组合策略,如改变广告宣传方式,实行降价,开展有效的销售促进活动,改进服务质量,增加售后服务内容,等等。

(四)衰退期的特点和营销策略

衰退期指销售额急剧下降,产品逐渐被市场淘汰的时期。

1. 衰退期的特点

(1)产品销售额由缓慢下降变为急剧下降,企业利润额下降。

(2)市场上开始出现替代产品,消费者兴趣发生转移。

(3)许多竞争者开始转产或部分转产。

2. 衰退期的营销策略

企业在衰退期的营销策略重点应抓好一个"转"字,对于确已进入衰退期的产品,企业可采取两种策略:一是继续生产和经营该产品;二是放弃该产品。

前者可采取:

(1)连续策略,即继续沿用以前的市场营销策略。

(2)集中策略,即淘汰一部分细分市场,将资源集中于仍有较大潜力的市场。

(3)榨取策略,即大幅度减少各项费用,尤其是促销费用,使企业在短期内获得较多的利润。

后者则可采用以下策略:

(1)立即停产,出售和转让设备。

(2)逐步减产,逐步淘汰,逐步转向新的生产项目。

产品在生命周期各阶段的特点及营销策略如表 8-2 所示。

表 8-2　产品生命周期各阶段的特点与营销策略

		导入期	成长期	成熟期	衰退期
市场特点	销售额	低	剧增	最大	衰退
	销售速度	缓慢	快速	减慢	负增长
	成本	高	一般	低	回升
	价格	高	回落	稳定	回升
	利润	亏损	提升	最大	减少
	顾客	创新者	早期使用者	中间多数	落伍者
	竞争	很少	增多	稳中有降	减少
营销目标		建立知名度，鼓励试用	最大限度地占有市场	保护市场，争取最大利润	压缩开支，榨取最后价值
营销策略		快取脂策略 慢取脂策略 快渗透策略 慢渗透策略	产品多样性 价格竞争性 分销灵活性 促销紧跟性	更改市场 更改产品 更改营销组合	连续策略 集中策略 榨取策略

【专栏 8-1】香飘飘的产品生命周期

香飘飘的成功，是近年来中国食品饮料领域少有的开创全新品类成功的案例。作为香飘飘在初创时期的营销战略伙伴，尚扬（中国）公司认为：香飘飘取得今天的成绩，完全是把握了新品类在顾客心智中建立的规律，并用来指导营销战略的合理推进，付诸强有力的实施的结果。

在随后 4 年的合作过程中，尚扬（中国）公司把香飘飘的奶茶产品生命周期分成了 4 个阶段，分别为产品塑造期、产品占位期、拓宽品类期和产品防御期。

第一阶段：产品塑造期（2005 年）

1. 完美的品牌命名：香飘飘

香飘飘这一名称的好，就在于它很直截了当地占据奶茶第一感知特性——香，并完全符合命名的基本原则——简洁、清晰、好听、易记。

2. 产品：杯装奶茶产品的四项重大革新

考虑到淀粉粒不易泡开，香飘飘就开创性地采用"椰果包"。奶茶铺采用的是长吸管，香飘飘考虑到包装的要求，率先采用"折叠吸管"。更具创新性的是，在尚扬的建议下，香飘飘采用了来自星巴克咖啡的、凸显价值的"高盖"创意设计。这三大产品层面的创新，使杯装奶茶有同于街边奶茶铺的奶茶也有异于它们；使香飘飘既是街边奶茶铺的替代者，又是工业化杯装奶茶标准的制订者。

3. 品牌识别：突出"热饮"的视觉符号

视觉符号是品牌识别系统中的核心，占据"冬天热饮"市场的香飘飘奶茶要在符号方面，用最简洁的方式让受众理解，它的易读性和区隔性就显得很重要。香飘飘奶茶采用了突出"热饮"的视觉符号：袅袅热气组成的蝴蝶翅膀。

4. 定价策略：溢价

香飘飘奶茶上市之前没有直接竞争的产品做定价参考，定价只能从间接、可替代的竞争对手的定价出发，做出比较合理的定价。当时风行街边的奶茶铺的现场冲调奶茶的普遍价格是 5—8 元，最终香飘飘以确定 3.5 元价格切割奶茶铺 5—8 元价格空当，这突出工业化大规模生产的优势。

5. 势能渠道：城市、学校

根据奶茶的特性，香飘飘上市初期选定杭州、南京、郑州、北京等几个具有辐射能力的大中城市，做深做透后，再向周边城市辐射。在第一波的渠道攻势中，集中优势资源，主攻校园周边的便利店，抢先影响学生人群。这样的渠道模式为香飘飘后期的成长，起到了很好的探索示范作用。

第二阶段：产品占位期（2006 年）

在这个阶段，香飘飘通过战术配合，牢牢占据奶茶产品第一认知。

1. 将品牌植入心智的网络歌曲《香飘飘》

香飘飘相关负责人邀请网络歌曲明星香香专门创作和香飘飘同名的歌曲《香飘飘》。隐退品牌，先推歌，让"香飘飘"3 个字进入了消费者心智中。通过网上歌曲打榜、彩铃下载，《香飘飘》迅速在网络上传播开来，唱响整个中国，后期成了香飘飘所有广告背景音乐，熟悉的旋律增加了传播效果。

2. 经典广告语：奶茶，就要香飘飘

"奶茶，就要香飘飘"品牌名和品类名的直接关联，强势占据品类印象。巧妙利用命名和奶茶第一口味特性"香飘飘"相同的特点，提出选择奶茶的标准奶茶只有"香飘飘"的才够好。

第三阶段：拓宽品类期（2007—2008 年）

第三个阶段的核心任务就是推广品类，让杯装奶茶市场空间进一步扩大。

1. 渠道全面建立

香飘飘起步阶段以中心城市、学校周边为渠道核心。之后，通过商超 KA 系统的建立、大流通的推进、终端小超的客情维系全面铺开渠道。在这个阶段，香飘飘借用了渠道做得比较好的企业的经验，缩短了自己摸索的时间。

2. "热销"感的塑造

2008 年底，大场景表现的《嘉年华篇》传达出香飘飘的热销感，针对消费建立起"最畅销的热饮"的认知。这个认知的建立，进一步扩大了消费者对杯装奶茶的认知程度，青少年普遍被这个明星产品所吸引，对"冬天热饮"的认知更加深刻，并形成了习惯性消费。

第四阶段：产品防御期（2009 年至今）

2009 年，奶茶行业的竞争变得激烈起来。广东喜之郎的优乐美、浙江大好大的香约，纷纷加大了对媒介的投放，在心智的较量方面，香飘飘也拿出自己的区隔策略。香飘飘面对竞争环境的变化，突出其诉求品类老大的地位，以领导者姿态防御竞争者。

2009 年香飘飘推出《势能篇》，突出其在杯装奶茶中的品类领导位置。"香飘飘，杯装奶茶开创者。一年卖出 3 亿多杯,杯子连起来可绕地球一圈,好味道,当然更受欢迎,香飘飘,连续 5 年全国销量领先。"这进一步确定了其奶茶开创者的地位,转变定位竞争对手为跟进者,并通过高媒介预算,压制跟进者的气势。

(资料来源:根据网络资料整理)

第三节　新产品开发和扩散

一、新产品的概念

(一)新产品及其分类

从市场营销的角度看,凡是企业向市场提供的过去没有生产过的产品都叫新产品。具体地说,只要是产品整体概念中的任何一部分的变革或创新,并且给消费者带来新的利益、新的满足的产品,都可以认为是一种新产品。但新产品的"新"是相对的,根据"新"的程度,新产品可分为以下 4 种类型:

1. 全新产品

全新产品也称完全新产品或新发明产品,是指采用新原理、新技术、新材料、新工艺制造的前所未有的产品,与现有的产品基本上无雷同之处。这同科学技术开发意义上的新产品完全一致,全新产品往往表示了科学技术发展史上的一个新突破。比如,电话、电视机、复印机、电脑等就是 19 世纪 60 年代到 20 世纪 60 年代之间世界公认的最重要的新产品。这些新产品的诞生都是某种科学技术的新创造和新发明,因而极为难得,这也不是一般的企业能够完成的。因为一个完全新产品的出现,从理论到应用,从实验室试制到大批量生产,不仅需要很长的时间,而且要耗费大量的人力、物力及财力。因此,目前市场上的全新产品不到 10%,绝大多数新产品是经过改进或改良的新产品。

2. 换代新产品

换代新产品是指对产品的性能有重大突破性改进的产品,指在原有产品的基础上,部分采用新技术、新材料制成的性能有显著提高的新产品。例如,从黑白电视机到彩色电视机,从电子管电脑到人工智能电脑,从蜂窝移动通信手机到 4G 手机,产品的升级换代速度更快,新产品层出不穷。因为各个时期的换代新产品在原理、技术和材料上有一定的延续性,所以企业开发换代新产品比开发完全新产品要容易得多,开发成本也比较低。

3. 改进新产品

改进新产品也称改良新产品,是指在产品的性能、材料、结构、造型,甚至颜色、包装等方面做出局部改进的产品,改良新产品一般对产品的基本功能并无本质上的改进。比如,手表从圆形到方形,又发展到各种艺术造型都属于这种改良新产品。因为改良新产品对于科技开发的要求并不很高,所以企业依靠自身力量比较容易开发。在新产品的开发中,属于此类型的新产品占绝大多数。

4. 模仿新产品

模仿新产品又称企业新产品或地域性新产品,是指市场上已经存在而某企业没有生产过的产品,或其他地区已经存在而在本地是第一次生产的产品。因为这些产品的开发与生产都是对已有产品的一种模仿,所以叫模仿新产品。例如,数字化彩色电视机在国外较早就已上市,我国不少企业也开始生产,就属于模仿新产品。模仿新产品在产品开发上仍然有着积极的意义,它能在一定的范围内满足消费者尚未满足的消费需求。它有利于企业技术水平的提高,对于企业竞争意识的增强、扩大销售收入也有很大的影响。

(二)新产品开发的重要意义

如同人类一样,产品也有生命,每一种产品迟早都会衰亡。如果一个企业只经营一种产品,则随着该产品的衰亡,企业的生命也就随之结束。菲利普·科特勒认为,创新与新产品是竞争策略的基础。因此,企业要生存和发展,必须不断开发新产品。

1. 持续的新产品开发是企业稳定利润水平的重要前提

当企业的某些产品处在成熟期时,另一些新产品已开始向市场推出;当某些产品开始出现衰退时,另一些产品则进入快速成长期。这样,就能使企业的市场份额和总利润额始终保持上升的势头。

2. 持续的新产品开发也是企业保持其市场竞争优势的重要条件

企业的市场竞争力往往体现在其产品满足消费需求的程度和领先性上。消费需求的发展与变化要求不断有新的产品予以满足,企业若不能对其产品不断进行开发和更新,就有可能失去现有的市场,更难以开发新的市场。

3. 新产品开发还可以使企业的资源得到充分的利用

企业在生产主体产品的同时,往往会有许多剩余资源得不到充分的利用,若能从这些资源利用的角度开发一些新产品,就能在很大程度上降低企业的生产成本,有效地利用企业的各种资源。

(三)新产品开发面临的风险

新产品开发对于企业的重要意义是不难理解的,但是在现实中,新产品的开发却并不那么容易。不少企业新产品开发速度较慢,往往是由于存在以下一些障碍:

1. 缺乏大量有效的新产品创意

创意是新产品开发的首要前提,但产生创意,并能达到新颖性、实用性和可操作性的要求却是不易。特别是对于一些比较成熟的产品来讲,构思和创意的余地已经相当狭窄,这往往成为新产品开发的一大障碍。

2. 资金短缺

资金问题也已成为新产品开发的一大制约。一些好的产品创意往往需要投入大量的资金,即使是有很好市场前景的产品,一旦企业遇到资金困难,也难以将其投入开发。

3. 市场细分而导致市场难以达到必要的市场规模

市场竞争促使企业将目标市场划分得越来越细,而过细的市场划分就会使企业面对一个过于狭小的市场,从而使产品的预期销量达不到必要的规模,则企业将不得不放弃对新产品的开发。

4. 激烈的市场竞争使新产品开发的风险增大

市场竞争有可能导致多家企业同时开发某一新产品,从而使产品一进入市场就面临激烈的竞争。它不仅使企业的市场进入成本大大增加,而且有可能很快被挤出市场。我国 20 世纪 90 年代初期出现了"排浪式"投资现象,众多企业进行同类型的集中投资和产品开发,结果就使得相当一部分企业由于竞争失利而陷入困境。这说明随着市场竞争进一步激化,新产品开发的风险也越来越大,这对企业开发新产品的积极性会有很大影响。

5. 仿制和假冒产品的迅速出现,给新产品的开发效益带来很大损失

一些新产品刚刚进入市场,就马上有大量仿冒产品紧紧跟上,结果,还未等企业收回投资,产品市场就已经饱和,这也使企业不敢轻易开发新产品。

新产品的开发对于企业至关重要,但又充满风险。因此企业在开发新产品方面必须积极谨慎,既要注意不断地更新产品,又要对准备开发的新产品认真研究、反复论证。不能知难而不为,更不能盲目投资,草率从事。企业应严格按照科学的方法进行新产品的开发。

二、新产品开发程序

新产品开发过程由 8 个阶段构成,即寻求创意、甄别创意、产品概念的发展和测试、制订初步的市场营销规划、商业分析、产品研制、市场试销和正式投放市场。

(一)寻求创意

新产品开发是从寻求创意开始的。所谓创意,就是开发新产品的设想。新产品创意的主要来源有以下几个方面:

1. 顾 客

顾客的需要是新产品创意的出发点。通过观察顾客对现有产品的购买、使用,分析顾客提出的批评和建议,可以形成创意,解决现有产品存在的问题。

2. 竞争者

分析和研究竞争者的产品,往往可以发现新的创意。因此企业应重视通过经销商、供应商和销售人员来了解竞争产品的销售情况及消费者对它的评价和反应。

3. 中间商

中间商直接接触市场,可将顾客的需要和意见反馈给企业,还可向企业提供市场上有关新技术与原材料方面的信息,对启发新产品创意帮助极大。

4. 企业内部人员

企业内部人员包括设计、制造、高层管理人员和促销人员等。据调查,在美国有 55% 的新产品创意来源于企业内部。

5. 专 家

在科学技术突飞猛进的今天,科学家越来越成为新产品创意的主要来源。例如,电子表、电视机、合成纤维、塑料等的出现,大多来自科学家对基础科学的研究。

除了以上几种来源外,企业还可以从高校、研究院所、咨询公司、同行业的团体协会及有关的媒体那里寻求有用的新产品创意。

(二)甄别创意

甄别创意,就是在取得足够多的创意之后,对它们进行优选,挑选出可行性较高的创意,剔除那些不可行或可行性较低的创意,使有限的资源集中于成功机会较大的创意上。在甄别创意时,一般应考虑两个因素:一是该创意是否与企业的战略目标相适应;二是企业有无足够的能力开发这种创意。

(三)产品概念的发展和测试

经过甄别后保留下来的产品创意还要进一步发展成为产品概念。所谓产品概念,是指企业从消费者的角度对创意所做的详尽描述,即用文字、图像、模型等予以清晰的阐述,使产品创意具体化,以便顾客在头脑中形成一种产品形象。

产品概念测试一般采用说明书的方式,说明新产品的功能、特性、规格、包装、售价等,印发给部分潜在顾客,以研究他们的反应。

(四)制订初步的市场营销规划

(1)描述目标市场的规模、结构、消费者的购买行为、产品的市场定位及短期的销售额、市场占有率、利润率预期等。

(2)概述产品预期价格、分配渠道及第一年的营销预算。

(3)阐述较长期(如 5 年)的销售额和投资收益率及不同时期的市场营销组合策略。

(五)商业分析

在这一阶段,企业的营销管理部门要审查新产品将来的销售额、成本和利润额计划,以确定它们是否符合企业的目标。如果是,那么产品概念就进入产品开发阶段。

(六)产品研制

如果产品概念通过了商业测试,就移交产品开发部或工程部,把它转化成实体产品。在这以前,它只是一段语言描述、一张图纸或一个粗糙的模型。在本阶段要解决的问题是产品创意能否转化为在技术上和商业上可行的产品。如果不能,企业除了获得在此过程中的有用信息外,它的积累投资将付诸东流。

(七)市场试销

尽管从新产品构思到新产品实体开发的每一个阶段,企业开发部门都对新产品进行了相应的评估、判断和预测,但这种评估、判断和预测在很大程度上带有新产品开发人员的主观色彩。最终投放到市场上的新产品能否得到目标市场消费者的青睐,企业对此没有把握,只有通过市场试销将新产品投放到有代表性地区的小范围的目标市场进行测试,企业才能真正了解该新产品的市场前景。

(八)正式投放市场

这一阶段,企业还应做以下决策:

1.推出时机

新产品上市要选择最佳时机。如果新产品取代企业的老产品,它应该推迟到老产品存货销完后再上市。如果产品的季节性很强,新产品就应等到季节合适时再推出。

2.推出地点

企业需要决定新产品是推向一个地区、某些地区还是全国乃至国际市场。有实力将新产品进行全球同步上市的公司很少。一般企业的做法是有步骤、有计划地扩展市场。在进行市场扩展时,应当找出最有吸引力的市场首先投放。在选择这一市场时要考察这样几个方面:市场潜力,企业在该地区的声誉,投放成本,对其他地区的影响力,该地区研究数据的质量。另外,竞争因素是非常重要的,企业必须慎重考虑竞争对手在市场上的表现。

3.目标顾客

企业在推出新产品时要针对最有希望的购买群体。新产品的目标顾客应具备下列特性:他们将成为早期采用者;是大量使用者;是意见领袖并对该产品赞不绝口;和他们接触的成本不高。

4.营销策略

企业必须制订一个将新产品引入扩展市场的实施计划。首先要对各项市场营销活动进行分配预算,然后规定各种活动的先后顺序,从而有计划地开展各种市场营销活动。

三、新产品的扩散

(一)新产品的创新特征对市场扩散的影响

新产品本身所具备的创新特征,是影响它能否被消费者接受的主要因素。通常情况下,新产品的扩散速度与程度和新产品的以下特征成正比关系。

1.相对优点

所谓相对优点,也就是比较利益。相对于已有的产品或竞争产品,新产品应具有独特的优点,这种优点越明显,就越容易被普遍接受,即新产品应能给消费者提供更多的好处和利益。例如,U盘比原来的软盘容量更大、性能更稳定,所以目前已经替代软盘成为主要的存储设备。

2.较好的适应性

新产品同社会的消费习惯及人们的价值观念相适应,就比较容易被接受;反之,与当地的市场消费习惯、传统的价值观念、社会文化风俗不相适应,差距越大,就越难推广。例如,当人们的生活节奏越来越快时,茶饮料、速溶咖啡等方便食品越来越受欢迎。

3.简易性

新产品的结构和使用方法,要力求简便易懂,否则,就不易被消费者所接受。例如,

"傻瓜相机"的推出,使拍照成为一件更方便的事,这种相机也受到广泛使用。

4.可分割性

由于不同消费者在购买力、生活习惯和消费方式等方面存在差别,新产品应力求可以分割。可分割性越好,试用性越强,新产品被接受的过程就越短。目前,许多企业推出的小包装新产品便于促进消费者试用,有利于迅速推广。

5.可传递性

新产品的可传递性主要是指对新产品的介绍是否明确、具体,介绍新产品的特点和使用方法,越明确具体,说服力越强,产品越容易被尽快接受;反之,新产品的介绍抽象空泛,或夸大其词,令人生疑,这不利于产品的扩散。

(二)购买行为对市场扩散的影响

1.消费者采用新产品的过程

美国市场营销学者罗吉斯对人们接受新产品的过程做过大量调查,总结归纳出消费者接受新产品的过程一般分为以下5个重要阶段。

(1)知晓:获得新产品信息的初始阶段。

(2)兴趣:产生了兴趣。消费者会积极地寻找有关资料,并进行对比分析。

(3)评价:主要权衡采用新产品的边际价值。

(4)试用:通过试用,顾客开始正式评价自己对新产品的认识及购买决策的正确性如何。

(5)接受:通过试用,收到了理想的使用效果,就会放弃原有的产品形式,完全接受新产品,并开始正式购买,重复购买。

2.顾客对新产品的反应差异

在新产品的市场扩散过程中,由于受社会地位、消费心理、价值观、个人性格等多种因素的影响制约,不同顾客对新产品的反应具有很大的差异。新产品在同一目标市场的扩散过程规律是:开始仅被极少数消费者接受,逐步被多数消费者接受。不同类型的消费者接受的时间顺序是:创新者→早期使用者→中期消费群→晚期消费群→落伍者。具体见图8-5。

(1)创新者(Innovators),通常富有个性,受过高等教育,勇于创新冒险,性格活跃,消费行为很少听取他人意见,经济宽裕,社会地位较高。广告等促销手段对他们有很大的影响力。这类消费者是企业投放新产品时的极好目标,但他们只占全部采用者的2.5%左右。

(2)早期使用者(Early adopters),一般也接受过较高的教育,年轻富有探索精神,对新事物比较敏感,并且有较强的适应性,经济状况良好,他们对早期使用新产品具有自豪感。这类消费者对广告及其他渠道传播的新产品信息很少有成见,促销媒体对他们有较大的影响力。但与创新者比较,他们一般持较为谨慎的态度。这类顾客约占全部使用者的13.5%,是企业推广新产品很好的目标。

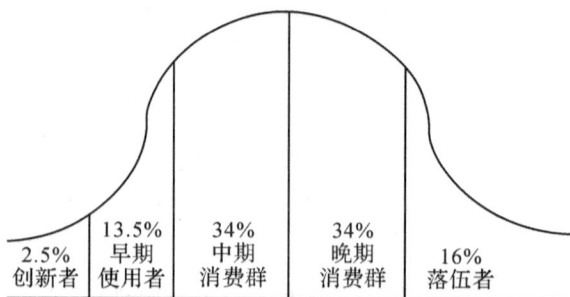

图 8-5　激光唱机（CD Player）的扩散采用过程（罗杰斯模式）

（3）中期消费群（Early majority），一般较少有保守思想，接受过一定的教育，有较好的工作环境和固定的收入；对社会上有影响的人物特别是自己所崇拜的"意见领轴"的消费行为具有较强的模仿心理；他们不甘落后于潮流，但受他们特定的经济地位所限，在购买高档产品时，一般持非常谨慎的态度。他们经常是在征询了早期使用者的意见之后才采纳新产品。但中期消费群和晚期消费群（各占 34％）构成了产品的大部分市场。因此，研究他们的心理状态、消费习惯，对提高产品的市场份额具有很大的意义。

（4）晚期消费群（Late majority），较晚跟上消费潮流的人，其工作岗位、受教育水平及收入状况往往比中期消费群略差；他们对新事物、新环境多持怀疑态度，对周围的一切变化抱观望态度；其购买行为往往发生在产品成熟期。

（5）落伍者（Laggards）。这些人受传统思想束缚很深，思想非常保守，怀疑任何变化，对新事物、新变化多持反对态度，固守传统消费行为方式。因此，他们在产品进入成熟期后期及至衰退期才能接受。

第四节　产品品牌与包装决策

当今时代，产品日趋同质化，品牌成为差异化的重要价值资产和来源，品牌战略在营销战略中扮演着愈加重要的角色。产品需要包装进入流通领域，实现其价值和使用价值。设计良好的包装能为消费者创造方便价值，为生产者创造促销价值。

一、品牌的含义和作用

（一）品牌的整体含义

品牌实质上代表卖者对交付给买者的产品特征、利益和服务的一贯性的承诺。品牌的整体含义包括 6 个层次：

（1）属性。品牌首先使人们想到某种属性。例如，"奔驰"意味着昂贵、工艺精湛、马力强大、高贵、转卖价值高、速度快等。

（2）利益。品牌不只意味着一整套属性，属性需要转化为功能性或情感性的利益，顾客买的正是利益而不是属性。耐久的属性体现了功能性的利益，"多年内我不需要再买车"；昂贵的属性体现了情感性利益，"这辆车让我感觉到受人尊重"。

（3）价值。品牌也说明一些生产者价值。因此，"奔驰"代表着高绩效、安全、声望及其他东西。品牌的营销人员必须分辨出对这些价值感兴趣的消费者群体。

（4）文化。品牌也可能代表一种文化。"奔驰"汽车代表着德国文化：组织严密、高效率和高质量。

（5）个性。品牌也反映一定的个性。如果品牌是一个人、动物或物体的名字，会使人们想到什么呢？"奔驰"可能会让人想到严谨的老板、凶猛的豹子或庄严的建筑。

（6）用户。品牌暗示着购买或使用产品的消费者类型，如果我们看到一位20来岁的秘书开着一辆"奔驰"时会感到很吃惊，我们更愿意看到开车的是一位55岁的高级经理。

品牌最持久的含义是其价值、文化和个性，它们构成了品牌的实质。

（二）品牌的作用

1.品牌对消费者的作用

（1）有助于消费者识别产品的来源或制造厂家，更有效地选择和购买商品。

（2）借助品牌消费者可以得到相应的便利服务，如更换零部件、维修服务等。

（3）品牌有利于消费者权益的保护，如选购时避免上当受骗，出现问题时便于索赔和更换等。

（4）有助于消费者避免购买风险，降低购买成本，从而更有利于消费者选购商品。

（5）好的品牌对消费者具有很强的吸引力，有利于消费者形成品牌偏好，满足消费者的精神需求。

2.品牌对生产者的作用

（1）有助于产品的销售和占领市场。

（2）有助于稳定产品的价格，减少价格弹性，增强对动态市场的适应性，减少未来的经营风险。

（3）有助于市场细分，进而进行市场定位。

（4）有助于新产品开发，节约新产品市场投入成本。

（5）有助于企业抵御竞争者的攻击，保持竞争优势。

二、品牌与商标

（一）品牌设计

一个好的品牌名称，是品牌被消费者认知、接受、满意乃至忠诚的前提。品牌名称在很大程度上影响品牌联想，并对产品销售产生直接影响，是品牌的核心要素。

品牌命名除应符合法律规定，还应遵循以下基本原则：易读易记，识别性强；新颖独特，显著性强；内涵丰富，象征性强；暗示产品属性，传达商品信息；与企业视觉形象战略配套，加强视觉冲击力；适应市场环境，"避忌求吉"。

（二）品牌策略

科学合理地制订品牌策略，是企业品牌运营的核心内容。根据企业品牌运营的程

序与环节,品牌策略主要包括:

1. 品牌化策略

决定是否给产品起名字、设计标志的活动就是企业的品牌化决策。

2. 品牌归属策略

有 3 种可供选择的品牌归属策略:

(1)企业可以决定使用自己的品牌。这种品牌叫作企业品牌、生产者品牌、全国性品牌。

(2)企业也可以决定将其产品大批量地卖给中间商,中间商再用自己的品牌将物品转卖出去。这种品牌叫作中间商品牌、私人品牌、自有品牌。

(3)企业还可以决定有些产品用自己的品牌,有些产品用中间商品牌。

3. 品牌统分策略

品牌无论归属如何,企业都必须考虑所有产品是分别使用不同品牌,还是统一使用一个或几个品牌。在这方面,有 4 种可供选择的策略:

(1)个别品牌,指企业各种不同的产品,分别使用不同的品牌。

(2)统一品牌,指企业所有的产品统一使用一个品牌名称。

(3)分类品牌,指企业对不同类别的产品采用不同品牌,使不同品牌代表不同的品质水准。

(4)企业名称加个别品牌,指企业对不同产品分别使用不同品牌,各种产品的品牌前面冠以企业名称。

4. 品牌扩展策略

品牌扩展策略有 5 种选择:

(1)产品线扩展策略,指企业现有的产品线使用同一品牌,当增加该产品线的产品时,仍沿用原有的品牌。

(2)品牌延伸策略,是指将现有成功的品牌,用于新产品或修正过的产品上的一种策略。

(3)多品牌策略,是指在相同产品类别中引进多个品牌的策略。

(4)新品牌策略,是一种为新产品设计新品牌的策略。

(5)合作品牌策略,也称为双重品牌策路,是在一个产品上联合使用两个或更多的品牌。形式有多种,一种是中间产品合作品牌,如沃尔沃汽车使用米其林轮胎;一种是同一企业合作品牌,如摩托罗拉的一款手机使用"摩托罗拉掌中宝"作为其品牌,掌中宝是其公司注册的一个商标;还有一款是合资合作品牌,如日立的一种灯泡使用日立和 GE 联合品牌。

5. 品牌更新策略

品牌更新策略主要涉及形象更新、定位修正、产品更新和管理创新等几个方面。

(1)形象更新,就是品牌不断创新形象,适应消费者心理的变化,从而在消费者心目中形成新印象的过程。

(2)定位修正。从企业的角度看,不存在一劳永逸的品牌;从时代发展的角度看,要求品牌的内涵和形式不断变化。品牌在某种意义上就是从商业、经济和社会文化的角度对这种变化的认识和把握。所以企业在建立品牌之后，会因竞争形势而修正自己的目标市场。如竞争者可能继企业品牌之后推出其他品牌，并削减企业的市场份额；顾客偏好也会转移，对企业品牌的需求也会减少；公司决定进入新的细分市场。因此，企业有时会因时代特征、社会文化的变化而修正定位或再定位品牌。

（3）产品更新。现代社会科学技术作为第一生产力、第一竞争要素，也是品牌竞争的实力基础。企业的品牌想要在竞争中处于不败之地，就必须重视技术创新，不断地进行产品的更新换代。

（4）管理创新。企业与品牌是紧密结合在一起的，企业的兴盛发展必将推动品牌的成长与成熟。对品牌的维系，从根本上说是企业管理的一项重要内容。管理创新是指从企业生存的核心内容来指导品牌的维系与培养，它含有多项内容，诸如与品牌有关的观念创新、技术创新、制度创新及管理过程创新等。

（三）商标防御策略

商标是企业的无形资产，驰名商标更是企业的巨大财富。曾有一段时间，商标抢先注册、抢占他人无形资产的行为愈演愈烈，许多企业因此损失严重。然而企业在警惕商标抢注的同时却忽视了另一种倾向，这就是"类似商标注册"。

可见，如何防止其他厂商的商标借企业的知名度和美誉度，以及企业投入的广告宣传费而出名，分享企业的无形资产，是企业高层必须关注的问题。防止他人"搭便车"的有效手段，就是防御性商标注册。

所谓防御性商标注册，即注册与使用相同或相似的一系列商标。具体来说，就是注册系列文字、读音、图案相同或相似的商标，保护正在使用的商标或以后备用。例如，红豆集团的商标策略是把与"红豆"中文发音相同的、含义相近的文字，如"虹豆""相思豆"等一系列进行注册。

防御性商标注册的另一种方法，是将同一商标运用于完全不同种类的产品或不同的行业上，防止他人在不同产品或产业上使用。因为同一商标使用的商品类别有一定的限制，企业跨行业、跨种类时必须分别注册。

三、包装策略

包装是商品生产的继续。产品只有经过包装，才能进入流通领域，实现其价值和使用。设计良好的包装，能为消费者创造方便价值，为生产者创造促销价值。因而许多营销人员把包装化（Packaging）称为 4P 之后的第 5 个 P。

（一）包装的含义

包装是对某一品牌商品设计并制作容器或外部包扎物的一系列活动。也可以说，包装有两个方面的含义：一是指为产品设计、制作包装物的活动过程；二是指包装物。

包装有多种类型，按产品包装的不同层次可分为：首要包装，即产品的直接包装，如牙膏皮、啤酒瓶；次要包装，即保护首要包装的包装物，如纸盒或纸板箱；运输包装，即为了便于储运、识别某些产品的外包装，也叫大包装。按产品包装在流通过程中的不同作用,可分为:运输包装,主要用于保护产品品质安全和数量完整;销售包装,又称小包装,它随同产品进入零售环节和消费者直接见面,实际上是零售包装。

包装在营销过程中,可以发挥以下积极作用:保护产品,保证产品在生产过程结束后转移到消费者手中,直至被消费掉以前,产品实体不致损坏、散失和变质;促进销售,独特、优良的包装,可使产品与竞争品产生区别,不易被仿制、假冒,同时可引起消费者的注目,激发他们的购买欲望;增加利润,完美的包装还有增值的功能。

(二)包装策略

符合设计要求的包装固然是良好的包装,但良好的包装只有同包装策略结合才能发挥应有的作用。可供选择的包装策略如下所示:

1. 相似包装策略

相似包装策略即企业生产的各种产品,在包装上采用相似的图案、颜色,体现共同的特征。优点在于能节约设计和印刷成本,树立企业形象,有利于新产品促销。但有时也会因为个别产品质量差,影响到其他产品的销路。

2. 差异包装策略

差异包装策略即企业的各种产品都有独特的包装,设计上采用不同的风格、色调和材料。这种策略能够避免由于某一商品失败而影响其他商品的声誉,但也会相应增加包装设计费用和新产品促销费用。

3. 相关包装策略

相关包装策略即将多种相关的产品配套放在同一包装物内出售,如系列化妆品包装。这可以方便顾客购买和使用,有利于新产品的销售。

4. 复用包装策略或多用途包装策略

复用包装策略或多用途包装策略即包装内产品用过之后,包装物本身还有其他用途,如奶粉包装铁盒。这种策略的目的是通过给消费者增加额外利益而提高产品销售量。

5. 分等级包装策略

分等级包装策略即对同一种商品采用不同等级的包装,以适应不同的购买力水平,如送礼商品和自用商品采用不同档次的包装。

6. 附赠品包装策略

附赠品包装策略即在包装上或包装内附赠奖券或实物,以吸引消费者购买。

7. 改变包装策略

当某种产品销路不畅或长期使用同一种包装时,企业可以改变包装设计、包装材料,使用新的包装。这可以使顾客产生新鲜感,从而扩大产品销售。

第五节　产品组合决策

一个企业往往不是只生产一种产品,而是生产一系列产品。要使企业生产、经营的产品既能满足不同的需要,又符合企业的市场定位,而且能保证企业资源的最有效利用,必须做好产品组合决策。

一、产品组合及相关概念

(一)产品组合的界定

(1)产品组合(Product mix),是指一个企业所生产经营的全部产品的总和,它包括产品线和产品项目。

(2)产品线(Product line),是指产品组合中的某一产品大类,是一组密切相关的产品。

(3)产品项目(Product item),是指产品线中具有不同品种、规格、质量和价格的特定产品,它是不可分割的产品。

(二)产品组合的相关概念

通常可用产品组合的宽度、长度、深度和关联性 4 个内容来说明一个企业的产品组合情况,如图 8-6 所示。

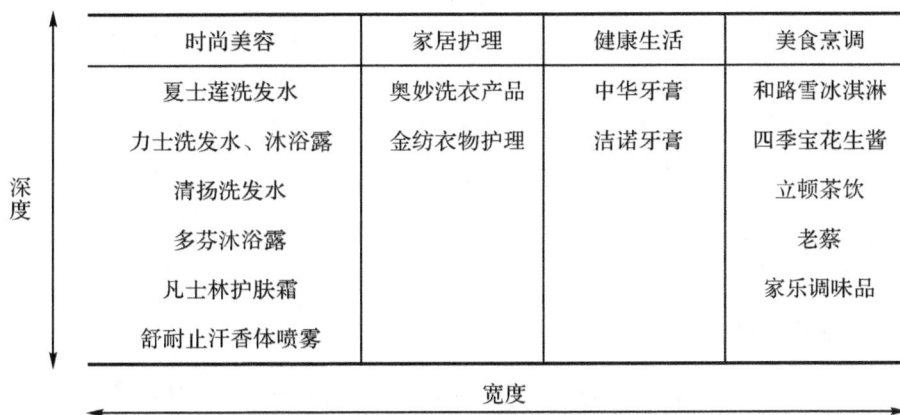

	时尚美容	家居护理	健康生活	美食烹调
深度	夏士莲洗发水	奥妙洗衣产品	中华牙膏	和路雪冰淇淋
	力士洗发水、沐浴露	金纺衣物护理	洁诺牙膏	四季宝花生酱
	清扬洗发水			立顿茶饮
	多芬沐浴露			老蔡
	凡士林护肤霜			家乐调味品
	舒耐止汗香体喷雾			

宽度

图 8-6　联合利华的产品组合

(1)产品组合的宽度,是指一个企业所拥有的产品线的数量,一个企业拥有多少条产品线,就表明其产品组合有多宽。

(2)产品组合的长度,是指一个企业所拥有的产品项目的总和,即各条产品线所包含的产品项目的总和。

(3)产品组合的深度,是指企业的每一条产品线中所包含的具体品种、规格、花色、款式等的数量。

(4)产品组合的关联性,是指企业的产品组合中各条产品线之间在最终用途、生产条件和销售渠道选择等方面的相关程度。

二、产品组合策略

企业在调整和优化产品组合时,依据情况的不同,可选择如下策略:

(一)扩大产品组合宽度

1. 扩大产品组合宽度的优点

扩大产品组合包括增加产品组合宽度、长度、深度等,在此主要讨论扩大产品组合宽度的决策。扩大产品组合宽度有以下优点:①能够满足不同的市场需要;②有利于充分利用企业的资源;③当产品组合的关联性不大时,还可以分散经营风险。

2. 扩大产品组合宽度的缺点

扩大产品组合的宽度,有可能产生以下问题:①投资增加;②经营资源分散;③管理难度加大。

3. 增加产品组合宽度(长度、深度)的条件

当企业具备以下条件时,扩大产品组合才是可行的:①企业资源丰富;②原有产品线(产品项目)已不能满足顾客的不同需要;③新的产品线有较大的市场潜力。

(二)缩减产品组合宽度

当市场繁荣时,较长、较宽的产品组合会为企业带来较多的营利机会,但当市场不景气或原料、能源供应紧张时,缩减产品组合反而可能使总利润额上升。这是因为从产品组合中剔除了那些获利很小甚至无利的产品大类或产品项目,可使企业集中力量发展获利多的产品大类与产品项目。

当企业资源有限,现有产品线(产品项目)导致企业资源分散或原有产品线中一些产品线(产品项目)的市场运营状况不佳时,企业应当考虑缩减产品组合的宽度和长度。

三、产品线决策

(一)产品线长度决策

产品线长度决策即考虑某条产品线应包含多少具体的产品项目。增加产品线的长度,可以扩大企业同类产品的市场占有率;但增加产品线的长度,生产多种产品项目,会增加企业的产品设计、包装、储运和促销等费用。缩短产品线的长度,淘汰一些利润低的产品项目,致力于生产高利润的产品,可使企业整条产品线的利润增加;但缩短产品线的长度,生产较少品种的产品,则不能更好地满足消费者的需要。企业增加产品线长度的策略主要有两种:产品线延伸和产品线充实。

1. 产品线延伸

每一企业的产品都有其特定的市场定位。产品线延伸决策指全部或部分地改变企业原有产品的市场定位以延长产品线,具体做法有向下延伸、向上延伸和双向延伸3种。

(1)向下延伸。产品线向下延伸是指企业原来生产高档产品,后来决定增加低档产品。企业采取这种决策的主要原因是企业发现其高档产品的销售额增长缓慢,因此,不得不将其产品大类向下延伸;企业的高档产品受到激烈的竞争挤压,必须用侵入低档产品市场的方式来反击竞争者;企业当初进入高档产品市场是为了树立其质量形象,然后

再向下延伸;企业为了填补空隙,不使竞争者有隙可乘。

企业在采取向下延伸决策时,会遇到一些风险。如有可能使名牌产品的形象受到损害,所以,低档产品最好用新的商标,不宜使用原先高档产品的商标;有可能会激怒生产低档产品的企业,导致其向高档产品市场发起反攻;企业的经销商可能不愿意经营低档产品,因为经营低档产品所得利润较少。

(2)向上延伸。产品线向上延伸是指企业原来生产低档产品,后来决定生产高档产品。其主要原因是如果高档产品畅销,销售额增长较快,利润率较高;企业估计高档产品市场上的竞争者较弱,易于取得较为有利的竞争地位;企业想使自己成为生产种类全面的企业。

企业采取向上延伸决策也要承担一定的风险:可能引起生产高档产品的竞争者进入低档产品市场,进行反攻;未来的顾客可能不相信企业具备生产高档产品的能力;企业原有产品分销商可能没有能力经营高档产品。

(3)双向延伸。双向延伸是指企业同时增加高档产品和低档产品,以扩大市场阵地。这种策略在一定的条件下有利于扩大市场占有率,增强企业的竞争能力,但对企业资源的要求更高,同时风险更大。

2. 产品线充实

产品线充实也称产品线填补,是指企业在原来的经营范围内,通过增加产品项目来延长产品线长度。例如,生产中档产品的企业并不是通过增加高档产品或低档产品来延长产品线,而是增加中档产品的规格和型号,以满足顾客的需要。相对于产品线延伸而言,产品线充实的风险较小。

(二)产品线现代化决策

在某些情况下,产品大类的长度虽然是适当的,但产品还停留在以往的水平,那就需要更新产品,实现产品大类的现代化,以利于更好地满足需求和取得竞争优势。产品线的更新可以采取逐项更新或一次全部更新两种方式。

(1)逐项更新。运用这种方式风险低但速度慢,在整条产品线都换成某种式样之前可以观察顾客和经销商的反应,同时也可以减少现金流出量,但易使竞争者洞悉企业的动向。

(2)一次全部更新的方法。运用这种方式速度快但风险高,一旦失败,再改不易。

(三)产品线特色化决策

产品线特色化是指在企业众多的产品线中,选择一个或数个产品项目作为号召性产品吸引消费者。产品线特色化决策应用的具体方法包括:

(1)降低促销产品线上一些较低级的产品的价格来制造销售声势,以吸引消费者光顾,并顺便购买其他产品。

(2)以较高级的产品项目来提高整个产品线的水准。

【专栏 8-2】从吉利新 SUV 产品线　再看中国 SUV 生长态势

2016 年上半年,吉利将旗下 SUV 产品线进行扩充和更新,除了博越、帝豪 GS 两款新加入的车型,还将 GX7 进行改款并更名为远景 SUV。自此,吉利重新规划了主力产品线:博越、博瑞主攻高端精品;远景系列则走亲民高性价比的传统路线;帝豪家族则提供富有活力的主流产品系列,恰好在吉利这三大战线上都有对应的 SUV 车型。

吉利将三款 SUV 的市场均定在城市间,但各自又在定位、面向用户群体上有所不同(说明市场对 SUV 的需求存在很大不同)。帝豪 GS 主攻年轻时尚前卫人群,车身形式上也是以 Cross 方式表达,不提供四驱版。远景 SUV 则是主打经济实用、空间更大,这符合务实传统买家的需求。博越则是体现了吉利的"高精尖",特别是主动安全技术上更是分享了沃尔沃的技术成果。

三款车型泾渭分明,却又互为补充,这种已经被合资车企证明过可以成功的多线发展模式凸显了产品矩阵的重要性,而吉利短时间内就采用了这种模式,可以说是中国品牌中头一个。在吉利销售公司副总经理陈洪生看来,吉利希望他们在未来能实现轿车和 SUV50∶50 的销量比例,并且做到每年 2—3 款的新品投放。尽管以产品矩阵出击的模式并不意味着必然胜出,但更加细分的市场只会不断被发掘和开拓,买家也日渐理性和成熟,因此对于吉利来说,拥有的先手优势越大,往后覆盖到的细分人群就越广。

(资料来源:《网易汽车》张原著)

◆ **本章小结**

产品决策是企业营销组合决策的基础,是制订其他相关决策的核心。在制订产品决策时首先必须明确产品的含义。市场营销学中的产品是整体概念的产品,它包括能够满足消费者需要的有形的物体和一系列无形的服务,一般可分为核心产品、形式产品和附加产品,企业提供给市场的产品必须从这 3 个层次全方位满足顾客的需要。产品可分为有形产品和无形服务两大类,有形产品又可分为消费品和产业用品;无形服务则有无形性、不可分离性、易变性和易逝性等特点。无论是有形产品还是无形服务,都有一个被市场接受、导入市场和被市场淘汰退出市场的过程,这就是产品生命周期。在产品生命周期的不同阶段,生产特点、产品特点、消费特点和竞争特点都不同,企业必须根据不同的特点采取相应的营销对策,产品在生命周期导入期、成长期、成熟期、衰退期的营销对策分别是"快""长""改"和"转"。因为产品存在生命周期,所以企业必须不断开发新产品才能在市场上立于不败之地,而新产品的"新"是相对的,它包括全新产品、换代新产品、改进新产品和模仿新产品。企业必须遵循一定的新产品开发程序,并且研究新产品扩散的规律,才可能使新产品开发与推广成功。产品的成功除了品质符合市场需求外,还必须有科学的品牌和包装决策,产品的品牌除了是产品的识别符号外,更是产品利益和属性的表现,因此企业必须做好品牌运营和品牌设计决策,同时还应该关注产品的包装及其作用,从而通过运用一系列的包装决策和包装设计,使产品更具吸引力。任何一个企业不是只生产一种产品,而是提供一个产品组合,包括一系列产品线和产品项目,企业必须根据市场的需求和竞争特点,结合企业的市场定位和经营条件,不断优化企业的产品组合,才可能更好地满足市场需求,有效利用企业资源,发挥企业的优势。

◆思考题

1. 什么是产品整体概念?如何理解产品的整体概念?
2. 有形产品的营销与服务产品的营销有何区别?
3. 什么是产品生命周期?试述各阶段的特点及应采取的营销策略。
4. 什么是新产品?开发新产品有何意义?
5. 论述新产品开发的程序。
6. 联系实际分析产品包装及其作用。
7. 品牌运营决策包括哪些内容?
8. 试联系实际分析某一企业的产品组合策略的特点。

◆案例阅读与分析

【案例】百草味

"百草味"的名字来源于公司创始人蔡红亮从"神农尝百草"的故事中得来的启发。蔡红亮以"百草味"为公司命名,是希望百草味能够继承神农精神,慢慢地以自己独特的方式倾心打造出优质的产品,并甄别出每一种食物所能够给人带来的酸甜苦辣。

14年来,蔡红亮一直牢记"让更多人吃上健康食品"的创业理念,严把质量关,从采购环节到验收入库都杜绝商业贿赂,从仓储到门店销售也都严格以统一的标准和要求管理。

比如原料采购。蔡红亮为了找到更健康天然的食品原料,带领团队走遍了全球12个国家和地区寻找食品原材料,并在国内建立了新疆、云南、临安等六大生态种植基地。原料的层层筛选,从源头上保证了产品的质量。

2015年5月,市场调研公司英敏特面向3000名20—49岁的中国互联网用户的一份调研报告显示:57%的受访者认为使用"天然成分"而非添加剂对健康食品很重要,51%的受访者希望企业采用"更健康的生产方式"。这一点蔡红亮早就意识到了,所以他一直主张减少百草味产品在生产过程中添加剂的使用量,以保持相对清淡的口感,让消费者吃得放心。比如用炼乳代替香精,用更加自然的配料进行产品的研发。另外,他还招募了国内外院校的高水准研发团队进行堪比国际一流水准的产品研发。加上无菌化封闭式的生产车间,在蔡红亮的管控下,百草味从原材料到最后出现在顾客面前的成品,每一步都被严格把控。

在品牌文化方面,蔡红亮将百草味定位为"趣味零食探索家",用"极致趣味""极致休闲"贯穿每一个生产、销售环节。

比如产品设计。产品的外包装设计可以说是赋予产品品牌精神的语言,所以蔡红亮对产品的形象包装设计花了许多心思,逗趣的文案和插画构成了百草味独特的包装。据了解,百草味产品包装设计团队2015年一年的设计量就达到上百种,基本上所有类别的产品包装都进行了升级换代。这么高的包装设计量级,全都遵循一个"年轻化"原则,主要依照年轻白领及学生族群的喜好设计。比如水果干、蔬菜产品基本采用写实插画的风格,海鲜肉脯则用牛皮纸包装,简单的卡通加上趣味文案……包装颜色基本以清新、靓丽为主。再加上脑洞大开的文案,"用美食干掉孤独""拒绝做无聊的大人,去探索新鲜的趣味""你牛 buy,你试试""不怕神对手,就怕猪队友"……相信消费者在拿到产品的时候会感觉到新鲜有趣的企业文化。

再比如"开箱器""回收舱""亲嘴巾""舔屏擦""3D 互动卡片""保鲜罐"等周边产品的开发,也极尽了人性化的乐趣。以往人们在收包裹箱的时候,还要到处找开箱的工具,非常不方便。因此,百草味开发了开箱器,附在包裹箱的外面方便消费者随时打开包裹。他们还发现,人们吃零食尤其吃坚果的时候,总是要找一个垃圾袋装果壳,非常麻烦又不环保。因此,开发了吃货的回收舱,用简易可折叠的纸质盒回收垃圾。另外还开发了湿纸巾,命名为"亲嘴巾"……这种细致入微的体验和创意,深入消费者的每一次购买过程中。

经过 14 年的努力,百草味的食品质量已经处于行业领先地位,品质优势确保了品牌的客户复购率高达 35% 以上。目前,百草味已经形成以坚果产品为主打的 300 多个单品,其中坚果礼盒产品销量已经超过 1000 万盒,位于行业第一。

(资料来源:根据网络资料整理)

【问题】

1.百草味采取了怎样的品牌策略从而占据行业领先地位?

2.你认为休闲食品行业创新的成功要素有哪些?

◆项目实训

1.任课教师与学生共同商定一个企业,说明实践目的和任务,以及进度、要求。

2.全班学生分别进行准备工作,包括复习相关教学内容,补充阅读参考文献,收集企业及所在行业的相关资料。

3.深入企业,展开调研。

4.可分组进行课外讨论,就该企业新产品开发的经验、问题和建议,形成调研报告。

5.进行课堂讨论,由任课教师批阅或点评、总结。

第九章 **定价策略**

我们只打价值战，不打价格战。

——张瑞敏

【学习目标】

1.理解影响产品定价的因素。

2.了解定价的目标与主要定价方法。

3.掌握常见的产品定价策略。

4.掌握价格调整策略的运用。

【导入案例】

东阿桃花姬生死劫

桃花姬品牌入市 10 年本是考验品牌发展的关键期，但或许将面临雪藏。《北京商报》记者了解到，桃花姬阿胶糕将在品牌统一规划中逐渐退出市场，取而代之的是一款适合高端女性的真颜牌阿胶糕。本想通过产品多元化矩阵提升业绩，但在一次又一次提价后，已增至 460 元的 300 克桃花姬阿胶糕难被市场接受，其他产品面临着滞销和内部消化的严峻问题。

发布提价公告 4 个月后，东阿阿胶北京市 5 家直营店均于 2016 年 2 月中旬完成桃花姬阿胶糕零售价格调整。据东阿阿胶北京新街口直营店工作人员介绍，2016 年 1 月没有提价前销售情况还不错，进了 40 多箱货品到提价前已经销售 25 箱。"涨价后桃花姬销量开始出现下滑。"该工作人员不避讳地说道。

为刺激销售，东阿阿胶北京直营店推出购买"300 克盒装桃花姬赠送一袋 320 克价值 139 元的蓝帽子枣"活动。"为搭配桃花姬销售，公司强制性给每个直营店补了一些蓝帽子枣。"不过，即便推出搭售活动，也未能带动桃花姬的销量。

桃花姬阿胶糕属于休闲食品，不能进入药店渠道销售。在这种情况下，商超成为桃花姬阿胶糕的主要销售渠道。《北京商报》记者走访多家连锁超市发现，仅有丰台区家乐福销售桃花姬阿胶糕，但据销售人员透露其销量并不好。"春节有降价促销优惠活动，300 克的桃花姬阿胶糕由原来的 328 元降到 290 元左右卖得还可以，但活动结束加上产品提价，一盒 300 克桃花姬阿胶糕卖到 460 元，销量一下子就下来了。"

在 2001—2016 年的 15 年间，东阿阿胶零售价从每公斤 130 元涨至约 5400 元，涨幅超 40

倍。对于频繁提价,东阿阿胶给出的解释始终为原料驴皮供应紧张和价值回归战略。不过,东阿阿胶频繁提价的背后是阿胶产品销量下滑,需要通过提价来提升整体销售额。

(资料来源:根据网络资料整理)

请思考:东阿阿胶的定价策略是什么?频繁提价会导致什么后果?

第一节　影响定价策略的因素

一、影响企业定价决策的因素

产品价格的形成非常复杂,受定价目标、成本、需求、竞争等多种因素影响,必须进行综合考量与分析。总体上,可以将影响定价的因素分成企业内部因素和外部因素两大类。其中,影响企业定价决策的内部因素包括企业的营销目标、营销组合决策和产品成本等;而影响企业定价决策的外部因素包括市场需求、市场竞争、其他环境因素等,具体如图 9-1 所示。

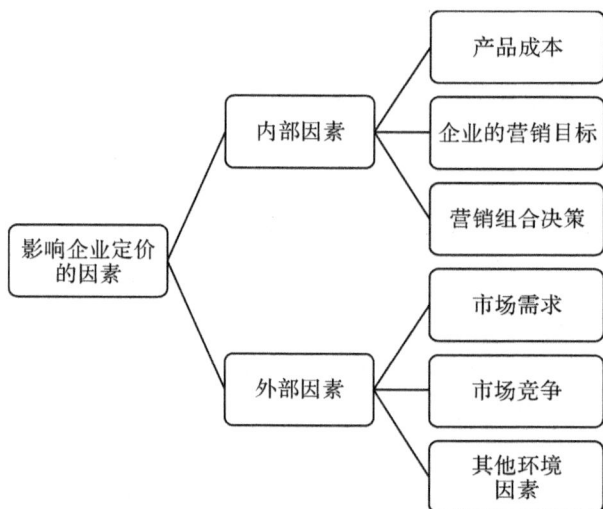

图 9-1　影响产品定价决策的因素

(一)影响企业定价决策的内部因素

1. 企业的营销目标

在企业定价决策中,明确适当、切合实际的定价目标是价格决策的前提和首要内容,也是选择价格策略和方法的主要依托。由于定价目标是由营销的上位战略决定的,产品定价应该按照企业战略、营销战略及营销目标的要求来进行。企业在进行定价时必须明确企业的目标是什么,是增加市场份额,改善企业收入,取得有利竞争地位,还是其他目标。产品定价成功与否很大程度上取决于定价决策和企业目标的契合度。

2. 营销组合决策

营销组合的意义在于各个要素之间因势而异的配套组合,价格作为营销组合的基本变量之一,其决策必须与产品、分销和促销决策相互协调,形成有效的营销组合方案。

企业制订价格时应考虑产品的功能、特色和成本；考虑分销渠道的长短和环节的多少；考虑促销费用等成本支出与效益的关系。企业若决定向市场提供高档优质产品，一般以高价格来分担高质量的成本；通过贸易的方式使中间商有利可图，保持渠道的畅通与稳定；销售量的增加必然要支付一定的费用。

3. 成本因素

产品的最低价格取决于该产品的成本费用。从长远看，任何产品的销售价格都必须高于成本费用，只有这样，才能以销售收入来抵偿生产成本和经营费用，否则就无法经营。因此，企业制订价格时必须估算成本。产品成本包括生产成本、营销成本、利税等。生产成本是指企业在生产产品的过程中所支付的全部费用，主要包括物化在产品中的直接材料、直接人工、制造和管理方面的费用，包括总成本、固定成本、变动成本、平均固定成本、平均变动成本、边际成本等，这些成本对企业定价有不同的影响；营销成本是营销过程中发生的费用支出。

(二)影响企业定价决策的外部因素

1. 市场需求

供求规律是市场经济的基本经济规律，决定着价格背离或趋向价值的方向和程度。当产品供过于求时，价格下降；供不应求时，价格上涨。在当前买方市场为主要特征的市场条件下，市场需求成为影响企业定价的最主要因素。

需求因素与价格的关系，可以用需求价格弹性来描述，因价格与收入等因素而引起相应需求的变动率，称作需求弹性，包括需求的价格弹性、收入弹性和交叉弹性等。需求的价格弹性反映需求量对价格的敏感程度，以需求变动的百分比与价格变动的百分比之比值来计算，亦即价格变动百分之一会使需求变动百分之几。在正常情况下，市场需求会按照和价格相反的方向变动。价格提高，市场需求就会减少；价格降低，市场需求就会增加。

消费者需求对产品定价的影响，还通过需求强度、需求层次反映出来。需求强度是指消费者想要获取某种产品的程度，若消费者对某种产品的需求比较迫切，则其价格敏感度下降，企业可以将价格定高一些。不同的需求对价格也有影响，对于满足高端需求层次的产品(如顶级配置的产品)，价格可定高一些。

2. 市场竞争

市场竞争结构决定着定价的客观环境，影响企业定价的自由程度。经济学根据市场竞争程度将市场分为完全竞争、垄断竞争、寡头竞争、完全垄断4种类型。在不同类型的市场上，由于竞争条件不同，对企业定价具有不同的约束力，企业的定价自由度会产生不同的变化。

(1)完全竞争。在完全竞争的条件下，任何买主和卖主都对现行市场价格没有决定性影响。买卖双方只能按照由市场供求关系决定的市场价格来买卖产品。无论卖主还是买主，都只是价格的接受者，而不是决定者，企业只能按照市场价格出售其产品，即采取随行就市定价方法。事实上，完全竞争的市场在现实中几乎是不存在的。

(2)垄断竞争。垄断竞争是一种介于完全竞争和纯粹垄断之间的市场形势。由于产品的独特性,企业拥有部分垄断势力;但受制于产品的可替代性,企业又不能滥用这种垄断势力。因此,垄断竞争是不完全竞争,也是一种普遍的市场竞争结构,在垄断竞争的市场,价格战是一种常见的竞争手段。

（3）寡头竞争。寡头竞争是竞争和垄断的混合物,也是一种不完全竞争。在寡头竞争的市场中,一个行业中只有少数几个大公司（大卖主）,它们所生产和销售的某种产品占有这种产品总产量和市场销售量的绝大比重,在这种情况下,各寡头企业有能力影响和控制市场价格,它们往往通过默契或者协议的方式协调、确定形成"操纵价格"。在寡头竞争的条件下,企业一般采用非价格竞争手段。

（4）完全垄断。完全垄断（或纯粹垄断）是指在一个行业中某种产品的生产和销售完全由一个卖主独家经营和控制。纯粹垄断有两种:一种是政府垄断,即政府独家经营的业务;另一种是私人垄断,即私人企业控制的业务,其中又包括私人管制垄断和非私人管制垄断。在完全垄断的条件下,在一个行业中只有一个卖主（政府或私营企业）,没有别家竞争,这个卖主就完全控制了市场价格,因此垄断企业常通过垄断价格获得超额利润。

3.其他环境因素

企业定价时还要考虑其他环境因素,如国内外的经济状况、通货膨胀、政府的税收和货币政策、相关法律法规等都会影响到企业的定价决策,其中政府干预应该是影响较大的因素之一。现代市场经济是受政府调节和干预的经济,政府可以通过行政、法律、经济等手段,对企业定价及社会整体物价水平进行调节和控制。

二、企业定价决策的三维环境

以上影响企业定价决策的主要因素可以归结为以下 4 个因素:成本因素、需求因素、竞争因素和政策因素。成本因素对应的是生产要素供应者,反映了企业对价格的承受程度;需求因素对应的是顾客,反映了顾客对价格的接受程度;竞争因素对应的是企业的竞争者,反映的是价格竞争的激烈程度;政策因素对应的是国家物价政策法规及其执行机构,反映了政府对定价的允许程度。我们将这四大因素的关系描述为一个定价的三维环境。

在生产要素供应者、顾客、企业的竞争者、国家物价政策法规及其执行机构这 4 方面中,国家物价政策法规及其执行机构的作用是统御性的,它不仅作用于企业,而且也直接影响企业的供应商及竞争者和顾客,企业与它们的关系是"下"与"上"的关系;顾客及生产要素供应者分别处于企业的"前"与"后";企业的竞争者处于企业的"左"与"右"。这样 4 个要素一起构成企业定价的三维环境,具体如图 9-2 所示。

在企业定价的三维环境中,企业要想取得定价的主动权,不仅要从供应商那里获得低成本的生产要素,而且价格要有竞争优势,要能够吸引顾客,但总体的定价应符合国家相关物价政策法规。

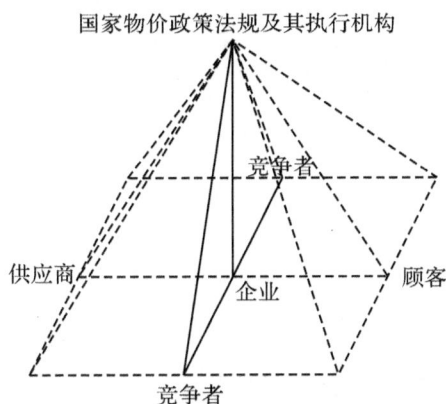

图 9-2　企业定价三维环境

三、企业定价决策的 3C 原则

影响企业定价决策的相关因素还可以归纳为 3C 原则,即成本、竞争品或替代品价格和消费者的需求水平(图 9-3)。

(一)成　本

成本是构成产品定价的最基本要素,也是企业进行定价的最低限度。在一般情况下,企业的定价不能低于成本,否则企业就无法生存,企业的经营目标也难以实现。

(二)消费者的需求水平

消费者的需求水平决定了其对价格的接受程度,是企业定价的最高限度,高于消费者能接受的价位,企业的定价可能会出现"有价无市"的情况,产品也就无法销售出去,企业的经营目标也是难以实现的。

(三)竞争品或替代品价格

在市场上,同类产品往往存在着众多竞争者或替代品,如果企业的产品定价无法比竞争品或替代品有价格优势,就难以赢得顾客,也就难以实现其经营目标。

图 9-3　企业定价的 3C 原则

从图 9-3 中可以看出,企业定价的最低限度是不能低于成本,低于成本企业无法维持经营;企业定价的最高限度是不能高于顾客的需求水平,高于这个价位,就不可能有需求,企业的产品价值也就无法实现。

第二节　定价的方法

一、企业定价的目标

确定产品价格并不是孤立的营销行为,产品定价是特定环境下企业战略、营销战略及目标市场战略在价格上的反映。定价目标直接影响与引领产品的定价思路与方法,也关系到采购、生产、财务等几乎企业所有领域的决策。企业的定价决策的首归主要是实现其利润、市场占有、竞争及生存发展等目标。

(一)当期利润最大化

有些企业高度重视短期财务绩效,希望制订一个能实现当期利润最大化的价格,总体上这个价格往往是较高的。但是当期利润最大化并不意味着一定要制订最高价格,企业会估算相应的需求和成本,然后选择一个能给企业带来最大利润、现金流量和投资收益的价格。由于产品的需求和成本函数很难确定,要制订实现利润最大化的价格也是很难的,更多情况下,企业将追求利润最大化作为长期目标。

(二)维持或提高市场占有率

市场占有率是一个企业经营状况和企业产品在市场上竞争能力的直接反映。较高的市场占有率,可以保证企业产品的销路,巩固企业的市场地位,从而使企业的利润稳步增长。在许多情形下,市场占有率的高低比投资收益率更能说明企业的营销状况。价格是影响销售的重要因素,企业用较低的价格吸引消费者扩大市场占有率,这样可能会损失部分短期利益,但从中长期来看,最终将获得由于市场占有率的扩大而增长的长期利润。

(三)市场竞争

在激烈竞争的市场环境中,企业常以适应价格竞争作为定价目标。价格竞争是市场竞争的重要方面。实力雄厚的企业应发挥规模经营带来的成本优势,利用价格竞争来排挤竞争者,以提高其市场占有率;实力弱小的企业,应认识到自己在规模、成本、声誉等方面与优势竞争者(特别是领先者)的差距,追随主导竞争者的价格,或以此为基础来制订自己的价格。

(四)力求生存

当企业面临严峻的市场形势时,企业定价的基本目的是谋求生存。为了确保企业能够继续开工或周转资金,企业只能实施低价策略。许多企业通过大规模的价格折扣来保持企业活力,只要其价格能够弥补可变成本和固定成本,甚至能够容忍短期性亏损,毕竟利润比起生存来要次要得多。

(五)产品质量最优

企业也可以考虑产品质量领先这样的目标,质量最优意味着产品的相关成本与服务必然有所提升。若企业在生产和营销过程中始终贯彻产品质量最优化的指导思想，只能用高价格来弥补高质量和研发带来的高成本，并能够给企业带来高利润。对消费者而言，高质高价是相得益彰的，也是符合其消费心理的。

二、企业定价的方法

（一）成本导向定价法

成本导向定价法是一种主要以成本为依据的定价方法，其优点是简便、易用。成本导向定价法主要有以下几种：

1. 成本加成定价法

成本加成定价法是企业较常用的定价方法，也是一种最简单的定价方法。该定价法是按产品单位成本加上一定比例的利润确定产品价格的方法。大多数企业是按成本利润率来确定所加利润的多少的。定价公式为：单位产品价格＝单位成本＋单位成本×成本利润率＝单位成本×（1＋成本利润率）。

采用这种定价方式，一要准确核算成本；二要确定恰当的利润百分比（即加成率）。其中，加成率的确定是定价的关键。不同产品之间的加成率存在较大的差别，低的不到10％，高的超过50％。一般需求弹性大的产品，其加成率可低一些，以求薄利多销；需求弹性小的产品，其加成率可高一些。

2. 盈亏平衡定价法

盈亏平衡定价法也叫保本定价法或收支平衡定价法，是指在销量既定的情况下，企业产品的价格必须达到一定的水平才能做到盈亏平衡、收支相抵。这种定价方法是在企业面临的市场形势严峻、企业无法获得预期利润时才采用。定价公式为单位产品价格＝单位产品固定成本＋单位产品变动成本。

在企业定价实务中，可利用此方法进行定价方案的比较和选择。对于任意给定的价格，都可以计算出一个保本销售量。如果企业要在几个定价方案中进行选择，只要给出每个价格对应的预计销售量，将其与此价格下的保本销售量进行对比，低于保本销售量的方案则予以剔除。

3. 边际成本定价法

边际成本定价法也称为边际贡献定价法。此法在定价时，不考虑价格对总成本的补偿，只考虑对可变成本的补偿，并争取更多的边际贡献来补偿固定成本。这种定价方法一般在企业面临的市场需求和竞争态势十分严峻时才采用。此方法的定价公式为单位产品价格＝单位产品变动成本＋单位产品边际贡献。

若产品价格大于变动成本，即单位产品边际贡献为正值时，其超过部分的收益即可补偿部分固定成本，企业仍然可以生产；若产品价格小于变动成本，即单位产品边际贡献为负值，企业应当马上停产，否则亏损加大。

这种方法适用于市场供过于求、企业生产任务不足的情况。企业承接临时生产任务时，也可暂时不考虑以总成本定价，而采用边际成本定价法，以期维持生产，保住市场。因此，边际成本定价法是适合企业在短期内采用的一种灵活定价方法。

(二)需求导向定价法

需求导向定价法是一种以市场需求强度及消费者感受度为主要依据的定价方法,是指企业在定价时不再以成本为基础,而是以消费者对产品价值的理解和需求强度为依据。需求导向定法包括理解价值定价法、反向定价法和拍卖定价法等。

1. 理解价值定价法

理解价值定价法也称感知价值定价法,其是以消费者对商品价值的感受及理解程度作为定价的基本依据。消费者对商品价值的理解不同,会形成不同的价格限度。这个限度就是消费者宁愿付货款而不愿失去这次购买机会的价格。如果价格刚好定在这一限度内,消费者就会顺利购买。

为了加深消费者对商品价值的理解程度,从而提高其愿意支付的价格限度,企业在进行产品定价时要明确产品的市场定位,拉开本企业产品与市场上同类产品的差异,突出产品的特征并综合运用这种营销手段,加深消费者对产品的印象,使消费者感到购买这些产品能获得更多的相对利益。企业则据此提出一个可销价格,进而估算在此价格水平下产品的销量、成本及营利状况,最后确定实际价格。

2. 反向定价法

反向定价法也称可销价格匡法或倒算法,是指企业根据产品的市场需求状况和消费者能够接受的最终销售价格,通过价格预测、试销和评估,先确定消费者可以接受和理解的零售价格,然后倒推批发价格和出厂价格的定价方法。因其定价程序与一般成本定价法相反,故称反向定价法。因为反向定价法是根据市场需求决定商品成本和确定出厂(进货)价格的,所以也是需求导向定价法的一种。

3. 拍卖定价法

拍卖定价法实际上也是理解价值定价法的一种,其原理也是以消费者对商品价值的感受和理解程度作为定价依据的,其以往一般用于文物、古董等成本和价值难以估算的商品中,现在也用于一般商品的销售中,而且在网络营销中较为流行。在拍卖时,顾客根据其对拍卖商品的价值理解来出价,商品的成交价也往往是以顾客的出价来最后确定的,定价的一般原则是"价高者得"。

【案例 9-1】Priceline:反向定价法成就商旅"大佬"

1998 年,Jay Walker 创立了 Priceline。作为全球主要在线旅游公司之一,Priceline 旗下六大主要品牌是 Booking. com、Priceline. com、Agoda. com、KAYAK、Rentalcars. com 及 OpenTable。

而让 Priceline 真正独树一帜的,当属其创立的 C2B 的反向定价模式。

资料显示,Priceline 模式的原理是,产品越接近保质期使用价值就越小,从航空业或者酒店行业来看,临近登机或者入住的时候,机票或客房的实际价值就会变小,一旦飞机起飞或者客房空置超过夜里 24 点,机票或者客房的价值便会为零。而 Priceline 网站让消费者报出要求的酒店星级、所在城市的大致区域、日期和价格,Priceline 从自己的数据库或供应商网络中寻找到合适价格的房间并出售,返回一个页面告知消费者此价格,看是否被接受,接受之后进行交易。目前"租车""旅游保险"也包括在其业务之中。

当有些商务散客既需要控制预算而又有高性价比的住宿需求时,这种由消费者定价的独特模式就起到了作用。反向定价的具体操作即由客人报出城市、时间、入住酒店标准和愿意支付的价格,比如一名商旅客人需要一家定位为五星级的酒店,为此愿意支付 100 美元一夜的价码,这个产品还需要包含早餐。当商旅客人将这个讯号发出后,就可以等待是否有商家接单,一旦有商家接单则客户在线支付,那么客户就得到了性价比颇高的酒店产品。

而在让商旅客人得到实惠的同时,酒店业者也得到了商业价值。旅游业是一个淡旺季非常分明的行业,当淡季或平日客房未满时,闲置的客房价值无法被体现。与其空闲,还不如将这些客房低价出售,这样既可以提升酒店入住率,也可以增加客房收益。因此,Priceline 的反向定价等于为酒店业者打开了吸引购买"尾单"客房的客源,将酒店客房收益率最大化。同时,商旅客源要将信用卡信息提交后才能提交购买条件,这种交易是不可反悔、不可取消的,因此对酒店而言是一笔直接交易,即便最终该客人并未入住,酒店方也已经收到了款项且无须退回。

此外,Priceline 上没有报价信息,商旅客人只知道最终成交价和酒店星级、地理位置,这种方式起到保护酒店方的作用。毕竟过低的价格会拉低酒店的品牌定位,对一些高星级或看重品牌定位的酒店而言,不能公开以过低的价格销售,但其实这类酒店也需要将闲置客房售出。Priceline 这种不公开酒店报价信息的反向定价模式也保护了酒店品牌,算是"里子和面子"都顾及了。

（资料来源:《Priceline:反向定价法成就商旅"大佬"》《第一财经日报》）

（三）竞争导向定价法

竞争导向定价法是企业通过研究竞争对手的生产条件、服务状况、价格水平等因素,依据自身的竞争实力,以市场上竞争者的类似产品的价格作为本企业产品定价的参照系的一种定价方法。主要有随行就市定价、密封投标定价、主动竞争定价等方法。

1. 随行就市定价法

随行就市定价法也称通行价格定价法,是竞争导向定价方法中广为流行的一种。在垄断竞争和完全竞争的市场结构条件下,任何一家企业都无法凭借自己的实力而在市场上取得绝对的优势,为了避免竞争特别是价格竞争带来的损失,大多数企业都采用随行就市定价法,即将本企业某产品价格保持在市场平均价格水平上,利用这样的价格来获得正常利润。这种定价方法适用于竞争激烈的均质商品,如大米、面粉、食油及某些日常用品的价格确定上。

2. 主动竞争定价法

与通行价格定价法相反,主动竞争定价法不是追随竞争者的价格,而是根据企业及其产品的实际情况和与竞争对手的产品差异状况来确定价格。定价时首先将市场上竞争商品价格与企业估算价格进行比较,分为高、一致及低 3 个价格层次。其次,将本企业产品的性能、质量、成本、式样等与竞争产品进行比较,分析造成价格差异的原因。再次,根据以上综合指标确定企业产品的特色、优势及市场定位,在此基础上,按定价所要达到的目标,确定产品价格。最后,跟踪竞争产品的价格变化,及时分析原因,相应调整本企业产品的价格水平。

3.密封投标定价法

密封投标定价法主要用于投标交易中,投标价格是企业根据对竞争者的报价估计确定的,而不是按企业自身的成本费用或市场需求来制订的。报价时,投标企业既要考虑实现企业目标利润,也要结合竞争状况考虑中标概率。许多大宗商品、原材料、成套设备和建筑工程项目的买卖和承包,以及出售小型企业等,往往采用发包人招标、承包人投标的方式来选择承包者,确定最终承包价格。一般来说,招标方只有一个,处于相对垄断地位,而投标方有多个,处于相互竞争地位。标的物的价格由参与投标的各个企业在相互独立的条件下来确定。在所有投标者中,报价最低的投标者通常中标,它的报价就是承包价格。

第三节　价格策略

企业依据产品成本、市场需求、市场竞争等因素制订出的是产品的基本价格,不一定是最终价格。在实际的营销活动中,企业会在基本价格的基础上,结合具体情境,运用一些定价的策略或技巧,进行价格修正,以确定最有利于营销目标实现的成交价格。

一、心理价格策略

心理价格策略往往是针对顾客的心理特点而制订价格,零售企业一般较多采用,主要有以下几种具体的价格策略。

(一)尾数价格策略

尾数价格策略又称"零数定价""非整数定价",指企业利用消费者求廉的心理,制订非整数的保留零头的价格。消费者行为学的研究表明,价格尾数的微小差别能够显著影响消费者的购买行为。有尾数的价格使人产生打折或特价的心理暗示,带给消费者一种经过精确计算、价格较低的感觉。比如,服装店把服装的单价定为298元,而不是300元,可以在直观上给消费者一种便宜很多、定价精确的感觉,从而激起消费者的购买欲望,促进产品销售量的增加。

(二)整数价格策略

整数定价策略与尾数定价策略相反,主要针对消费者的求便心理,有意将产品价格定为整数。整数定价常常以偶数,特别是"0"作尾数。例如,2元1个冰淇淋,1元1个包子,城市公交票价等是运用整数价格策略的典型代表。整数定价最大好处是方便,省却了找零钱的麻烦,方便企业和顾客的价格结算,但有时给人成本核算不够精准的感觉。整数价格策略适用于需求价格弹性小,即价格高低不会对需求产生较大影响的商品。如对一些名牌质优产品、高档品和礼品等,采用整数价格往往能够满足消费者的自尊心和炫耀心理。

(三)声望价格策略

声望价格策略是利用消费者的求名心理而采用的价格策略。该策略根据产品在消费者心中的声望、信任度和社会地位，有意识地给商品定高昂价格以提高商品地位，以满足某些消费者的特殊欲望，如地位、身份、财富、名望和自我形象等心理需求。因为消费者具有崇尚名牌的心理，往往以价格来判断产品质量，认为价高质必优。声望价格策略适用于一些传统的名优产品、具有历史地位的民族特色产品及知名度高、有较大的市场影响、深受市场欢迎的驰名商品。

(四)吉数价格策略

吉数价格策略主要是利用顾客的求平安、求吉利心理而采用的价格策略。由于民族文化、社会风俗和价值观念的影响，某些数字常常会被赋予一些独特的含义，企业在定价时若能加以巧用，则其产品将因此得到消费者的偏爱。在我国，"6""8""9"等数字代表"顺""发""久"等吉祥的意义，因此消费者愿意接受18,98,168,666,999,1888等价格。当然，某些为消费者所忌讳的数字，如"13""4""250"等，企业在定价时则应有意识地避开，以免引起消费者的厌恶和反感。

二、地理价格策略

地理价格策略是企业针对不同地区的消费者分布特征，结合产品的物流成本来决定产品价格。地理价格策略主要有以下几种形式：

(一)产地交货价格策略

产地交货价格，也称原产地价格，买方按照出厂价购买某种产品，卖方只负责将这种产品运到原产地的某种运输工具(如汽车、火车、船舶等)上，即算交货。在国际贸易术语中，这种价格称为离岸价格或船上交货价格。交货后的产品所有权归买方所有，运输过程中的一切费用和保险费均由买方承担。产地交货价格对卖方来说较为便利，费用最省，风险最小，但对扩大销售有一定影响。

(二)统一交货价格策略

统一交货价格，也称送货制价格，即卖方将产品送到买方所在地，不分路途远近，统一制订价格。这种价格类似于国际贸易中的到岸价格，其运费按平均运输成本核算，这样，可减轻较远地区顾客的价格负担，使买方认为运送产品是一项免费的附加服务，从而乐意购买，有利于扩大销售。同时，统一交货价格能使企业维持一个全国性的一致价格，易于管理。该策略适用于体积小、重量轻、运费低或运费占成本比例较小的产品。

(三)区域交货价格策略

区域交货价格，也称分区运送价格，指卖方根据顾客所在地区距离的远近，将产品覆盖的整个市场分成若干个区域，在每个区域内实行统一价格。这种价格介于产地交货价格和统一交货价格之间。实行这种策略，处于两个不同价格区域的顾客承担不同的价格,离产地较远的区域由于物流成本相对较高,区域定价也相应得高一些。区域交货价格的缺陷是同一价格区域内,离产地较近的消费者不合算;处在两个价格区域交界地的顾客,价格差别较大。

(四)运费津贴价格策略

运费津贴价格也称免收运费定价,是指为弥补产地交货价格策略的不足,减轻买方的运杂费、保险费等负担,由卖方补贴其部分或全部运费。该策略有利于减轻边远地区顾客的运费负担,不断开拓新市场。

以上4种地理价格策略中卖方承担的经济责任稍有差异,顾客能够享受的优惠也是各不相同的。一般来说,产地交货价格最为公平,而统一交货价格相对来说公平度最差,区域交货价格的公平度居中。

三、折扣价格策略

折扣价格是企业为调动各方面积极性或鼓励顾客交易,在基本价格的基础上做出一定让步,直接或间接降低价格,以争取顾客,增加销量。其中,直接折扣的形式有数量折扣、现金折扣、功能折扣、季节折扣、以旧换新折扣和销售返利等。

(一)数量折扣策略

数量折扣是指按顾客购买数量的多少,分别给予不同的折扣,购买数量愈多,折扣愈大。其目的是鼓励顾客大量购买产品,或集中向本企业购买产品。目前,全国许多商场开展的"满就减"活动是数量折扣价格策略的一种表现形式。数量折扣包括累计数量折扣和一次性数量折扣两种形式。累计数量折扣规定顾客在一定时间内,购买商品若达到一定数量或金额,则按其总量给予一定折扣,目的是鼓励顾客经常向本企业购买,成为可信赖的长期客户;一次性数量折扣规定顾客一次购买某种产品达到一定数量或购买多种产品达到一定金额,则给予折扣优惠,其目的是鼓励顾客大批量购买,促进产品多销、快销。

数量折扣的促销作用非常明显,企业因单位产品利润减少而产生的损失完全可以从销量的增加中得到补偿。此外,销售速度的加快,使企业资金周转次数增加,流通费用下降,产品成本降低,从而实现企业总营利水平上升。

(二)现金折扣策略

现金折扣是对在规定的时间内提前付款或用现金付款者所给予的一种价格折扣,其目的是鼓励顾客尽早付款,加速资金周转,降低销售费用,减少财务风险。采用现金折扣一般要考虑3个因素:折扣比例,给予折扣的时间限制,付清全部货款的期限。由于现金折扣的前提是商品的销售方式为赊销或分期付款,所以,有些企业采用附加风险费用、治理费用的方式,以避免可能发生的经营风险。现金折扣策略主要针对组织市场客户或购买房产等交易金额较大的消费者客户。

(三)功能折扣策略

中间商在产品分销过程中所处的环节不同,其所承担的功能、责任和风险也不同,企业据此给予不同的折扣称为功能折扣。对生产者市场客户的价格折扣也属于一种功能折扣。功能折扣的比例，主要考虑中间商在分销渠道中的地位、对生产企业产品销售的重要性、购买批量、完成的促销功能、承担的风险、服务水平、履行的商业责任及产品在分销中所经历的层次和在市场上的最终售价等等。

鼓励中间商大批量订货，扩大销售，争取顾客，并与生产企业建立长期、稳定、良好的合作关系是实行功能折扣的一个主要目标。功能折扣的另一个目的是对中间商经营的有关产品的成本和费用进行补偿，并让中间商有一定的盈利。

(四)季节折扣策略

季节折扣策略指企业对于全年生产、季节消费的产品在消费淡季做一定的价格折让，鼓励顾客反季购买。但季节折扣的提法相对较为狭隘，目前不少企业为了平衡消费，对每季、每天各个时段有需求差异的产品也推出了价格折让，鼓励顾客在淡季购买。季节折扣策略有利于协调供需矛盾，减轻库存，加速商品流通，迅速收回资金，促进企业均衡生产，充分发挥生产和销售潜力，避免因季节需求变化所带来的市场风险。

(五)以旧换新折扣策略

以旧换新，是指消费者在购买新商品时，如果能把同类旧商品交给商店，就能抵扣一定的价款，旧商品起着折价券的作用；如果消费者不能提交旧商品，新商品就只能以原价售出。对于进入成熟期的产品，开展以旧换新业务，有助于刺激消费需求，促进产品的更新换代，带动新产品的销售。

(六)销售返利

返利是一种特殊的折扣形式，是指厂家或供货商为了刺激销售，提高经销商(或代理商)的销售积极性而采取的一种正常商业操作模式。一般是要求经销商或代理商在一定市场、一定时间范围内达到指定的销售额的基础上，给予销售额多少个百分点的奖励，所以称为返点或返利。

四、差别价格策略

差别价格，也叫价格歧视，是指企业根据消费者剩余理论，以两种或两种以上，且不反映成本费用的比例差异的价格销售某种产品或服务。差别定价策略主要有以下几种：

(一)基于顾客的差别价格策略

基于顾客的差别价格策略，是指企业按照不同的价格把同一种产品或服务卖给不同的顾客。例如，公园、旅游景点、博物馆等将顾客分为学生、年长者和一般顾客，对学生和年长者收取较低的费用；铁路公司对学生、军人售票的价格往往低于一般乘客；自来水公司根据需要把用水分为生活用水、生产用水，并收取不同的费用；电力公司将电分为居民用电、商业用电、工业用电，对不同的用电收取不同的费用。

(二)基于时间的差别价格策略

基于销售时间的差别价格策略,即企业对于不同季节、不同时期甚至不同钟点的产品或服务分别制订不同的价格。例如,目前在全国许多城市推出的峰谷电价是典型的基于时间的差别价格。以杭州市为例,每天 8:00—22:00 为用电高峰期,每度电价为 0.568 元;而在22:01—07:59 为用电低谷期,每度电价为 0.288 元,这样削峰补谷,有利于平抑用电需求。

(三)基于地点的差别价格策略

基于地点的差别价格策略是一种因地点而异的价格策略,由于地点的差别,顾客可能享受到不同的服务品质,也需要支付不同的价格。例如,火车卧铺从上铺到中铺、下铺,价格逐渐增高;明星演唱会与体育比赛的门票价格通常因座位地点不同而不同。

(四)基于产品的差别价格策略

购买产品的过程是顾客与商品结合的过程。既然很难把顾客按其富裕程度加以分类并按不同价格向其推销同一产品,那么可以将同一类产品做不同的改进后,吸引相应的顾客,这就是基于产品的差别价格策略。例如,汽车生产厂家常常用舒适型轿车、豪华型轿车、尊贵型轿车等来吸引不同的顾客。当然,豪华型产品所增加的成本必须远远低于其售价的增量部分,实施产品差异价格策略才有意义。

(五)基于形象的差别价格策略

有些企业根据形象差别对同一产品制订不同的价格。企业可以对同一产品采取不同的包装或商标,塑造不同的形象。如香水商可将香水放入一只普通瓶中,赋予某一品牌和形象,售价为 20 元;而同时用更华丽的瓶子装同样的香水,赋予不同的名称、品牌和形象,定价为 200 元。或者用不同的销售渠道、销售环境来实施这种差别定价。如某商品在廉价商店低价销售,但同样的商品在豪华的精品店可高价销售,辅以针对个人的服务和良好的售货环境。

需要注意的是,企业对产品进行差别定价时,应当具备以下条件:

(1)市场必须是可以细分的,而且各细分市场必须表现出不同的需求程度。

(2)以较低价格购买某种产品的顾客没有可能以较高价格把这种产品倒卖给别人。

(3)竞争者没有可能在企业以较高价格销售产品的市场上以低价竞销。

(4)细分市场和控制市场的成本费用不得超过因实行价格歧视而得到的额外收入。

(5)价格歧视不会引起顾客反感,不能违法。

五、组合产品价格策略

组合产品价格策略也称捆绑产品价格策略,所谓捆绑产品是指相关产品,即在最终用途和消费购买行为等方面具有某种相互关联性的产品。组合产品价格策略主要包括以下几种:

(一)选择产品价格策略

选择产品价格策略的特点是顾客购买产品时,企业提供多种选择,鼓励顾客购买相关产品。一般而言,若 A 与 B 是配套使用的产品,企业将 A＋B 组合进行销售,其售价低于其单独销售的价格。例如,电脑的单价为 5000 元,打印机的单价为 1000 元,若顾客同时购买这两种产品的配组,可以 5800 元成交。值得注意的是,选择的配套产品必须具有相关性,否则是变相的搭配销售。

(二)俘虏产品定价策略

俘虏产品定价策略也称互补商品价格策略。互补商品指两种(或以上)功能互相依赖、需要配套使用的商品。俘虏产品价格策略是企业利用价格对消费连带品需求的调节功能,全面扩展销售量所采取的定价方式和技巧。具体做法是,把价值高而购买频率低的主件商品(这种商品可称为引诱品)价格定得低些,而将与之配套使用的价值低而购买频率高的易耗品(这种商品可称为俘虏品)价格适当提高。例如,耗材店的打印机的价格较低,但硒鼓或墨盒的价格却不便宜就是这个道理。

(三)任选品定价策略

任选品是指那些与主要产品密切关联的可任意选择的产品。企业为任选品定价有两种策略可供选择:一种是为任选品定高价,以此营利;另一种策略是定低价,把它作为招徕顾客的项目之一。例如,顾客去饭店吃饭,除了点饭菜之外,可能还会要点酒、饮料、烟等。许多饭店的酒价很高,而饭菜的价格相对较低。饭菜可以弥补食物的成本和其他的饭店成本,而酒水饮料则可以带来利润。这也是为什么服务人员极力推荐顾客购买酒水饮料的原因。

(四)产品系列定价策略

企业经常以某一价格出售一组产品,如化妆品系列组合、旅行社为顾客提供一系列活动方案。这一组产品的价格低于单独购买其中每一产品的价格总和。由于顾客可能并不打算购买其中所有的产品,这一组合的价格必须有较大的降幅,来推动顾客购买。

六、促销价格策略

促销价格策略是指企业以各种形式把商品的价格暂时降低,以吸引顾客购买。

(一)特殊事件价格策略

特殊事件价格策略是一种借势促销的价格策略。企业往往利用一些特殊的节日或特殊的事件,将全部产品或部分产品的价格降低,以吸引顾客购买。这种促销价格策略的好处是能够有效地积聚人气,扩大销售。但在使用时必须注意节日或事件与产品的相关性、促销活动的可控性,等等,否则效果适得其反。

(二)招徕定价策略

这是一种利用消费者求廉的心理,故意将招徕品以低于市场平均价的价格销售,以低价招徕吸引消费者的定价策略。因为招徕品的价格明显低于市场上其他同类商品，所以顾客盈门，从而带动其他商品的销售。比如一些大型超市将部分日用品或食品以低价出售，并以此为卖点来吸引消费者光临。

采用招徕定价策略时，必须注意以下几点：

(1)降价的商品应是消费者常用的或关注度较高的，或是每一个家庭适用的物品，否则没有吸引力。

(2)实行招徕定价策略的商家，经营的品种要多，易于吸引顾客购买招徕品以外的商品。

(3)商品的降价幅度要大，一般应接近成本或者低于成本，不能失信于客户，只有这样才能激起消费者的购买欲望。

(4)降价品的数量要适当，太多商家亏损太大，太少容易引起消费者的反感。

(5)降价品应与因伤残而削价的商品明显区别开来。

【专栏 9-1】家乐福和沃尔玛的招徕定价策略

招徕定价策略。这种定价是对某些商品定非常低的价格，目的在于吸引消费者的目光。如我们逛街经常看到大街小巷当中很多店门前贴个标签"10 元起"。当然这个"起"字写得非常小，都是这种套路。会让人认为这家店里的商品都很便宜，其实未必，这种策略的目的就是吸引消费者在来购买该商品时也购买其他商品，从而带动其他商品的销售，当然我们也可以反其道而行之，把价格定得很高来吸引消费者眼球。

家乐福和沃尔玛怎么利用这个招徕定价策略？两家都打的是最低价，但是家乐福是坚持"低中取低，高中超高"的策略，而沃尔玛是所谓的"整体低价"策略。家乐福不是所有的商品的价格都很低，而是高低结合，至于哪些商品是低价，哪些商品是高价，家乐福是在充分的市场调研的基础上确定的。

特别是家乐福把商品按其属性分为 4 种：敏感性商品、非敏感性商品、自有品牌商品和进口商品。对于这 4 种不同属性的商品的定价采取 4 种不同的策略：敏感性商品超低价，非敏感性商品贡献价，自有品牌商品权变价，进口商品超高价。最终要达到的目的是将提高销售额和获取最大利润整合到最佳平衡点。

这样就好理解为什么淘宝商家有的时候"9.9 元包邮"都敢做了，有一句话内涵特别丰富，"来都来了"，既然来了，就随便买点什么呗，反正都包邮。

（资料来源：搜狐公众号"高臻臻的脑细胞"）

第四节 价格调整策略

企业处在一个不断变化的环境之中，产品上市后，随着市场供求状况、竞争状况、消费心理、产品生命周期等因素的变化，企业必须适时、适当地对产品价格进行调整，以动态适应营销环境的变化，以求得生存和发展。

一、降价策略

(一)企业降价的主要原因

1.成本降低

成本是产品定价的基础,成本降低意味着产品定价的底线随之降低,进一步拓宽了产品降价的空间。

2.竞争加剧

为了提升产品的市场份额,企业往往采取攻击性的竞争策略,选择主动调低产品价格的方式是常用手段。若面对竞争对手的巨大竞争压力,导致市场份额流失时,企业也将被迫进行削价竞争。

3.需求减少

在整体经济不景气的背景下,消费者实际收入和预期收入均下降,其购买意愿下降,需求减少,企业往往需要降价。产品进入生命周期后期(如衰退期),市场上涌现新产品时,消费者需求与偏好转移,企业也会通过降价以提升产品对消费者的吸引力。

4.企业的定价目标调整

一般来说,企业推新产品时,为了树立一定的市场形象,会将价格定得较高;当产品逐渐进入成熟期,产品的竞争优势不明显,企业就会降低价格,以期获得有利的竞争地位。以利润最大化、质量领先为定价目标的企业,随着企业战略的调整,逐渐转向以市场占有或生存为目标,降价则成为企业的重要手段。

以上4个方面原因中,一般来说,竞争加剧和需求减少是降价的被动原因;而成本降低和企业的定价目标调整相对来说更为主动。

【案例 9-2】无印良品在华第七次降价对标竞品

北京商报讯(记者 吴文治 王维祎)一向"高冷"的无印良品,在中国不断"弯腰"接近消费者。近日,无印良品 MUJI 在微信公众号发布消息,在中国内地,无印良品再次展开"新定价"活动,降低部分产品的定价。

对于无印良品再次降低定价一事,无印良品(上海)商业有限公司回应称,无印良品重新检视商品开发,不断审视商品价格,自8月25日,无印良品全国店铺展开了新一轮的2017秋冬"新定价"活动。实际上,此次"新定价"是无印良品在内地进行的第七次降价活动。无印良品相关负责人对记者表示,公司的最终目标是把商品价格降下来,希望达成全世界统一的价格。《北京商报》记者走访无印良品门店时发现,店内的产品标签已经张贴了"新定价"的标识。同时,店内已经竖起了产品降价宣传牌。据悉,原本售价为490元的一款电水壶,降为400元;原本售价为3500元的一款170cm×210cm的双人羽毛被,降为2500元。多数商品降价幅度在15%—30%左右。

截至5月31日,2017财年一季度无印良品中国市场可比销售额增长5.8%,环比上一季度降低1.8个百分点。这不禁让人猜想到无印良品此次降价的原因。

国家商务部经贸政策咨询委全球价值链专家林至颖表示,产品降价背后的原因有很多种,一方面是过去一年全球采购价格趋于平稳,零售让利顾客;另一方面是电商发展使产品价格透明度提高,品牌应当将价格调整至合理的水平。

在降价之后,无印良品产品的定价与竞品之间的价差在不断缩小。《北京商报》记者查询发现,相比网易严选羽绒被售价区间是 1999—2500 元,无印良品同类产品最高价格是 999 元。产业时评人张书乐认为,无印良品通过降价来亲近潜在消费群体,但真正要有竞争力,还要靠产品设计和质量来巩固市场份额。

张书乐认为,无印良品以特殊的产品风格吸引消费者,但随着快时尚、网易严选等选择的增加,无印良品的特色不再鲜明。此外,国内不少杂货铺、十元店升级为风格化优品店,当竞品按照同样的方式、风格进入市场时,无印良品不能仅仅通过硬拼价格来守阵,"只有差异化经营才能使无印良品在竞争中脱颖而出"。

(资料来源:《北京商报》2017 年 9 月 7 日)

(二)企业降价的优点

(1)对于企业来说,适当降价可以扩大销售、积聚人气、减少积压、加速资金周转,保证企业的生产与再生产正常进行。降价可以促进企业开展科技改革,降低成本,也可促进企业加强核算,提高管理水平。

(2)对于广大消费者而言,企业的降价活动可以使消费者得到实惠,提高消费水平和生活品质。

(3)对于整个社会来说,降价有利于提高国民的整体生活质量。

(三)企业降价的主要风险

(1)对于企业来说:①企业收益减少,无力进行研发;②企业与产品形象受损;③容易导致竞争者报复,形成恶性价格竞争;④渠道利润压缩,分销商失去信心。

(2)对于消费者而言:①前期消费者的利益受损;②消费者的决策更为困难;③消费者产生预期心理,认为价格会一降再降;④降价降质量、降服务,直接损害消费者的利益。

(3)对于国家来说:①国家税收严重流失;②市场秩序混乱;③不利于社会财富的增加。

二、提价策略

(一)提价的主要原因

1. 成本上升

成本和费用上涨,往往是导致企业提价的首要原因。在成本上升的情况下,若企业的产品价格不变,利润必然会降低,为了保持企业的利润水平,就必须提价。因此,这种提价策略可以说是一种无奈的选择。

2. 需求增加

当企业的产品供不应求,不能满足所有顾客的需要,企业也可以采取提价策略以抑制需求。但这种主动的提价在企业实际生产经营过程中较少运用,在需求上升时企业首先考虑的往往是扩大生产,只有少数企业在供不应求时通过价格手段来抑制需求,从而保证产品和服务质量。

3.竞争者提价

当竞争者提价时,有些企业为了保持竞争平衡,也可能采取提价的策略。这种提价策略不仅可以使企业赢得更多的利润,而且可以保持企业与产品的形象,同时与竞争者保持对等关系。

4.企业的定价目标调整

当企业进入市场初期,出于生存和竞争的需要可能将产品和价位定得较低,一旦企业在市场上站稳了脚跟,其产品形象树立起来后,价格也有可能从低往高走。有些坚持"先市场后利润"定价目标的企业可能采取此项提价策略。

5.通货膨胀

由于货币超发等引起的通货膨胀,会导致原材料等生产资料与劳务成本上升,继而推动全社会物价总水平在一定时期内持续普遍上升,企业只有通过提价以抵消通货膨胀的负面影响,否则只能自身消化物价上升带来的成本压力。

总体而言,企业提价的主要原因不外乎是成本上升、需求增加等,但成本上升往往是企业提价的最主要原因。

(二)提价的主要策略

提价往往存在诸多风险,顾客往往对价格较为敏感,企业必须采取相应的策略,使提价顺利进行。

1.选择正确的提价时机

一般来说,销售淡季是企业产品提价的最佳时间段,因为在淡季市场需求量相对少,消费者对价格的敏感度较低,竞争产品市场表现平淡,对自身市场影响相对较弱,不会造成很大的市场冲击,有利于企业争取时间使客户接受和适应产品的提价。

2.选择合适的提价方式

提价按是否更改产品属性一般来说分为两种方式:一种是公开提价,即在不改变产品的品质、成分、含量、包装等属性下直接提价,这种方式对消费者来说缺乏提价的直观"理由"依据,具有强制性,消费者容易产生反感和抵制情绪,在消费时容易出现品牌的转移,从而给竞争产品留下抢占市场的机会。另一种是隐性提价,即在通过改变产品功能、包装、品质,提高产品的附加值的情况下提价,这种方式由于产品属性的改变,消费者不尽了解产品的实际成本而使提价后的价格变得不透明,但是产品属性的更改会使顾客有"理由"默认和接受提高后的价格,对产品需求不会发生较大的改变,从而减少给竞争品的可乘之机。企业还可以实施减量不减价的变相提价方式,即在事先未告知顾客的情况下适当减少产品包装容量(但不是很明显,顾客不易察觉),减少市场的阻力,避免竞争品的冲击。

3.产品提价要争取经销商的支持

相对于竞争对手,厂家和经销商是利益共同体,提价成功与否直接关系到双方的经济利益。因此,要争取经销商对产品提价的支持,促使经销商积极执行厂家的提价政策,主动追踪竞争产品对提价的市场反应状况,积极采取相应的销售跟进予以打击,阻止竞争产品在产品提价期间对市场的渗透和冲击。而要争取经销商的支持,关键是要满足经销商追逐利益的需要,增加经销商对打击竞争产品的费用投入,如可以从提价部分中提取部分利润奖励经销商作为市场推广的费用,拟订合理的渠道批发零售差价,保证各级经销商合理的利润空间,等等。

4.做好消费者教育和促销工作,防止消费者品牌的转移

企业产品提价会造成消费者直接利益的损失,必然招致他们在情绪上的反感和购买行为上的抵制。假如提价超出其心理接受范围会出现品牌忠诚度的下降甚至品牌的转移的现象,从而给竞争产品抢夺市场的良机。因此提价后,要对消费者进行必要的教育,说服消费者不要仅仅关注产品的价格,更应该注重产品的品牌、品质;同时在提价期间,针对终端市场开展多种形式的促销活动,给消费者适当的优惠让利,减轻消费者对价格的经济承受程度,维持和巩固他们对品牌的忠诚度。实际上,保住了客户就是保住了市场,也就是抵制住了竞争产品对市场的渗透。

5.分析和发现竞争产品的弱点,采取针对性措施予以打击

调价是企业的重要竞争手段,产品提价必然削弱企业产品的竞争实力,会给竞争对手留下进攻的软肋。企业要主动了解和寻找竞争对手产品和市场的弱点,采取有效的市场手段予以打击,扭转被动的市场局面。如国内某品牌饮料企业在产品提价期间,通过对竞争杂牌产品的市场调研,发现相当竞争品均含有香精、防腐剂等对人体有害的成分。经过研究相应的对策,该企业在产品标签上郑重承诺:不含香精,不含防腐剂,同时通过广告、促销等市场手段宣传不加香精、不含防腐剂的产品诉求,在消费者心目中树立了企业优质产品的形象,有效地打击了竞争对手的销售势头。

企业产品提价不仅关系到产品的需求变化程度,还关系到竞争产品的市场反应程度,从而最终影响到企业产品的市场份额。因此,企业提价时,要处理好市场参与主体中企业本身、经销商、消费者和竞争对手之间的利益关系,确保企业提价目标的顺利实施。

三、应对竞争者的价格调整策略

(一)企业应对调价的反应类型

1.相向式反应

你提我也提,你降我也降价。这样一致的行为,对企业影响不太大,不会导致严重后果。企业坚持合理营销策略,不会失掉市场和减少市场份额。

2.逆向式反应

你提价,他降价或维持原价不变;你降价,他提价或维持原价不变。这种相互冲突的行为,影响很严重,竞争者的目的也十分清楚,就是乘机争夺市场。对此,企业要进行调查分析,首先摸清竞争者的具体目的,其次要估计竞争者的实力,最后要了解市场的竞争格局。

3. 交叉式反应

众多竞争者对企业调价反应不一,有相向的,有逆向的,有不变的,情况错综复杂。企业在不得不进行价格调整时应注意提高产品质量,加强广告宣传,保持分销渠道畅通等。

(二)企业应对价格调整的策略

在现代市场经济条件下,企业经常会面临竞争者调价的挑战。如何对竞争者的调价做出及时、正确的反应,是企业定价策略的一项重要内容。

面对竞争者的价格调整,企业必须认真调查研究如下问题:①竞争者为什么变价;②竞争者打算暂时变价还是永久变价;③如果对竞争者变价置之不理,将对企业的市场占有率和利润有何影响;④其他企业是否会做出反应;⑤竞争者和其他企业对于本企业的每一个可能做出的调整又会是什么反应。

以市场领导者为例。市场领导者往往遭到其他企业的进攻,这些企业的产品可与市场领导者的产品相媲美,它们往往通过进攻性的降价来争夺市场领导者的阵地。在这种情况下,市场领导者有以下几种策略可供选择:

(1)维持价格不变,其条件是如果降低价格,会失去很多利润;维持原价不会失去很多市场份额;即使失去市场份额,在必要时会重新获得市场份额。

(2)提高被认知的质量,即维持原价,但要增加提供的产品的价值。例如,企业不是采取降价策略,而是在原价的基础上赠送部分产品。

(3)降低价格,条件是成本因数量增加而下降;不降价会失去很多市场份额;一旦失去市场份额,要重新获得的难度很大。

(4)提高价格,同时改进质量,企业不但不降价,还要提价,同时提升产品质量,实际上是一种错位策略。

(5)推出廉价产品线进行反击。例如,9.9元的宝洁飘柔日常护理型洗发水就是针对低端市场的竞争而推出的廉价产品线。

◆ 本章小结

价格策略是企业营销组合中最活跃的策略,也是企业难以把握的营销决策之一。企业的定价必须考虑成本、需求、竞争和政策等因素,这些因素构成了企业定价的三维环境。企业在分析影响定价决策相关因素的基础上需要确定相应的定价目标和选择相应的定价方法。其中,定价方法主要包括成本导向定价法、需求导向定价法和竞争导向定价法3种方法。

企业为产品制订了一个基本价格后,还需要对产品的基本价格加以适当调整以符合消费者及市场竞争等实际情境,这些价格策略包括心理价格、地理价格、折扣价格、差别价格、组合产品价格、促销价格等策略。

为了使价格更具营利力、吸引力和竞争力,企业还必须采取一系价格调整策略对价格进行修正,并根据产品成本、市场需求和竞争的变化对价格进行调整,这也是本章的学习重点与难点。

◆ 思考题

1.影响企业定价决策的因素有哪些?

2.企业的定价目标有哪些?它们之间有何关系?

3.企业的定价方法有哪些?试分析比较成本导向定价法与需求导向定价法。

4.选择一种价格修正策略,讨论其具体运用。

5.试分析论述影响企业定价的因素、定价目标、定价方法和价格调整条件之间的关系。

◆ 案例阅读与分析

【案例】一、二线白酒淡季仍忙提价

目前虽然已步入酒业销售的淡季,但涨价的消息反而越来越多。

继郎酒旗下红花郎宣布提价后,位列国内浓香型白酒前三序列的洋河近日亦宣布提价。由于提价幅度高过近年来的平均水平,业内普遍认为此次提价超预期。不过,洋河方面昨日则表示此次提价各方面的条件已经成熟。

有业内专家指出,目前国内一、二线白酒纷纷选择在淡季提价,是为了在中秋旺季到来之前理顺价格关系,给经销商一定的缓冲和准备时间。接下来不排除其他白酒企业乘势提价的可能。不过值得注意的是,茅台、五粮液这些刚于上周创出估值新高的上市酒企股价近日已经有所回落。

洋河提价幅度超出市场预期

洋河此次提价距其上次提价尚不足半年,但力度则远超以往。其中,海之蓝上涨10元/瓶,天之蓝上涨20元/瓶。

这与洋河股份副总裁、董事会秘书丛学年和证券部部长陆红珍今年1月份在接待投资者时透露的"小步慢跑的价格策略"略有差异,也超出了一些机构的预期。

太平洋证券黄付生等认为,此次洋河提价幅度超出市场预期,但这种超预期的提价也在印证终端需求回暖。

其实,从2016年的销售数据看,海之蓝、天之蓝是洋河销售占比第一和第二的品牌,排在梦之蓝之前。

而公开资料显示,此次提价是洋河年内第2次,2015年以来第4次上调"海、天"品牌的终端价。前几次提价幅度都在2—5元/瓶之间,本次海之蓝提价幅度远超以往。

"这是由于去年以来,公司对省内调整的成效较为明显,终端需求恢复,公司提价底气足;同时,本次提高终端价也有助于提升渠道的利润空间,提高经销商的积极性。"太平洋证券如是认为。

事实上,通过洋河股份此前公开披露的信息,可知在洋河管理层眼中,"提价是大趋势"。而之所以会有如此判断,则与目前白酒行业经过调整正在逐步复苏,以及政务消费逐步常态化两大因素相关。

跟进调价有时也是双刃剑?

值得注意的是,洋河已不是在今年二次提价的唯一的白酒企业。酱香型次高端品牌郎酒旗下红花郎也在日前宣布了年内第二次提价计划。另外,郎酒还宣布从 7 月 31 日起,红花郎将取消全线产品针对经销商和联盟商订货订单双向管控政策。

《南方都市》记者注意到,对于一、二线白酒跟进茅台提价的举措,业内有观点认为,一、二线白酒提价无疑给渠道打开了运作的空间。但也有不利的一面,例如,容易引起渠道波动,尤其是渠道商的争议与情绪,以及会直接加大消费者解释成本,这考验着酒企对提价策略的全面考量。

酒业专家朱丹蓬则分析认为,上述酒企提价都是乘势而为。以洋河为例,其目前已经推出超高端的梦之蓝"手工班",公司打价值牌、文化牌的动机已可见一斑。"为何这些酒企不是旺季去涨价,就是担心旺季涨价经销商会比较反感,这个时候涨,也是意在让经销商有个缓冲期,毕竟目前距离中秋还有 3 个月。"朱丹蓬进一步说。

广州市场一、二线白酒淡季价格仍坚挺

《南方都市》记者近日走访广州商超时发现,即便是淡季,一、二线白酒品牌也没有大幅打折促销。

在海珠区一家百佳超市,53 度茅台飞天无货,在售的仅有 43 度新飞天茅台 500ml 装,标价 799 元;52 度五粮液 500ml(新装)也没有任何促销活动,标价 899 元;洋河蓝色经典 52 度梦之蓝 m6 标价甚至高达 958 元。在越秀区的华润万家门店,五粮液(1618)52 度 500ml 装标价 919 元,五粮液一帆风顺和五粮液 68 度 500ml 装分别高达 1898 元和 1580 元;茅台 53 度遵义会议纪念酒和茅台(飞天)珍藏 53 度 475ml 装要价分别为 1758 元和 1799 元。

(资料来源:《一二线白酒淡季仍忙提价》马建忠著)

【问题】

1.影响产品提价的因素有哪些? 提价可能带来哪些影响?

2.如何应对竞争对手的提价策略?

3.如何看待洋河的提价决策?

◆ 项目实训

项目一:以熟悉的企业或校园周边商铺以对象,根据竞争状况及产品定价分析对某上市新产品进行定价。

项目二:根据市场环境(如"双十一"购物节及节假日等)的变化,及时修改定价,使得产品的售价更合理。

第十章　渠道策略

营销创造价值，销售传递价值，二者不可或缺。

——菲利普·科特勒

【学习目标】

1. 了解营销渠道的产生和发展。

2. 掌握渠道成员之间的相互关系。

3. 掌握顾客价值的最新发展变化。

4. 理解企业如何设计营销渠道。

【导入案例】

谁会在星巴克买矿泉水

消费是个取之不尽聊之不竭的领域。咱们聊一个话题，"谁会在星巴克买矿泉水？""大家为什么不会在星巴克买依云矿泉水？"用行为经济学的观点来说，依云矿泉水在星巴克的交易感受成本太低了。既然依云在星巴克卖得这么差，为什么这家著名的咖啡贩卖公司还在卖依云？

回答这个问题，先要过滤掉 3 个错误的答案。

第一个，星巴克这么做存在一定的随意性。可以肯定，星巴克这样成熟的公司选择把什么商品放到它的橱窗里不是随机的。这是因为在咖啡厅里出现的任何一种产品都占据了有限的柜台橱窗和菜单位置，也就是说它们都存在机会成本。

第二个，星巴克和生产依云矿泉水的公司之间存在某种关系。生产依云矿泉水的公司的产品线很丰富，星巴克完全没必要选择最糟糕的产品来合作。

第三个，有的人认为依云满足了一些边缘用户的需求。即使在星巴克这种以咖啡为主题的创业项目谈判会所，也会有一些人专门为了喝水而来。但他们会点依云吗？并不会。你大可以向星巴克的服务员要一杯水，这是免费的，而一瓶依云要 22 元。

（资料来源：根据网络资料整理）

请思考：从这个小故事中，你认为哪类消费者会在星巴克对矿泉水产生交易行为？

第一节　营销渠道的性质和重要性

一、营销渠道的概念与意义

正如我们在生活当中看到的,很少有产品的制造商直接将公司产品卖给其最终用户。相反,大多数的企业会通过中间商将产品投放到市场。这些企业在市场渠道当中存在的行为被称为建立营销渠道,或称为分销渠道。在今天的市场环境里,正是因为这些中间商的存在,消费者才能及时得到高品质的购买服务,并通过中间商对所购买产品有充分的认知,中间商为消费者和制造商之间架构了更流畅的购买路径。

企业的渠道决策直接影响其他营销决策。企业产品的定价决策取决于其采取何种销售方式,如全国连锁折扣模式、高质量的实体销售模式、互联网直销模式。企业的销售团队和营销沟通决策取决于对其渠道伙伴需要多大力度的说服、培训、激励和支持。此外,企业新产品的开发需求条件取决于这些新产品在多大程度上符合渠道成员的能力。

分销渠道对于企业来讲是非常重要的,如果对其分销渠道没有充分的认识,势必会对企业产生破坏性的后果,新产品能否顺利地面向市场往往取决于企业背后强大的分销渠道。绝大多数的企业在市场当中缺乏对分销渠道的有效管理和建立,从而对顾客价值的发掘能力不断减弱,导致企业效益降低,市场地位下降。相反,很多公司通过建立创造性的分销系统获得了其产品在市场环境当中的竞争优势。例如,美国苹果公司凭借网上 iTunes 商店为 iPod 出售音乐并彻底颠覆了音乐零售业务,这种创新的零售方式有效地增强了消费者对该品牌产生的顾客价值,并增强了顾客黏性。此外,美国 Sixt 租车公司凭借其强大的分销系统在全美各大机场开设租车网点,导致汽车租赁行业的彻底变革,无论是租车的便捷程度,还是对该品牌的价值输出都可以通过该公司有效的渠道进行传播。

分销渠道的优势或不足常常涉及是否与其他公司订立长期有效的合同。例如,汉堡王、麦当劳、福特汽车等诸多世界知名公司一般经营并拥有属于该公司自身的渠道,往往从生产到销售的过程中很少会和外部公司合作进行分销。所以,该类企业在渠道上体现出的优势会很明显,比如,公司很容易在市场环境中灵活改变其广告、定价和促销计划。只要能最大化地满足市场需求,甚至可以快速地进行更新换代,从而不断地推出新产品。相反,一旦公司与特许经销商、独立经销商或大型零售商建立起分销渠道,就不能根据具体的市场变化灵活改变产品的销售方式,从而影响其公司真正的市场需求和消费者价值。因此,管理者必须谨慎小心地选择渠道,深入细致地考虑该公司在未来可能面对的市场环境趋势,合理制订前瞻性的营销渠道策略。

二、渠道成员如何增加价值

为什么制造商将一部分分销工作交给渠道商来完成? 事实上,这样做会给制造商在销售方面带来许多被动的影响,导致制造商丧失一部分控制权。比如,如何销售和销售给谁等类似的基本问题。制造商之所以采用中间商,是因为它能针对目标市场更加有效地推销产品。凭借所拥有的关系、经验、专业知识和经营规模,中间商常常可以做到很多制造商无法达成的产品销售效果。

图 10-1 表明了通过中间商是如何获得经济效益的。图 10-1(a)表示有 3 家制造商,分别采取直销的方式到达 3 个客户群。这一系统需要完成 9 次不同的交易。图 10-1(b)表示 3 家制造商通过一家联系 3 个客户群的分销商进行销售活动。这一系统只需要 6 次不同的交易。通过这种方式,中间商减少了以往由制造商和顾客完成的大量工作。

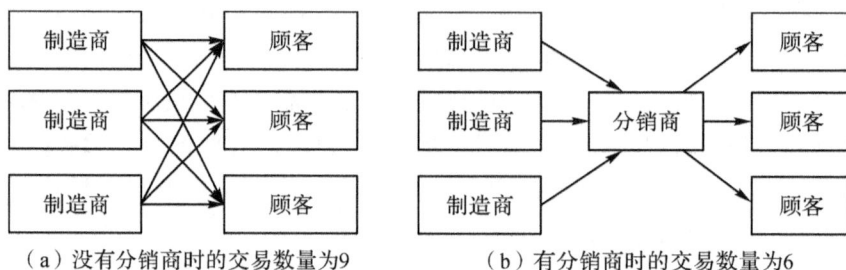

（a）没有分销商时的交易数量为9　　　（b）有分销商时的交易数量为6

图 10-1　如何通过增加分销商来减少渠道交易

例如,联合利华每天生产数百万块 Lever 2000 肥皂,但是消费者一次最多只想购买几块。但是大型食品、药品和折扣零售商,如西夫韦、沃尔格林及塔吉特,可以采购大量 Lever 2000 肥皂并存放在货架上。然后,消费者可以在购买一块 Lever 2000 香皂的同时购买少量牙膏、洗发水和其他所需的关联产品来装满购物车。因此,中间商在协调供给和需求上发挥着重要的作用。

产品和服务与那些需要它们的消费者之间在时间、空间和所有权上存在差距,在将产品和服务递送给消费者的过程中,渠道成员通过消除这些差距实现了增值。

渠道成员承担了许多关键职能,协助完成交易:

(1)信息:收集和发布计划及协助交易所需要的关于顾客、生产者与营销环境中其他行动者和主要影响因素的信息。

(2)促销:开发和传播具有说服力的沟通信息。

(3)联系:寻找潜在购买者,并与之沟通。

(4)匹配:根据购买者需求形成提供物,包括生产、分类、组装和包装等活动。

(5)谈判:就价格和其他条件形成协议,以便所有权或使用权转移。

(6)实体分销:运输和存储货物。

(7)融资:获得和使用资金,补偿渠道工作的成本。

(8)风险承担:承担渠道工作的风险。

问题不在于以上工作是否要执行——因为这些工作总是要做的——而在于由谁来执行。如果由制造商来承担这些职能,那么其成本就会增加,产品价格也随之上涨。当这些职能中的一部分转由中间商来承担时,制造商的成本和产品价格就会下降,但是中间商则必须以更高的价格来补偿其工作的成本。在分配渠道工作的时候,应将不同的职能分配给那些在一定成本下可以使价值增值最大化的渠道成员。

三、渠道层级的数量

企业分销渠道层级的多元化可以使企业更容易在市场环境中提高产品的生命力，消费者从而更加容易获得产品的相关信息。企业通过建立不同的分销渠道，有效并快速地把产品的相关信息传递给消费者。凡是有利于消费者感知需求的产品渠道，或更贴近消费者的每一层营销中介都代表一个渠道层级。

中间商层级的数量表示渠道的长度。图 10-2 展示了消费者市场和产业市场中不同长度的渠道。图 10-2(a)展示了几种常见的消费者营销渠道。直接营销渠道，没有中间商层级，制造商直接将产品出售给消费者。例如，相对传统的渠道策略，安利公司采取上门推销，以及通过网络进行销售；而许多保险公司和其他通讯公司则通过网络和电话直接销售产品。10-2(a)中的其余渠道是间接渠道，包含一家或多家营销中介。

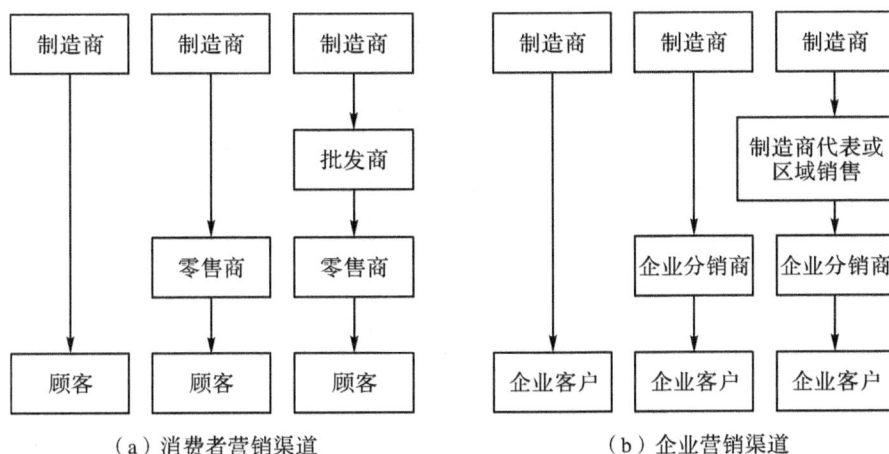

图 10-2　消费者和企业营销渠道

图 10-2(b)显示了几种常见的产业市场分销渠道。企业可以依靠自己的销售人员直接向企业客户进行销售，也可以将产品销售给不同类型的中间商，再由这些中间商销售给企业客户。有时还可以看到包含更多层级的消费者和企业营销渠道，但并不常见。从制造商的角度来看，更多的渠道层级意味着更弱的渠道控制力和更复杂的渠道结构。而且，渠道中的所有组织都由几种"流"联系在一起。这些"流"包括产品的物流、所有权流、付款流和信息流。这些"流"的存在使得一个或几个层级的渠道变得非常复杂。

【专栏 10-1】OTC 营销渠道的变化

OTC 营销环境、传播环境变了！这是业界普遍的感慨，一方面在终端市场，处方药大力挺进 OTC 战场，阿里、京东等线上药店异军突起，线下连锁跑马圈店，集中度不断提高；另一方面广告内容的严格规范和监管，给传播效能画了个大大的问号。同时，移动互联新技术引起传播环境发生了深刻变化。在以前的传统媒体时代，传播就是一个"播"字，如电视、广播、报纸等只是单向输出，现在播、传、销是打通的，广告在播、信息在传、一点即购，传播和销售链条融合了，产品和消费者的距离一下缩短了。

OTC 的本质是消费者点名购买，所以 OTC 品牌广告投放是成就大品牌十分重要的一环,往往广告投入费用大、风险大。在市场实际操作中,往往有些企业举棋不定,拿捏不准;有些企业凭感觉、拍脑门,狂轰滥炸,得不偿失。在广告投放方面,如果没有专业把控,建议别投广告。

这个专业把控,首先是把控好两个战略性的关键点:一是 C 端消费者;二是产品定位。这两点应该算是市场把控、内容创意、媒体策略智慧的源头,没有研究透消费者,做好产品定位,后面产品营销和传播的各个环节,不仅效能会大打折扣,而且投入会产生巨大浪费,甚至造成企业经营风险。因此,通过专业的视角,在洞察深、研究透消费者行为特征、心理特征、生活场景、轨迹、习惯等的基础上,对产品做一个明晰精准的定位尤为重要,这是一个产品成就一个大品牌的起点。落实到战术上,考验的就是企业在品牌运营中有关市场把控、内容创意、媒介策略的智慧了。

（资料来源:中国营销传播网）

第二节　渠道行为和组织

分销渠道并不仅仅是通过各种"流"将一组企业连接起来那么简单。分销渠道是复杂的行为系统,在这一系统中,人与企业进行互动以达成个人、企业和渠道目标。一些渠道系统只包括组织松散的公司之间的非正式接触。其他一些则是在强有力的组织结构下的正式互动。而且,渠道系统并不是一成不变的——新型的中间商不断出现,全新的渠道系统不断发展。我们现在考虑的是,如何将渠道行为及渠道成员组织起来并发挥作用。

一、渠道行为

营销渠道是由那些因为共同利益而成为合作者的公司组成的,渠道成员之间相互依赖。例如,福特汽车的经销商依赖福特公司设计满足消费者需求的汽车。福特公司则依靠经销商吸引消费者,说服他们购买福特汽车,并提供售后服务。每个经销商又依赖其他经销商良好的销售和服务表现,从而维护福特品牌的声誉。事实上,单个福特经销商是否成功取决于整个福特营销渠道及与其他汽车制造商渠道的竞争状况。

每个渠道成员都在渠道中扮演特定的角色。例如,电子产品制造商三星的角色是制造消费者喜欢的产品并通过全国性的广告宣传来创造需求。北美家电零售巨头百思买的角色是在便利店展示三星系列产品,并提供高质量的服务,把产品相关的软性服务做到极致,如回答消费者提出的问题,解决商品的相关售后服务,拓展消费者针对购买单一产品之后的相关配套产品需求。如果每一个渠道成员都能出色地完成任务,那么整个渠道就是最有效的。

由于单个渠道成员的成功依赖整个渠道的成功,理想的状况是渠道内的所有企业都紧密合作,实现协同。它们应当充分理解和接受自己担当的角色,统一协调行动,通力合作,实现渠道的整体目标。然而,单个渠道成员很少这样全面地考虑问题。对于单个渠道成员而言,有时候合作渠道的目标意味着放弃自己的目标。虽然渠道商之间互相依赖,但通常还是难免以短期利润最大化为行动指南。它们经常在谁做什么,应该得到什么样的回报上发生争执,而对于目标、角色、回报的不同意见往往导致渠道冲突。

水平冲突发生在处于同一渠道层级的企业之间。例如,福特公司在芝加哥的一些经销商抱怨这个城市中的另一些经销商,指责它们通过低价或在签约经销区域外做广告"抢走"了自己的生意。假日酒店的特许经营者抱怨,其他假日酒店的经营者收取的费用过高或者服务欠佳,从而损害了整个企业的形象。

垂直冲突发生在同一渠道内处于不同渠道层级的企业之间,这种冲突在现实中更为常见。例如,麦当劳与其大约 3000 家独立特许经销商发生了越来越激烈的冲突。

【案例 10-1】麦当劳的特许经销商

最近,越来越多的顾客在网上抱怨麦当劳的服务不够快、效果不够好,麦当劳告诉特许经销商前台的收银员需要在服务的过程中给予顾客更多的微笑。与此同时,特许经营商也对麦当劳很不满意。最近的一次特许经营商调查表显示,越来越多的特许经营商对麦当劳感到不满。最主要的冲突来源于整个系统内的销售下滑,最基本的冲突是财务问题。麦当劳的收入来源来自整个系统内的特许经营商缴纳的特许加盟费。相反,特许经营商的主要收入来自扣除成本之后的利润。

为了转变销售颓势,麦当劳特别重视一美元菜单上的产品,这种战略虽然可以增加公司产品销售量,但挤压了特许经营商的利润。特许经营商热衷于增加成本更高、更受消费者欢迎的产品,这些产品可以增加麦当劳的利润,但在降低服务速度的同时也增加了备餐和员工成本。此外,麦当劳还要求特许经营商进行成本颇高的店面升级和更新。正如一位被调查者所言:"过分依赖价格和折扣来驱动销售,而这正是公司增加收益的地方。"总之,该调查将麦当劳目前的特许经营关系评价为 10 年的新低,只有很少的微笑程度,而顾客抱怨程度越来越高。一位餐饮业咨询专家说:"特许经营商的满意度和顾客服务之间高度相关。"

不过,有些渠道冲突也可以带来有利于渠道发展的良性竞争。如果没有这种良性竞争,渠道可能会丧失活力和创新性。然而,麦当劳与其特许经营商之间的冲突可能代表了渠道伙伴之间各自利益的冲突。严重或长期的冲突会破坏渠道效率,并对渠道关系产生持久的伤害。麦当劳应当妥当进行渠道关系管理,确保其在自己的掌控范围之内。

(资料来源:中国营销传播网)

二、垂直营销系统

为了确保整体渠道运行良好,每个渠道成员都应承担特定的工作,很好地管理渠道冲突。如果渠道系统中存在一个企业、机构或者机制,拥有领导地位或权力来分配任务和进行冲突管理,渠道就会有更好的表现。

历史上,传统的分销渠道往往缺乏这种领导性企业和权力,以至于产生破坏性的渠道冲突和不良业绩。近年来,分销渠道领域最大的发展之一就是具有渠道领导的垂直渠道系统的出现。图 10-3 比较了两种不同的渠道类型。

传统分销渠道由一个或多个独立的制造商、批发商和零售商构成。每个成员都经营独立业务,寻求自身利益最大化,为此甚至不惜牺牲整个渠道利益。渠道中没有一个成员可以对其他成员进行控制,也不存在划分职能和解决渠道冲突的正式方式。

相比之下,垂直营销系统中的制造商、批发商和零售商作为一个统一的系统采取行动,其中一个渠道成员通过订立合同的方式控股其他成员,或拥有一定的权力制约其他成员。垂直营销系统可以由制造商、批发商或零售商来主导。

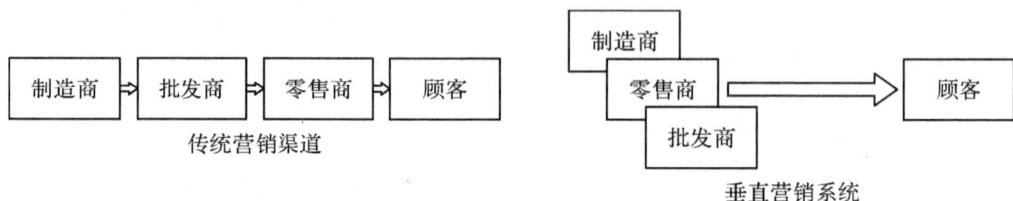

图 10-3　传统分销渠道与垂直营销系统的比较

(一)公司型垂直营销系统

公司型垂直营销系统在单一所有权下整合了从生产到分销的一系列步骤,通过常规的组织渠道来完成协作和冲突管理。例如,美国最大的涂料生产商宣伟只通过公司所有的 4000 多家零售涂料商店出售其产品。同样,诸多杂货巨头运营着几十家工厂,其中包括 17 家牛奶厂、9 家熟食或面包烘焙工厂、5 家日用品工厂等等。这使得其销售的各种类型的产品项目中有绝大多数比例的产品由这些工厂直供商店,从而大大加强了对渠道的控制。

整合分销渠道——从自己设计和生产运营到通过自己管理的商店分销,使西班牙服装连锁品牌 ZARA 成为世界上成长最快的时装零售商。

【案例 10-2】ZARA 品牌的渠道整合

时装零售商 ZARA 吸引几乎狂热的顾客到店疯狂购买其"廉价的时尚"——融合了大量国际品牌的时尚设计元素而且价格适中的产品。但是,ZARA 令人吃惊的成功不仅仅是它销售了什么,而是它卓越的分销系统迅速地传送它所销售的服装。ZARA 提供快时尚——真正的快时尚。多亏了垂直整合,ZARA 在不到两周的时间内对一个全新的时尚概念完成了设计、生产,并上架销售的全部过程。而其竞争者,如 H&M 往往需要超过六周以上的时间设计、生产,并上架销售。如此的快速带来了 ZARA 的低成本并能够采取低于同类品牌的市场价进行大量的销售。一位分析者说:"ZARA 可以等着看顾客实际购买什么,然后再进行生产。"

(资料来源:《网络营销》朱迪·斯特劳斯、雷蒙德·弗罗斯特编著)

(二)契约型垂直营销系统

契约型垂直营销系统由处于不同生产和分销层次的企业组成,它们通过订立合同联系在一起,从而获得比独自经营更大的经济性或销量。渠道成员通过订立契约来协调行动和管理冲突。

特许权组织是最常见的契约型关系。在契约型垂直营销系统中,渠道成员被称为特许经营权商,它们把从生产到分销各个环节联系起来。仅在美国就有77万家特许经营店。据行业分析家估计,每8分钟就有1家特许经营店开业,每12家商店就有1家特许经营店。

几乎所有的行业都涉及特许经营——从汽车旅馆、快餐店到口腔门诊和婚庆服务。例如,众多健身会所品牌以个人经营的方式积累的会员遍布全国各地。

目前,有3种特许权类型。第一种是制造商主导的零售商特许权系统。例如,福特汽车与其独立专营经销商。第二种类型是制造商主导的批发商特许权系统。例如,在不同市场中的可口可乐特许灌装企业、批发商购买可口可乐浓缩液,经过灌装后将成品出售给当地零售商。第三种是服务企业主导的零售商特许权系统。例如,汉堡王全球有1.21万家特许经营店。

大多数消费者无法区分契约型和公司型垂直营销系统,这说明契约型组织可以成功地与连锁店竞争。

(三)管理型垂直营销系统

管理型垂直营销系统中的领导关系并不是通过所有权或契约建立的,而是一个或几个占统治地位的渠道成员凭借其规模和实力建立的。一个拥有顶级品牌的制造商可以获得中间商强有力的促销协助支持。例如,通用电气、宝洁及卡夫等公司可以获得中间商不同寻常的协助,包括商品展示、货架空间、促销和价格政策等。诸如沃尔玛、家得宝等这样的大型零售商可以对其供应商施加很大的影响。

例如,在沃尔玛与其消费品供应商之间的拉锯战中,沃尔玛——拥有全美日用品销售总额1/4占比的美国规模最大的日用品销售商,往往占据先机。

三、水平营销系统

渠道的另一个发展方向是水平营销系统。在这一系统中,处于同一层次的两家或多家公司为抓住新的营销机会会联合起来。通过合作,这些企业可以将财务、产能和营销资源优势结合起来,以达到单个企业无法实现的目标。

H&R公司(H&R Block)和海特公司(Hyatt Legal Service)成立了合资企业,海特公司使用H&R公司的税务服务办公室的房间作为办公地点。对于房间、秘书服务和办公用具,海特公司需要付费。通过H&R公司全国范围的办公室,海特公司迅速获得市场份额。H&R公司通过出租设备来获得利益,否则的话,要受周期性缴税季节的影响。这种分销渠道的安排在世界范围内收益甚好,由于成功覆盖国际市场,雀巢公司把通用面粉公司(General Mill)的Cheerios牌产品在北美洲以外的市场上进行销售。精工公司(Seiko Watch)在日本的分销伙伴海特里公司,在日本经销Schick牌剃须刀片,使Schick牌在日本占有主要市场份额,击败了在各个市场颇具实力的吉列公司。

四、混合营销系统

过去,许多公司使用单一分销渠道在一个市场或子市场上进行产品的销售。今天，复杂的消费者子市场结构和各种分销渠道的潜力，使得更多的公司接受多渠道系统，这种系统经常被称作混合营销系统。当一个企业建立两个或两个以上的分销渠道为某个子市场服务时，就产生了多渠道市场营销活动。近些年来，混合渠道系统发展得很快。

图 10-4 展示了一个混合营销系统。在图 10-4 中，通过直接邮寄目录或电话，生产者直接向子市场 1 销售，并通过零售商向子市场 2 进行销售。通过分销商和经销商，公司间接地向集团子市场 1 进行销售；依靠自己的销售部门，公司向集团子市场 2 销售。

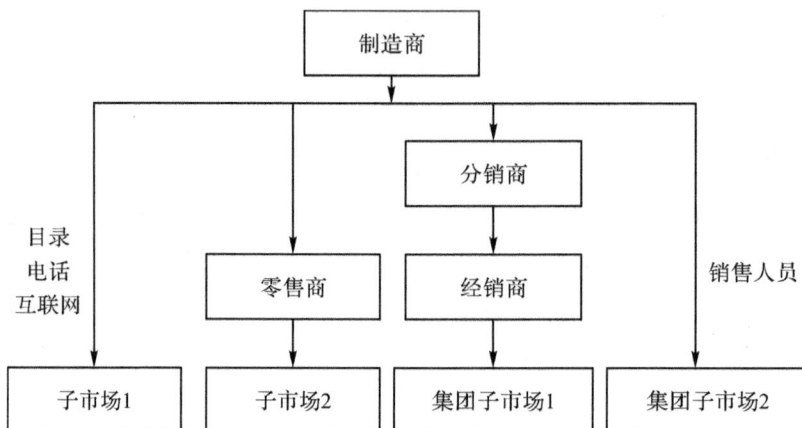

图 10-4　混合营销系统

【案例 10-3】IBM 的混合营销系统

IBM 公司提供了一个很好的例子，证明这种混合营销系统十分有效。许多年里，IBM 公司只通过自己的销售部门销售计算机。但是，当低成本小型计算机市场膨胀的时候，那种单一渠道就不适合了。为了向许多有不同需求的子市场提供服务，适应迅速变化了的计算机市场，IBM 公司在不到 10 年的时间里，增加了 18 个新渠道。例如，除了通过 IBM 公司引以为荣的销售队伍进行销售外，公司还通过 IBM 直销公司（IBM Direct）的邮寄目录和电话销售系统销售计算机和配件。消费者也可以通过独立的 IBM 计算机经销商、大型的零售商购买计算机，这些零售商包括沃尔玛、Circuit City 公司和 Office Depot 公司。IBM 公司的经销商和加价销售的中间商向各种特殊的集团子市场销售计算机设备和系统。

混合营销系统为面对大型和复杂市场的公司，提供了许多好处。通过新的渠道，公司扩大了销售和市场覆盖率，有机会调整产品和服务，适应多样化的消费者子市场的需要。但是这些混合营销系统很难控制，当分销渠道中涉及消费者和销售的竞争变得激烈时，分销渠道内会有冲突。例如，IBM 公司开始通过邮寄目录和电话营销系统向顾客销售低价格计算机时，它的许多零售商叫喊，说这是"不公平竞争"，并以放弃 IBM 系列或不再强调 IBM 为威胁。

在一些情况下，多渠道营销者的渠道在自己的所有权和控制之下。例如，大同公司

(Dayt on-Huds on)经营百货商店、大众消费商店和专卖店,各自为不同子市场提供不同种类产品。这种做法消除了与外部渠道的冲突。但是,营销者可能面对内部冲突,因为各个分销渠道会为财务支持而争斗。

(资料来源:《网络营销》朱迪·斯特劳斯、雷蒙德·弗罗斯特编著)

第三节　渠道管理与决策

一、选择渠道成员

在吸引合格的市场营销中间商的过程中,各个生产商的能力不同。一些生产商和渠道成员签约是不成问题的,例如,丰田公司为凌志牌(Lexus)系列轿车选择新的经销商就没有问题。事实上,它还得拒绝许多经销商。许多时候,好产品的专卖权和销售权会引来许多申请者。

另一个特殊的例子是生产商必须做出极大的努力去争取足够的合格中间商。宝丽来公司(Polaroid)开创的时候,找不到照相器材商店销售它的新照相机,不得不通过大众商业渠道分销。同样,小型食品生产商也很难找到连锁超级市场销售它们的产品。

在选择中间商时,公司应该决定具有哪些特点的才是好中间商,可能要审查渠道成员的业务年限、业务中的其他产品系列、发展和利润情况、合作单位和声誉等。如果中间商是销售代理商,公司需要审查它们代理的其他系列产品的数量和种类、销售队伍的质量和规模等。如果中间商是申请专卖权或经销权的零售商店,公司要查看这家店的顾客、地点和发展潜力等方面的情况。

二、管理和激励渠道成员

分销渠道成员选定之后,需要不断地激励它们,使它们的工作更加出色。公司不只是通过中间商销售,还要销售给它们。多数生产商把这类问题看成是寻找中间商合作的方法。它们使用"胡萝卜加大棒"的方法,有时提供正面的激励,比如赚头多一些、特别交易、奖金、合作广告补助、展示补助和销售竞赛等。有些时候,它们使用负方向的激励,比如威胁要减少赚头、减缓供应、结束合作等。使用这种消极方法的生产者,一般没能好好研究分销商的需要、问题、力量和弱点。

多数先进公司试图与分销商发展长期关系,包括建立一个有计划的专业管理的垂直营销系统,这个系统能同时满足制造商和分销商的需要。P&G公司和沃尔玛联合起来为消费者创造最高的价值。它们一起确定商业目标和策略、仓储水平及广告和促销计划等。同样,通用电气公司和小型的独立经销商密切合作,帮助它们成功地销售公司产品。在管理分销渠道时,公司必须使分销商明确,它们作为垂直营销系统的一部分是能够营利的。

【案例 10-4】亚马逊和宝洁:将渠道合作提到新水平

直到最近,如果你从亚马逊网站上订购 Bounty 纸巾、帮宝适尿片、Charmin 卫生纸或者其他数十种宝洁公司的消费产品，它们都很可能是通过曲折迂回的配送路线才被送至你家的。以卫生纸为例，首先在宝洁位于宾夕法尼亚州东北部的大型工厂进行生产，然后用拖车运送到附近的仓库，卸载后与其他宝洁产品进行重新包装，运输至亚马逊在弗吉尼亚州的配送中心。在配送中心，它们被再次卸载并储存，最后经亚马逊员工分拣包装成包裹，通过 UPS 或者联邦快递送到客户手上。

但今天，云技术给包裹运输带来了巨大的变化。亚马逊和宝洁正悄悄地为这些产品推出一种更简约、成本更低的新配送方式。举例来说，现在不需要将宝洁的产品装运至亚马逊的配送中心，而是在宝洁工厂的仓库中划出一片亚马逊的作业区。宝洁的员工将生产好的产品送到这里，再由亚马逊的员工包装，贴标后直接快递给网购顾客。亚马逊称这种合作为 Vendor Flex，这将改变低价钱日用品的购买方式。

亚马逊的 Vendor Flex 项目为亚马逊和诸如宝洁这样的公司供货商提供了巨大的利润空间。目前，美国只有 2% 的非食品消费者包装产品在网上被购买，如果这一比例提升至 6%，那么亚马逊的收入会大幅增加到 100 亿美元。

但是，日用品在网络零售中落后于其他产品是有原因的。一直以来，这类产品都被认为体积太大或价格相对于其在网购中的配送成本较低。为了在日用品的网络零售中获利，亚马逊和宝洁等供应商需要合作保证物流通畅，降低成本，于是 Vendor Flex 项目产生了。

Vendor Flex 将渠道合作推向一个全新的高度，驻扎在同一个体系中让合作双方共同受益。对亚马逊来说，Vendor Flex 降低了在自己的配送中心存储如尿布和厕纸等大体积物件的成本，也增加了配送中心存储高利润商品的空间。合作让亚马逊在无须建立更多物流中心的前提下，扩大了消费者包装产品的选择范围。例如，宝洁的仓库同时也存放着吉列剃须刀、潘婷洗发水、宠物食品等其他深受消费者喜爱的保洁产品。而且，驻扎在供应商仓库保证了亚马逊第一时间获得宝洁的产品，并快速送达顾客手中。

宝洁公司也从 Vendor Flex 中获益颇多。节省了运送货物到亚马逊配送中心的费用，进而使其价格更具竞争力。尽管宝洁已经是店内杰出的销售品牌，但在网络销售的大环境下仍相对年轻。随着与亚马逊的合作越来越深入，宝洁能够获得亚马逊的帮助，推动品牌的网上销售。

亚马逊将日用品的销售作为下一个重要的利润增长点。以上提到的亚马逊进驻宝洁公司宾夕法尼亚仓库仅仅是 Vendor Flex 项目中很小的一部分。大约几年前，亚马逊和宝洁就开始分享仓库空间，这位互联网销售巨头至少进驻了宝洁位于全世界的 7 个存储空间，包括日本和德国的。亚马逊同时和其他产品制造巨头合作，并斥巨资为网购消费者提供各种仓库存储中心。例如，亚马逊在 2010 年收购各类制造商品牌，作为其旗下产品销售的主力。

Vendor Flex 看起来创造了一个双赢乃至多赢的局面，亚马逊、宝洁乃至消费者都能从中获益。但是，亚马逊与宝洁的深度合作可能会导致其他供应商的不满。例如，宝洁最大的合作对象沃尔玛。这个商店零售巨头正陷于与亚马逊激烈的网上竞争当中，然而自己最大的供货商竟然为对手提供深层次的优待。同时，亚马逊和宝洁之间的深度合作也令正在与其公司合作的其他供货商感到不安。所以,这两家行业巨头必须要重点关注 Vendor Flex 合作项目之后的管理工作,尽量避免在合作之后对其他上下游之间的伙伴关系造成影响。

更有甚者,一些分析师认为,即使参与了 Vendor Flex 项目,亚马逊也无法从在线销售纸巾、洗涤液、剃须刀等产品中获取丰厚的利润。他们认为,这些产品的利润太低,以至于无法弥补运输成本。然而,这种担心似乎忽视了分销领域发生的最新变化,特别是网上零售领域,大型的快递公司如联邦快递等,正在持续减低小型包裹的寄送时间和成本。亚马逊正在积极缩减其产品在大部分市场范围内的寄送时间,如当日送达。

亚马逊和宝洁的合作关系,符合两家公司的利益和目标。如果宝洁想更加有效地发展线上销售,亚马逊会一直是它的首选线上分销渠道,两家行业巨头充分实现了互补互利,共同实现了营利目标。

(资料来源:《网络营销》朱迪·斯特劳斯、雷蒙德·弗罗斯特编著)

第四节　营销物流与供应链管理

在当今全球市场中,有时销售一件产品比送达到消费者手中更加容易。企业必须决定存储、装卸和运送商品的最佳方法,在正确的时间和地点为消费者提供想要的产品种类。物流的效率对消费者的满意和企业成本都有重要影响。接下来,我们将考察供应链中营销物流的特征和重要性、物流系统的目标、主要的物流职能及整合物流管理的必要性。

一、营销物流的特征和重要性

对某些管理人员而言,营销物流仅仅意味着卡车和仓库,但是现代物流远远不止这些。营销物流称为实体分销,是涉及计划、实施和控制产品、服务及其他相关信息从起点到达消费者手中的实体运动,以满足消费者的需求并赚取利润。简而言之,就是将恰当的产品在恰当的时间和地点送到恰当的消费者手中。

过去,实体分销人员通常从产品在工厂时开始规划,试图以低成本的解决方案将产品送达消费者手中。然而,今天的营销人员更倾向于以顾客为中心的物流思路。这一思路始于市场,反向延伸至工厂甚至供应源。营销物流不仅涉及输出物流,还涉及输入物流,以及反向物流。也就是说,这一思想涉及整个供应链管理。管理那些在供应商、企业、中间商和最终消费者之间流动的,涉及上下游渠道增值的原材料、最终产品和相关信息,如图 10-5 所示。

图 10-5　供应链管理

物流管理人员的任务是协调供应商、采购代理、营销人员、渠道成员和消费者的行动。这些行动涉及预测、信息系统、采购、生产计划、订单处理、存货、仓储及运输计划。

如今，基于以下原因，企业越来越重视物流。第一，通过改进物流可以为消费者提供更好的服务和更低的价格，从而获得强大的竞争优势。第二，无论对企业还是顾客而言，物流水平提高都可以极大地节约成本。平均而言，高达 20％ 的产品成本是由运输成本构成的。这一比例远远超过了广告及其他营销成本，物流成本只要削减一小部分就意味着极大的节约。例如，沃尔玛最近开展了一个通过提高外包效率、优化存货管理和提高供应链劳动生产率来改善物流的项目，这意味在未来可以降低巨大的物流成本。第三，信息技术的进步为极大地改善分销效率创造了机会。当今的企业正在应用完善的供应链管理软件，基于互联网的物流系统、自动销售扫描系统、无线射频标签、卫星追踪及订单和支付数据的电子传输系统。这些技术使得企业可以迅速、高效地通过供应链来管理产品流、信息流和资金流。

二、物流系统的目标

一些企业将其物流目标描述为以最低成本最大化地提供顾客服务。遗憾的是，远没有听上去那么好，几乎所有的物流系统都不可能同时做到顾客服务最大化和成本最小化。顾客服务最大化意味着迅速支付、大量存货、灵活搭配产品种类、自由退货政策及其他方面，所有这些服务都会提高成本。相反，成本最小化则意味着更慢支付、更小规模的存货、更大的运装批量，这些往往代表了更低水平的顾客服务。

三、主要的物流职能

(一)仓 储

生产和消费周期很难完全匹配，所以大多数企业必须将待售产品存储起来。例如，生产周期较长的除草机工厂一般进行全年生产，它们在淡季将生产的产品存储起来以便于在旺季应对大量销售。储备功能克服了生产和需求在数量和时间上的差异，保证了在消费者打算购买时能够及时提供产品。

(二)存货管理

存货管理也会影响顾客满意度。管理者必须保持精确的平衡，存货不能不足，也不能过量。若存货不足，企业就会面临在顾客需要产品的时候却出现断货的风险。为避免这一情况出现，企业需要以极高的代价来建立应急运输和生产机制。而存货过量则会导致不必要的存货成本和损耗。因此，在进行渠道管理的时候，企业必须在存有大量货物的成本与销售和利润之间进行权衡。

很多企业通过准时制物流系统大大降低了存货水平及相关成本。在这一系统中，制造商和零售商只存储少量的零部件或商品，通常只能维持几天的运营。新的存货会在需要的时候准时到达，而不是事前存储在仓库中。为保证所有货物及时送到，准时制系统要求精准的预测和迅速、频繁、灵活的货物递送。

(三)运　输

运输公司的选择影响产品的定价、递送效率和到达时货物的状况,而这些因素又进一步影响消费者的满意度。在将产品运送至仓库、经销商和顾客的时候,企业可以选择的运输模式主要有 5 种:卡车、铁路、水运、管道和空运。还有数字产品的递送模式——网络。

(四)物流信息管理

企业利用物流信息管理物流供应链。渠道伙伴之间通常会互相共享信息,以便制订更好的联合物流决策。从物流的观点出发,如顾客交易、账单、装载量和存货水平,甚至顾客数据等组成的信息流与渠道效率紧密相关。企业需要建立一个简单、易操作、快速、精准的流程来获取、处理和分享渠道信息。

四、整合物流管理

就企业内部而言,不同部门必须紧密合作以使企业自身物流绩效最大化。就企业外部而言,企业必须整合其自身的、供应商的及顾客的物流系统,以使整个分销网络的绩效最大化。

【案例 10-5】超越传统

像许多企业家一样,德夫·佛克斯也有许多梦想。他想着有一天顾客们着急地给马萨诸塞州比勒瑞卡城的阿康公司(Icon A coustics)打电话,订购它最新的立体声音箱。他看见销售额在攀升,现金在流入,几百名工人热情地在生产高质量的产品,这些阿康牌产品,顾客们十分喜欢。

像许多企业家一样,德夫花了好长时间实现他的梦想。在康奈尔大学学习电子工程时,德夫发现自己对音响工程十分感兴趣。毕业后,德夫在康高德公司(Concod-Johnson)找了一份音箱设计师的工作,这家公司是高级音响器材制造商。4 年里,德夫设计了 13 种音箱,于是决定开设自己的公司。

德夫发现了一个其他音箱企业尚未进入的市场。这个市场里有音响迷,这些人酷爱听音乐,赞美一流音响器材。这些懂行的、受过良好教育的顾客,对他们的音响设备着了迷。德夫观察到,“这些人即使不吃饭,也要买一对好的音箱”。

德夫遇到的主要问题是如何分销他的阿康牌音箱。他在康高德公司的经验告诉他,多数制造商起初是通过立体声设备的经销商分销产品的,不过德夫不看好这些经销商,他们常与制造商玩把戏,强迫制造商少营利。另外,这些经销商只把心思放在一些知名生产商的大众型号上,这种现象使那些生产定做音箱的公司,不能接近市场。可能最糟的是,德夫发现现有的经销商所销售的产品,不是顾客最想要的,而是这个月有什么存货,就销售什么。

德夫梦想生产高级立体声音箱,绕过以往的那些经销商网络,直接卖给音响迷们。通过直接销售给顾客,德夫可以免去经销商的赚头,为高质量产品和服务标上一个合理的价格。

计划:28 岁时,德夫开始把他的梦想变为现实。一些了解德夫工作的顾客成了热情的支持者,在阿康公司投资了 18.9 万美元。有了这些资金和自己的 1 万美元,德夫在工业区里租了设备,开始了在阿康公司的工作。

市场:大约 335 个立体声音箱的营销者在竞争每年 30 亿美元的美国音响部件市场,其中大约 100 个制造商是瞄准低档和中档市场在销售,销售量占全部市场的 90%,销售额占 50%。除了与本国的公司竞争以外,美国的制造商还要和产品价格适中的日本公司竞争。其余的 235 个制造商在余下的 10% 的销售量市场和 50% 的销售额市场竞争,这个高档产品市场,就是德夫希望找到他的顾客的地方。

阿康公司的市场营销策略:为了音响迷这个子市场,德夫只生产最高级的音箱。他开发了两个型号:Lumen 型和 Parsec 型。Lumen 型 18 英尺高,重 26 磅;Parsec 型 47 英尺高,重 96 磅。这两个型号都是用黑橡木或美国柚木纯手工制作的。德夫每天可以制作和运走两对 Lumen 型音箱或一对 Parsec 型音箱。为了能有合理的零件储存,他花了 5 万美元买很贵的部件。

德夫把一对 Lumen 型音箱的价格定在 795 美元,把一对 Parsec 型音箱的价格定在 1795 美元。这样定价是为了 50% 的利润。他相信如果传统的经销商销售这样的音箱价格会高一倍。顾客订货可以打免费电话给阿康公司,或者直接从德夫那里得到咨询。阿康公司支付运费,并通过联邦快递公司(Federal Express)返还退货运费,这两项加起来有 486 美元。

德夫支付退货费用是他的一项主要促销策略,促销的条件是 30 天内,在家里免费试用。在他的广告里,德夫把自己的促销称为:"43 200 分钟里,没有压力的音响。"这个方法允许消费者在规定时期内,在自己实际的环境里听音箱的效果。在经销商的展室内,顾客必须在一个人工制造的环境里试听,做决定时会感到紧张。

德夫相信,买高档音响设备的顾客,买这种音箱时是"没什么可说的",他们要高质量的产品和好的音响效果,他们也要一个形象。德夫试着通过改变音箱的外形,创造一个独一无二的形象,同时还要反映他公司的市场营销活动的形象。他花费了 4 万美元把这些形象放在文具、名片、小册子和单页广告上。他还设计了闪光的标签,贴在每个音箱镀金插座的上面。这个标签上写着:"这个音箱是××手工制作的(填有组装音箱的技师的签名)。美国制造,阿康公司,马萨诸塞州,比勒瑞卡城。"

为把这些话宣传出去,德夫集中在商业杂志和贸易展览会上展示产品,比如纽约的"高级高保真设备"展览。参加者投票选举展览会上最好的音响设备。最终阿康公司的 Parsec 型在 200 种音箱中得了第 15 名。在顶尖的 10 个品牌中,最便宜的一对的价格是 2400 美元,全系统 6 件的价格在 8000 美元到 18 000 美元之间。一个参观者在《立体声群》杂志上评价阿康公司的音箱时说:"音响整体来讲是进步和发展着的,但倾向于低档。零件和制造质量是一流的。绝对是一个需要注视的公司。"德夫计划在《立体声杂志》上刊登一幅四色的广告,这个杂志的发行量最大,每期约售出 60 万件。他同时也期待着《立体声群》杂志再有关于他的公司及其产品评论。

(资料来源:《网络营销》朱迪·斯特劳斯、雷蒙德·弗罗斯特编著)

第五节　互联网与分销渠道

　　对网络中介进行分类的最好方法是根据商务模式来分类。许多电子商务的经营模式都有自己的新称呼，但是其中究竟有多少真正的商务模式？经过仔细辨别，大多数的电子商务模式都是现有营销理念的变异，技术的发展使它们更加行之有效。对于数字产品（如软件、音乐），分销渠道的所有组成部分都可以在互联网上形成。如果通过网络购买一款软件，供应商往往是从网络上直接下载到客户的电脑上。在大多数情况下，分销渠道中只有一部分企业是完全或部分地利用网络来帮助完成配送工作的。例如，非数字产品可以通过传统物流的方式在买家进行线上交易行为之后将实物产品传递给消费者。在运输过程中，消费者可以在互联网上对商品的具体位置来运送信息进行实时追踪，这就是配送中信息传递的重要性。图10-6中汇集了我们要讨论的商务模式。

内容赞助商，信息中介，中间商	
经纪人	在线交易，在线拍卖
在线零售商（电子商务、移动商务、社交商务）	数字产品，有形产品，直接配送
代理商	代表卖方的代理模式，卖方代理、制造商代理 代表买方的代理模式，购物代理、反向拍卖、买方合作

图 10-6　电子商务模式

　　渠道中介包括批发商、零售商、经纪人和代理商。

　　（1）批发商从制造商中购买产品，再将其销售给零售商。

　　（2）零售商把产品从批发商手中购来，再销售给消费者。

　　（3）经纪人是指那些在买卖双方间建立关系，但并不代表某一方的中间人。有人把它们称作市场商，它们一般不拥有物权。

　　（4）代理商一般会代表买方或卖方，这取决于其受雇于哪一方，从哪里获得酬金。它们促成买卖双方的交易，但不拥有物权。卖方代理代表销售方，买方代理则代表购买方。

　　内容赞助商：按照内容赞助模式，企业创建网站以吸引网络用户来浏览，借此销售广告。有些企业采用的是单细分市场战略，它们吸引的是一个特殊群体；而有些企业如CNN则吸引的是普通受众。不少著名的企业都采取内容赞助这种商业模式来达到销售其产品的目的，多数内容以广告、新闻的内容来支撑。

　　中间商模式：在互联网中，有3种中间商参与商务模式，即经纪人模式、代理商模式和在线零售商模式。

　　第一，经纪人模式。经纪人为买卖双方的谈判和交易提供了一个市场。在商务活动中，经纪人会向买卖双方中的一方或者双方收取交易费用，但是在交易和谈判的过程中,它并不代表任何一方。有些经纪人还会收取上市费。另外,经纪人所提供的服务是一种增值服务,因为它帮助企业吸引客户,促成交易的达成。在互联网环境中,不管是B2B市场、B2C市场,还是C2C市场,都存在经纪人模式。

这种模式对买方而言最大的好处是方便,订单执行和交易处理速度较快,同时,这种交易对买方也意味着低价、搜索速度快、省力,也容易寻找到卖方,可以降低成本。对卖方来说,它能集中有意购买的客户,还能降低开发新客户的成本和交易成本。

第二,在线零售商模式。客户可以通过网络经纪人在计算机上开展交易,而不必打电话或登门寻找经纪人。由于交易费用降低了,买方能降低成本。同时,客户依靠网络经纪人可以加快交易进程,获得相关信息,还可以开展程序交易。

阿里巴巴网站是全球买家和卖家齐聚的交易平台。早在2012年6月,阿里巴巴网站的注册用户就达到了3000万人,来自世界各国,网络供应商有250多万家。一个国家的客户在网络上向外国的供货商购物,货款先托管在阿里巴巴网站,待得到买方填表确认货物寄送到达并完好无损之后,再由网站放款。

在线拍卖:拍卖完全不同于固定价格的商务模式。拍卖活动已经有很长的历史。在互联网环境中,不仅在B2B市场上存在这种商务模式,而且在B2C、C2C市场上也同样存在拍卖活动。如果厂商在自己网站上进行拍卖活动,就是直接销售,只不过使用的是动态定价模式;如果请第三方开展拍卖活动,使用的就是经纪人中介这种商务模式。

第三,代理商模式。与经纪人不同,代理商是代表买方或者卖方参与商务活动的,问题是看由谁来支付报酬。在有些地方,法律规定代理商只能代表其受雇的那一方的利益。在实体经济中,房地产代理商受托对房产或地产进行挂牌销售,它们只能代表卖方的利益。

代表卖方利益的代理商模式。代表卖方利益的代理商有许多种,如卖方代理、制造商代理、中介代理、虚拟卖场等。

卖方代理只代表一家企业,帮助该企业销售产品,它们的报酬就是佣金。例如,参与协同合作项目的企业向网站的拥有者支付佣金,因为网站向它们推荐了客户。一般情况下,这种推荐一定要最终导致交易实现否则佣金就无从谈起。例如,亚马逊公司推出了亚马逊联盟计划,它是协同合作项目的首创者之一。

制造商代理代表的是多个卖方。在传统营销活动中,制造商代理一般只代表销售生产成品的厂商,目的是避免厂商之间发生利益冲突,但是在虚拟市场中,制造商代理会建立网站帮助整个行业来销售产品。从网络营销的角度来看,制造商代理往往被称作卖方集成,因为它们在同一个网站上代表多个卖方。例如,旅行预订网站,一般都属于制造商代理,因为它们得到的佣金一半来自航空公司、酒店或饭店。对消费者而言最大的优势就是,能获得方便快捷的服务。

代表买方利益的代理商模式,如购物代理是代表买方的利益。在传统营销中,买方代理一般会与一家或多家企业形成长期的代理关系,但是在互联网上,它们可以为任意多家的买方客户进行代理,一般是匿名的。购物代理及反向拍卖的模式都方便了买家按照自己的意愿出价。多个买家可以结成联盟,增加采购量,降低采购价格。

另外,提供反向拍卖的网站也是一种购物代理,它们为个别的购物者提供服务。在反向拍卖这种商务模式中,由购物者出价,销售者参与竞拍。买方表示在某一价位上愿意买入商品或服务,而卖方则设法满足买方的出价条件,或者至少应该接近这一价格。

买方合作也称作买方团购,是另一种商务模式。买方聚集在一起,就某一种产品把价格谈下来。由于采购量大,每一位买家都能从低价中受益。一般来说,参与买方合作的人越多,价格就越低。例如,假设有 1 至 5 位买家,那么每位支付的商品费用为 68 元;有 6 至 10 位买家,那么每位支付的商品价格为 58 元,以此类推。正因为价格呈阶梯式下降,所以购买者会发动亲朋好友一起参与其活动中。

【案例 10-6】Coach 的全渠道营销系统

Coach 定位为高端奢侈品,包括手提袋、公文包、箱包和配件。在 2013 年发布的上市公司年度财务报表中,Coach 是这样形容多渠道全球分销模式的:"在世界上能提升产品形象的地方都可以购买到 Coach 商品,顾客可选择的购物渠道包括零售店、厂家直销、直营品牌店(店中店)、网店、百货商店和专卖店。多渠道使得 Coach 不仅仅依赖单一的渠道或某个地理区域的销售表现,从而可以维持动态平衡。"北美地区的销售渠道包括直销和间接销售,以及通过网上商城在内的 351 家自营零售店销售商品,还向顾客和分销商批发商品。Coach 最初是面向美国市场的批发商,现在仍然向 1000 家美国百货商店出售商品,比如诸多百货公司。在国际市场方面,Coach 通过网上商城及在日本、中国等亚洲国家开设自营店铺销售商品。此外,Coach 在中国各大百货都设有授权许可分店。

(资料来源:《网络营销》朱迪·斯特劳斯、雷蒙德·弗罗斯特编著)

【案例 10-7】Costco

Costco 的使命是"不断为我们的会员以尽可能低的价格提供优质的产品与服务"。Costco 目前有超过 7500 万持卡会员,营业额超过 1100 亿美元,是全美最大的仓库式会员连锁店,也是仅次于沃尔玛的美国三大零售商之一。Costco 的成功来源于多年通过营销、价格、策略和成本削减政策创造的顾客忠诚。

Costco 营销策略的重点是以极低的价格提供丰富的品牌商品和自营商品。但是与一般食品杂货店的 4 万个最小存货单位(SKU)或沃尔玛的 15 万个存货单位相比,Costco 只有约 3750 个最小存货单位左右。在同一类中只向一家供应商采购那些具有最畅销的口味、规格、型号和颜色的商品。例如,Costco 只销售 4 种品牌的牙膏,而沃尔玛则销售 60 种。这种高效的产品采购模式带来了如下好处:大批量销售、高存货周转率、极低的价格和更好的产品管理。

Costco 直接从制造商处采购,商品直接运送到它的各地仓库,在 24 小时之内再从分仓库重新配送到仓库。整个过程没有分销商和中间商参与,节省了与存储、运送和处理相关的成本。在仓库中,货物已拆装,随时准备出售。

多年来,Costco 不断延伸自己的产品与服务,从销售简单的盒装商品如麦片和纸制品,逐步扩大到出售生鲜食品,这些产品都比同类其他渠道的产品的价格要低。在 Costco 销售的 4000 种商品中,有 3000 种是常规产品,而且长期售卖;余下的 1000 种商品属于"寻宝"商品,这些特殊的商品只在短期内销售,并满足消费者对新产品种类的市场需求。

公司的定价策略也很透明:它将任何品牌的加价控制在14%以内,任何自有商品的加价控制在15%左右(超市一般加价范围在25%左右)。如果价格过高,Costco就会剔除该类商品。

Costco的顾客不仅非常忠诚,而且多数很富裕。他们的平均家庭年收入是74 000美元,31%的家庭年收入超过10万美元。Costco的会员费从每年55美元起步,可以随着时间升级到更高的"尊享"级别,这一级别的会员可以享受到更多优惠。Costco的成功来自对一系列经营实践的专注:出售数量有限的商品;保持低成本;依赖大销量;支付高工资;要求消费者成为会员;定位为以服务高端消费者和企业为主。

（资料来源:《网络营销》朱迪·斯特劳斯、雷蒙德·弗罗斯特编著）

◆ 本章小结

（1）大多数生产商不直接向最终用户出售商品。在生产商和最终用户之间存在着一个或更多的营销渠道,它们是一系列执行不同功能的营销中介机构。

（2）营销渠道决策是公司管理层面临的至关重要的决策。公司所选择的渠道将对其他营销决策产生深远的影响。

（3）公司利用中间机构是因为公司缺乏直接营销的财力资源,或者直接营销并不可行,所以通过中间机构更为有效。中间商执行的最重要的功能有搜集信息、促销、谈判、订货、融资、承担风险、占有实体商店、付款和转移所有权。

（4）制造商打入某个市场的选择有很多。它们可以直接销售或者使用1至3个层次的渠道。决定使用哪一种渠道需要分析客户需求,建立渠道目标,确认和评价可供选择的主要渠道。

（5）有效的渠道管理需要选择好的中间商并培训它们,激励它们。目标是建立长期的伙伴关系,并使所有渠道成员获益。

（6）营销渠道始终是不断变化的,有时也会出现巨大的变革。最重要的3种变化趋势是垂直营销系统、水平营销系统和多渠道营销系统的发展。

（7）随着越来越多的公司采用"实体店与电子商务相结合"的渠道系统,电子商务已经牢固被建立。此时,移动商务(通过智能手机和平板电脑)也越来越重要。一些消费者喜欢在实体店的展览厅里了解产品信息和体验产品质量,随后在网上低价购买这些产品。

（8）企业进行渠道整合时必须意识到线上、线下及移动销售的不同优势,然后使三者的联合贡献最大化。

（9）所有的营销渠道都存在潜在的冲突和竞争,原因在于:目标不一致,角色和权力不明确,认知差异和相互依赖的关系。公司可以通过双重回报、高级目标、员工交换、吸纳及其他途径管理渠道冲突。

◆ 思考题

1. 营销渠道是怎样产生与发展的？营销渠道的发展趋势如何？
2. 企业如何有效管理渠道成员之间的关系？
3. 企业在构建完整渠道时需要使用哪些必要方法？
4. 顾客价值的变化与渠道之间的关系是什么？
5. 根据本章重点理解营销渠道的产生与背景，举例说明企业应如何合理利用销售渠道实现低成本、高利润。

◆ 案例阅读与分析

【案例】思科渠道资源重组

思科以前的渠道体系中高端产品一般都是由金牌代理商、银牌代理商这样的系统集成商来销售，低端产品则是由总分销商通过渠道来销售。过去，小的系统集成商如高级认证代理只能从分销商那里拿低端产品，然后再去别的集成商那里拿高端产品；有时高级认证代理会和金牌、银牌代理商同争一个客户，但前者又必须向后者下单，业务机密有泄露之嫌。思科今年改变这种不合理的机制，将所有产品逐步向系统集成商和分销商开放，系统集成商也可以直接向思科购买低端产品。这样，不仅会改变接一个单子从两个地方进货的局面，而且为总分销商代理高端产品开辟出一条新的路子。

目前，思科的代理商认证分为四级：金牌认证代理商、银牌认证代理商、高级认证代理商和认证代理商。其中，认证代理商作为思科分销体系的基础，以最低端产品为主要销售对象；高级认证代理商代理思科的全系列产品，要求有一定数量的认证工程师和培训计划，它们不直接从思科拿货，而是通过分销商和金牌、银牌代理商拿货；对于银牌认证代理商的要求更高，要求数量更多的工程师必须接受更严格的考核；认证最高层次的金牌认证代理商除了在业务量和工程师方面有更高的要求外，还要求它们必须向客户提供每日 24 小时的服务热线。现阶段思科在中国的总分销商有 3 家：晓通、联想科技和英迈。它们分别是国内最大的网络产品分销商、国内最大的 IT 产品分销商和世界最大的分销商，分销阵容强大而且各有特色。思科今年还将继续增加对二级分销商的投入和支持，将渠道建设得层次丰富。为了保证渠道中的有序竞争，思科中国公司计划推出渠道规划 Channel Mapping，即在某一地区、应用领域或者行业，思科选出业务能力较强的代理商给予全面支持，在售后服务、销售支持等方面给予较多的帮助。这样做一方面能提高合作伙伴的利润率；另一方面，在划定的某一区域内，思科对代理商有了政策性的保护之后，代理商也能在客户身上做长远投资，这将是思科在渠道策略上的一个重要变化。为了进一步支持代理商，思科将会有更多的产品和技术培训、认证和监督计划，遍及 20 多个城市的 Cisco 大学在每个季度对所有的代理商和用户开放。除此之外，思科还在全国 30 多所大学成立了网络技术学院。思科今后会加强对伙伴高级经理的系列培训，使其代理商的风格与思科渐趋一致。

在售后服务方面，思科今年将从完全依赖各级代理商做服务转变为客户可以选择从代理商那里或者从思科公司直接获得服务。思科不仅设立了自己的服务中心和开通了热线电话为合作伙伴和客户提供服务,而且在国内有众多工程师可以随时进行现场服务,同时派出专业工程师驻守在全国范围内的合作伙伴那里,以培养代理商的服务能力,并在短时间内提升代理商的服务水平。

(资料来源:《网络营销》朱迪·斯特劳斯、雷蒙德·弗罗斯特编著)

【问题】

1. 你认为思科在管理渠道关系方面有什么积极影响?

2. 思科的渠道管理模式和国内哪些企业相似?

3. 如果你是思科的员工,你会如何优化这家企业的渠道?为什么?

◆ 项目实训

项目一:娃哈哈前身是杭州市上城区的一家校办企业,成立于 1987 年,是宗庆后带领两名退休老师,靠着 14 万元借款,从卖 4 分钱一支的棒冰开始创业的。1989 年,娃哈哈营养食品厂成立,开发生产以中医食疗“药食同源”理论为指导思想的天然食品“娃哈哈儿童营养液”。1991 年,创业只有 3 年的娃哈哈的产值已突破亿元大关。1996 年,公司以部分固定资产作投入与法国达能等外方合资成立了 5 家公司。2000 年,公司生产饮料 224 万吨,实现销售收入 54 亿元。

以课程小组为单位,通过相关网络资源查询娃哈哈是如何做到“平常渠道,非常管理”的。结合本章所学内容完成大作业,要内容完整,分析透彻,并制作相关 PPT。

项目二:三星电子显示器有限公司进入中国市场后,迅速成为国内自有品牌市场上的领头羊。1999 年,三星电子显示器有限公司以 45 万台的年销量、20% 的市场占有率位居国内自有品牌市场第一位。2000 年,三星电子显示器有限公司蝉联国内自有品牌“视”界冠军,到 11 月份,三星电子显示器的销量突破 100 万台,这不但是三星电子显示器有限公司销售史上的第一个 100 万台,也使三星电子显示器有限公司成为当年显示器国内自有品牌市场年销量超过 100 万台的唯一一家厂商。2011 年初,三星电子显示器向媒体透露了令人不可思议的 2001 年的销售目标——200 万台(仅指自有品牌销量)。能够如此自信地表露企业的雄心壮志,除了三星显示器产品性能优异、返修率低、性价比极高、服务一流以外,通畅的渠道是三星能够夸口的重要因素。

三星电子显示器有限公司的渠道经营有什么特点?以课程小组为单位,通过查阅网络资源,完成“三星电子显示器营销渠道方式分析”的大作业。

第十一章 整合营销传播决策

在这个一体的、多元化的竞争时代,营销即传播,传播即营销,两者密不可分。

——唐·舒尔茨

【学习目标】

1. 了解整合营销传播的思想。

2. 掌握广告、公共关系、销售促进和人员销售 4 种重要的整合营销传播方式的特点。

【导入案例】

天猫的整合营销传播

天猫,作为淘宝网的组成部分,成立于 2008 年 4 月,2011 年 6 月从淘宝网分拆独立,2012 年 1 月 1 日正式宣布更名为"天猫"。通过成功整合多种营销传播活动,天猫已成为国内最大的 B2C 购物平台,占据中国 B2C 网络购物市场超过 50% 的份额。

1. 公共关系

(1)重视塑造品牌形象。从淘宝商城刚刚更名为天猫,就用 60 万元奖励其品牌 Logo 和形象设计方案有关人员,使天猫成了媒体和网友讨论的热词,吸引了众多的目光。热议过程中"天猫"二字的内涵也为人所熟知:天猫来自 Tmall 的中文谐音,而猫生性挑剔,挑剔品质,挑剔品牌,挑剔环境,代表时尚、性感、潮流和品质。

根据天猫总裁张勇的说法,天猫就是要全力打造网上的品质之城,更名就是为了让消费者更加清楚这个平台的定位,帮助消费者网购时更有针对性地选择和做决策。

(2)庆典传播品牌形象。2012 年 3 月 29 日,天猫举办年度盛典,正式公布了其全新品牌标识和形象。盛典现场,天猫联手奔驰、宝洁、三星等数百个知名品牌,采用全新的 AR 互动技术,打造真实和虚拟世界相结合的未来购物城。从眼镜、衣服、手表到数码产品,都可以进行试戴、试穿、试用。这让在场的嘉宾过了一把未来网购的瘾,充分体验了无须出门就可以享受到逛街时对商品的真实感受。

(3)通过赞助扩大品牌影响。天猫赞助了湖南卫视金鹰独播剧场《隋唐英雄传》等电视剧的播出。而天猫选择湖南卫视这样的赞助对象,一来是看重其品牌效应,与之联合对提升天猫品牌美誉度无疑有很大的推动作用;二来是看重其高收视率,有利于扩大天猫传播范围。另外,金鹰独播剧场播出时段的核心受众是家庭主妇及追逐偶像剧的青少年,也包括一些白领。这些网购主力军,对他们进行定向传播,非常具有针对性。

(4)协调商家利益关系。2012年天猫公布了招商新规,将其保证金从1万元提高到了5万元、10万元、15万元三档,技术服务费从6000元一年提高到了3万元和6万元两档,这引起了商家的抗议。但天猫通过其工作人员和有关商家进行了充分的沟通,使他们了解到招商新规凸显了天猫打造品质之城的决心。高保证金的背后,提高了企业入驻的门槛,使天猫销售的商品更有质量保障,保护了消费者的利益。同时天猫承诺给商家最好的平台和服务,也规定商家要合法经营,不能损害消费者的利益,否则就会受到惩罚。一系列从消费者角度出发的行为将换来消费者的信赖和忠诚,而天猫与商家也将实现共赢。

2.广　告

(1)电视广告。天猫在2012年"双十一"购物节时投入了两则电视广告。一则广告请来高晓松、小柯、杨幂、李晨、高圆圆等明星助阵,分别有层次地念出天猫的广告词:"'双十一'购物狂欢节,上天猫,就购了。"另一则广告词则是:"这一天,不去纽约,也能买空第五大道;不到香港,也能疯抢铜锣湾。天猫'双十一'购物节,5折狂购,仅此一天。上天猫,就购了。"天猫利用电视广告对受众进行了狂轰滥炸,形成节假日强大的舆论浪潮,促进了销售狂潮的实现。

(2)网络广告。天猫还制作了一些网络视频广告、弹窗广告,在一些知名视频网站的热播节目中和社交网络上,采用"密集出击"的方式,刺激消费者的购物热情。

3.销售促进

(1)节假日折扣。例如,天猫筹划的"双十一"购物节,全场5折优惠的口号,吸引大量"粉丝"涌入天猫。其实并非所有商品都是5折优惠,但仍然刺激了交易额的猛增。

(2)会员制。消费者可以在天猫直接免费注册成为会员,从而建立商家与消费者的紧密联系。会员可以享受诸如累积积分(买特定的产品时可以用积分抵部分现金)、退货保障、生日礼包等优惠。

(资料来源:根据网络资料整理)

*请思考:*天猫采取了哪些面向消费者的营销方式?这些营销组合方式的营销效果如何?

第一节　整合营销传播

密西根大学教授杰罗姆·麦卡锡于1960年提出的4P组合,即产品(Product)、价格(Price)、渠道(Place)、促销(Promotion),为推进营销理论发展做出了重要贡献。4P理论最有价值的地方在于,它使营销简化并便于记忆和传播。但这一理论的提出,本身就体现出了人们开始把营销的一些要素综合起来,去研究现代营销,并指导企业在进行营销规划和开展营销活动的过程中,将营销的相关要素按照有效合理的方式整合起来。

随着市场营销理论和实践的不断发展,种种迹象都揭示了一个现实:按照消费者需求形成产品、价格、渠道和促销的营销组合,似乎并不难完成。但是仅仅凭借这些营销组合,如果没有与消费者实现良好沟通,营销价值也无法实现。因此,营销在很大意义上取决于传播,营销即传播,传播即营销。而传播本身并不是一种简单的信息传输,它是多渠道的互动交流。因此,人们逐渐认识到,应对包括传统促销工具在内的营销传播手段进行策略性整合,随后便有人开始进行整合营销传播方面的尝试。

一、整合营销传播的内涵

整合营销传播(Integrated Marketing Communication,简称 IMC)是美国西北大学唐·舒尔茨教授与其合作者,在 1993 年合著出版的《整合营销传播》一书中第一次提出的。舒尔茨认为,整合营销传播是发展和实施针对现有和潜在客户的各种劝说性沟通计划的长期过程。

整合营销传播的目的是对特定沟通受众的行为产生实际影响或直接作用,整合营销传播理论认为,现有或潜在客户与产品或服务之间,发生的一切有关品牌或公司的接触,都可能是将来信息的传递渠道。进一步来说,整合营销传播运用与现有或潜在的客户有关并可能为其接受的一切沟通形式。

总之,整合营销传播的过程就是从现有或潜在客户出发,反过来选择和界定劝说性沟通计划所采用的形式和方法。

舒尔茨之后,美国科罗拉多大学汤姆·邓肯教授进一步提升了整合营销传播理论。邓肯认为,简单地说,整合营销传播是一个运用品牌价值管理客户关系的过程。具体而言,整合营销传播是一个交叉作用过程,一方面通过战略性地传递信息、运用数据库操作和有目的地对话来影响顾客和关系利益人,与此同时也能创造和培养可获利的关系。

邓肯在其构建的整合营销传播模型中表明,在数据库和信息技术的支持下,企业通过包括传统促销手段(广告、人员销售、营业推广、公共关系等)在内的各种整合营销传播工具,将经过精准分析论证后的品牌信息,传递给目标顾客和关系利益人,从而与之建立品牌关系,这是一个可持续增加销售、利润和品牌权益的过程。

美国广告公司协会给出的整合营销传播的定义:这是一个营销传播计划概念,要求充分认识用来制订综合计划时所使用的各种带来附加值的传播手段——如普通广告、直接反应广告、销售促进和公共关系——并将之结合,提供具有良好清晰度、连贯性的信息,使传播影响力最大化。

结合舒尔茨、邓肯及其他组织或个人对整合营销传播的阐述,编者认为:整合营销传播,就是组织从战略高度对各种传播手段进行整合,通过与目标顾客和关系利益人接触传播品牌信息,促进形成品牌认同、建立品牌关系、构筑品牌资产的过程。

二、与整合营销传播有关的关键概念

在整合营销传播过程中,由于"品牌""关系""接触"等一系列全新概念的引入,导致了营销传播目的、实施方向及媒体延伸等方面的根本转变,传统营销传播观念也受到了重新审视并被赋予新的意义,从而使其表现得更具有张力。整合营销传播的终极目标指向了品牌资产,通过有计划地接触、组织与目标顾客及相关利益人之间建立的关系,具备了实现品牌资产的核心价值。

(一)品　牌

品牌(Brand)一词来源于古挪威文字 brandr,中文意思是"烙印"。在当时,西方游牧部落在马背上打上不同的烙印,用以区分自己的财产,这是原始的商品命名方式,也是现代品牌概念的来源。从品牌营销实践来看,品牌概念的雏形可追溯到 19 世纪早期,酿酒商为了突出自己的产品,在盛威士忌的木桶上打出区别性标志。20 世纪 30 年代,以宝洁提出和建立品牌经理制和品牌管理系统为标志,品牌实践开始盛行。

20 世纪 50 年代,大卫·奥格威作为品牌形象理论的最初倡导者,其最大的贡献并非为产品差异化提供了新的方法,而是通过该理论彻底地改变了拘泥于产品本身的思维模式。"最终能够决定市场地位的是品牌总体性格,而不是商品之间微小的差异",作为一种传播手段,"任何一则广告,都是对品牌形象的长期投资"。

奥格威在其"形象与品牌"演说中最早提出了品牌的定义;他认为品牌是一种错综复杂的象征,它是品牌属性、名称、包装、商标、价格、历史、声誉、广告风格的无形组合。品牌同时也因为消费者对其使用的印象及其自身的经验而有所界定。

1960 年,美国市场营销协会对品牌给出的定义则是:"品牌是一种名称、术语、标记、符号或设计,或是它们的组合应用,其目的是借以辨认某个销售者或某群销售者的产品和服务,并使之与竞争对手的产品和服务区别开来。"这一定义得到大多数品牌研究者的认可。

1988 年,雀巢公司用高于英国罗特里公司财务账面总值 5 倍的金额收购了其品牌。受其启发,加州大学柏克利分校哈斯商学院营销学名誉教授大卫·艾克等人意识到品牌的溢价效应,在他的《管理品牌资产》(1991)一书中首次提出品牌资产的概念。

大卫·艾克所著的《管理品牌资产》、《建立强势品牌》(1995)及《品牌领导》(1998)被喻为"品牌三部曲",影响深远。艾克提出的品牌领导概念,和传统的品牌管理模式相比较,实现了以下突破:从战术到战略的品牌管理,品牌经理的传播任务由有限的焦点到广阔的视野,战略的推动者由重视销售转为关注品牌识别。

20 世纪 90 年代至今的品牌理论发展,则主要以品牌关系理论的深入研究为标志,其中包括品牌创建理论、品牌传播理论、品牌关系理论等。

舒尔茨等人于 1993 年提出的 4C 理论,也是在整合营销传播思想的影响下,从消费者角度重新阐释了 4P 理论。4C 理论将促销组合看作企业与消费者进行的沟通,而品牌传播理论据此强调品牌既是整合营销传播的产物,又具备整合营销传播的价值。

品牌关系理论认为,"物的有用性"价值通常都处于过剩状态,而消费者在选择过程中,来自产品功能方面的影响比重相对会越来越小。选择的天平会逐步朝着产品所代表的关联因素倾斜,且主要是指向与消费者认同密切相关的社会因素。

(二)关　系

整合营销传播超越了单纯的传播营销信息和简单追求对受众行为的影响,它把发展顾客和相关利益者的关系作为自己的价值核心,这也是整合营销传播理论的创新所在。

企业和顾客之间是互相依赖、互相满足的关系,企业整合营销传播活动压倒一切的目的就是培养愉快而忠诚的顾客,因为只有顾客(而非产品或其他)才是企业的命脉。

从交易性营销(Transactional Marketing)转向关系营销(Relationship Marketing),要求在企业与顾客和其他利益相关者之间,建立、保持并稳固一种长远关系,进而实现信息及其他价值的相互交换。而这种关系对于企业的价值可以从以下方面反映:

(1)丧失老顾客的代价。因产品低劣、服务恶劣而造成的顾客流失是很难用广告争取回来的,而损失掉的利润则是该顾客对这个企业的终身价值。

(2)争取新客户的代价。进攻型营销的代价往往大于防守型营销的代价。而争取一名新客户所付出的营销广告和促销代价是维持一名老客户的5—8倍。

(3)忠实顾客的价值。生产商的利润的90%来自回头客,只有10%来自零散顾客。少损失5%的老顾客便可以增加25%—85%的利润。

科特勒和阿姆斯特朗认为,企业可与其利益相关者视双方的共同需求而形成5个层次的关系,见表11-1。

表 11-1 顾客关系的 5 个层次

序号	关系	具体表现
1	交易式关系	企业出售完产品后,不再有任何形式的后续活动
2	反馈式关系	企业售出产品后,鼓励顾客在遇到问题时打电话给他们
3	责任关系	企业在产品售出后马上给顾客打电话,落实产品是否符合顾客的期望,是否有任何不满或改进建议。这些信息有利于企业不断改进服务
4	前摄关系	企业有关人员定期拜访顾客,向他们提供进一步的产品使用方法或新产品信息
5	伙伴关系	企业与顾客(或其他利益相关者)共同寻求获取更好价值的途径

企业只有通过各种整合营销传播手段和顾客不断加强沟通,才能不断推进与顾客之间的关系,最终建立长期稳固的伙伴关系,并让顾客对企业品牌产生认同。

一旦产生品牌认同,企业品牌对顾客而言:

(1)品牌即产品。品牌与产品类别相结合,如海尔、娃哈哈;品牌与产品品质结合,如克里斯蒂(CD)、卡尔文·克莱恩(CK);品牌与产品用途结合,如宝洁的海飞丝;品牌与使用者结合,如耐克、奔驰;品牌与产地相结合,如蒙牛、瑞士手表。

(2)品牌即企业。品牌代表企业管理品质,如丰田汽车、大众汽车;品牌代表企业创新精神,如苹果、微软;品牌代表企业的社会责任,如加多宝、强生。

(3)品牌即人。品牌的个性因素,展示了品牌与顾客之间的相互对应关系,顾客会选择符合自己认同,或者表达自己认同的品牌,而这种认同往往会涉及顾客的社会关系。品牌选择从而成为顾客表现自己社会属性的重要方式。

(4)品牌即符号。品牌的基本外化形式就是符号(标识),品牌符号包括了音、形、字、色等基础要素,以及与这些符号相关联的所有隐喻。成功的品牌符号系统是品牌精神和品牌价值的集中折射。

因此,邓肯认为,品牌即指所有可以区分本公司和竞争对手,并且为人所感知的信息和经验的综合。

以品牌为纽带,企业和顾客建立起稳固而长期的特殊关系,对双方来说实现了一种双赢。这种双赢指不仅企业可以通过品牌关系增长收入和利润、减少成本,顾客也能从品牌关系中获得以下具体利益:

(1)降低风险。降低风险主要是指消费者所负担的购买风险,科特勒称之为消费者的"可觉察风险"。

(2)减少成本。购买不仅需要花费金钱而且需花费时间和精力,企业品牌关系可从时间和精力方面减少消费者的成本。

(3)提高效率。提高效率主要指公司及品牌对顾客的服务效率。整合传播首先区隔和辨认顾客,个性认知有助于效率提高。

(4)增加联系。增加联系指顾客与品牌之间与日俱增的感情联系。顾客拥有品牌的时间越长,越易产生对品牌的拥有感,尤其是更体现社会性特征的品牌。

任何品牌在构建自己与顾客的关系时,必须保证自身的有利可图与顾客利益之间的平衡。如果试图把自己的主要追求或者多余成本转嫁到顾客身上,那最终结果只能是失去顾客。"当顾客被诱导去购买他们不需要或不想购买的商品时,公司拿来冒险的不仅是名誉,而且是丧失受众。可获利的品牌计划,应主要来自销售的增长和成本的降低。"(汤姆·邓肯)

(三)接 触

传统大众媒体的特征,使得传统营销传播存在着直线沟通、行为第一、信息单纯等局限,必然使其面临着一些困境:营销信息采取单向方式发送,忽略反馈;不论是否认同,强制顾客接受营销信息;营销与传播被割裂,过于强调甚至夸大专业化,反而导致问题复杂化。而全球化带来的市场多元化和新媒体兴起带来的信息多元化,进一步突显了传统营销传播存在的局限和面临的困境。

信息时代下,顾客了解品牌信息的渠道多样化,影响其购买行为的因素也很复杂,从顾客产生消费意向到最后采取购买行为的每一个环节中顾客都会与相关的品牌进行信息接触。品牌的理念、功能及服务等信息,正是通过这些与顾客产生接触的点从而传递给顾客。基于以上认识,2003 年,日本电通公司正式推出接触点管理,并将其视作整合营销传播理论新的实践模式,随后它成了市场营销理论探讨的热点。

所谓接触点(Contact Point),就是品牌与消费者产生信息接触的地方,即运送营销信息的载体。它不局限于网络、电视、广播、报纸、杂志、户外等媒体,还包括直邮、包装、销售人员、店面布置、企业网站等,只要是传播营销信息的载体,就可以视为接触点。

接触点管理(Contact Point Management),就是运用科学、合理的手段去管理顾客与品牌的接触点,优化接触环境,使接触点能发挥最大效用,提升营销信息传播效果。接触点管理,强调用"恰当的手段,通过适当的媒介,在正确的时间与地点和消费者进行有效的双向沟通"。

然而,顾客有成百上千种和品牌接触的方式,接触也并不会随着购买行动的完成而结束。例如,互联网为消费者共享品牌体验提供了一个广阔的舞台,网民们的交流、评论成为信息时代任何企业都不可忽视的接触点;亲朋好友对品牌的评论等口碑传播也成为品牌传递的重要渠道。信息时代里的顾客与品牌发生接触的点呈现出日益复杂并不断变化的特点,给企业的接触点管理提出了日益严峻的挑战。

1. 筛选接触点

显而易见,任何一个企业都难以控制所有的接触点。因此,寻找顾客与品牌之间所有可能的接触点,进而确认最具营销传播价值的接触点,便成了企业首先要完成的工作。

如图 11-1 所示,接触点主要分布在以下几个层面:第一,顾客在进行品牌购买和使用的过程中必然产生的接触点,如店面、销售人员、产品本身等;第二,企业"制造"的接触点,如广告、企业官网、现场活动等;第三,顾客所"制造"的接触点,包括与家人、朋友交流品牌经验,SNS 上对品牌的讨论等。

企业把潜在的接触点找出来并筛选出那些能够直接影响品牌形象、消费者体验、市场销量的关键的接触点,往往能够影响顾客的决策过程,说服潜在顾客并引发顾客重复购买。

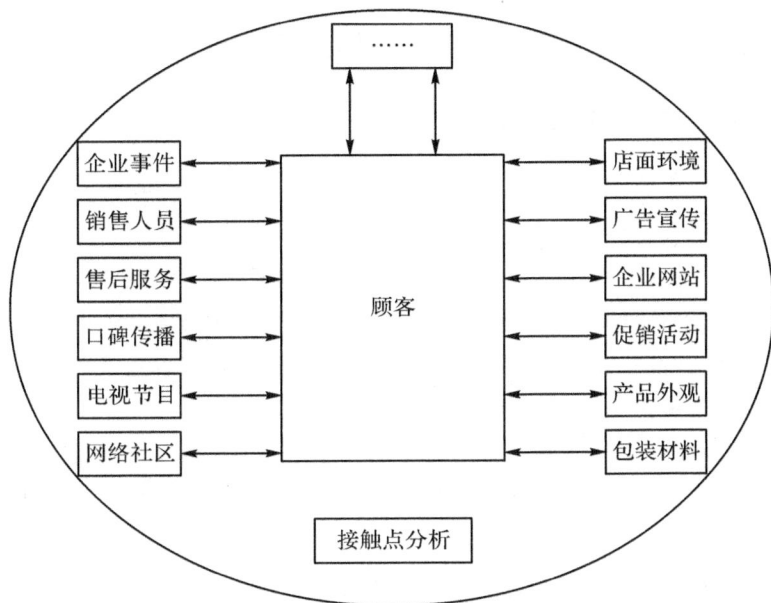

图 11-1 企业可能性接触点分析图

2. 管理接触点

有效的接触点管理是一个以消费者为中心、以数据管理为基础的科学的过程,应遵循一些基本的原则:

(1)数据化原则。以日本电通公司为代表的整合营销传播奉行者,在其各自建立的接触点管理模式中,无不充分利用了企业强大的数据采集、分析与计算能力。如电通公司开发的"DECOPON"(Dentsu Contact Point Navigation System)系统,就采集了顾客、媒体及品牌的多种数据,为确保接触点管理的战略决策更科学提供依据。

(2)一致性原则。接触点管理的营销传播目标是"一个声音,一种形象",通过管理可控的、方便消费者接触并可传播信息的关键接触点,如员工制服、店面环境、客户服务等,为企业传播一致的品牌信息,使顾客体验到"无缝隙购买"的快乐。科特勒曾指出,消费者从不同信源得到的相互矛盾的信息,可能导致混乱的公司形象并影响品牌地位,因此,企业必须遵循一致性原则,向其目标市场传递一致的价值主张。

(3)控制性原则。接触点管理的目的是密切企业与顾客的关系,为企业创造利润提供更坚实的基础。因此,必须进行严格的过程控制和成本控制,高效地实现营销传播效果的最大化。

片面地追求信息传播到达率,往往会提高沟通成本,而接触点管理不仅要求信息的到达,更强调通过提升接触点沟通的质量水平来保证传播效果,倾向于节省成本,减少对营销资源的浪费。

接触点对于企业来说,从控制角度,可分为可控性接触与不可控性接触,企业应对其进行有针对性的管理。营销学者们认为,对最主要的几种不可控性接触,如员工信息、人际传播、新闻媒体、突发事件等管理不当则可能对品牌关系造成重大影响,应引起企业足够重视。

“接触”是一个全新的视角,接触点无时无处不在,整合营销传播强调品牌关系的建立,因此就离不开多种形态的信息传播,就必然要求对众多的接触点进行有效的管理。

【案例 11-1】星巴克的品牌故事

星巴克与其说是一个零售服务品牌,不如说是一个体验性品牌。

星巴克的品牌核心价值是什么？其创始人霍华德·舒尔茨(Howard Schultz)这样回答:人情味儿、享受、休闲并富有情调。星巴克的独特体验源于它在顾客的整个消费流程中,将这些要素有效地注入:冲咖啡时要打出绝佳的奶泡,直到蒸汽与牛奶结合发出“嘶嘶”的声音(此触点注入“富有情调”);在将咖啡交到顾客手上时,一定要眼神交会、微笑和答谢(此触点注入“人情味儿”)。

抓住消费体验,构成了消费者的一种生活方式,所以星巴克能够斗胆地放出广告:“我不在星巴克,就在去星巴克的路上。”将星巴克营造成了顾客除了家和办公室之外的“第三空间”。

同样还是星巴克的故事:从 1998 年起,为加速扩张及提高运作效率,星巴克引进了浓咖啡机,密封袋装咖啡粉取代了现磨咖啡豆,加快了咖啡的出品速度;推出了快餐,试图扩大利润源。从每个触点来讲,星巴克的服务能力似乎更强了,但结果如何呢？

星巴克的客流量严重下滑,股价直跌。而这一切的根源在于星巴克在快速扩张中,虽然通过触点保持甚至提升了服务能力,但是由于触点内容的变动没有整体性的指向星巴克的品牌核心价值——人情味儿、享受、休闲并富有情调,造成星巴克整体性的体验丧失。

引进了浓咖啡机,却阻碍了咖啡调制师与顾客的互动;密封袋装咖啡粉取代了现磨咖啡豆,咖啡香味也就不复存在;科学化的店面设计带来了效率的提高,却使咖啡馆失去了灵魂和个性。客户消费体验的究竟是什么？是品牌的核心价值！

当星巴克在体验式管理中丧失了核心价值的方向,它将不再富有情调,不再吸引人,消费者对它进行比较的参照物也许变成了麦当劳——那里推出了更便宜的咖啡,还可以免费续杯！

因此我们可以看到,在触点管理中,如果没有把品牌核心价值有效地、反复地注入,品牌资产会迅速贬值,这些才是触点管理的精髓所在。

2008年1月7日,创始人舒尔茨重掌CEO大权。2月26日,他宣布全美7100家直营店同步暂停营业3个半小时,逾13.5万名员工一起"闭关修炼"煮咖啡的技巧,期望找回顾客的心。这也是星巴克创业20年来,首次以暂停营业的方式来重新学习如何煮咖啡。

(资料来源:《星巴克品牌故事:品牌触电管理》中国品牌农业网)

第二节 广告决策

尽管近年来有人对广告投入产出效果表示出种种质疑,广告投入在企业整合营销传播总预算中所占的比重有所下降,广告行业整体发展速度也趋于平缓,但广告作为企业营销传播手段中,到达大规模受众最具性价比的方式,在塑造企业形象和构筑品牌资产等方面的作用仍然毋庸置疑。

一、广告概述

(一)广告的概念及基本流程

广告,是广告主以付费方式,通过运用各类媒体传播信息来影响目标公众消费心理和行为的一种活动。

广告活动一般按照如图11-2所示的流程进行。

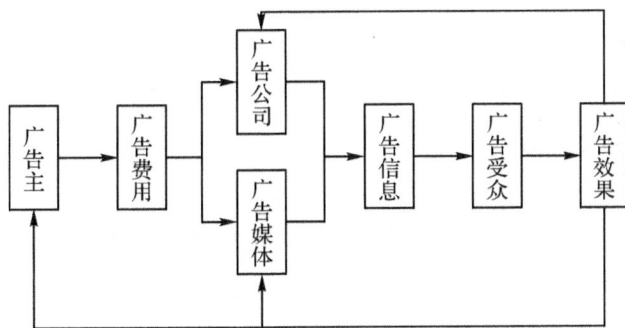

图11-2 广告运作的基本流程

广告主作为广告活动的主体,往往委托专业广告公司代理其广告业务,为其提供广告调研、策划、创意、设计、制作及媒体购买等服务。广告主的广告费用则主要流向两个方向:一是广告公司代理服务的佣金,二是广告媒体资源的购买费用。广告主通过特定媒体发布广告,从而将组织、产品或服务、观念等有利于塑造其良好品牌形象的信息传递给目标广告受众,进而取得一定的经济、传播及社会方面的广告效果。

(二)广告的分类和功能

1.广告的分类

根据不同的标准,可以将广告划分成不同类别。分类的标准,也为我们研究广告提供了相应的视角:

(1)按广告的最终目的和性质,可将广告划分为商业广告和非商业广告。

(2)按广告的内容,可将广告划分为产品或服务广告、企业广告和观念广告。

(3)按广告的媒体,可将广告划分为互联网广告、电视广告、广播广告、报纸广告、杂志广告、户外广告、交通广告、电影广告和销售点广告等。

由于新媒体的不断出现,加之不同媒体之间的融合趋势越来越显著,按广告媒体对广告进行分类,无疑变得越来越困难了。

(4)按广告的诉求方式,可将广告划分为理性诉求广告和感性诉求广告。

2.广告的功能

广告具备经济和社会两个方面的功能:

(1)经济功能。广告通过传播信息,和消费者进行有效沟通,可以改变消费认知、刺激消费欲望、培养消费观念,从而引导消费行为;可以塑造品牌形象、提升感知价值、增强品牌认同,从而优化消费体验;还可以提升沟通效率、降低交易成本、促进优胜劣汰,从而减少消费成本。广告通过以上功能,进而发挥促进销售的作用。

(2)社会功能。广告在发挥其经济功能的同时,也具备一定社会功能:影响意识形态,改变人们的行为方式;传递新知识、新技术;促进大众传媒、文化艺术的发展;美化生活环境,丰富人们生活;等等。

(三)广告发展的新趋势

近年来,广告作为一种整合营销传播的手段,呈现出以下发展趋势:

1.广告媒体网络化、移动化

2015年,全球互联网广告支出首次超过电视;2017年,全球互联网广告的支出占到了所有广告媒体的50%以上。其中,移动广告2015年大幅增长118%;到2017年,移动广告已占据网络广告30%以上的份额,移动搜索广告、移动视频广告、移动社交广告在未来将占据的广告份额还会越来越大。

2014年,腾讯三季度财报显示,其所有的效果广告收入中有45%来自移动端;新浪微博的三季度财报显示,其移动端广告收入占比增至44%;百度第三季度财报也显示,百度收入中移动端占比已经达到36%。

2.广告运作程序化、数字化

由于广告主在媒体购买和广告投放上更加注重效率与效果的提升,而程序化购买方式与大数据技术能有效提升广告的效果和效率,越来越多的广告主显示出对程序化购买的热情。

2014年末,宝洁计划将70%—75%的预算用于美国数字媒体程序化购买;亿滋国际(原卡夫食品公司)也于2014年6月宣布,2016年将视频程序化购买的投入提高至总营销预算的 50%。

【专栏 11-1】我们已经在"程序化广告"的环境之中

同一个页面,你看到的广告和我看到的不同。

两次打开同一个网页,看到的广告也可能不同。

王先生不久前在百度上查询了某款手机的信息。

在接下来的几天,王先生无论是看视频还是浏览新闻,不同网站的广告框里都有该手机的相关广告。

而他的同事在上这些网站时看到的却是其他广告。

王先生虽然有点纳闷,但当看到他所关注的手机降价的信息时,仍然吸引他点开了这则"私人定制"的广告!

而这种"私人定制"的广告正是建立在强大的数据处理能力基础上,通过广告程序化的运作模式产生的结果!

(资料来源:《广告技术之程序化购买》三人行广告服务)

3. 广告表现原生化、内容化

以 2012 年第二季度 Facebook 推出的 Sponsored Stories 为起点,原生广告,一种更重视用户体验的广告表现形式,成了广告行业关注的焦点。原生广告将广告内容通过设计融入网站和 APP 本身的可视化内容中,广告内容也成了网站、APP 内容的一部分。

广告表现原生化、内容化,使广告巧妙地成了社交平台信息流、浏览器导航页面、游戏关卡或是 APP 主题表情中的内容,广告信息更隐蔽,广告效果更突出。因此,原生广告、内容广告也受到了众多广告主的青睐,成了 Facebook,Twitter 和 Google 等网络公司新的收入增长点。

二、广告策划

正确的广告决策,离不开科学合理的广告策划。广告策划一般包括以下几个阶段:

(一)调查分析阶段

广告主进行广告策划,或是广告公司在接受广告主开展广告策划的委托后,往往会成立专项的策划小组开展相关工作。

广告策划的第一步是进行广告调研,调研内容一般包括以下 3 个方面(图 11-3):

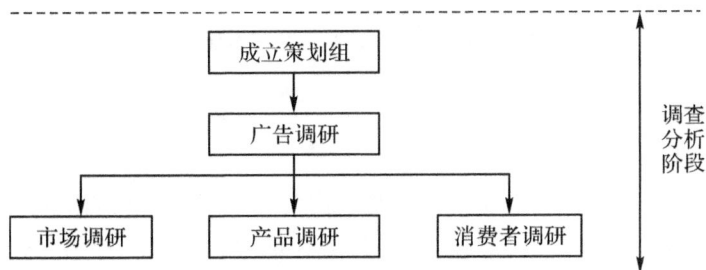

图 11-3　调查分析阶段的基本流程

1. 市场调研

市场调研主要围绕市场竞争状况展开,对主要竞争者的广告状况及整体营销状况进行调研。其中,对主要竞争对手的广告状况调研,包含对其广告预算费用、广告信息内容及诉求方式、广告使用媒体及发布频次、广告传播效果等情况的了解和分析。

此外,对在宏观环境和行业环境中,与广告活动相关的一些影响因素,也应做一定程度的调研。

2. 产品调研

产品调研可以按产品整体概念的框架进行,如对产品的基本效用和价值,产品的质量、价格、款式、包装等,产品的安装、维修、售货保证、送货等进行调研;也可以从品牌整体形象的角度出发,如品牌形象个性特征、品牌知名度和美誉度、品牌发展历程等。

此外,对广告主的企业历史、经营状况、人员素质、所获荣誉、经济实力等也应做一定程度的调研。

3. 消费者调研

消费者调研一方面从消费心理和行为的角度进行,如消费者的基本社会情况和人口属性,消费者对广告主、品牌和产品的认知和评价,消费者消费心理和购买行为方面的特征,等等;另一方面则从媒体受众角度进行,如消费者的媒体接触习惯,相关媒体的种类、载体、版面或时间,相关媒体的特征及费用,等等。

(二)决策计划阶段

结合品牌定位,在调查分析的基础上,广告主和广告公司制订本次广告活动的广告目标,确定广告任务,并制订相应广告策略,计算广告预算,编制广告计划书,具体流程如图 11-4 所示。

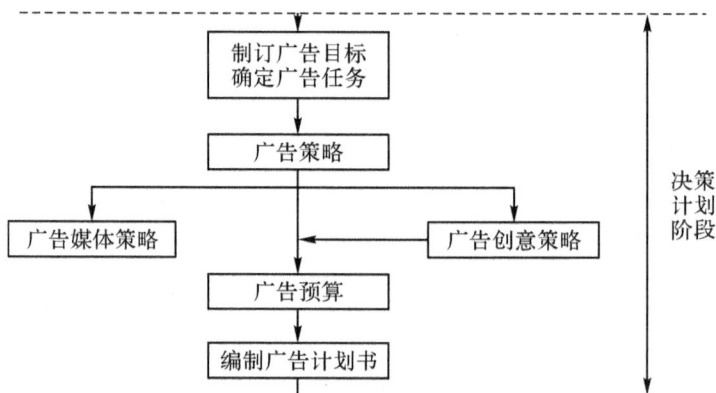

图 11-4 决策计划阶段的基本流程

1. 广告目标

广告目标有以下几种确定方式:

(1)根据消费心理和行为确定广告目标:按此标准来确定广告目标有多种手段,如DAGMAR 法,包括知道、理解、信任、行动;L&S 模式,包括知晓、认识、喜欢、偏爱、确信、购买;AIDMA 模式,包括注意、兴趣、欲望、记忆、行动;CAPP 方法,包括知名、接受、购买、满意等。

（2）根据商品销售时间确定广告目标：广告主的商品销售处于淡季、旺季前、旺季、旺季后、节假日等不同时间，广告目标有所不同。如旺季前的广告目标，可以确定为强化品牌形象、推广消费知识、营造消费氛围、宣传商品性能等具体目标。

（3）根据产品生命周期确定广告目标：导入期的广告目标是教育和引导消费者，树立新的消费理念和消费认知；成长期的广告目标是告诉消费者品牌、产品的特殊优势，突出产品与竞争品牌产品的差异性；成熟期的广告目标是根据市场竞争需要，进行针对性诉求，以保持和争取市场份额；而衰退期的广告目标则是提醒消费者自身品牌的存在，尽可能留住老顾客等。

（4）根据营销目标确定广告目标：将广告主开展营销活动的主要指标，如产品销售量、市场占有率、消费者满意度、销售增长率、销售利润率等和广告目标结合起来。

2. 广告策略

广告策略涉及广告创意和广告媒体两个方面：

（1）创意策略。①确定广告主题。广告主题即广告的中心思想，在确定广告主题的过程中，应考虑广告目标、信息个性、消费心理等方面的因素。广告主题的范围可以与消费者的物质需求相关，如方便、安全、实惠等，也可以与消费者的感性需求相关，如爱情、友情、亲情、乡情等。②构思广告创意。广告创意即创造性地表现广告主题，通过创新的表现方式，与广告受众进行有效沟通，使广告能够更好地发挥引起受众注意、促进受众理解、加强受众记忆、激发受众欲望、增强情感体验和引起受众共鸣等作用，使广告效果更为突出。

（2）媒体策略。良好的广告效果还离不开适当的媒体策略，因此广告策划人员应在了解各个广告媒体特征的基础上，考虑影响媒体选择的有关因素，并对可供选择的广告媒体进行科学评估，进而制订更合理的媒体策略。

①广告媒体定性选择。广告产品的特点、目标受众的媒体接触习惯、广告媒体的特征、竞争对手的媒体策略、广告主的广告预算等，是进行广告媒体选择时应考虑的因素。

②广告媒体定量评估。视听率、毛评点、到达率、暴露频次、有效暴露频次、千人成本等，是在对广告媒体进行定量评估时常用的指标。

广告主或广告公司应当先考虑影响广告媒体选择的因素，再对备选广告媒体进行定量评估，最终确定需选用的广告媒体。

③媒体组合。单一广告媒体往往较难达到预期传播效果，因此，在实际广告运作中，广告主经常会采取媒体组合方式，利用媒体组合的延伸效应、重复效应和互补效应，保证广告的覆盖范围，增强广告的传播深度和丰富广告的表现方式。

④媒体计划。制订媒体策略时，还应对广告发布时机、播出频次、排期方式等进行合理的安排，编制相关具体计划。

3. 广告预算

根据广告创意策略和媒体策略的要求，广告主或广告公司需制订广告预算，起到控制广告活动、评价广告效果、规划费用开支、提高广告效果等方面的积极作用。

广告预算主要包括对以下几方面费用的匡算：广告调研费（5％左右）、广告策划及设计制作费(10％左右)、广告媒体费用(70％左右)、广告人员行政经费(10％左右)、广告活动的机动费用(5％左右)。

制订广告预算时,应考虑以下因素的影响:产品生命周期、市场竞争状况、企业营销目标、广告媒体特征和企业经济实力等。综合以上因素后制订的广告预算才能更加切实可行。

在日常广告活动中,经常采用的广告预算的编制方法有目标达成法、销售比例法、竞争对抗法等。对广告主全年广告活动进行预算时,往往采用销售比例法或竞争对抗法;而对单次广告活动进行预算时,往往采用目标达成法。如上述根据创意策略和媒体策略的要求来编制广告预算,就运用了目标达成法。

4.编制广告策划书

广告策划书要将广告策划小组在决策规划阶段的工作成果展现给广告主的高层决策人员,一般按以下模式撰写:

(1)前言或摘要。简要概括本次广告策划的背景、策划要点或结论。

(2)广告调研分析。简要介绍调研过程,总结分析广告调研的结果。

(3)广告目标。提出广告目标,并对提出的理由和确定方法进行说明。

(4)广告策略。对广告主题、创意表现和媒体策略进行说明。

(5)整合营销传播。对有关的其他营销传播活动,提出建议和做出说明。

(6)实施计划。落实广告策划的主要具体事项,对实施进度做出计划。

(7)广告预算。对本次广告活动的相关费用进行匡算并做出说明。

(8)广告效果评估。确定评估广告效果的方法和标准并做出说明。

(9)结束语。

编制广告策划书时,要注意:语言要通俗易懂,以便于广告主决策人员理解;有理有据,论据充分支持论点;形式多样化,适当结合文字和图表数据。

(三)执行实施阶段

广告策划书经广告主决策人员批准后,开始执行实施相关广告活动:

(1)确定广告表现。广告文案、广告构图、广告色彩、创意剧本、广告模特等广告表现的相关事项要明确下来。

(2)进行广告制作。广告片的拍摄、平面广告的绘制等工作,既要体现创意策略的要求,也要在细节上做到精益求精。

(3)进行广告发布。把制作好的广告片提交广告管理部门备案,审核通过后再通过广告媒体正式发布广告,广告主或广告公司要对广告发布情况进行监测。

(四)评价总结阶段

这一阶段,主要是对广告活动的效果进行评估,并对整个广告策划工作进行总结。广告效果的评估可以多维度进行:

1.经济效果

广告活动对企业营销绩效的影响,可以通过统计法、比较法、实验法等方法,运用

UP 模型、PFA 模型、NAPP 模型、AEI 模型等来定量评估。

2. 广告传播效果

广告传播效果一方面可从广告表现效果,如广告吸引注意、广告引导观看阅读、广告诉求强度等方面进行评估;另一方面可以从广告媒体效果,如媒体视听比率、网页点击访问量等方面进行评估。

3. 广告社会效果

针对广告社会效果,广告主或广告公司可采用一定方法,对广告效果从社会文化观念、伦理道德、风俗习惯、审美情趣等方面来进行评估。

第三节 公共关系决策

随着新媒体时代的到来,营销传播的语境、渠道、方式受到了猛烈的冲击,在此环境下组织公共关系活动的价值得到更充分的体现。据腾讯科技的报道,苹果公司配件产品资讯网站责任编辑 Jeremy Horwitz 认为,2018 年苹果迫切需解决的十大问题包括厘清公共关系,发布触屏 Mac 电脑,重振苹果配件市场,精简 iPad、iPhone 和 Apple Watch 阵容等事项,并位居榜首。

一、公共关系概述

公共关系是 Public Relation 的中文译称,英文缩写为 PR,中文简称为公关。

(一)公共关系的定义

在现实整合营销传播活动中,公共关系活动同组织的各类经营管理活动纠结在一起,给我们认识公共关系的本质带来了困扰。公共关系究竟是什么呢? 许多组织或专家学者给出了自己的认识:

1. 强调关系属性

公共关系是我们所从事的各种活动、所发生的各种关系的通称,这些活动与关系都是公众性的,并且都有其社会意义。(国际公共关系协会,1978)

2. 强调职能属性

公共关系是这样一种管理功能,它确定、建立和维持一个组织与决定其成败的各类公众之间的互益关系。(卡特里普,森特,1988)

结合众多组织和个人的研究成果,编者认为公共关系,就是一个组织在其经营管理过程中,通过向各类公众传播信息来塑造组织形象,以获取各类公众的支持和合作,促进自身的生存和发展。

【专栏 11-2】大赛获奖案例

2017 年 11 月 24 日,在中国国际公共关系协会主办的第 13 届中国最佳公共关系案例大赛颁奖典礼上,众多企业获得了不同类别的大赛金奖:

华为 P9 "数字整合营销,引领摄影新潮流" 案例获数字营销类金奖。

招商银行信用卡"10元风暴"整合营销推广案例获社会化媒体传播类金奖。

"生为竞技"ThinkPad黑将高性能笔记本上市传播案例获得企业产品传播类金奖。

大众汽车儿童安全行动项目(2016—2017)案例获得企业社会责任金奖。

第18辆宝马艺术车全球首发案例获企业品牌传播类金奖。

一汽大众"穿过大半个中国"案例获娱乐营销类金奖。

"属于你的新加坡"案例获得文化体育传播类金奖。

中国中车"为世界高铁提供中国方案"案例获海外传播类金奖。

欧莱雅中国推出行业首个"绿色消费倡议"案例获公益传播类金奖。

(资料来源:《第十三届中国最佳公共关系案例大赛颁奖典礼暨中国公关嘉年华在京隆重举行》中国关系网)

(二)公共关系的基本要素

公共关系的基本结构由三大要素构成:

1.公共关系主体——社会组织

基于满足一定的社会需要,人们通过信息沟通、共同目标、贡献意愿,成为具备一定社会功能的各类组织。社会组织通过开展公共关系活动,在各类公众的心目中塑造自己专业权威、亲密友好或客观公正的组织形象,从而获得组织内外各类公众的支持和合作,从而促进组织更好地履行自己的社会功能。

2.公共关系客体——公众

从某种意义上来说,公共关系就是公众关系。社会组织在开展活动的过程中,必然会和各类公众发生联系。组织的员工、投资者、消费者、供应商、经销商、竞争者、政府公众、媒体公众、金融公众、社区公众、名人公众等各类公众,对组织经营成败都有一定的影响。社会组织应对公众的个人心理、角色心理、群体心理等有所了解,从而更好地针对公众心理特征开展公关传播活动。

3.公共关系手段——传播

社会组织通过人际传播、组织传播、大众传播等各类公关传播活动,来影响各类公众对组织的认知、情感和态度,促使各类公众在面临相关问题时,做出对组织更有利的行为。社会组织应该研究关于公关传播的各种理论,掌握现代传播的各种途径,从而保证取得更好的公关传播效果。

(三)公共关系的功能

社会组织遵循互惠互利、真实真诚、遵纪守法、不断创新、尊重公众、注重长远等原则,才能充分发挥公共关系的以下功能:

1.传播信息,塑造形象

传播信息是公共关系活动最基本的功能,组织形象的塑造离不开各类公众对组织文化、产品、服务、员工等各方面信息的认知和认同。对组织各类信息进行有效整合,才能在各类公众心目中建立鲜明统一的组织形象。

2. 搜集信息,监测环境

通过一、二手信息资料的搜集,了解组织知名度、美誉度的现状,掌握造成组织形象现状的经营管理各方面的原因,发现组织开展公关专题活动的契机,并监测组织内外部环境,找出可能对组织形象造成负面影响的事件苗头。

3. 咨询建议,辅助决策

组织内部的公关机构或外部的公关公司,可以从社会公众的角度、组织形象的角度和传播沟通的角度,在社会组织开展经营管理活动时,发挥智囊的作用,向组织决策人员提供相关建议。

4. 教育引导,协调沟通

通过长期的公关传播活动,组织奉行的经营理念得到各类公众的认同,可以引导各类公众的行为。通过日常的公关传播活动,组织和内外部公众也可以减少摩擦、化解冲突和平衡关系。

5. 事件公关,危机处理

特定节假日、重大社会事件发生时,组织通过创意公关策划,积极开展事件公关,对组织扩大自身影响、塑造组织形象有着重要意义。组织难免因各种事件或舆论而陷入危机,通过开展危机公关能化解风险,甚至化危为机。

(四)公共关系活动

社会组织通过开展公共关系活动,发挥公共关系功能,实现塑造组织形象的目标,从而获得社会公众支持,促进企业生存和发展。

组织日常开展的公关关系活动有公关调研,组织自有媒体的内容编辑和信息发布(组织刊物、组织官网、组织微博、组织微信公众号等),各类公众的日常公关等。

组织经常开展的公共关系专题活动有新闻发布会、展览会、庆典活动、赞助活动、公共关系广告、事件公关和危机公关等。

二、公共关系工作程序

1952 年,卡特里普与森特在他们合著的《有效的公共关系》中,提出了现代公共关系的"四步工作法"。

借鉴 RACE 公关四步法(图 11-5),公共关系工作程序一般分为以下 4 个阶段。

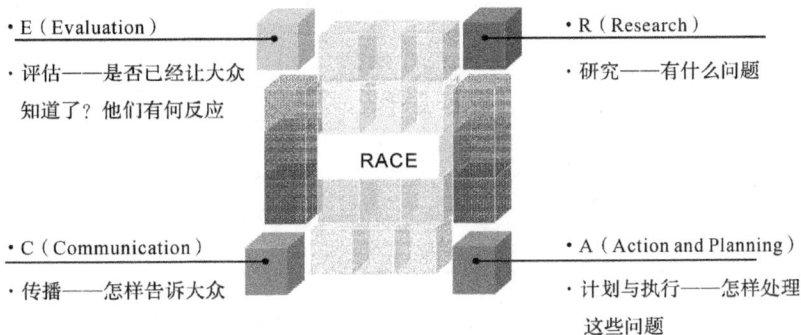

- E(Evaluation)
- 评估——是否已经让大众知道了? 他们有何反应
- R(Research)
- 研究——有什么问题

RACE

- C(Communication)
- 传播——怎样告诉大众
- A(Action and Planning)
- 计划与执行——怎样处理这些问题

图 11-5 RACE 公关四步法

(一)公共关系调研

公共关系调研,是指通过运用定性和定量的研究方法,准确了解社会公众对组织的意见、态度和反映,并从中分析和确定组织的公共关系状态及其存在的问题,为组织制订切实可行的公共关系策划方案提供客观依据的各种活动的总称。

按照事先撰写的公共关系调研总体方案,我们采用问卷调查等调查方法,对组织形象和组织公共关系活动的相关情况进行调研:

1. 组织形象调研

(1)知名度和美誉度。组织形象调研主要涉及知名度、美誉度。知名度和美誉度的计算公式如下:知名度＝知晓人数÷调查人数×100％,美誉度＝肯定人数÷知晓人数×100％。

通过对目标公众进行调研取得调查结果,并根据目标公众对组织的评价意见,确定组织在组织形象地位分析图(图11-6)中的位置。

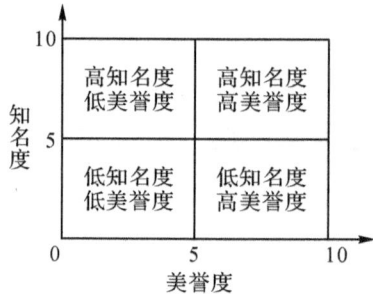

图 11-6　组织形象地位分析图

(2)组织形象影响因素。在对组织的知名度和美誉度进行分析的基础上,再应用组织形象调查表(表11-2)对影响组织形象的因素进行调研,来了解各类公众对组织在影响组织形象的各类因素上的评价。

表 11-2　组织形象调查表(假定 100 人参加调查)

单位:人

评价级差 / 调查内容	非常	相当	稍微	中	稍微	相当	非常	评价级差 / 调查内容
经营宗旨明确		10	30	60				经营宗旨不明确
服务态度良好		30	55	15				服务态度恶劣
办事效率高			5	25	60	10		办事效率低
信用高		30	40	20	10			信用低
有创新性				15	20	65		无创新性
组织首脑有名气					10	50	40	组织首脑无名气
组织实力强					20	60	20	组织实力弱

(3)组织形象差距。把组织自身在组织形象调查表中的得分和目标公众在组织形象调查表中的得分,在组织形象差距图(图11-7)上分别描线(虚线为自评得分,实线为

目标公众评分)进行比较,可以非常直观地发现组织形象存在问题的原因。

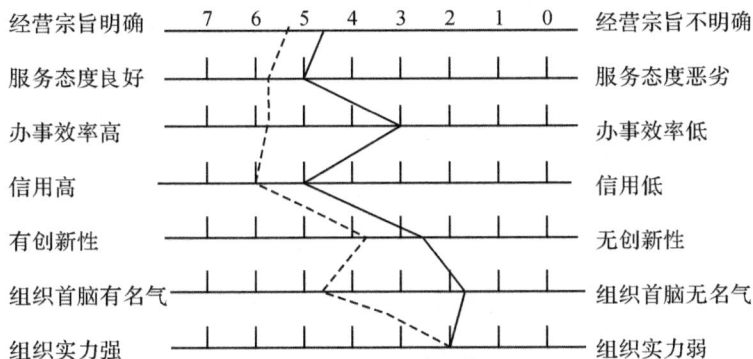

图 11-7 组织形象差距图

2.组织公关活动调研

公共关系调研还涉及组织开展公共关系活动的条件:组织在公共关系活动中能够提供的资源情况如何;组织在公共关系活动中能够利用的媒体或载体情况如何;组织在公共关系活动中面临的舆论环境如何;组织在公共关系活动中面临着怎样的宏观环境和微观环境;组织以往的公共关系活动的效果如何;等等。

(二)公共关系策划

公共关系策划,即从塑造组织形象目标出发,整合组织开展公共关系活动的相关资源,为创造性地开展公共关系活动进行谋划的过程。

1.明确公共关系目标

尽管一切公共关系活动的目标最终都指向塑造良好的组织形象,但在企业发展的过程中,围绕组织的整体目标,对公共关系目标也会有更具体的要求,如传播信息、联络感情和促使行动等。

2.明确目标公众

一次特定的公共关系活动,应针对特定的目标公众开展。进行公共关系策划,也只有在明确目标公众后,才能有针对性地进行相关谋划。例如,外资企业进入中国市场时,为得到中国政府支持,在投资、税收、土地等方面获得优惠政策,就针对政府公众开展了相应公共关系活动。

3.明确公共关系媒介

除了大众媒介以外,新闻发布会、客户联谊会、庆典活动、赞助活动、展览会、企业官网微博和微信公众号等,都可以成为企业开展公共关系活动的媒介,组织应根据公共关系目标、目标公众、公共关系信息、企业资源等方面的要求,选择相应公共关系媒介,对公共关系活动进行策划。

4.明确公共关系时机

"机不可失,时不再来",社会公众的眼球会因为特定的时机,而关注特定的信息。策划人员应善于借用有利时机,提升公共关系活动的效果。例如,2017 年感恩节,安全套品牌杜蕾斯在其官方微博向多个品牌表示"感恩"(图 11-8),得到了众多品牌的回应和跟进,众多大众媒体、自媒体也纷纷报道,这对提升品牌美誉度、体现品牌的形象起到了良好作用。

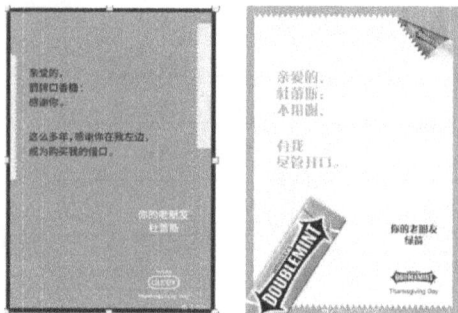

图 11-8　杜蕾斯 2017 年感恩节公共关系活动相关海报
注:图片来源于杜蕾斯 2017 年感恩节海报。

5.明确公共关系策略

企业的日常公共关系活动和专题公共关系活动,在公共关系策略上要有所创新,才能取得更好的公共关系效果,这也是公共关系策划的任务。企业的其他经营活动,为其注入公共关系目标,也有可能成为效果非常良好的公共关系策略。2009 年,澳大利亚旅游局在全球范围内,发起了"The Best Job In The World"招聘活动,将宣传澳大利亚旅游资源的公共关系目标注入招聘工作中,此公共关系策划取得了非常成功的效果。

【专栏 11-3】世界上最好的工作

2009 年,"世界上最好的工作"第一季,澳大利亚旅游局以半年超过 15 万澳元的薪水,面向全球邀请人们竞聘大堡礁汉密尔顿岛护岛人一职,吸引了超过 3.5 万名申请人,竞聘者在应聘过程中,需要登录活动网站填写相应信息,并以英文拍摄一段时长 30 秒以下的竞聘短片,上传至活动官网或 Facebook 页面。

事实上,这次招聘活动是澳大利亚旅游局面向全球,推广工作假期签证计划的主要组成部分。工作假期签证为向 18—30 岁的外国公民提供 12 个月的工作旅行机会,让年轻旅客来澳大利亚度假,同时从事短期工作以补充旅行费用。

澳大利亚旅游局总经理 Andrew McEvoy 表示,该活动将打造一个优质平台,吸引全世界的年轻人来到澳大利亚。"我们已经打造出了最成功的旅游传播活动,借此,澳大利亚将向世界传播令人窒息的风景、独特的美食与美酒。"

对竞聘者的要求扩散了活动的影响力,使得该活动收获了超过 8000 万美元的媒介曝光价值,并成功令澳大利亚昆士兰州获得了全世界的关注。在当年的夏纳广告节上,该活动横扫公关、直效 2 尊全场大奖和 4 尊金狮。

而在第二季活动中,第一季获胜的英国选手 Ben Southall 成了宣传片主角,邀请人们竞聘 6 大岗位:在新南威尔士当个玩乐达人、到北领地当内陆冒险家、去昆士兰当国家公园巡护员、在南澳大利亚看护野生动物、去墨尔本做生活时尚摄影师,以及在西澳大利亚的葡萄园中当个品尝大师。

2010 年,国际青年旅游群体约占澳大利亚旅游总人数的 1/4,并为当地旅游行业贡献了近 120 亿澳元(约 766 亿元人民币)。

（资料来源：《英国义工本·绍索尔赢得世界最好工作》等报道）

6.明确公共关系预算

公共关系预算将公共关系策划方案数量化,能让公共关系策划人员对公共关系活动的可行性、投入产出水平做到心中有数,统筹人财物方面的支出,更有效地实现公关目标。

7.明确评估标准

事先界定公共关系活动效果的评估标准,有助于加强对公共关系活动实施过程的控制,化解社会组织和公共关系公司、组织高层管理者和组织公共关系部门,在对公共关系活动实际效果进行评估时可能产生的分歧。

(三)公共关系实施

公共关系实施是将公共关系策划方案化为实际活动的过程,也是对公共关系策划方案进行修订和检查的过程。

1.公共关系实施的准备

通过公共关系策划形成的方案,在实施过程中面临复杂多变的环境,会受到众多因素的影响,因此要做好相应的准备工作,并做好相应的预案。

如果让你筹备一次新闻发布会,会前你需要给记者准备哪些资料？一次大型的公共关系活动,实施前在应对天气预警、场地消防、医疗保障等方面又应该做怎样的预案？类似的这些问题,都应该在公共关系活动实施之前考虑周全,防范风险。

2.实施过程的检查

一是实施进度检查,保证公共关系活动按时完成。二是实施质量检查,即衡量公共关系活动开展的品质。三是实施效果检查,初步评判公共关系活动的开展效果,决定是否需要进行相应调整。

3.实施方案的修订

由于公共关系策划考虑不周全,或是情况发生较大变化,导致公共关系活动实施面临较大障碍时,就需对公共关系目标或实施方案进行调整。致使公共关系实施产生困难的障碍有目标障碍、组织障碍等内部障碍,观念、习俗、语言等外部障碍。

(四)公共关系评估

公共关系评估即根据事先确定的科学标准和方法,对公共关系的整体策划、实施过程及实施效果进行评估总结的过程。公共关系评估作为"四步工作法"的最后一步,对公共关系活动有着重要意义：其是改进公共关系工作的重要环节；是开展后续公共关系工作的必要前提；是鼓舞士气、激励内部公众的重要形式；是明确公共关系工作效果、让组织重视公共工作的要求。

公共关系评估的主要内容包括：

1.传播效果评估

(1)内部传播效果评估。上下沟通、横向协调是否做到信息传播及时准确完整；是否发挥了公共关系活动明确目标、鼓舞人心、凝聚队伍、融洽氛围的作用；在内部公众心目中组织形象有何改变。

（2）外部传播效果评估。通过大众传播媒介及其他传播媒介开展的活动,是否有效针对了相应外部目标公众,发挥了传播组织信息、联络公众感情的作用;组织形象在外部公众心目中有何改变。

2. 工作过程评估

对日常公共关系工作、专项公共关系工作实施过程进行评估。各项公共关系活动是否达到预期目标,计划组织控制情况如何,费用支出控制及投入产生的效果如何,有何经验教训。

第四节　销售促进决策

销售促进(Sales Promotion),即营业推广,狭义的销售促进特指企业运用各种短期诱因,鼓励消费者购买企业产品或服务的促销活动;广义的销售促进还包括鼓励中间商经销或代理企业产品或服务及提升本企业销售人员销售积极性的激励措施。

如果说广告为购买某一产品或服务提供了理由,而销售促进作为一种提供短期激励的促销活动,则提供了立即购买的理由。

一、销售促进的目标和方法

针对消费者、中间商、销售人员的销售促进的目标和方法各有不同。

表 11-3　销售促进的目标和方法

促销对象	销售促进目标	销售促进方法
消费者	鼓励增加购买;鼓励试用新产品;鼓励越季购买;抵御竞争者	赠送促销;减价促销;有奖促销;商品展销;服务促销等
中间商	鼓励试销新产品;鼓励增加购买;鼓励积极推广	价格折扣;推广折让;销售返利;免费商品;商品展销;等等
销售人员	鼓励扩大推销;鼓励推广新产品;鼓励进入新市场	销售提成;销售培训;销售竞赛;等等

(一)销售促进的目标

(1)针对消费者的销售促进目标有鼓励消费者增加购买的品种和数量;鼓励消费者试用新产品;鼓励消费者进行越季购买,减少企业或中间商的库存;帮助企业抵御竞争者开展的促销活动或其他竞争活动。

(2)针对中间商的销售促进目标有鼓励中间商试销新产品,分担可能存在的风险;鼓励中间商提前购买或增加进货量,帮助企业分担库存,减小资金压力;鼓励中间商优先推广本企业产品,增加铺货网点,并给予更好的陈列位置和货架空间。

(3)针对销售人员的销售促进目标有鼓励销售人员付出更多销售努力;鼓励销售人员积极销售新产品,积极进入市场新区域。

(二)销售促进的方法

1.针对消费者的销售促进方法

(1)赠送促销,包括无偿赠送,如免费样品尝试,以及有偿赠送,如即买即赠、加价赠送、达标赠送、酬谢包装、印花积点和积分换赠等。

(2)减价促销,包括折价优惠券卡,现价折扣(节日减价特卖、减价竞争、换季或清仓甩卖等),特价包装,达标减价,搭配减价,连贯减价,会员减价和以旧换新等。

(3)有奖促销,包括抽奖、摸奖、刮卡兑奖、摇号兑奖、拉环兑奖、包装内置物兑奖等购买有奖销售,以及征集活动、有奖问答竞猜、游戏优胜奖励等竞赛有奖销售。

(4)商品展销。即运用展览会、交易会、产品演示会、焦点陈列等方式达到促销目的,同时可以沟通渠道,宣传产品。

(5)服务促销。承诺销售、送货上门、免费培训、维护安装、分期付款和延期付款等服务手段也能起到较大促销作用。

2.针对中间商的销售促进方法

(1)价格折扣。中间商在首次进货、首次续订或其他特定时间进货时,或中间商进货量达到一定标准时,企业给予一定价格上的折扣优惠。

(2)推广折让。在中间商给予企业产品更多更好的陈列位置,配合企业开展各类促销活动,参与或支持企业广告宣传活动,承诺进行排他性销售等情况下,企业给予中间商一定价格折让。

(3)销售返利。企业对在销售竞赛中取得优胜的中间商,或一定时间内销售业绩达到企业要求的中间商等给予一定比例的销售奖励。

(4)免费商品。企业给予中间商的推广折让、销售返利,有时会采用提供相应数量的免费商品的方式来替代。

(5)商品展销。即运用展览会、交易会、产品演示会等方式达到促销目的,同时可以沟通渠道,宣传产品。

3.针对销售人员的销售促进方法

(1)销售提成。企业按照其销售政策,根据销售人员的实际销售业绩给予销售人员一定比例的提成。销售提成是绝大多数企业采取的、针对销售人员进行销售促进的最基本的方法。

(2)销售培训。企业通过销售会议等形式,进行销售经验交流、销售技巧培训,使销售人员的销售热情被激发、明确销售目标、提升销售技能,进而促进企业产品销售。

(3)销售竞赛。许多企业还在销售队伍中开展销售竞赛,对在竞赛中取得优胜的销售人员给予经济奖励,或其他非经济奖励,也能在一定程度上激发销售人员的积极性。

【专栏 11-4】促进"组合拳"

美国通用制粉公司(General Mills)新推出了一种脆麦片加葡萄干的食品,为了打开销路,公司采用了以下销售促进方式:

公司先通过直邮方式将"免费样品"寄送给广大消费者,并且在 1.5 盎司包装的样品内再附上一张7美分的折价优惠券。这样,当消费者吃到样品并感到满意后,马上就可以拿着优惠券到附近的商店内再去购买。

事实证明,这一套促销"组合拳"在市场上十分成功。

(资料来源:《9种销售促进的方式》百度文库)

二、销售促进的决策

许多组织,包括制造商、中间商和非营利组织,都会采用促销手段。今天,在一般的消费品公司中,销售促进费用要占到市场营销费用总预算的74%。因此,需要进行科学合理的销售促进决策,更有效地刺激消费者购买和向消费者灌输对本企业有利的信息。

销售促进的决策过程包括以下阶段(以针对消费者的销售促进为例):

(一)建立销售促进目标

销售促进目标要服从于企业整体营销目标,促进整体营销目标实现。只有建立明确的销售促进目标,才能更好地制订销售促进方案,做好实施、控制、评估等后续工作。

(二)制订销售促进方案

(1)明确目标促销群体。企业要确定本次销售促进活动,是针对整体还是部分目标消费群体。了解目标促销群体的消费行为特征,有针对性地设计销售促进方案,才能保证取得更好的促销效果。

(2)决定销售促进工具。销售促进的目标、目标促销群体、市场竞争因素、产品生命周期、企业预算分配等因素,都会影响对销售促进工具的选择。因此,可采取单一销售促进工具或多种促销工具组合,并考虑促销工具能否有所创新。

(3)决定销售促进强度。企业可结合以往销售促进活动经验和本次销售促进活动的需要,决定促销强度。强度越大,往往促销的效果越好,但企业的利润损失也越大,因此促销强度要适当。

(4)决定销售促进媒介。根据目标促销群体的媒介接触习惯,选择促销信息或工具的发送媒介,确定各类媒介分配比例。如销售点、产品包装、直邮、网络媒体、大众媒介等,应选择哪些媒介,各类媒介应分配多少比例。

(5)决定销售促进的区域和网点。根据销售促进目标和目标促销群体特征的要求,选择开展促销活动的市场区域,并对参与促销活动的网点进行安排。

(6)决定销售促进时间。一是促销活动开展的时机,二是促销活动持续时间的长短。

(7)制订销售促进计划。促销网点的场地布置、促销人员的培训、促销物料的准备、促销活动的现场控制等,在促销计划中应对上述内容做合理安排和组织。

(8)制订销售促进预算。确定本次销售促进活动的总费用,并就预算在产品和促销工具中进行分配。

(三)检验、实施和控制销售促进方案

大型的销售促进活动,在正式开展前可通过调研、试验等手段来检验其方案是否合理。销售促进方案实施后,企业应关注市场反应,必要时可对销售促进的范围、强度、频次等进行调整,保证实现促销目标。

(四)评价销售促进效果

企业可以根据产品销量的变化,对本次销售促进活动的效果进行评估;可以开展针对消费者的调研,了解本次促销活动对消费者认知、记忆和品牌选择有何影响;也可以通过试验对比,进行数据分析,对促销效果得出结论。

第五节　人员销售决策

人员销售(Personal Selling),是指企业运用销售人员,直接向目标市场销售产品或服务的一种营销传播和促销活动。

一、人员销售的特点和销售人员的作用

人员销售作为世界上最古老的职业之一,即使在移动互联的新时代,仍有其存在的价值,是因为它相对其他整合营销传播手段,具备以下特点:

(一)人员销售的特点

1.信息传递的双向性

销售人员在开展销售活动的时候,不仅向目标市场传播企业和产品或服务的信息,同时通过和目标市场消费者面对面的沟通,能比其他传播手段更深入全面地反馈消费者信息。

2.推销目标的双重性

销售人员开展销售活动,不仅为了销售产品或服务,也扮演着市场调研的角色。企业不仅对销售人员有销售业绩方面的要求,同时也要求销售人员了解市场动态,提交营销信息和建立顾客档案。

3.推销过程的灵活性

针对顾客提出的各式各样对企业和产品或服务的质疑,相对其他整合营销传播手段,人员销售可以更灵活地做出回应。

4.顾客关系的长期性

销售人员在销售产品和提供服务的过程中,往往会和顾客进行大量人际交往,容易和顾客形成深厚的情谊,顾客满意度也较高。而顾客也会基于和销售人员的关系,倾向于选择企业提供的产品或服务。

因此,尽管人员销售存在传播成本较高,对推销人员的素质要求较高等不足,但仍然被大量企业,特别是工业品企业和耐用品企业作为营销传播的一种重要手段。

(二)销售人员的作用

1.连接企业和顾客

某种意义上讲,销售人员同时为买方与卖方服务,在企业和顾客之间起到关键的纽

带作用。销售人员既代表企业接近顾客、介绍产品、处理异议、谈判价格及促使成交，又代表顾客与企业打交道，将顾客对企业产品和服务的看法，转达给企业相关人员，并与企业其他营销或非营销人员一起努力，提高顾客价值。

2.协调营销和销售

最理想的情况是销售人员与企业其他营销职能紧密合作，共同为顾客和企业创造价值。尽管许多企业分别设置营销和销售部门，但这绝不意味着可以将营销和销售割裂开来。通过一定的组织安排、制度安排、人员安排，仍然可促进营销和销售以创造顾客价值为共同目标来获取价值回报。

二、销售人员管理

销售人员管理(Sales Force Management)的定义为分析、计划、执行和控制销售人员的活动，包括设计销售团队策略和结构，以及招聘、选拔、培训、激励、监督和评估销售人员(图 11-9)。

设计销售团队策略和结构 → 招聘销售人员 → 选拔销售人员 → 培训销售人员 → 激励销售人员 → 监督销售人员 → 评估销售人员

图 11-9　销售人员管理的主要步骤

(一)设计销售团队的策略和结构

销售团队结构的设计策略有以下 3 种：

1.区域销售团队结构

在区域销售团队结构中，每个销售人员都被分配到一个专职服务的区域，并在区域内向所有顾客销售企业所有的产品或服务。这种组织清晰地定义了每个销售人员的工作，并明确了其责任和义务，也增加了销售人员与当地顾客建立关系的愿望，从而使销售更为有效。因为每个销售人员只在限定的区域内活动，销售费用也较低。

2.产品销售团队结构

在产品种类繁多且复杂的时候，销售人员可根据产品线来划分产品。企业在其主要业务的不同产品和服务事业部里雇用不同的销售人员。

3.顾客销售团队结构

在顾客销售团队结构中是按照顾客或行业来组织销售人员的。依照行业不同、服务对象不同，分别设置不同的销售团队，甚至组建专门的销售团队来处理个别大客户的需求。围绕顾客组织销售力量，可帮助企业与重要的顾客建立更紧密的关系。

(二)招聘和选拔销售人员

招聘和选拔销售人员的方式有很多，从简单的非正式会谈到耗时的笔试和面试。许多企业会考察应聘者的销售能力、分析和组织技能、个性和其他特征。但是，测试分数只能提供一方面信息，此外还应考虑证明材料、以往的从业经历和面试反应等。

(三)培训销售人员

新的销售人员通常会接受一定时间的培训,许多企业通过研讨会、销售会议和网络学习等方式为销售人员的职业生涯提供相应的培训。培训有多重目标:

(1)销售人员需要了解顾客及如何与顾客建立关系。培训计划需教授销售人员识别不同类型的顾客及需求、购买动机和购买习惯。

(2)培训计划也需教导销售人员如何有效地推销。他们要接受有关销售流程的基本知识的培训。

(3)销售人员还需要了解并熟悉企业、产品和竞争者。一个有效的培训计划需向销售人员介绍公司的目标、组织、主要产品和市场,以及主要竞争者的策略。

(四)激励销售人员

销售人员的薪酬一般由几个部分构成:固定报酬、浮动报酬、费用津贴和附加福利。企业关于销售人员的薪酬计划,应该指导销售人员从事与整体销售和营销目标一致的活动。如企业战略是为了获得新业务和快速成长,那么薪酬计划可以包括较高比例的佣金和新客户奖金,用来鼓励高销售业绩和新客户的开发。如果公司的目标是追求当前客户的利润最大化,则薪酬计划中底薪所占比例应该较高,并针对当前客户销售额和顾客满意度进行额外奖励。

(五)监督销售人员

首先,企业应制订完善的销售管理制度和销售政策,对销售人员的职责做明确规定。其次,要求销售人员结合企业销售目标,制订个人不同时间周期的销售计划,且销售主管应当通过口头汇报、报表体系、进度检查等方式,督促销售人员及时完成销售任务。再次,销售主管可以根据销售人员销售费用的开支情况对其开展的销售活动进行控制。最后,企业应宣扬营销道德伦理,防范销售人员在销售过程中做出有违商业道德的行为,影响企业声誉。

(六)评价销售人员

评价销售人员应当针对两个方面:销售人员规划销售工作的能力和完成销售计划的能力。正式的评价要求管理层制订清晰的业绩评价标准,并和销售人员及时沟通。管理层的评价为销售人员提供了建设性的反馈,激励他们更努力地工作。

除评估个人外,企业对销售团队也要评估其是否实现了既定的顾客关系、销售额和利润目标,是否与营销部门的其他团队和公司的其他部门有效地合作,销售工作产生的成本是否与其产出相匹配。

三、人员销售过程

人员销售包括 7 个步骤:发掘潜在顾客和核查资格、销售准备、接近顾客、介绍和示范、处理异议、成交、跟进和维持。(图 11-10)

| 发掘潜在顾客和核查资格 | 销售准备 | 接近顾客 | 介绍和示范 | 处理异议 | 成交 | 跟进和维持 |

图 11-10　人员销售的主要步骤

(一)发掘潜在顾客和核查资格

销售人员可通过多种方式发掘潜在顾客,如网络搜索、老顾客推介、展览会吸引、行业协会接触、大众媒介资料搜集、电话通讯录搜寻、商业中介推介及商业演讲吸引等方式。

对于初步发掘的潜在顾客,销售人员应从购买意愿和购买能力等方面进行鉴别。

(二)销售准备

销售人员在拜访潜在顾客前,应做好销售准备:了解顾客的基本情况、个性特征和兴趣爱好,拟订销售策略;确定沟通方式和拜访时机,尽量错开顾客繁忙时段并提前预约;预备好销售工具和销售资料,针对顾客可能提出的疑义,做好答疑准备;注意个人仪容,注重给顾客留下良好的第一印象。

(三)接近顾客

接近顾客是指销售人员第一次正式与顾客面对面接触,将和顾客的洽谈导入销售工作并得到顾客认可的过程。接近顾客的方法有:

(1)陈述式接近。具体方法包括介绍接近、推荐接近、赞美接近和馈赠接近等方法。

(2)提问式接近。通过提问方式,引起顾客对相关问题的注意和对产品利益的兴趣;或通过向顾客请教相关问题来接近顾客。

(四)介绍和示范

销售人员向顾客介绍产品的相关知识时,要善于运用多种手段:对于适于进行现场示范的产品,销售人员要在接近顾客后,选择适当时机、适当场所进行示范,让顾客亲自接触产品或亲身体验产品效果,强化销售效果;对于不适于进行现场示范的产品,销售人员应充分利用图片、数据、证言、荣誉等销售资料,向顾客进行介绍,或通过多媒体设备向顾客进行产品示范。

(五)处理异议

销售人员首先应树立这样的认识:顾客出现异议是正常的,而成功处理异议恰恰是销售人员价值的体现。

顾客异议产生的原因包括没有购买意愿、缺乏购买能力、价格的异议、信息不全或理解不全、购买决策障碍和信任危机等。

销售人员应认真倾听顾客异议,对顾客的异议表示认同和理解,并采取有效的方式发现顾客产生异议的真实原因,再采取针对措施化解异议,促使成交。

(六)成　交

销售人员与顾客进行洽谈时,要关注顾客发出的成交信号:停止交谈,不断点头,若有所思,开始关注价格、售后问题、有无赠品等,以及反复询问同一个问题等。此时,销售人员可以运用一些技巧促使成交达成,如请求成交法、选择成交法、推定成交法、总结利益法、连续认同法、价格优惠法和最后机会法等。

(七)跟进和维持

交易达成以后,销售人员应积极做好销售跟进工作,保证按照合同要求兑现各项交易条款,及时交货,周到服务,并回收货款。只有做好售后服务,提高顾客的满意度,才能建立和维持与顾客稳固持久的关系。

【案例 11-2】销售主管熊文

小熊,重庆某楼盘的销售主管。她拥有出色的工作能力、认真的工作态度和良好的个人素养,这些让她成为行业中的佼佼者。小熊对我们说,刚入行的时候,师傅就跟她说,个人的专业素质、和客户的谈判能力很重要,给客户介绍楼盘,专业知识方面要很丰富。

小熊很温柔,这是她给人的第一印象,讲话也不像重庆女孩子的风格,节奏比较慢,听她讲话很舒服。但她很自信,说自己基本没有拿不下来的客户,因为她总是站在客户的角度去考虑问题,这让客户很信任她。

之前有个客户路过项目处便进来咨询,是小熊接待的。这是一个细心又敏感的客户,一看就是勤勤恳恳努力生活的那种人,因为家里拆迁获赔了一点点钱,生活稍微宽裕了,剩下的钱准备拿来买房投资。客户之前毫无投资经验,这又是家里最后的积蓄,所以非常小心翼翼。常常给小熊打电话咨询问题,甚至半夜想起来什么也会打电话询问,小熊都很耐心地给他解释。一个星期左右,这位客户就决定购买了。这位客户说,买房不仅因为这里地段好,更重要的是觉得小熊人也特别好,之前他到别处去看房子,因为穿着打扮不好,所以置业顾问都不理他,小熊让他感觉很温暖。

这样的例子比比皆是,有次来了一个广东深圳的客户,因为很喜欢重庆所以来旅游,结果产生了在这里买房子的想法。她来到了小熊所在的楼盘。

小熊说,其实自己建议客户买更适于她的别的楼盘,但是客户还是让她介绍她公司的楼盘。小熊考虑到这位客户要自住,而且家里人来往比较多,就建议这位客户去买套大一点的房子,这样家里人来了也好住。后来这位客户很感动,问她:"你为什么把这么一块到手的肥肉送给别人?就是冲着你,我这房子也得买啊!"

（资料来源:《地产市场故事,专访解放碑 181 销售主管熊文》搜狐焦点网）

◆ 本章小结

整合营销传播强调"整合",研究如何对传统营销传播活动及不断出现的新的营销传播手段进行管理,才能使它们形成合力,更好地实现营销传播的目的。对所有消费者可能与企业品牌产生的接触点进行筛选,找出关键性接触点,进行有效的接触点管理,有助于企业和顾客进行"有目的的对话",从而建立一种可获利的长期稳固的关系,实现品牌认同、构筑品牌资产。

广告作为一种大范围传播营销信息的有效工具,具备特定经济功能,并衍生出了一些社会功能,近年来还呈现网络化、程序化、原生化等发展趋势,这也给广告决策带来了新的挑战。结合品牌定位和市场需要,制订广告目标,明确创意策略和媒体策略等广告策略,编制广告预算,形成广告策划书,指导广告实施,并对广告效果进行总结评估,这是广告决策的一般过程。

公共关系活动是社会组织针对特定公众,以塑造组织形象为工作目标的一种信息传播活动,尽管和广告在某些方面有些相似,但其传播信息的活动方式,与广告有较大的区别,其功能也是广告所无法替代的。公共关系调研、公共关系策划、公共关系实施、公共关系评估这4个步骤,是开展公共关系活动的"四步工作法"。

销售促进作为通过施加短期诱因来促进销售、传递品牌信息的一种方式,在企业营销活动中使用更普遍,但是针对消费者、中间商、销售人员的销售促进的目标和方法各有不同。销售促进决策的过程包括建立目标、制订方案、检验实施控制方案和评估方案等阶段。

人员销售作为一种和顾客面对面进行接触的营销传播方式,具有自己的特点和作用。从组织的角度来看,要对销售人员进行管理,设计销售团队的结构,招聘、选拔、培训、激励、监督和评估销售人员。从销售人员的角度来说,要熟悉人员销售过程的7个步骤:发掘潜在顾客和核查资格、销售准备、接近顾客、介绍和示范、处理异议、成交、跟进和维持。

◆ 思考题

1. 什么是整合营销传播?对你个人来说,整合营销传播理论对营销传播的认识和以往有何不同?与整合营销传播有关的关键概念有哪些?

2. 广告近年来表现出哪些发展趋势?这些趋势对广告决策有何影响?

3. 结合某组织的实际情况,谈谈其公共关系工作该开展哪些活动。

4. 针对消费者、中间商、销售人员的销售促进方式分别有哪些?

5. 人员销售有哪些特征?

6. 除了广告、公共关系、销售促进、人员销售以外,你认为还有哪些营销传播的手段?

◆ 案例阅读与分析

【案例】"好爸爸"整合营销传播

2008年,立白公司旗下"致力于为消费者提供无化学残留的洗涤用品"的高端洗涤品牌"去渍霸",作为北京奥运会专供洗涤用品,重磅上市。2009年,小沈阳、周迅等明星代言"去渍霸";2012年,黄磊开始代言"去渍霸"。

2013年,"去渍霸"赞助第一季《爸爸去哪儿》节目,发现"爸爸角色缺失"是一个非常普遍的社会问题。经过近半年的深入调研,立白集团更深切地体会到了现代家庭教育中,"好爸爸缺失,孩子缺乏高质量亲子陪伴"的问题日益严重。

"健康幸福每一家"是立白集团一贯的宗旨,为通过品牌的力量呼吁爸爸们关注并陪伴孩子成长,2014年,立白集团毅然决定将"去渍霸"的品牌名改为"好爸爸"。品牌定位也相应升级至"亲子专用,解决亲子互动产生污渍的洗涤用品",希望提高品牌档次,树立年轻化、高端化的形象。

进入 2017 年后，"好爸爸"面临着品牌知名度与其市场地位不匹配等棘手难题。立白集团决定与蜂群传媒有限公司、灵思云途公司联手打造"好爸爸亲肤抱整合营销传播项目"，以特色整合营销传播思路，解决上述问题。

一、打造超级动作符号："亲肤抱"

"亲肤"是"好爸爸"产品的核心利益点，倡导"高质量的亲子陪伴"是"好爸爸"一贯的情感主张。"好爸爸"负责方调研后发现，拥抱是最能代表亲子亲密关系的动作，并洞察到大人与孩子拥抱时，大人衣物越亲肤，孩子会因舒适感越佳而更愿与其拥抱。基于此洞察，"好爸爸"负责方创造出了超级动作符号"亲肤抱"，将品牌情感与产品功能完美链接。

二、巧妙借势三大年度热点

第一，2017 年 4 月，"好爸爸"赞助的网络综艺节目《放开我北鼻 2》热播，明星嘉宾于小彤展现出的超强爸力赢得网友追捧。"好爸爸"迅速抓住其上升的人气，联合发布"亲肤抱"表情包及视频，并抢先定制《放开我北鼻 2》的综艺式直播《抱娃出逃，于小彤挑战实习好爸爸》，打响"亲肤抱"话题。

第二，2017 年 5 月，网络综艺节目的开山鼻祖《奇葩说》第四季热播，再次引爆辩论热潮。"好爸爸"联手人气辩手马薇薇、肖骁，掀起微博史上首次由品牌发起的在线辩论活动——"拥抱要不要亲肤"，引发消费者深度参与，共创"亲肤抱"内涵。

第三，2017 年 6 月 18 日，"好爸爸"借势父亲节、上海迪士尼乐园开园 1 周年、年中大促，以"三节合一"之势，打造线上线下全方位"亲肤抱"体验，强化该品牌在父亲节的形象占位，实现"亲肤抱"动作对品牌销量的切实转化。

三、整合触点覆盖线上线下

2017 年 5 月到 6 月，"好爸爸"全面整合线上线下传播和渠道资源，对用户触点进行全方位覆盖。借与上海迪士尼乐园跨界合作的影响力，"好爸爸"推出全球首支入园拍摄的电视广告，演绎奇妙亲肤故事。

在线上，"好爸爸"携手微博达人发起"厉害了我的好爸爸"活动，邀请用户分享父子"亲肤抱"趣闻，并在父亲节当天前往上海迪士尼乐园，用"亲肤抱"为爸爸"加冕"；在线下，6 月 18 日当天，举行"奇妙时刻，快乐好爸爸"亲肤抱加冕礼主题活动。品牌代言人黄磊直播分享"亲肤抱"感悟，《放开我北鼻》的萌娃父子演绎"亲肤抱"华尔兹，小朋友现场为好爸爸"加冕"。与此同时，27 场线下互动体验 liveshow 在全国 12 个城市相继举行，打造立体"亲肤抱"体验。在终端，全国 3000 家黄金门店以统一的"亲肤抱"主题风格，对应最核心市场区域，覆盖最核心的消费者，构建终端触点网络。通过产品资源、导购资源调配，实现了销售转化奇迹。

通过特色营销传播项目的实施，消费者对"好爸爸"产品"亲肤抱"的认知提高了17％，市场渗透率对比同期增长 1.4％，全品类市场份额达到了历史峰值。此外，在"传播领域的奥斯卡"——金旗奖 2017 年度颁奖典礼上，"好爸爸亲肤抱整合营销传播项目"斩获全场大奖及营销实效金奖两座大奖。

据悉,2018 年 4 月 9 日,"好爸爸"又在长城居庸关隆重举行了一场别开生面的品牌焕新升级暨新品发布会。代言人黄磊惊喜亮相,在舞者和 VR 技术的配合下,结合暖心视频深情讲述《一衣一故事》:一个孩子从小到大的每件衣服背后,都代表着一个珍贵时刻。《一衣一故事》反映了"好爸爸"一直以来推崇的"从小陪到大"的亲子关系,引发了全场共鸣,充分彰显了"好爸爸""只为成就珍贵的你"的核心理念和人文关怀。"国民励志偶像"易烊千玺也通过视频方式惊喜亮相,与在场嘉宾一起分享了自己代言"好爸爸"背后的故事,认为"好爸爸""只为成就珍贵的你"的品牌理念和自己的态度不谋而合,让他想起了一直以来全力支持、鼓励他的亲友和粉丝。

(资料来源:《教科书版的整合营销传播方式——好爸爸》锐翼整合营销)

【问题】

1. 你如何看待"好爸爸亲肤抱整合营销传播项目"? 请予以讨论。

2. 其他企业能从"好爸爸亲肤抱整合营销传播项目"中学到什么?

◆项目实训

5—6 人为一组,选定某一品牌,通过网点实地观察、媒体监测、消费者访谈等方式,调查其开展了哪些营销传播活动,并用整合营销传播的思想分析其营销传播活动。

第十二章　战略规划与营销管理

当一个组织搞清楚其目的和目标时，它就知道今后要往何处去。问题是如何通过最好的路线达到那里。公司需要有一个达到其目标的全盘的、总的计划，这就叫战略。

——菲利普·科特勒

【学习目标】

1. 了解企业战略与营销战略、市场营销组织及营销控制的相关概念。
2. 掌握营销战略规划的步骤及战略选择形式。
3. 能够针对企业面对的不同营销环境选择合适的营销组织形式。
4. 掌握如何在营销计划的执行过程中进行营销控制。

【导入案例】

列维·施特劳斯公司

列维·施特劳斯(Levi Strauss)是从德国巴伐利亚来美国的移民。他在1850年发明了帆布牛仔裤，并向加利福尼亚的淘金者销售。这种牛仔裤已经成为美国生活风格的一部分，而列维·施特劳斯公司(Levi Strauss & Co.)长期以来一直是牛仔裤产业的领导者。在20世纪50年代到70年代之间，战后"婴儿膨胀期"(大量婴儿出生，人口急剧膨胀)导致了年轻人数量的猛增，销售牛仔裤是非常容易的。列维·施特劳斯公司的主要目标就是尽量生产出更多的牛仔裤以满足似乎无限大的市场。然而，到了80年代初期，由于"婴儿膨胀期"出生的人年龄变大，他们的品位随着他们腰围的变化也发生了变化。他们买牛仔裤的数量在下降，并且每条裤子的穿着时间更长。同时，18岁到24岁人口的裤子市场规模也在收缩，而传统上他们最喜欢买牛仔裤。这时，列维·施特劳斯发现，他不得不为占领衰退的牛仔裤市场份额而奋争。

起初，列维·施特劳斯公司仍然固守着它的基本的牛仔裤业务，大量增加广告并通过西尔斯(Sears)和捷西佩尼(JC Penney)这样的全国性零售公司的销售来寻求销量的增长。当这种方法失败之后，列维·施特劳斯试图把业务转向快速增长的时装行业和特殊的服装行业。公司很快就增加了75条新的产品线，包括高级时装和运动服装。到1984年，列维·施特劳斯公司的业务领域变得十分混乱，从蓝色牛仔裤到男士帽子、滑雪服、跑步服，甚至涉及女士的聚酯材料裤子和工作服。结果是灾难性的：利润每年下降79%。

在 1985 年,新的管理部门实施了一项大胆的战略计划以帮助公司恢复元气,它卖掉了时装和特殊服装的主要业务部门,使公司又把重心转到制作和销售牛仔裤上——这项业务曾使公司达到鼎盛。作为公司的创始人,列维·施特劳斯反回来制作公司原来的主导产品 501 牌牛仔裤。公司投资 3800 万美元对 501 牌牛仔裤进行广告宣传,这样大的投资只用于对一种服装进行宣传是创纪录的。当时,很多分析家对这种策略持怀疑态度,有人说,"在一种牛仔裤上花这么多钱的确太多了"。然而,"501 蓝色"广告活动树立了公司全部产品的形象。它唤醒了列维·施特劳斯原有的顾客,使公司重新把主要产品定位在基本的蓝色牛仔裤领域。在后来的 4 年中,501 牌牛仔裤的销售量增加了 1 倍以上。

以这种蓝色牛仔裤为契机,公司又引入了新的产品,如水洗牛仔裤、水磨牛仔裤和多色牛仔裤。在 1986 年末,列维·施特劳斯公司接着引入了"多克斯"(Dockers)休闲舒适型棉布裤以服务于已成长起来的在"婴儿膨胀期"出生的男士。作为牛仔裤业务的自然延伸,不仅成年人购买多克斯裤子,他们的孩子也买。几乎每个美国男青年都需要至少一条休闲棉布裤以便在会见他们女朋友的父母时穿着。在 20 世纪 80 年代,多克斯棉布裤是如此成功,以至每年创造 10 亿美元的销售额。列维·施特劳斯公司继续为"婴儿膨胀期"出生的人们引入新产品,如宽松式牛仔裤,因为这些人已无法再穿 501 牌紧身牛仔裤。

除了引入新产品之外,列维·施特劳斯公司还努力开拓新市场。例如,在 1991 年,它展开了一项专门为妇女设计的广告活动。这项"女士牛仔裤"广告项目要在 3 年中花费 1200 万美元,从而推出女性艺术家穿着牛仔裤的形象。它还在全国性的西班牙语电视节目中展开广告活动,从而加强对人口数量快速增长的对品牌忠诚的讲西班牙语的年轻人的影响。

列维·施特劳斯公司最具戏剧性的活动是在国际市场上。它的基本战略是"立足本地,面向世界"。它有一个紧密合作的世界范围的营销、生产和分销系统。每年两次,列维·施特劳斯公司请各地的经理们聚在一起来讨论有关产品和广告的想法,同时寻找新的合作伙伴。例如,多克斯产品线起源于阿根廷,但已成为世界上销售最好的产品之一。在公司的全球战略中,鼓励当地单位为当地市场提供合适的产品。例如,在巴西,公司开发了弗米尼那(Feminia)牌产品线,这是专门针对巴西妇女喜欢的特紧式牛仔裤设计的产品线。

在海外大多数市场中,列维·施特劳斯公司大胆地采用美国的方式运作。例如,在日本,詹姆斯·蒂恩(James Dean)几乎是所有广告的中心人物;而在印度尼西亚的广告中,展示的是 20 世纪 60 年代穿着列维牛仔裤的驱车环绕着依阿华州的杜布克。几乎所有在国外的电视广告都伴随着英语的音乐。然而,有别于美国人通常把列维牛仔裤作为日常的穿着,欧洲和亚洲的消费者则把其作为一种时髦的象征。牛仔裤的价格是与此相匹配的,一条列维 501 牌牛仔裤在美国售价为 30 美元,在日本售价为 63 美元,而在巴黎售价为 88 美元。

列维·施特劳斯公司在市场营销方面的积极进取和创新的努力已取得明显效果。由于国内市场继续萎缩,列维·施特劳斯公司销售增长的绝大部分来自海外。1994

年,海外市场的销售额占公司总销售额的 34%,在海外获得的利润占公司销售利润的 46%。更显著的数字是,公司在海外业务的增长率比国内业务增长率高出 4 倍。其后,列维·施特劳斯公司继续寻找国际市场机遇。例如,罗马尼亚第一商店正式向大众销售列维牛仔裤。而列维·施特劳斯公司也向印度、东欧和俄国的那些渴求牛仔裤的消费者销售它的产品。良好的战略和营销计划已经使列维·施特劳斯公司重新成为富有生机的获利公司。尽管美国国内牛仔裤市场在萎缩,但以其牛仔裤业务作为坚实的基础,伴随着有效的产品开发和市场扩展,列维·施特劳斯公司已经找到了其成长的方法。正像一位观察家所述:"列维·施特劳斯公司已经学会把坚韧与智慧正确地结合起来,开发新产品和开拓新市场就像剪断一条列维牛仔裤那样不费吹灰之力。"

(资料来源:《营销管理》菲利普·科特勒著)

请思考:列维·施特劳斯公司的市场营销战略是什么? 该案例对其他企业在制订营销战略过程中有何启示?

第一节 市场导向的战略规划

一、企业营销战略

每一个公司都必须在特定的情景、机会、目标和资源下谋求长期生存和增长,并找到最有效的游戏规则,这是战略规划的核心——组织的目标和能力与不断变化的市场机会之间建立和维持战略适配的过程。我们把战略计划(Strategic Planning)定义为,在组织目标、能力同组织不断变化的营销机遇之间发展和保持一种战略适应性的过程。良好的战略计划可以帮助公司对环境的变化做出反应,对迅速的发展变化做好准备。

战略计划为公司中其他的计划设定了舞台。公司通常要制订年度计划、长期计划和战略计划。年度计划(Annual Plan)是一种短期的营销计划,这种计划要说明计划年度的营销形势、公司的目标、营销策略、活动项目、财务预算和控制标准。长期计划(Long-Range Plan)说明今后几年中影响组织活动的主要因素,它包括长期目标,以及为达到目标和获取资源需要采用的主要营销策略。这种长期计划每年都要修正和更新,以便公司总是具有适合当前形势的长期计划。所以说,年度计划和长期计划是安排公司的当前业务,并知道如何使这些业务保持良好状态。相反,战略计划是指通过整合公司资源利用环境变化中蕴含的机会。

公司的战略计划可分成若干阶段,这包括要清楚地确定公司的宗旨,建立公司的目标,设计有效的业务资源分配计划和协调各个职能性战略(见图 12-1)。在公司水平上,首先要确定整个公司的宗旨和总目标;其次,宗旨和总目标要被分解成能指导公司活动的具体的支持性目标;然后,要决定怎样把资源在各业务和产品中进行分配对公司是最有利的,以及给各业务和产品多大的支持力度是最合适的;最后,对每项业务和每种产品都要制订详细的营销计划及其他职能性计划,由此来支持整个公司的计划。因而,营销计划是在业务单位、产品和市场水平上制订的。因为它是为专门的营销机会制订的较详细的计划,所以,它支持了公司的战略计划。

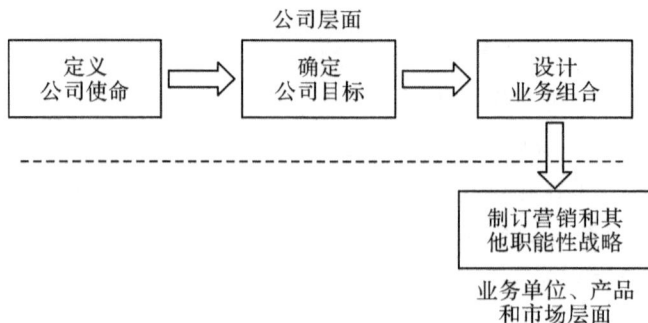

图 12-1　战略计划的步骤

二、确定企业使命

任何企业组织的存在都是为了完成某种事情。最初,它有一个清楚的目的或宗旨。但是,随着时间的流逝,企业可能成长起来或增加了新的产品,开发了新的市场,从而企业的宗旨变得模糊起来;或者企业的宗旨虽然清楚,但一些经理已不再贯彻这种宗旨;或者企业目标清楚,但在新的环境条件下不再是最好的选择了。当管理层发觉企业正在迷失方向的时候,他们必须重新寻找其存在的目的或宗旨。这时要问:我们的业务是什么? 顾客是谁? 顾客的价值是什么? 我们的业务将来是什么? 我们的业务应该是什么? 这些简单具体的问题是公司不得不回答的最困难的问题。成功的公司总是不断提出这些问题,并认真、准确地回答这些问题。

许多企业制订正式的使命陈述(Mission Statement)来回答上述问题。所谓使命陈述是指对企业目标的一种表述,也就是在较大的环境中企业想要完成的事情。清晰的使命陈述对企业来说就像一只"看不见的手"来指导人们独立地工作,并共同迈向企业的整体目标。一些公司是用产品或技术来定义公司使命的,"我们制造家具"及"我们是一家化工企业",就是典型的例子。然而,使命陈述应该是市场导向的(Market Oriented)——根据所满足的顾客的基本需求来定义。以市场导向定义的使命陈述比起以产品导向定义或技术导向定义的使命陈述要好。这是因为产品和技术最终都将过时,但基本的市场需求将永远存在。

例如,IBM 公司从不把自己定义为一个制造计算机硬件和软件的企业,而是将自己的使命确定为提供帮助顾客"建设更智慧地球"的技术方案。方太公司(FOTILE)的使命不是制造油烟机和煤气灶,它的使命是"让家的感觉更好"——强调致力于健康环保的厨房电器制造。为了严格遵循这一使命,他们持续研发不跑烟、低分贝静音的厨房设备。表 12-1 给出了几个源于产品定义和源于市场定义对照的例子。

表 12-1　产品导向与市场导向的企业使命陈述

公司	源于产品的定义	源于市场的定义
露华浓公司 （Revlon）	我们生产化妆品	我们销售生活方式和自我表现,成功与形象,回忆、希望与梦想

续　表

公司	源于产品的定义	源于市场的定义
迪士尼公司（Disney）	我们管理公园	我们提供幻想和娱乐—— 一个美国人期望的工作场所
沃尔玛公司（Wal-Mart）	我们经营折扣商店	我们提供的产品和服务对于美国中产阶级具有真正的价值
家得宝公司（Home Depot）	我们销售工具及进行房屋装修和改造物品	我们提供建议和结论，使只会用锤子的房屋主人变成装修的行家
富士施乐公司（Xerox）	我们生产复印、传真和其他办公设备	我们通过帮助人们校对、存储、恢复、修改，分发、印刷和出版文献资料
IBM 公司	我们制造计算机硬件和软件	我们提供帮助顾客"建设更智慧的地球"的技术方案

使命陈述应该是明确的、依据公司自身情况的。公司的使命陈述不应是为了公共关系的目的而写的，这样往往很难指导实际工作。比方说，一个公司的使命如果写成："我们要成为本行业的处于领导地位的公司，我们要用最低的成本生产出最高质量的产品，并提供最好的服务。"这个使命听起来很好，但它太一般化了，而且有很多矛盾，它无助于公司制订出有效的决策。使命还应该实事求是，如果新加坡航空公司确定的使命是"成为世界上最大的航空公司"，显然这是欺骗自己。

使命陈述应该强调公司在市场中的优势，有力地阐述公司的独特能力。例如，麦当劳公司也许能够进入太阳能领域，但那并没有利用其核心的能力，即向广大消费者提供低成本的食物和快速的服务。

使命陈述应该富于激励作用。一个公司的使命不应涉及更多的利润或销售额，因为利润仅仅是从事某种有用活动的一种回报。公司的职工需要感到他们的工作是有意义的，并且对人们的生活做出了贡献。因此，公司使命应该强调顾客及公司力求创造的顾客体验。对此，我们可以用 IBM 公司和微软公司（Microsoft）的使命来对照说明问题。当 IBM 公司的销售额达到 500 亿美元时，公司总裁约翰·阿克斯（John Akers）说，公司到 21 世纪末的目标是销售额达到 1000 亿美元。而与此同时，微软公司却一直将其长期目标确定为"手指尖上的信息"（Information at Your Fingertips），即把信息放在每一个人的指尖上。相比之下，微软公司的使命远比 IBM 公司的使命富于激励作用。

使命最好具有"想象力"。索尼公司前总裁盛田昭夫（Akio Morita）想要每个人都能听到"便携式声音"，由此，他的公司创造出便携式收录机（Walkman）。弗雷德·史密斯（Fred Smith）想要邮件在第二天 10：30 之前到达美国任何地方，由此，他创立了联邦快递公司（Federal Express）。托马斯·莫拿哥汉（Thomas Monaghan）想在 30 分钟内把热比萨饼送到任何家庭，由此，他创立了多米诺比萨公司（Domino's Pizza）。萨姆·瓦尔顿（Sam Walton）想要把当代折扣的方式带给小城镇中的美国人，后来他创立了沃尔玛公司。

对公司使命的描述应该指出公司在今后一二十年的发展方向。虽然公司并不是根据环境的周期变化而每隔几年修订一次使命,但是,如果使命已不再可信或不再是公司运作最恰当的定义时,就需要对使命重新定义。

三、设定公司目标

公司需要将其使命转化为针对每一个管理层级的详细的支持性目标。每一位管理者都应该明确自己的目标及实现它们的责任。例如,全球著名的番茄酱生产商——亨氏,每年售出超过十亿瓶番茄酱。但实际上,亨氏集团麾下拥有诸如亨氏、Ore-Lda 和 Classico 等不同品牌的众多产品。亨氏将这一多样化的产品组合统一在其使命之下:作为营养和健康行业值得信赖的领导者。亨氏——最初的纯食公司(Pure Food Company)——致力于人类、地球和公司的持续健康。公司基于将顾客置于首位、优质和创新,提出的愿景是"成为最优秀的食品公司,创造最美好的世界"。

这一崇高的使命和愿景要落实为一套目标层级体系,包括业务目标和营销目标。亨氏的总目标是通过开发"卓越品质、美味、营养和便利"的食品,建立营利性的客户关系,这完全符合其营养和健康的使命。要实现这一目标,需要企业在研究上加大投资力度,但这需要大量的现金支持。所以,提高利润便成为亨氏的另一个主要目标。利润可以通过增加销售和降低成本来实现,提高公司在国内和国际市场的份额可以增加销售。于是,提高市场份额自然成为公司当前的市场营销目标。

企业必须制订市场营销战略和项目计划来支持其市场营销目标。为扩大市场份额,亨氏可以拓宽产品线,提高其产品在现有市场中的可获得性,加强促销,以及向新市场扩张。例如,亨氏于 2013 年在其"关注体重"产品线中增加了早餐包。它还收购了主营番茄酱、番茄寿司、调味品和蔬菜的巴西品牌圭罗(Quero)80% 的股份。圭罗作为亨氏在巴西的营销平台,帮助亨氏集团将其在拉丁美洲的销售额翻番。

这些是亨氏的总体市场营销战略。随后,亨氏必须将总体营销战略落实为更详尽和更具体的细节。例如,加大产品促销力度可能需要更多的广告和公共关系努力;如果确实要这样做,就必须清楚地说明这两方面的需求。公司的使命正是这样转化为一系列当前的目标。

四、规划业务组合

企业在确定了企业使命与任务后,要对企业内现有的每一项业务进行分析,以确定各业务在公司未来的地位和走向。在现代营销观念的指导下,企业必须以市场导向来界定企业的业务,即要把企业经营看成一个顾客需要的满足过程,而不是一个产品生产过程。如中国移动曾是一家以提供语音业务为主的电信运营商,宣称是中国的"移动通讯专家",但该公司适应消费者需求变化,将公司定位为中国的"移动信息专家",成为主要经营移动话音、数据、IP 电话和多媒体业务的综合电信运营商。

大多数企业,即使是一些较小的企业都可能同时或准备经营若干项业务。例如,某企业原来从事服装制造业,后来又经营金融业务、生物医药产业,近几年受房地产市场繁荣的影响还从事房地产业。由于企业从事的业务不但多样化,而且差异性较大,企业需要在划分了不同的业务活动领域后,建立战略业务单位。

所谓战略业务单位(Strategic Business Unit,简称 SBU),是指具有单独任务和目标,并可以单独制订计划而不与其他业务发生牵连的一个经营单位。一个战略业务单位可以是企业的一个部门或一个部门内的一个产品系列甚至是某个特定的产品,有时又可能包括几个部门、几类产品。区分战略业务单位的主要依据是各项业务之间是否存在共同的经营主线,即目前的产品(或市场)与未来的产品(或市场)之间有无内在联系。

一个理想的战略业务单位应该具备以下特征:

(1)有独立的业务。它是一项独立业务或相关业务的集合体,但在计划工作中能与公司其他业务分开而单独作业。

(2)有不同的任务。它有区别于其他业务单位的具体任务,大目标相同,从不同的方向去努力。

(3)有自己的竞争者。在各自的领域都有现实的或潜在的对手。

(4)掌握一定的资源。掌握公司分配的资源的控制权,以创造新的资源。

(5)有自己的管理班子。它往往有一位经理,负责确定战略计划、利润业绩,并且控制影响利润的大多数因素。

(6)能从战略计划中得到好处。它有相对的独立权,能按贡献分得应有的利润和其他好处。

(7)可以独立计划其他业务。可以扩展相关业务或新的业务。

(一)分析企业当前的业务组合

一旦战略业务单位确定后,企业管理层就要为每个业务单位制订适当的战略目标,许多公司视集合在一起的战略业务单位为业务单位的组合(Business Unit Portfolio)。由于企业资源的有限性,企业必须以有限的资源保证具有良好市场发展潜力的业务单位的发展,也不得不削减其他一些较弱的业务项目所占有的资源。

在分析企业业务单位的组合时,主要使用以下两种模式。

1.波士顿矩阵(市场增长率/市场占有率)

波士顿矩阵模型是波士顿咨询公司于 1970 年提出的一种规划企业产品组合的方法。具体如图 12-2 所示。

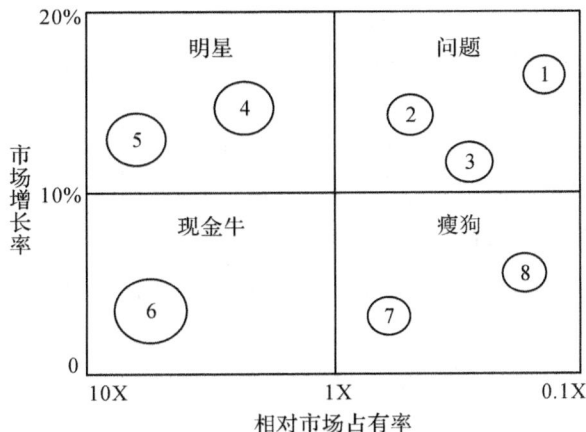

图 12-2　波士顿矩阵图

图 12-2 中,纵坐标市场增长率表示该业务的销售量或销售额的年增长率,用数字 0—20% 表示,并认为市场增长率超过 10% 就是高速增长。横坐标相对市场占有率表示该业务相对于最大竞争对手的市场份额,用于衡量企业在相关市场上的实力,用数字 0.1(该企业销售量是最大竞争对手销售量的 10%)—10(该企业销售量是最大竞争对手销售量的 10 倍)表示,并以相对市场占有率 1 为分界线。8 个圆圈代表公司的 8 个业务单位,它们的位置表示这个业务的市场增长率和相对市场占有率的高低,其面积的大小表示各业务的销售额的大小。

波士顿矩阵模型将一个公司的业务分成 4 种类型:问题业务、明星业务、现金牛业务和瘦狗业务。

第一,问题业务指高市场增长率、低相对市场占有率的业务,这往往是一个公司的新业务。为发展问题业务,公司必须建立工厂,增加设备和人员,以便跟上迅速发展的市场,并超过竞争对手,这些意味着大量的资金投入。

第二,明星业务指高市场增长率、高相对市场占有率的业务,这是由问题业务继续投资发展起来的,可以视为高速成长市场中的领导者,它将成为公司未来的现金牛业务。但这并不意味着明星业务一定可以给企业带来滚滚财源,因为市场还在高速成长,企业必须继续投资,以保持与市场同步增长,并击退竞争对手。

第三,现金牛业务指低市场增长率、高相对市场占有率的业务,这是成熟市场中的领导者,它是企业现金的来源。由于市场已经成熟,企业不必进行大量投资来扩展市场规模,同时作为市场中的领导者,该业务享有规模经济和高边际利润的优势,所以给企业带来大量财源。

第四,瘦狗业务指低市场增长率、低相对市场占有率的业务。一般情况下,这类业务常常是微利甚至是亏损的。瘦狗业务存在的原因更多是感情上的因素,虽然一直微利经营,但像人对养了多年的狗一样恋恋不舍而不忍放弃。

在明确了各项业务单位在公司中的不同地位后,就需要进一步明确其战略目标。通常有 4 种战略目标分别适用于不同的业务。

第一,发展战略。继续大量投资,目的是扩大战略业务单位的市场份额。主要针对有发展前途的问题业务和明星中的恒星业务。

第二,维持战略。投资维持现状,目标是保持业务单位现有的市场份额。主要针对强大稳定的现金牛业务。

第三,收获战略。实质上是一种榨取,目标是在短期内尽可能地得到最大限度的现金收入。主要针对处境不佳的现金牛业务及没有发展前途的问题业务和瘦狗业务。

第四,放弃战略。目标在于出售和清理某些业务,将资源转移到更有利的领域。这种战略适用于无利可图的瘦狗业务和问题业务。

2. 通用电器分析矩阵(多因素业务组合)

通用电器公司分析业务或产品组合的方法称为"战略业务规划网络"(Stratigic Business Planning,简称"GE"法)。这种方法认为,除市场增长率和相对市场占有率之外,还需要考虑更多的影响因素。这些因素可分为两大类:市场吸引力和企业的战略业务单位的竞争能力。具体如图 12-3 所示。

矩阵图 12-3 中的圆圈代表企业的战略业务单位,圆圈的大小表示各个战略业务单位所在行业的规模,圆圈中的阴影部分表示各个业务的市场占有率。对每项业务的评定主要依据市场吸引力与业务的竞争能力,这两个变量对评定一项业务具有重要的营销意义。企业如果进入有发展前途的行业,并拥有在行业中获胜的竞争能力,它就可能获得成功;若缺少任何一个条件,则很难取得预期的效果。

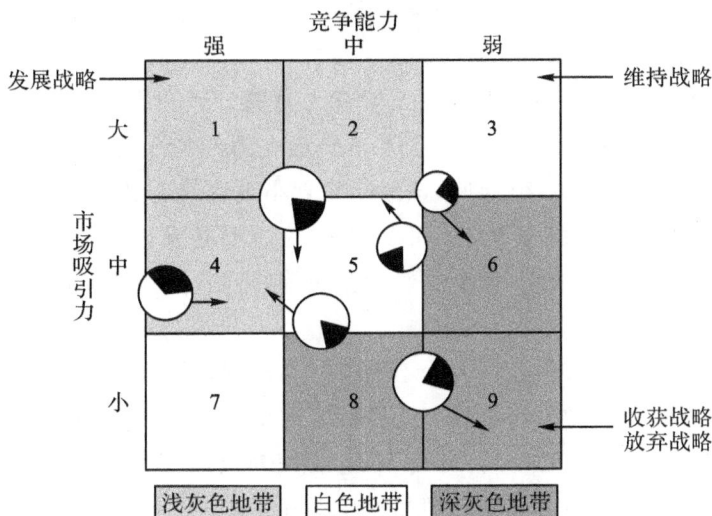

图 12-3 GE 矩阵图

GE 矩阵依据市场吸引力的大、中、小,竞争能力的强、中、弱分为 9 个区域,它们组成了 3 种战略地带。

浅灰色地带。左上方 3 个方格,即"大强""大中"和"中强"三档。这个区域的市场吸引力和业务单位的竞争能力都最为有利。对于该区域的业务单位,企业应采取发展战略,增加资源投入,促进其发展。

白色地带。对角线上的 3 个方格,即"小强""中中"和"大弱"三格。这个区域的市场吸引力和业务单位的竞争能力,总的来说都是中等水平。对该区域的业务单位应采取维持战略,保持原投入水平和市场占有率。

深灰色地带。右下方 3 个方格,即"小中""小弱"和"中弱"三格。这是市场吸引力和业务竞争能力都弱的区域。对该区域的业务单位应采取收获战略或放弃战略,不再追加投资或断然收回投资。

波士顿咨询公司的方法、通用电气公司的方法及其他一些正规的方法对战略计划的制订来说,是一种革命。然而,这些方法也有局限性,它们做起来可能很困难,花费很多时间,实施的成本也许很高。管理部门可能发现,要确定战略业务单元、测度其市场份额和增长率都是相当困难的。此外,这些方法都集中于对当前的业务进行分类,而对将来计划提供的建议则较少。管理部门仍然需要依靠自己的判断来为每一战略业务单元制订目标,决定资源的分配,以及引入哪些新的业务。

上述的计划的矩阵方法还可能导致公司过于强调市场份额的扩大,或通过进入有吸引力的市场而获得增长。利用这些方法,许多公司都被拉入不相关的、新的高增长率的业务之中,它们不知如何管理,以致出现较差的结果。同时,这些公司常常很快地放弃、卖掉健康成熟的业务或促使其衰亡。结果,许多公司过去搞了太宽的多角化经营,现在又返回来集中在它们最熟悉的几个行业中。

鉴于以上问题,许多公司纷纷放弃正规的矩阵方法,转而选择更适应公司特殊情况的更具定制特征的方法,与以往的战略规划主要掌握在公司总部的高层管理者手中不同,今天的战略规划已经分权化,越来越多的公司将战略规划的责任交由更接近市场的各部门经理组成的跨职能团队来完成。

以迪士尼公司为例,大多数人将迪士尼视为主题公园和举家娱乐的理想场所。但是,在20世纪80年代中期,迪士尼成立了一个强有力的集团化战略规划小组,为公司的增长指明方向。在随后的20年间,该战略规划小组将迪士尼转变成一个由多种媒体和娱乐业务组成的多样化巨型集团。不断扩张的迪士尼成长为包括从主题公园和电影——沃特·迪士尼电影公司、试金石影片公司等,再到消费者产品和游轮在内的各种业务的集团企业。

但转型的公司很难管理,业绩极为不平衡。为改善业绩,迪士尼放弃了集权化的战略规划方式,将其职能分散给各个部门的经理。结果,迪士尼保持了其世界媒体巨头的领先地位。即使在最近低迷的经济环境中,迪士尼对其广泛的业务组合所进行的明智的战略管理,也使其比竞争性媒体公司的处境要好得多。

(二)制订增长和精简战略

企业制订新业务增长战略的动因主要有两个:一方面,在对现有业务单位进行重新组合后,需要发展一些新业务,以代替被淘汰的业务;另一方面,当企业发现了新的市场机会,现有的业务难以匹配这些机会,与企业的目标存在差距时,将形成战略计划缺口,企业就需要开辟新的业务,扩大现有的经营领域,弥补出现的战略计划缺口。具体如图12-4所示。

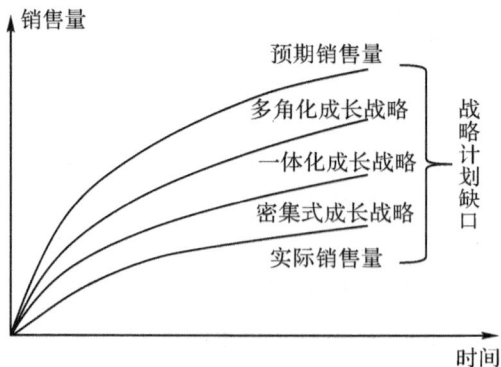

图 12-4　战略计划缺口

1. 密集式成长战略

当一个特定的市场(或产品)还存在发展潜力时,企业可以采用密集式增长战略。该战略包括:

第一,市场渗透。即通过各种营销手段促使现有顾客增加对产品的购买数量,使更多的潜在顾客、从未使用过该产品的顾客购买，也可以吸引竞争对手的顾客购买。

第二，市场开发。即努力开拓新市场，从而扩大现有产品的销售量。实现形式主要有扩大现有产品的销售区域，在现有销售区域内寻找新的细分市场等。

第三，产品开发。通过向现有市场提供新产品或改进的产品，满足现有市场上消费者的不同需求，从而扩大产品销售，实现业务增长。具体如图 12-5 所示。

	现有市场	新市场
现有产品	市场渗透	市场开发
新产品	产品开发	多角化增长

图 12-5　产品/市扩张场矩阵

2. 一体化成长战略

当所在行业仍有前途时，企业可以重新融合供应链以提高效益，实行不同程度的一体化经营，实现业务增长。

第一，后向一体化。即企业收购、兼并上游的供应商，拥有或控制自己的供应系统。如饮料生产企业收购果园，实现原材料的自给自足。后向一体化既可以给企业增加收益，又可以减少受制于上游供应商的风险。

第二，前向一体化。即收购、兼并下游的中间商，拥有或控制自己的销售渠道；或将产品线向前延伸，从事原由用户经营的业务。如服装制造企业自办服装专卖店，销售本企业生产的服装产品。

第三，水平一体化。即企业收购、兼并原有的竞争对手，或实行各种形式的联合经营，扩大经营规模与增加实力，实现业务增长。

3. 多角化成长战略

如果企业在原有经营框架内已经无法发展，或在原经营框架之外有更好的机会，企业可以选择多角化成长战略。

第一，同心多角化。即企业利用原有的技术、特长、经验等发展新产品，增加产品种类，从同一圆心向外扩大业务经营范围。如电冰箱生产企业增加对冰柜的生产。

第二，水平多角化。即企业利用原有市场或顾客，采用不同的技术来发展新产品，增加产品种类。如原来生产婴幼儿奶粉的企业，现在准备生产婴儿童装、学步车等产品。

第三，综合多角化。指企业以新业务进入新市场，新业务与企业现有的技术、市场及业务没有联系。如服装生产企业从事房地产项目、生物工程项目的开发与生产。

接下来我们利用图 12-5 来分析列维·施特劳斯公司。

第一，列维·施特劳斯管理层会考虑公司的主要品牌是否可以实现更深的市场渗透——在完全不改变产品的情况下对现有顾客实现更多的销售。例如，为了扩大牛仔裤的销售,列维·施特劳斯公司会降价,增加广告,使其产品进入更多的商店,或者在其零售商那里获得更好的商店展示和更多推销点。列维·施特劳斯公司的管理层基本上喜欢增加现有顾客的购买量及吸引其他品牌的顾客购买公司的产品。

第二,列维·施特劳斯公司的管理层会考虑市场扩展的可能性——为现有产品确定和拓展新市场。例如,管理者会重新审视新的人口统计市场——儿童、高级消费者、女性、种族群体——以考察是否有新的群体会受到激励来第一次购买列维·施特劳斯公司的产品,甚至更多地购买。例如,列维·施特劳斯公司最近发动了新的广告战来推动其牛仔裤在妇女和拉丁美洲市场的销售。管理者也会重新审视新的地缘市场。在过去的几年里,列维·施特劳斯公司已扩大了其在西欧、亚洲和拉丁美洲的促销活动和销售量。它现在正瞄准东欧、俄罗斯、印度和中国的新开放市场。

第三,管理层会考虑产品开发——向现有市场提供修改过的或新的产品。列维·施特劳斯公司的现有产品会以新的式样、尺寸和颜色推出。或者,列维·施特劳斯公司会推出新产品线及启动休闲装新品牌来取悦不同的消费者,从现有顾客得到更多的订货量。这些措施发生在列维·施特劳斯公司引进多克斯产品线之后,该产品线现在创造着年销售额超过 10 亿美元的佳绩。

第四,列维·施特劳斯会考虑多角化。它会启动或收购其现有产品与市场之外的其他企业。例如,该公司会引入诸如男士时装、休闲和运动服装,或者其他相关业务。一些公司试图确定最富吸引力的新兴行业,它们感觉到的成功秘诀的一半来自进入富有吸引力的行业,而不是试图在无吸引力的行业中提高效率。然而,一个公司如果经营太多的不熟悉的产品或业务会失去其市场的集中性。正如本章所讨论的例子,在 1984 年以前,列维·施特劳斯公司迫不及待地进入一些处于混乱状态的行业,包括滑雪服、男士衬衫和帽子,以及其他特种服装。然而在 1985 年,新管理层卖掉了这些不相关的业务,重新把公司集中于制作和销售斜纹粗棉布牛仔服这一核心业务上,并且设计出一个具有与新产品紧密相连的性质的稳定增长战略,而且还加大了开拓国际市场的力量。这些措施实现了公司销售额与利润的理想转机。

公司不仅要为其业务组合制订增长战略,还要制订精简战略。企业希望放弃那些产品或市场的原因有很多:公司可能增长太快,或进入了自己缺乏经验的领域,市场环境可能变化,致使某些产品或市场无利可图。例如,在低迷的经济环境下,许多公司削减营利能力差的产品和市场,将其有限的资源集中到最有优势的产品和市场上。还有一些产品和业务单位会因过时而衰亡。

当企业发现旗下的品牌或业务不能营利或不再适合其总体战略时,就必须谨慎地调整、收获或者剥离它们。比如在 2016 年宝洁公司将其最后一个食品品牌品客(Pringles)出售,以使公司专注于家庭护理和美容产品。管理者应该将注意力集中在有前途的增长机会上,而不是为挽救已经衰弱的业务而徒劳地耗费自己的精力。

第二节　市场营销组织设计

再好的战略,再好的策略、计划和人员都必须有一个平台来进行整合,才能发挥最大的效果,营销组织是团队发挥最佳力量的聚合剂和决定基础。如果缺少完善的、高效率的营销组织结构与机制,企业的营销战略与计划很难实现。

一、营销组织概述

(一)营销组织的含义

组织是人们为了实现某一特定的目的而形成的系统集合。组织存在的 3 个要素,即共同的目标、协作的意愿和良好的沟通,其中共同的目标是组织存在的前提。

市场营销组织是企业为了实现战略目标、营销计划和履行营销职能,由有关人员协作配合而形成的有机的、协调的结构系统。营销组织对实现企业营销活动的各种要素和人们在工作过程中的相互关系进行组合、配置。

(二)营销组织的目标

营销组织的目标大体有 3 个方面。

1. 对市场需求做出快速反应

企业的营销环境是动态的,营销组织需要不断适应外部环境的变化,提高企业对外部营销环境的应变能力。企业通过营销调研部门、销售部门的一线销售人员、中间商或商业研究机构等合作伙伴了解市场信息。在对信息进行分析和评估的基础上,企业高层决策者对新产品开发、产品生产、销售甚至储运等工作进行综合调整。

2. 使营销效率最大化

为了提高企业对市场的反应速度,更好地为消费者服务,需要企业内部各职能部门(如生产、营销、研发、人事、财务等部门)的共同参与和配合,也需要营销部门内部各成员与岗位的协调。营销组织要充分发挥其协调和控制的职能,从而达到营销效率的最大化。

3. 代表并维护消费者利益

现代市场营销观念的核心是消费者利益至上,为了更有效地维护消费者的利益,营销组织需要承担更多的职责。尽管企业有市场调研部、客户服务部门等机构与人员了解消费者需求,维护消费者的利益,但企业仍需要在营销组织层面上确保消费者的利益不受到损害。

二、营销组织的演变

企业的市场营销部门是随着市场营销管理哲学的不断发展演变而来的。其大致经历了单纯的销售部门、兼有附属职能的销售部门、独立的市场营销部门、现代市场营销部门和现代市场营销企业 5 个阶段。

(一)单纯的销售部门

20 世纪 30 年代以前,西方企业以生产观念作为指导思想,大部分都采用这种形式。一般说来,所有企业都是从财务、生产、销售和会计这 4 个基本职能部门开始开展的。财务部门负责资金的筹措,生产部门负责产品制造,销售部门通常由一位副总经理负责,管理销售人员,并兼管若干市场营销研究和广告宣传工作。在这个阶段,销售部门的职能仅仅是推销生产部门生产出来的产品,生产什么、销售什么;生产多少,销售多少。产品生产、库存管理等完全由生产部门决定,销售部门对产品的种类、规格、数量等,几乎没有任何发言权,如图12-6(a)所示。

(二)兼有附属职能的销售部门

20世纪30年代大萧条以后,市场竞争日趋激烈,大多数企业以推销观念作为指导思想,需要进行经常性的市场营销研究、广告宣传及其他促销活动,这些工作逐渐变成专门的职能,当工作量达到一定程度时,便会设立一名市场营销经理负责这方面的工作,如图12-6(b)所示。

(三)独立的市场营销部门

随着企业规模和业务范围的进一步扩大,原来作为附属性工作的市场营销研究、新产品开发、广告促销和为顾客服务等市场营销职能的重要性日益增强。于是,市场营销部门成为一个相对独立的职能部门,作为市场营销部门负责人的市场营销副总经理同销售副总经理一样直接受总经理的领导,销售和市场营销成为平行的职能部门,如图12-6(c)所示。但在具体工作上,这两个部门是需要密切配合的。这种安排常常使用在许多工业企业中,它向企业总经理提供了一个全面分析企业面临的机遇与挑战的机会。

(四)现代市场营销部门

尽管销售副总经理和市场营销副总经理需要配合默契和互相协调,但是他们之间实际形成的关系往往是一种彼此敌对的关系。销售副总经理趋向于短期行为,侧重于取得眼前的销售量;而市场营销副总经理则多着眼于长期效果,侧重于制订适当的产品计划和市场营销战略,以满足市场的长期需要。销售部门和市场营销部门之间矛盾冲突的解决过程,形成了现代市场营销部门的基础,即由市场营销副总经理全面负责,下辖所有市场营销职能部门和销售部门,如图12-6(d)所示。一般来说,市场营销副总经理的任务是确定市场机会、准备市场营销策略并计划组织新产品进入工作,使销售活动达到预订目标,而销售人员则是负责实施新产品进入和销售活动。

(五)现代市场营销企业

一个企业仅仅有了上述现代市场营销部门,还不等于是现代市场营销企业。现代市场营销企业取决于企业内部各种管理人员对待市场营销职能的态度,只有当所有的管理人员都认识到企业一切部门的工作都是"为顾客服务","市场营销"不仅是一个部门的名称而且是一个企业的经营哲学时,这个企业才能算是一个"以顾客为中心"的现代市场营销企业,具体如图12-6所示。

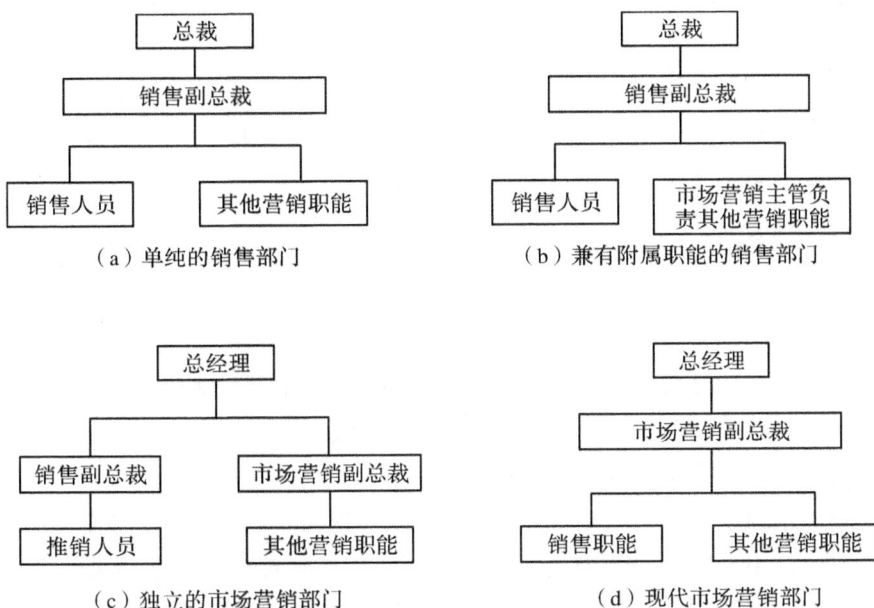

（a）单纯的销售部门　　　　　　　　　（b）兼有附属职能的销售部门

（c）独立的市场营销部门　　　　　　　（d）现代市场营销部门

图 12-6　营销组织的演变过程

三、营销组织设计原则

(一)组织结构应体现营销导向

在设计营销组织时,管理者必须先考虑满足市场需求,服务消费者所必需的市场营销任务。以此为基础,才能建立组织结构。

(二)设立组织必须以活动而不是以人为中心

组织设计先应是"事事有人做",而不是"人人有事做"。设立组织时要考虑工作需要和工作特点,做到因事设职、因职用人。但这并不意味着组织设计可忽视人的因素、人的特点和人的能力。

(三)权责必须匹配

任何人要想完成工作,都必须配置相应的资源与工具。职责就是任务,做什么事,做到什么程度,横向、纵向的关系及完成任务应配备的权限。在营销组织设计中,职责应落实到每一个人,并授予个人相应的权力。

(四)经理控制幅度必须合理

原则上,营销经理的控制幅度应当小一些,正常不超过 6—8 人。然而,为了提高组织对市场的响应时间,组织结构扁平化已成为趋势,这将导致每一管理层级更宽的控制幅度。

(五)组织必须稳定而不失弹性

组织结构应该是既严谨又不规定得过死,具有一定的弹性,能适应新情况的变化。

进行组织设计时应力求在严谨中求宽松,从而达到恰到好处的理想境界。

(六)各种活动应平衡协调

在营销管理中,必须在营销部门与企业其他非营销部门之间、营销部门内部(如市场部与销售部)、营销活动各项事务之间保持有效的协调。

四、营销组织的基本类型

(一)职能型营销组织

职能型营销组织是最常见的营销部门组织形式,即在营销副总裁的领导下,由各营销功能专家担任经理,执行某一方面的营销职能。他们分别对营销副总裁负责,由营销副总裁负责协调各项营销活动。具体如图12-7所示。

职能型营销组织的优点表现在:一方面行政管理简单,各职能部门责任明确,便于管理;另一方面,由于职能经理有权下达命令,职能经理的计划与项目能够得以执行。但是,随着企业产品品种的增加和市场规模的扩大,这种组织形式越来越显示出其效益低下的问题。

(1)若没有特定的部门为每种产品和每个市场做出详细的计划,会出现计划不完善,甚至使未受到各职能经理偏爱的产品或市场被忽视,从而影响产品的销售。

(2)各个职能部门为了获得更多的预算和较高的地位而产生竞争,导致营销副总裁协调各部门的工作难度加大。

(3)销售人员会受到多头管理,当直线经理与职能经理的领导出现不一致时,组织的效率会受到影响。

职能型营销组织经常出现在一些产品和市场多样化的大公司中。提高组织效率的关键在于限制拥有职能性直线权力的经理数目。

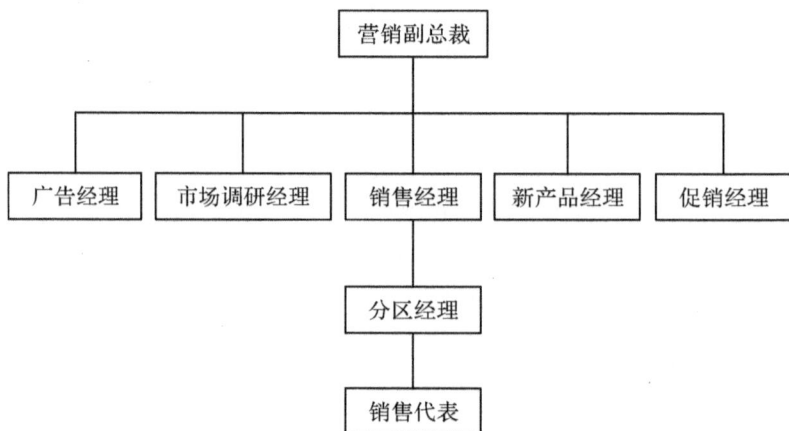

图12-7　职能型营销组织

(二)地区管理型营销组织

如果企业的营销范围很广,通常都按照地理区域来安排其销售队伍。如在销售部门设有全国性销售经理,下有华东、华南、华北、西北、西南、东北等大区经理,每个大区又可以按行政区域设置区域市场经理(如省级经理)、地区市场经理和销售代表。具体如图 12-8 所示。

销售部门按地区划分会使企业在许多方面受益。这种组织结构能较好地覆盖整个市场,也能较好地控制销售团队和销售活动。通过任命一位有限细分市场的经理,企业就能适应地区竞争的挑战和按地区情况调整战略。区域经理们也就能更迅速地为顾客服务和处理问题。

地区管理型营销组织有一个缺点,即营销活动专业程度不高。每位区域经理除了管理销售团队外,还必须进行广告、促销和市场调研等一系列营销活动。

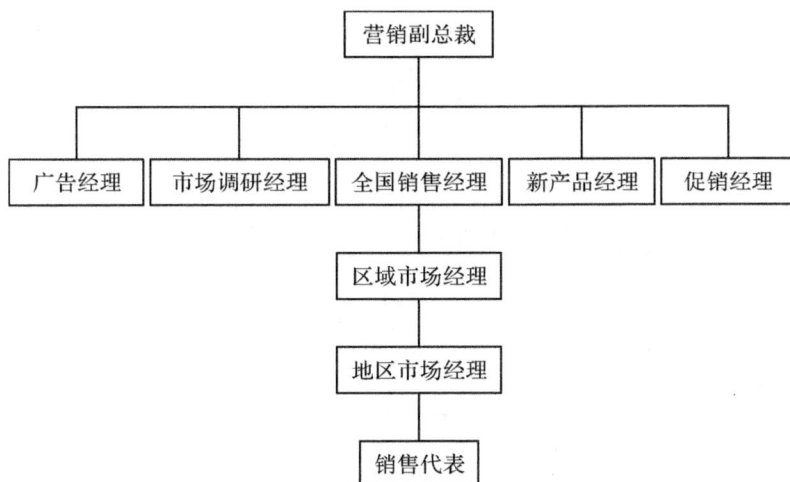

图 12-8　地区管理型营销组织

(三)产品(或品牌)管理型营销组织

生产多种产品或拥有多个品牌的企业,往往按产品或品牌建立市场营销组织。在一名产品(或品牌)经理的领导下,按每类产品(或品牌)分设一名经理,再按每种具体品种设一名经理,分层管理。如果一个企业经营的各种产品差别大、产品的数量多,超过了职能型营销组织所能控制的范围,就适合采取产品(或品牌)管理型营销组织。具体如图 12-9 所示。

1.产品(或品牌)管理型营销组织的优点

(1)产品(或品牌)经理能将产品营销组合的各要素较好地协调起来。

(2)产品(或品牌)经理能及时地对其所管理的产品(或品牌)在市场上出现的问题做出反应。

(3)由于有专门的产品(或品牌)经理负责,那些不太重要的产品(或品牌)也不会被忽视。

(4)产品(或品牌)经理几乎涉及企业的每一个领域,为培训年轻管理人员提供了很好的机会。

2. 产品(或品牌)管理型营销组织的主要缺点

(1)容易产生一些冲突或摩擦。产品(或品牌)经理由于权力有限,在同其他职能部门合作时,往往被看成低层管理者而不被重视。此外,各产品(或品牌)经理在争取企业资源支持时,难免会产生冲突。

(2)产品经理虽然能成为自己所负责产品方面的专家,但往往对其他方面的业务不够熟悉。

(3)费用增加。产品(或品牌)管理人员的增加而导致人工成本的增加。同时,企业还要继续增加调研、促销等方面的专家,进一步加重了企业的负担。

(4)品牌经理任期通常很短,因此企业的营销计划也只能是短期的,从而影响了产品长期优势的建立。

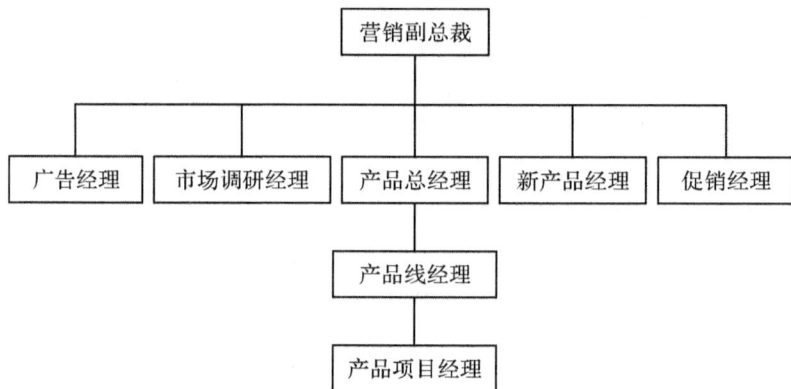

图 12-9　产品管理型营销组织

(四)市场管理型营销组织

许多公司按客户的类型、客户行业或分销渠道划分销售部门的直线权力。每一行业的销售经理对其领导的销售队伍拥有直线权力。直线经理之外不设辅助人员,每组销售人员按照客户群销售其产品大类中的所有产品。由于市场专业化与顾客导向的理念都强调了以消费者为中心的营销观念,近几年来,市场管理型营销组织逐渐多了起来。具体如图 12-10 所示。

虽然市场管理型营销组织克服了产品专业化的一些缺点和渠道间的利益冲突,但仍存在一些局限性。这种类型导致区域覆盖重叠,因此增加了营销成本;此外,该类型在所有产品线上的销售会导致产品专业化优势的丧失。

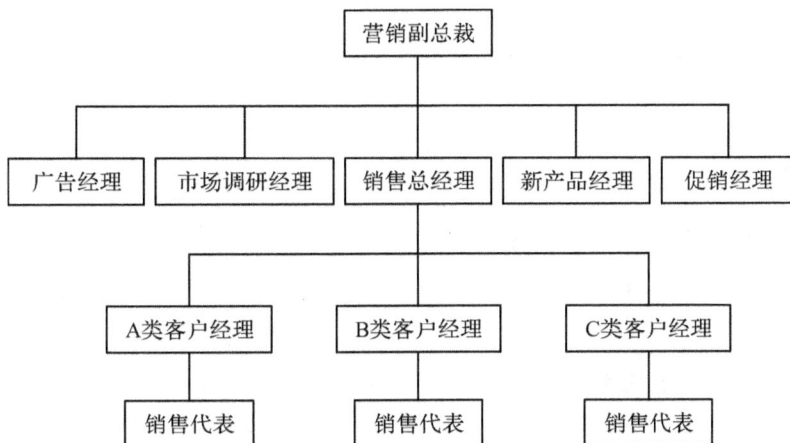

图 12-10　市场管理型营销组织

(五)产品—市场管理型营销组织

这是一种既有产品经理,又有市场经理的两维矩阵组织。当企业面向不同市场、生产多种产品,在确定营销组织结构时经常面临两难抉择:是采用产品管理型还是市场管理型? 能否吸收两种形式的优点,抛弃它们的不足之处? 解决难题的办法是将两者有机地结合起来。产品经理的主要精力集中在如何改进产品质量,以争取更多的顾客;市场经理则主要关心各自市场的需求,考虑以什么样的营销组合去满足这些市场的需求。具体如表 12-2 所示。

这类营销组织吸收了产品与市场管理型营销组织的优点,但不可避免地会造成组织管理成本过高、易产生矛盾与冲突等新问题。大多数经理认为,只有对那些十分重要的产品和市场,才值得设置专业的经理人员。也有一些经理认为,这种管理所带来的效益必定大于所花的代价,因此不必为矛盾冲突和费用问题担心。

表 12-2　产品—市场管理型营销组织

市场 产品	A 市场经理	B 市场经理	C 市场经理
产品 1 经理			
产品 2 经理			
产品 3 经理			

【案例 12-1】联想 10 年来的组织结构变革

联想自 20 世纪 90 年代初成立以来,共经历过 4 个比较大的战略发展阶段,伴随着企业战略的转移,为支持战略目标的有效达成,均对组织结构进行了大幅度的调整,如图 12-11 所示。

1. 汉卡时代

20 世纪 90 年代初,自主研发联想汉卡和国外计算机产品代理成功之后,联想转向了个人电脑制造领域。进入个人电脑制造领域决定了联想集团后来的成功。联想在品牌上的投入造就了联想 PC 的成功,后者又反过来强化品牌,联想进入越来越强的正循环。公司采用了如图 12-11(a)所示的组织结构。

2. Legend 阶段

1994—1995 年间,联想集团逐渐缩减过去包括程控交换机、打印机等方向繁多的技术研发。在经历了两年的以贸易为重点的发展之后,1996 年柳传志正式提出聪慧的发展模式,由"技工贸"转向"贸工技"。历史证明,这一选择强化了联想集团在个人电脑相关业务上的成功。具体如图 12-11(b)所示。

3. 杨元庆阶段

2001 年 4 月,联想集团按自有品牌和分销代理两大核心业务分拆为新的联想集团和神州数码集团。联想集团设计了三层产品业务链。第一层是提供现金流的台式电脑、笔记本和主板机业务;第二层是属于增长业务的服务器、手持设备及外设;支撑未来发展的第三层业务是服务类业务,包括信息运营、IT 服务等。迄今为止,台式电脑依然是联想集团最核心的业务。神州数码集团选定的未来发展方向是"IT 服务",其试图突破单纯的分销代理业务。具体如图 12-11(c)所示。

4. Lenovo 阶段

2004 年,杨元庆梦想挤入 100 亿美元的行列,因而重新确定集团的核心业务为 PC 相关产品(笔记本、服务器、外部设备等)。具体如图 12-11(d)所示。

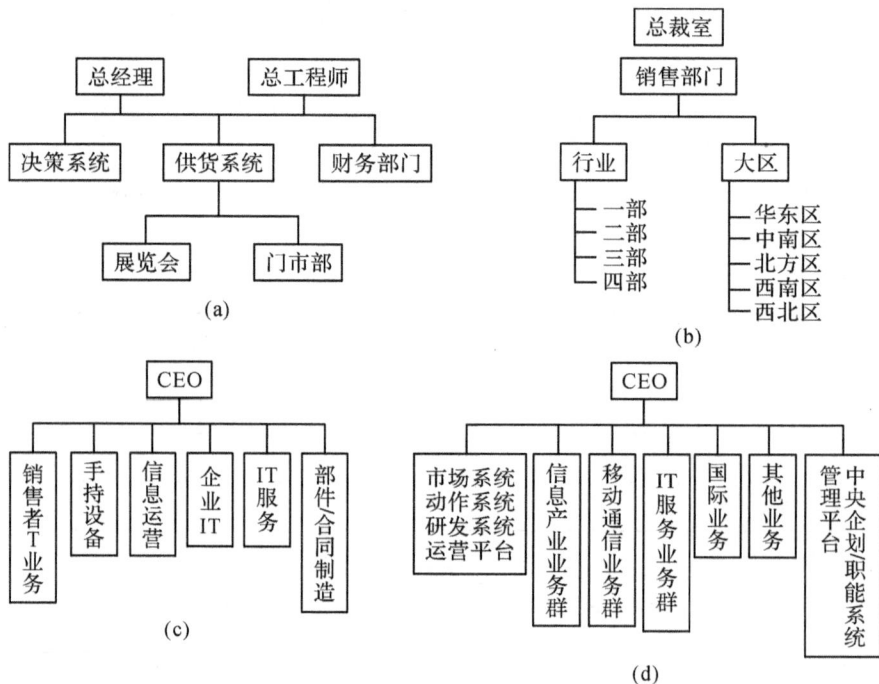

图 12-11　联想战略发展变化图

(资料来源:《新编市场营销学》顾春梅等主编)

第三节　市场营销控制

企业的营销计划与方案能否实现的关键在于执行是否到位,但在执行的过程中由于企业内外部环境等不确定性因素的存在,难免会出现偏差。因此,需要对营销计划的执行情况进行监测、检查,即有效的营销控制。

一、营销控制概述

(一)营销控制的含义

市场营销控制,是指市场营销管理者采取控制步骤检查实际绩效与计划之间是否存在偏差,并采取改进措施,以确保市场营销计划的实现与完成。具体如图 12-12所示。

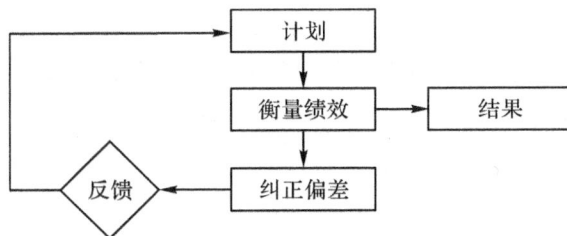

图 12-12　营销控制过程

(二)营销控制的类型

1. 正式控制

正式控制是使用比较成型、比较正规的规范来约束人们的控制方式。这些规范多数是用文字的形式表达并依照某种程序正式发布的。正式控制主要是用计划、预算、规章制度及量化的工作任务等来约束营销部门的成员。

按干预时间的先后,正式控制可分为事前控制、过程控制、结果控制等 3 种形式。其中,事前控制是在企业营销活动开展之前进行的控制,一般包括战略计划、标准制订、人员规划、培训、销售预算等;过程控制是指在企业营销活动实施过程中,对活动中的人和事进行指导与监督;结果控制是在营销活动结束以后,对本期的资源利用状况及其结果进行总结。

2. 非正式控制

非正式控制是指使用不那么成型的规范来约束人们的控制方式。营销团队中常常运用道德、信任、群体压力、企业文化、愿景等一类看不见摸不着却感觉得到的手段来约束其成员。总体上讲,非正式控制常常不是基于契约的,而是基于人们的共同意识和认同感的。

(三)常用的营销控制手段

常用的营销控制手段主要有年度营销计划控制、营利能力控制、效率控制和营销审计等 4 种。具体如表 12-3 所示。

表 12-3　常用的营销控制手段比较

控制类型	主要负责人	控制目的	方法
年度营销计划控制	高层管理部门	检查计划目标是否实现	销售分析、市场份额分析、费用—销售额比率分析、财务分析等
营利能力控制	营销审计人员	评价营销活动的营利情况	营利:各区域、产品、品牌、目标市场等
效率控制	直线和职能管理层营销审计人员	评价和提高经费的使用效率	效率:销售队伍、分销、广告等促销活动
营销审计	高层管理者营销审计人员	检查公司是否在市场、产品和渠道等方面找到最佳机会	营销审计、营销效益等级评价、道德与社会责任等

二、年度营销计划控制

所谓年度营销计划控制,是指企业在本年度内采取控制步骤,检查实际绩效与计划之间是否有偏差,并采取改进措施,以确保年度营销计划规定的销售、利润和其他目标的实现与完成。

年度营销计划控制过程分为 4 个步骤:

(1)确定年度营销计划中的月(或季)的销售目标,这是控制的基点。

(2)建立反馈系统,监督年度营销计划的实施情况。

(3)衡量绩效与目标之间的偏差,发现较大的偏差,并找出其中原因。

(4)采取纠偏措施,缩小计划与实际之间的差距。

年度营销计划控制可以运用以下几种方法来衡量计划的执行绩效。

(一)销售分析

1. 销售差异分析

销售差异分析方法主要用于分析各个不同的因素对销售绩效的影响效果。

【专栏 12-1】计算

某年度计划要求第一季度销售 4000 件产品,价格 1000 元/件,即销售额为 400 万元;在该季度结束后,只销售了 3000 件,且销售价格为 800 元/件,即实际销售额为 240 万元。问绩效的降低有多少归因于价格下降? 有多少归因于销售数量下降?

分析:

总的绩效偏差 $=3000\times800-4000\times1000=-1\,600\,000$(元);

因数量下降的差异 $=(3000-4000)\times1000=-1\,000\,000$(占 62.5%);

因价格下降的差异 $=-1\,600\,000-(-1\,000\,000)=-600\,000$(占 37.5%)。

当然销售差异分析也可按以下公式来计算:售价下降的差距 $=(Sp-Ap)Aq$;销售减少的差距 $=(Sq-Aq)Sp$。

式中,Sp 为计划售价;Ap 为实际售价;Sq 为计划销售量;Aq 为实际销售量。

结论:

第一季度销售额下降的主要原因是销售数量下降引起的,故应仔细核查为什么不能达到预期的销售量。

2. 微观销售分析

微观销售分析方法主要用于分析未能达到预期销售额的特定销售单位(区域、品牌、目标客户群等),如表 12-4 所示。

表 12-4　某企业微观销售分析表

单位:元

	A 区	B 区	C 区	总计
预期销售额	150000	50000	200000	400000
实际销售额	140000	52500	107500	300000
完成情况	93%	105%	54%	75%
与预期的差距	−7%	+5%	−46%	−25%

通过分析表 12-4 可知:C 区是引起销售额未达到预期值的主要原因。因此,需要对 C 区进行调查,找出绩效不佳的原因。

(二)市场占有率分析

通常,企业的销售绩效并未反映出相对于其竞争企业的经营状况如何。如果企业销售额增加了,可能是由于企业所处的整个经济环境的发展,或可能是因为其市场营销工作较之其竞争者有相对改善。市场占有率正是剔除了一般的环境影响来考察企业本身的经营工作状况的。如果企业的市场占有率升高,表明它较其竞争者的情况更好;如果下降,则说明相对于竞争者其绩效较差。

对市场占有率分析主要有以下几个指标:

1. 整体市场占有率

(1)整体市场占有率＝本企业销售量/产业总销售量×100%。

(2)整体市场占有率＝本企业销售额/产业总销售额×100%。

使用上述测量方法必须做两项决策:第一,要以单位销售量或以销售额来表示市场占有率;第二,正确认定行业的范围,即明确本行业所应包括的产品、市场等。

2. 目标市场占有率

目标市场占有率＝本企业销售额/目标市场总销售额×100%。

企业可能有近 100% 的目标市场占有率,却只有相对较小百分比的整体市场占有率。企业只有在目标市场上占据有利地位后,才能谋求更大的整体市场占有率。

3. 相对市场占有率 I(相对于 3 个最大竞争者)

相对市场占有率 I＝本企业市场占有率/3 个最大竞争者的市场占有率×100%。

如某企业有 30% 的市场占有率,其最大的 3 个竞争者的市场占有率分别为 25%,15%,10%,则该企业的相对市场占有率 I 是 30/50×100%＝60%。

一般情况下,相对市场占有率Ⅰ高于 33% 即被认为是强势的;低于 33% 则是弱势的。

4. 相对市场占有率Ⅱ(相对于市场领导竞争者)

相对市场占有率Ⅱ=本企业的销售额(量)/最大竞争者的销售额(量)×100%。

相对市场占有率Ⅱ超过 100%,表明该企业是市场领导者;相对市场占有率Ⅱ等于 100%,表明企业与市场领导竞争者同为市场领导者;相对市场占有率Ⅱ的增加表明企业正接近市场领导竞争者。

(三)营销费用率分析

营销费用率是市场营销费用占销售额的比例。营销费用包括推销员费用、广告费、促销费、市场调查费和营销管理费等等。在销售额一定的情况下,营销费用越低,企业的效益就越好。营销费用率分析的目的是监督营销费用的支出情况,确保其不超出年度计划的预算。

营销费用率=营业费用/销售收入。其中,营业费用是指企业在销售产品、提供劳务等日常生产经营过程中发生的各项费用及专设营销机构的各项经费。

营销费用率反映了取得一定的销售收入所需付出的营销成本,其高低可作为反映企业营销效率的重要指标。该比率受各种随机因素的影响而上下波动,一般允许有适当的偏差,但如果波动超出正常范围,就应引起注意,及时采取措施,控制住费用的上升趋势。

(四)顾客满意度追踪

企业建立专门机构来追踪其顾客、经销商及市场营销系统中其他参与者的态度,对于营销控制过程中分析原因、寻找调整措施,是十分必要的。顾客满意度追踪分析一般要做三方面的工作:

1. 建立听取意见制度

企业对来自顾客的书面的或口头的意见应该进行记录、分析,并做出适当的反应。对不同的意见应该分析归类汇编成册,对比较集中的意见要查找原因,加以根除。企业应该鼓励顾客提出批评和建议,使顾客经常有机会发表意见,才有可能搜集到顾客对其产品和服务反映的完整资料。

2. 固定顾客样本

有些企业建立由一定代表性的顾客组成的固定顾客样本,定期地由企业通过电话访问或邮寄问卷了解其需求、意见和期望。这种做法有时比听取意见更能代表顾客态度的变化及其分布范围。

3. 顾客调查

企业定期采取随机抽样调查的方法,向被抽取的随机顾客发放一组标准化的调查问卷,其中问题涉及员工态度、服务质量等。通过对这些问卷的分析,企业可及时发现问题并尽早解决。

三、营利能力控制

除了年度计划控制以外，企业还需要运用营利能力控制来测定不同产品、不同销售区域、不同顾客群体、不同渠道及不同订货规模的营利能力。由营利能力控制所获取的信息，有助于管理人员决定各种产品或营销活动是扩展、减少还是取消。下面拟就营销成本及营利能力的考察指标等做一阐述。

(一)营销成本

营销成本直接影响企业利润，它由如下项目构成：

(1)直接推销费用，包括直销人员的工资、奖金、差旅费、培训费和交际费等。

(2)促销费用，包括广告媒体成本、产品说明书印刷费用、赠奖费用、展览会费用和促销人员工资等。

(3)仓储费用，包括租金、维护费、折旧、保险、包装费和存货成本等。

(4)运输费用，包括托运费用等。如果是自有运输工具，则要计算折旧、维护费、燃料费、牌照税、保险费和司机工资等。

(5)其他营销费用，包括营销管理人员工资和办公费用等。

上述成本连同企业的生产成本构成了企业的总成本，直接影响到企业经济效益。其中，有些与销售额直接相关，称为直接费用；有些与销售额并无直接关系，称为间接费用。有时二者也很难划分。

(二)营利能力的考察指标

取得利润是任何企业的最重要的目标之一。企业营利能力历来为营销管理人员所高度重视，因而营利能力控制在营销管理中占有十分重要的地位。我们在对营销成本进行分析之后，特提出如下营利能力考察指标。

1. 销售利润率

一般来说，企业将销售利润率作为评估企业获利能力的主要指标之一。销售利润率是指利润与销售额之间的比率，表示每销售100元使企业获得的利润，其公式是销售利润率=本期利润/销售额×100%。

但是，在同一行业各个企业间的负债比率往往大不相同，而对销售利润率的评价又常需通过与同行业平均水平来进行对比。所以，在评估企业获利能力时最好能将利息支出加上税后利润，这样将能大体消除由于举债经营而支付的利息对利润水平产生的不同影响。因此，销售利润率的计算公式应该是销售利润率=税后息前利润/产品销售收入净额×100%。

这样的计算方式，在同行业间衡量经营水平时才有可比性，才能比较正确地评价营销效率。

2. 资产收益率

资产收益率是指企业所创造的总利润与企业全部资产的比率，即资产收益率=本期利润/资产平均总额×100%。

与销售利润率的理由一样,为了在同行业间有可比性,资产收益率可以用如下公式计算:资产收益率＝税后息前利润/资产平均总额×100％。其分母之所以为资产平均总额,是因为年初和年末余额相差很大,如果仅用年末余额作为总额显然不合理。

3. 净资产收益率

净资产收益率是指税后利润与净资产所得的比率。净资产是指总资产减去负债总额后的净值。这是衡量企业偿债后的剩余资产的收益率。净资产收益率＝税后利润/净资产平均余额×100％。其分子之所以不包含利息支出,是因为净资产已不包括负债。

4. 资产管理效率

资产管理效率可通过以下比率来分析。

(1)资产周转率。该指标是指一个企业以资产平均占用额去除产品销售收入净额而得出的全部资金周转率。资产周转率＝产品销售收入净额/资产平均占用额×100％。该指标可以衡量企业全部投资的利用效率,资产周转率高说明投资的利用率高。

(2)存货周转率。该指标是指产品销售成本与存货(指产品)平均余额之比。存货周转率＝产品销售成本/存货平均余额×100％。这项指标说明某一时间内存货周转的次数,从而考核存货的流动性。存货平均余额一般取年初和年末余额的平均数。一般来说,存货周转率越高越好,说明存货少,周转快,资金使用率较高。

资产管理效率与获利能力密切相关。资产管理效率高,获利能力相应也较高。这可以从资产收益率与资产周转率及销售利润率的关系中表现出来。资产收益率实际上是资产周转率和销售利润率的乘积,即资产收益率＝(产品销售收入净额/资产平均占用额×100％)×(税后息前利润/产品销售收入净额×100％)×100％＝资产周转率×销售利润率×100％。

四、效率控制

假如营利能力分析显示出企业关于某一产品、地区或市场所得的利润很差,那么紧接着的问题便是有没有高效率的方式来管理销售人员、广告、销售促进及分销。

(一)销售人员效率控制

企业应对销售人员效率进行控制,各地区的销售经理需要记录本地区内反映销售人员效率的几项主要指标:

(1)每个销售人员每天记录的平均的销售访问次数。

(2)每次访问的平均时间。

(3)每次销售访问的平均收益。

(4)每次销售访问的平均成本。

(5)每次销售访问的招待成本。

(6)每百次销售访问而订购的百分比。

(7)每期间的新顾客数。

(8)每期间丧失的顾客数。

(9)销售成本占总销售额的百分比。

企业可以从以上分析中发现一些非常重要的问题。例如,销售代表每天的访问次数是否太少;每次访问所花时间是否太多;是否在招待上花费太多;每百次访问中是否签订了足够的订单;是否增加了足够的新顾客并且保留住原有的顾客。当企业开始正视销售人员效率的改善后,通常会取得很多实质性的改进。

(二)广告效率控制

企业对广告效率进行控制,应至少做好如下统计:

(1)每一媒体类型、每一媒体工具接触每千名购买者所花费的广告成本。

(2)顾客对每一媒体工具注意、联想和阅读的百分比。

(3)顾客对广告内容和效果的意见。

(4)广告前后对顾客产品态度的衡量。

(5)受广告刺激而引起的询问次数。

企业高层管理者可以采取若干步骤来改进广告效率,包括进行更加有效的产品定位、确定广告目标、利用计算机来指导广告媒体的选择、寻找较佳的媒体及进行广告后的效果测定等。

(三)促销效率控制

为了改善销售促进的效率,企业还需进行促销效率控制。为此,管理层应该对每一销售促进的成本和对销售的影响做记录:

(1)由于优惠而销售的百分比。

(2)每一销售额的陈列成本。

(3)赠券收回的百分比。

(4)因示范而引起询问的次数。

(5)企业还应观察不同销售促进手段的效果,并使用最有效果的促销手段。

(四)分销效率

分销效率主要是对企业存货水准、仓库位置及运输方式进行分析和改进,以达到最佳配置并寻找最佳运输方式和途径。

效率控制的目的在于提高人员推销、广告、销售促进和分销等营销活动的效率,营销经理必须关注若干关键比率,这些比率表明上述营销职能执行的有效性,显示出应该如何采取措施以改进执行情况。

五、营销审计

(一)营销审计的界定

对一个企业或企业中的一个业务单位的营销环境、营销目标、营销战略乃至营销活动做全面、系统、独立和定期的检查,其目的在于发现企业营销中的问题和可能的市场营销机会,以提出企业营销的行动计划,改善企业的营销运作,提高企业的营销效率。

(二)营销审计的特征

1. 全面性

一般来说,营销审计是一项全面的活动,审计的范围可能涉及一个企业所有的营销活动。

2. 系统性

营销审计是包含一系列完整有序的步骤和科学方法的分析诊断工作。营销审计包括对企业的营销环境、营销制度,以及各种营销策略和方法进行诊断,并根据诊断结果,提出短期的和长期的改进措施。

3. 独立性

营销审计不是单纯的由企业或组织所进行的自我审计,它往往是一项独立于接受营销审计的企业之外的工作。

4. 定期性

不能仅仅将营销审计视为一剂帮助处于困境之中的企业摆脱困难的"特效药",而应当将其视为一项定期的常规管理工作。

(三)营销审计的内容

1. 营销环境审计

企业的营销活动需要与企业所处的外部与内部环境相适应,环境因素是企业营销决策的基础,只有对环境进行分析,才有可能制订科学的营销战略。因此,环境分析是否正确,需要经过营销审计的检验。此外,在实施企业营销战略的过程中,营销环境也在动态地变化,这种变化对既定的营销战略有何影响,也必须通过营销审计来确认。如果环境的变化超过了营销战略适应的范围,则需要对营销战略进行修订。

2. 营销战略审计

营销战略审计主要是对企业的使命与战略业务单位、业务组合与增长战略、目标市场的选择、市场竞争战略、营销组合策略等问题进行审计。企业的营销战略应建立在对企业目标、市场、环境、竞争者、内部资源的全面认识的基础上,使营销目标、营销环境与企业资源三者之间达到动态平衡,这是制订营销战略的基础。

3. 市场营销组织审计

市场营销组织审计,主要是评价企业的市场营销组织在执行市场营销战略方面的组织保证程度和对市场营销环境的应变能力,包括企业是否有坚强有力的市场营销主管人员及其明确的职责与权利?是否能按产品、用户、地区等有效地组织各项市场营销活动?是否有一支训练有素的销售队伍?对销售人员是否有健全的激励、监督机制和评价体系?市场营销部门与采购部门、生产部门、研究开发部门、财务部门和其他部门的沟通情况如何?是否有密切的合作关系?

4. 市场营销系统审计

(1)在市场营销信息系统方面:在顾客、潜在顾客、批发商和经销商、竞争对手、供应商和各类公众方面,市场营销信息系统是否能产生精确、充足、及时的有关市场发展变化的信息? 公司的决策制定者们是否要求进行足够的市场调研? 他们是否利用调研结果? 公司是否会到最好的地方去进行市场预测和销售预测?

(2)在市场营销规划系统方面:市场营销规划系统是否构思精密、使用有效? 市场营销人员是否拥有决策支持系统? 市场营销规划系统能否预测销售目标和销售定额?

(3)在市场营销控制系统方面:市场营销控制系统是否足以保证年度计划目标的实现? 管理部门是否定期分析产品、市场、地区、分销渠道的营利能力? 监管部门是否定期检查市场营销成本和生产能力?

(4)在新产品开发系统方面:公司是否很好地组织了收集、形成和筛选新产品构思的工作? 公司在开发一个新的产品前是否进行了足够的理论研究及业务分析? 公司在推出新产品前是否进行了市场预测?

5. 营销营利能力审计

市场营销能力的审计主要体现在两方面:

(1)营利能力分析:公司的不同产品、市场、地区及分销渠道的营利能力如何? 公司是否应该进入、扩展、收缩或退出某些细分业务?

(2)成本效益分析:某些市场营销活动费用是否超支? 能否采取削减成本的措施?

6. 市场营销功能审计

营销活动的功能审计体现在营销组合上:

(1)产品方面:产品线的目标是什么? 它们是否合理? 现有产品线是否与这些目标相适应? 产品线是应向上扩展或收缩,还是向下扩展或收缩,或是两种方法都用? 哪些产品应该被剔除? 哪些产品应增加? 购买者对公司和竞争者的产品的质量、特征、式样和品牌名称等方面的了解程度和态度如何? 哪些地区的产品和策略需要改进?

(2)价格方面:定价目标、政策、策略和程序是什么? 公司在多大程度上按成本、需求、竞争情况来定价? 顾客是否认定公司产品的价格与产品所提供的价值相当? 管理部门对价格需求弹性、经验曲线效率及竞争对手的价格和定价政策了解多少? 价格政策在多大程度上与批发商、经销商、供应商的需求及政策法规相一致?

(3)分销方面:分销的目标和策略是什么? 是否有足够的市场覆盖面和服务? 分销商、经销商、厂商代表、经纪人、代理商和其他渠道的效率如何? 公司是否应考虑改变自己的分销渠道?

(4)广告、销售促进和公共关系方面:组织的广告目标是什么? 这些目标合理吗? 广告上是否花费了适当的费用? 广告主题和广告政策是否有效? 顾客和公众是如何看待广告的? 是否合理地选择了广告媒体? 公司内部是否有足够的广告工作人员? 是否有足够的销售促进预算? 是否有效而充分地利用了销售促进工具,诸如样品、赠券、展示、销售竞赛等? 公关关系部的工作人员是否胜任? 是否具有创造力? 公司是否充分利用了直接的资料来进行市场营销工作?

(5)销售人员方面:销售人员的目标是什么? 销售队伍的规模是否足以实现公司的目标? 销售人员是否按照正确的专业原则进行组织? 有无足够的销售经理来指导地区销售代表? 销售人员的工资水平和结构能否提供充分的激励和奖励作用? 销售人员是

否显示了高水平的士气、能力和努力？确定销售额和评价绩效的程序是否完善？公司的销售人员与竞争对手的销售人员相比有何不同？

7. 营销审计的基本流程

市场营销活动的审计是一项复杂而细致的评估活动。其具体实施程序可分三步走：

（1）在企业中形成一种开放的心态，为建立学习型组织奠定基础，避免因封闭式的管理模式而出现夜郎自大的现象。要做到这一点主要是通过与外部的交流来实现的，既可以请进来，也可以走出去，以便对本企业在营销领域的现状，即在本行业（或跨行业）中属于什么样的层次有一个客观的认识，从而发现自己的问题和与其他企业的差距。具体方法包括培训班、交流会、讨论会等等。

（2）借鉴财务审计的思路和方法，通过营销审计这种手段发现企业在营销管理领域的薄弱环节，及时发现现有的问题和潜在的问题，特别是营销管理的流程问题和监控问题。

（3）聘用独立的第三方机构进行营销审计工作，以便编制公正客观的审计报告，并提出改进意见和建议。

通常，审计结果可以分成重大问题（A）、比较严重问题（B）、轻微问题（C）三类，按照轻重缓急可以分成非常紧急（a）、比较紧急（b）、一般情况（c）三级。最后，根据问题的严重性和紧迫性的组合来制订下一步的实施计划。

当然，如果企业愿意的话，可以借用外脑，请营销领域的实战专家或顾问提供进一步的咨询服务，参与下一步的改进方案设计，并监督项目实施，跟踪项目进展，建立完善的营销管理流程，从而从根本上提高企业的营销管理透明度。

◆ 本章小结

在企业战略管理体系中，营销战略是一种职能战略。营销管理的一个关键因素是设计能够指导营销活动的具有远见和创造性的营销战略与计划。合理规划企业的营销战略主要由确定企业使命与战略业务单位、分析并制订企业业务单位组合与企业新业务增长战略等工作组成。

企业制订营销战略与计划后，需要科学地安排企业的人、财、物等各项战略资源进行配置与实施，而一个完善、高效的营销组织对企业营销战略与计划的实现至关重要。一般企业的营销组织结构主要有职能型、地区管理型、产品（或品牌）管理型、市场管理型、产品—市场管理型等5种基本类型。每种营销组织结构都各有利弊，企业应根据市场、产品及营销职能的实际情况合理进行选择与调整。

企业的营销战略与计划能否实现的关键在于执行是否到位，但在执行的过程中由于企业内外部环境等不确定性因素的存在，难免会出现偏差。为了保证营销战略与计划的实施，应该对营销战略与计划的执行情况进行监测与检查，即进行合理控制。企业的营销控制可以分为正式控制与非正式控制两种，其中常用的正式营销控制手段主要有年度营销计划控制、营利能力控制、效率控制和营销审计等4种。

◆ 思考题

1.分析企业战略与企业营销战略之间的关系。

2.什么是营销组织？建立营销组织有何目的？

3.比较独立的市场营销部门、现代市场营销部门与市场营销企业之间的异同之处。

4.联系实际,分析各种市场营销组织类型的优势与不足。

5.营销组织有哪几种类型？它们各有何特点？

◆ 案例阅读与分析

【案例】凡客为什么陨落了呢?

"爱网络,爱自由,爱晚起,爱夜间大排档,爱赛车,也爱 29 块的 T-shirt,我不是什么旗手,不是谁的代言,我是韩寒,我只代表我自己。我和你一样,我是凡客。"

这段品牌推广宣言就是著名的"凡客体"。它曾经是"80 后"这一代人的宣言。

凡客的过往

2005 年,国内网上服装销售的直销模式诞生。产品依靠 OEM 代工,销售依靠呼叫中心,以超低成本对业界发起了颠覆性冲击,"轻公司"的模式让业界眼前一亮。一刹那,全国几乎到处都是卖衬衣的网站。2007 年凡客诚品就在这样的形势下诞生了。

那个年代,B2C 电商才刚刚起步,淘宝上的商家也还没有形成品牌化和系统化,但凡客已经在电商销售领域有了自己的心得。从最早主打的 29 块 T-shirt、49 块的帆布鞋、Polo 衫、bra-T 等,以低价高质快速俘获人心。凡客还早早地配备了全场包邮、24 小时客服、30 天退换货等服务,靠产品和服务打造出了第一波好口碑。

2010 年,凡客找到当时红极一时的韩寒、王珞丹作为代言人,开创了 B2C 行业形象代言人的先例。"凡客体"将互联网品牌广告推向了高潮。广告让凡客的规模迅速膨胀,销售额在 2008 年是 1 亿元,2009 年 5 亿元,2010 年 20 亿元。凡客发出了要收购优衣库、LV 的雄心壮志。在 2010 年的管理年会上,凡客将原计划 40 亿元的销售目标提到 100 亿元,然后小步快赶马上 IPO。

从神坛陨落

2010 年,凡客拥有超过 1.3 万名员工,拥有 30 多条产品线,产品涉及服装、家电、数码、百货等全领域,卖出了 3000 多万件服装,营收突破 20 亿元,同比增长 300%,位列京东、卓越亚马逊、当当网之后成为电商行业的第 4 位。它不仅受到消费者的热捧,还是投资圈的宠儿。

关于 100 亿元的指标怎么达成,凡客进行了"危险的尝试":

(1)充足的人员配备——日进 500 名新员工。

(2)疯狂地扩大品类——T-shirt、拖把、菜刀、镊子、电饭锅……

(3)对广告营销下重本——2008 年,凡客的广告投放额约为 3000 万元,2009 年 2 亿元,2010 年 4 亿元,2011 年 10 亿元。10 亿元的广告投入就意味着每件产品分摊到

10 元的广告费,这对于部分售价仅 29 元的产品来说,无疑是一笔巨大的投入。

截至 2011 年 7 月,凡客先后完成了 7 轮融资,累计筹集资金超过 4.2 亿美元,最高估值曾达到 30 亿至 32 亿美元,还一度洽谈要赴美上市。然而就是从那个时候开始,凡客逐渐走下神坛,进入衰落期。

2013 年,凡客再陷危机,一年两次调整经营战略。与此同时,综合电商的崛起给凡客当头一棒。"双十一"购物节、天猫的天量交易额说明互联网流量和资源正在加速向平台电商聚集,再加上京东商城和苏宁易购,市场留给垂直电商的空间越来越小。传统品牌已经开始占据网络渠道,这无疑将进一步吞噬以网络作为唯一销售渠道的垂直电商的市场空间。

2014 年,凡客团队剩下不到 300 人,凡客开始出售旗下的物流公司如风达,2016 年出售 V+。

(资料来源:根据网络资料整理)

【问题】

1. 凡客陨落的主要原因是什么?为什么?

2. 请为凡客撰写一则市场导向的使命陈述。

3. 凡客的目的和目标是什么?

4. 凡客是一个以客户为中心的公司吗?

5. 请提出你对凡客营销战略的建议。

◆ 项目实训

岗位对接:

市场营销组织设计

通过本实训项目的练习,掌握组织结构和市场营销组织结构设计的基本方法,并能根据提供的资料开展市场营销组织结构的设计。

项目导入:

五粮液集团有限公司位于"万里长江第一城"——中国西南腹地的四川省宜宾市北面的岷江之滨。目前,集团公司已发展成为以酒业为核心主业、多元化发展(现代机械制造、高分子材料、现代包装、现代物流为支柱产业)的产业格局。公司现有职工 5 万多人,占地 12 平方千米,拥有从明初连续使用至今、从未停止过发酵的明代老窖池,也有一大批现代化、规模化的酿酒生产车间。

2016 年,集团公司总资产为 956.28 亿元,营业总收入达 703.08 亿元,利润总额达 100.29 亿元,利税总额为 157.5 亿元,出口创汇为 2.16 亿美元;荣列中国企业 500 强第 208 位,中国制造业企业 500 强第 98 位。其中,股份公司实现营业总收入 245.44 亿元,利润总额达 93.37 亿元,五粮液股票总市值为 1309 亿元。目前,五粮液品牌价值已达 958.59 亿元,在中国品牌价值 100 强评价中,连续 23 年稳居白酒制造类第 1 位。2016 年底,五粮液股票总市值已突破 2000 亿元,在全国酒类上市公司中排第 2 位,在四川省 110 家上市公司中排第 1 位(分红额也排第 1 位)。2017 年,集团公司保持稳定发展态势:1—5 月,实现营业总收入 326.07 亿元,同比增长 10.28%;利润总额达

67.02亿元,同比增长16.9%;利税总额为99.36亿元,同比增长14.71%;出口创汇9800万美元,同比增长8.38%;工业增加值为109.87亿元,同比增长21%。

五粮液集团的成名产品五粮液酒是浓香型白酒的杰出代表,它以高粱、大米、糯米、小麦和玉米5种粮食为原料,以"包包曲"为动力,经陈年老窖发酵,长年陈酿,精心勾兑而成。它以"香气悠久、口味醇厚、入口甘美、入喉净爽、各味协调、恰到好处、酒味全面"的独特风格闻名于世,以独有的自然生态环境、600多年的明代古窖、5种粮食配方、酿造工艺、中庸品质、"十里酒城"六大优势,成为当今酒类产品中出类拔萃的珍品。

公司系统研制开发了五粮春、五粮神、五粮醇、长三角、两湖春、现代人、金六福、浏阳河、老作坊、京酒等几十种不同档次、不同口味,满足不同区域、不同文化背景、不同层次消费者需求的系列产品。特别是十二生肖五粮液、一帆风顺五粮液、五粮液巴拿马纪念酒、五粮液年份酒等精品、珍品系列的面世,因其在神、形、韵、味各方面精巧极致的融合,成为追求卓越的典范。

五粮液人通过以质量、规模、效益为工作重心实施了成功的阶段性战略突破和高速发展,使五粮液股份有限公司已经具备了年酿造五粮液及其系列酒40多万吨的生产能力,以及年包装各类成品酒40多万吨的配套生产能力。同时,集团公司还以其开发的"仙林青梅果酒"和"亚洲干红"等优质产品来开拓国内外果酒市场。

为了给广大消费者提供更多更好的优质产品,满足社会各阶层的不同需求,将我们历史文化中的瑰宝发扬光大,公司不断将现代科技与古老的传统工艺相结合,在提高产品质量的同时扩大企业的生产能力,以适应国内外市场发展的需求。

以塑胶制品和现代模具制造为主的五粮液普什集团公司迅速地成长壮大起来。其在防伪瓶盖、PET原料及成型制品、塑胶管材管件等几大类产品的生产和销售上都取得了优异的业绩,特别是汽车模具、IT产业模具、家电产业模具等高、精模具的设计、制造方面正在高速发展,并处于国内领先水平。

◆项目实训

项目一:请以小组为单位,根据组织结构设计的相关知识,在小组讨论的基础上,为五粮液集团公司市场营销设计组织结构。要求拟出设计依据,画出组织结构图并拟出岗位职责。

项目二:小组以PPT和Word文档的形式报告组织结构图设计的理由和成果。

参考文献

[1] 顾春梅.新编市场营销学[M].杭州:浙江工商大学出版社,2013.

[2] 菲利普·科特勒.营销管理(第 13 版)(中国版)[M].卢泰宏,高辉,译.北京:中国人民大学出版社,2009.

[3] 艾·里斯,杰克·特劳特.定位——有史以来对美国营销影响最大的观念[M].谢伟山,苑爱冬,译.北京:机械工业出版社,2011.

[4] 罗伯特·西奥迪尼.先发影响力[M].闾佳,译.北京:北京联合出版有限公司,2017.

[5] 张发明,郭元.市场营销——理论与项目化教程[M].北京:清华大学出版社,2016.

[6] 陈娇.科特勒的 24 堂营销课[M].北京:中国华侨出版社,2014.

[7] 田婷.史玉柱营销之道[M].北京:中国法制出版社,2015.

[8] 阿尔文·伯恩斯,罗纳德·布什.营销调研(第 7 版)[M].于洪彦,金钰,译.北京:中国人民大学出版社,2015.

[9] 吕筱萍,王浦生.市场调研与预测[M].北京:科学出版社,2015.

[10] 康韦.做企业就是做市场——一个市场总监的管理日志[M].北京:金城出版社,2018.

[11] 迈克·欧德罗伊德.市场营销环境[M].陈立平,译.北京:经济管理出版社,2005.

[12] 唐·舒尔茨,等.整合营销传播(第 3 版)[M].呼和浩特:内蒙古人民出版社,1999.

[13] 汤姆·邓肯.整合营销传播:利用广告和促销建树品牌(第 5 版)[M].北京:中国财政经济出版社,2004.

[14] 付国群.消费者行为学[M].北京:高等教育出版社,2015.

[15] 哈利·D.凯森.消费心理十四讲[M].北京:新世界出版社,2014.

[16] 陈传明,周小虎.管理学原理(第 2 版)[M].北京:机械工业出版社,2011.

[17] 斯蒂芬·P.罗宾斯,等.管理学原理与实践(第 7 版)[M].北京:机械工业出版社,2012.

[18] 孙玺.市场营销学[M].北京:科学出版社,2012.

[19] 田明华.广告学(第 2 版)[M].北京:清华大学出版社,北京交通大学出版社,2015.

[20] 胡洪力.公共关系原理和实务(第 2 版)[M].杭州:浙江工商大学出版社,2014.

[21] 赵晶.组织间销售[M].北京:经济管理出版社,2010.

[22] 陈丽芬,安玉发,王寒笑,等.日本蔬菜消费市场利益细分探讨[J].中国农村经济,2008(2):66-75.

[23] 迈克尔·波特.竞争战略[M].北京:中信出版社,2014.

[24] 李刚.新媒体的营销环境与营销策略的创新探讨[J].新闻研究导刊,2018,9(19):156-172.

[25] 和健.新媒体环境下企业市场营销面临的机遇、挑战与对策[J].中国市场,2018(29):147-148.

[26] 田晶晶.企业应对市场营销环境变化的具体策略[J].现代经济信息,2018(6):104.

[27] 凌玲.关于网络经济下的市场营销思考[J].现代营销(下旬刊),2018(1):28.

[28] 袁振兴.基于大数据环境的市场营销研究[J].现代营销(下旬刊),2017(12):64.

[29] 廉晶晶.企业应对市场营销环境变化的策略[J].企业改革与管理,2017(23):102.

[30] 杜晨旭.新经济环境下市场营销理念创新途径分析[J].信阳农林学院学报,2017,27(4):57-59.

[31] 李秀玲.企业应对市场营销环境变化的策略[J].现代营销(下旬刊),2017(11):64.

[32] 张鸥.企业应对市场营销环境变化的实践途径分析与研究[J].现代营销(下旬刊),2017(11):67-68.

[33] 赵诗睿.营销4.0时代下品牌故事营销模式创新及启示[J].视听,2019(1):211-212.

[34] 周青.从品牌打造到品牌营销——以《故宫日历》出版为例[J/OL].出版广角,https://www.gwyoo.com/lunwen/yingxiaolunwen/ppyxlw/201812/688540.html.

[35] 张丁伟,陈烈胜.当代互联网语境下的产品包装创新设计[J].包装工程,2018,39(24):110-114.

[36] 陈昊,李金秋.品牌故事营销的产出方法研究[J].语文学刊,2018,38(06):83-87.

[37] 王素兰.品牌管理的市场营销战略浅析[J].纳税,2018,12(34):270-272.

[38] 尹冬梅."互联网+"新媒体时代国产品牌传播的创新研究[J].中国商论,2018(33):12-14.

[39] 张结宜,徐向明.塑造和提升品牌形象的产品包装设计[J].艺海,2018(9):98-99.

[40] 宋文靓.包装设计中的品牌形象与传承[J].中国包装,2018,38(8):29-31.

[41] 邱艳.江小白品牌营销策略的成功之处分析[J].现代商贸工业,2018,39(23):69-70.

[42] 罗贵希.蒙进遛:变革不能背离根本[J].全球商业经典,2014(6):60-63.

[43] 吴钟伯.企业产品提价后如何应对竞品的冲击[EB/OL].

后　记

　　根据独立学院"应用型本科"的特点,教材编写组历经 1 年多的时间,在"针对性、适用性、实战性"理念的指导下,完成了《市场营销学》教材的撰写,并力求在体系、内容、案例和结构等方面做出一定的创新。

　　本教材的编写分工情况如下:王浦生负责第一、六章的编纂工作,厉飞芹负责第二、八章的编纂工作,刘德红负责第三章的编纂工作,鲁敏负责第四、九章的编纂工作,严洪富负责第五章的编纂工作,霍尚一负责第七章的编纂工作,王涵负责第十章的编纂工作,刘志林负责第十一章的编纂工作,王丹萍负责第十二章的编纂工作。最后由主编统稿。

　　本书是为独立学院学生量身打造的教材,由于编写人员经验有限,教材中难免存在不足,恳请读者批评指正。

王浦生　厉飞芹

2018 年 12 月 15 日